2022年上海市第一中级人民法院案例精选

陆卫民 / 主编

中国法制出版社
CHINA LEGAL PUBLISHING HOUSE

图书在版编目（CIP）数据

2022年上海市第一中级人民法院案例精选／陆卫民主编．—北京：中国法制出版社，2023.12
ISBN 978-7-5216-3992-6

Ⅰ.①2… Ⅱ.①陆… Ⅲ.①案例-汇编-上海-2022 Ⅳ.①D927.510.5

中国国家版本馆CIP数据核字（2023）第244326号

责任编辑：张僚　　　　　　　　　　　　　封面设计：杨泽江

2022年上海市第一中级人民法院案例精选
2022 NIAN SHANGHAI SHI DI-YI ZHONGJI RENMIN FAYUAN ANLI JINGXUAN

主编/陆卫民
经销/新华书店
印刷/三河市紫恒印装有限公司

开本/710毫米×1000毫米　16开	印张/24.75　字数/309千
版次/2023年12月第1版	2023年12月第1次印刷

中国法制出版社出版

书号 ISBN 978-7-5216-3992-6　　　　　　　　定价：168.00元

北京市西城区西便门西里甲16号西便门办公区
邮政编码：100053　　　　　　　　　　　　　传真：010-63141600
网址：http：//www.zgfzs.com　　　　　　　　编辑部电话：010-63141663
市场营销部电话：010-63141612　　　　　　　印务部电话：010-63141606

（如有印装质量问题，请与本社印务部联系。）

编 委 会

主　任　陆卫民

副主任　澹台仁毅　孙　军　张佳杰　徐世亮　侯丹华

委　员　周　强　陈福才　唐春雷　骁　克　匡沪明
　　　　　　闫　寒　王海文　庞闻浈　唐卓青　黄伯青
　　　　　　方　方　周　峰　曹克睿　郭海云　朱一心
　　　　　　王剑平　金　辉　孙　勇　曹　明

主　编　陆卫民

副主编　徐世亮　庞闻浈　凌　捷

编　辑　丁莎莎　郭　磊　徐　洁　汪　琦　陈　硕
　　　　　　翟宣任　须海波

序 言

一个案例胜过一打文件，这正是案例重要作用的最精辟注解。以习近平法治思想为指导，在最高人民法院的统筹指导下，各级法院积极加强案例工作，力争培育挖掘产出更多具有指导性、典型性、标杆性的案例，践行以人民为中心的发展理念、彰显社会主义核心价值观。可以预见，案例工作将在人民法院为民公正司法、推动法治建设、服务保障大局的道路上发挥更多作用。

上海市第一中级人民法院（以下简称我院）历来高度重视案例工作，注重在工作全流程中一以贯之地坚持高标准、严要求。经过多年实践，目前我院已形成以审判业务庭为基地、以研究室为主管职能部门、以分管院长为质量把关的较为完善的精品案例培育、撰写、编辑、发布等一整套机制，并成功培育了一批具有较大影响力、逻辑清晰、文字精练、说理透彻的优秀案例，充分展现了我院法官的裁判水平和司法能力。以2022年为例，我院3篇案例入选最高人民法院指导性案例，2篇案例入选《最高人民法院公报》。17篇案例在该年度全国法院系统优秀案例分析评选中获奖，这是我院连续第四年在该项评比活动中取得佳绩。10篇案例入选2022年度上海法院"100个精品案例"。实践表明，深入推进案例工作，有助于切实提升审判质效、司法能力和队伍素质。

本案例集囊括了我院法官2022年度撰写的53件精品案例，涵盖了刑事、民事、商事和行政多个审判领域，体例上包括案例要旨、案情简介、裁判结论、评析意见以及附录五个部分，力求充分展现案件基本情况，深度剖析审理思路及裁判理由，以期就相关问题进一步凝聚共识。在此基础上，我们也将继续秉持类案思维，持续探索以成熟案件、案例为基础，从司法的动态视角研究法律适用的方法、技术、原则和规律等内容，逐步形成兼具实践指导和理论引领价值的类案裁判方法，努力在经验积累中为应用法学的完善提供理论积淀。

"知之愈明，则行之愈笃；行之愈笃，则知之益明。"在不断生产优秀案例的同时，也要坚持学习借鉴优秀案例的裁判思路和方法，并体现在日常的审判活动中，以全面提升法官整体的裁判水平和司法能力，为促进适法统一、提升司法公信力、构建法治社会贡献力量。

是为序。

上海市第一中级人民法院院长　陆卫民
二〇二三年六月

目 录
Contents

刑 事

1. 背信损害上市公司利益罪的损失认定与操纵证券市场罪的行刑衔接 ·· 1
   ——鲜某背信损害上市公司利益、操纵证券市场案
2. 刑法修正后"公共场所当众猥亵"情节的理解与认定 ············· 9
   ——张某猥亵儿童案
3. 认罪认罚案件检察机关庭后单方调整量刑建议的审查方式 ········ 15
   ——陆某猥亵儿童案
4. 交通肇事转化的故意杀人罪中主观罪过形式的认定 ················ 22
   ——谢某某故意杀人案
5. 运用客观证据认定被告人作案动机的审查方法 ······················ 29
   ——鲍某抢劫案
6. 诈骗案中被害人基于严重不法目的而给付的财物不予发还 ······ 35
   ——陆某诈骗案
7. 一审宣判后被告人无正当理由不履行分期赔偿协议案件的处理 ······ 40
   ——谢某诈骗案
8. 业务员虚构事实以单位名义收取客户钱款并占为己有构成诈骗罪 ······ 46
   ——胡某诈骗案

9. "专利敲诈"的行为定性与规制路径 ………………………… 52
　　——李甲、李乙敲诈勒索案

10. "经电话通知到案"型自动投案的司法认定 ………………… 59
　　——李某伪造国家机关证件案

11. 为他人骗领工作类居留许可证件并收取费用的行为定性 ……… 65
　　——姜某出售出入境证件案

12. 卖淫场所股东在组织卖淫共同犯罪中地位作用的认定 ………… 70
　　——陆某等六人组织卖淫、协助组织卖淫案

13. 商业银行中国家工作人员套取营销费用以及与请托人互送财
物的行为认定 ……………………………………………………… 77
　　——丁某、王某受贿、贪污案

民　商　事

（一）人格权纠纷

14. 体育场馆中他人不当施救致伤情加重的侵权责任认定 ………… 86
　　周某与 A 公司等生命权、健康权、身体权纠纷案

15. 商业三者险"犯罪行为"免责条款的理解与适用 ……………… 95
　　——王某等与张某等生命权纠纷案

16. 间接侵害法人名誉权责任的构成与认定 ………………………… 105
　　——LQ 公司诉易某某名誉权纠纷案

17. 网络转载媒体对转载新闻内容负有合理核实义务 ……………… 112
　　——马某某诉 A 网络技术公司等名誉权纠纷案

18. 侮辱英雄模范名誉的司法审查 …………………………………… 118
　　——王某滨诉刘某名誉权纠纷案

（二）婚姻家庭、继承纠纷

19. 离婚纠纷案件中夫妻共同债务的审查认定与处理规则 …………… 126
    ——袁某与吴某离婚纠纷案

20. 受遗赠人"接受遗赠"的理解与认定 …………………………………… 132
    ——周某与王甲等共有纠纷、遗嘱继承纠纷案

21. 死亡抚恤金的性质及分配方式的认定规则 …………………………… 140
    ——田某、王乙等诉王甲共有物分割纠纷案

（三）合同、准合同纠纷

22. 涉犯罪连环房屋买卖中原权利人的救济路径 ………………………… 145
    ——邢某英等与孙某军等确认合同无效纠纷案

23. 债权人代位权诉讼的立案审查标准 …………………………………… 153
    ——B 公司与 J 公司债权人代位权纠纷案

24. 动产流动质押中质物交付的判断及责任认定 ………………………… 158
    ——A 公司与 B 公司等买卖合同纠纷案

25. 瑕疵履行导致合同解除的认定标准与法律后果 ……………………… 165
    ——A 医院与 B 公司买卖合同纠纷案

26. 买卖合同中安装服务履行瑕疵的司法认定规则 ……………………… 171
    ——李某诉 A 公司信息网络买卖合同纠纷案

27. 父母以未成年子女名下房产设定抵押的效力甄别 …………………… 178
    ——陈某与邱某等民间借贷纠纷案

28. 涉虚拟货币民事法律行为的受理审查标准 …………………………… 186
    ——徐某某诉张某某民间借贷纠纷案

29. 股权转让中违法减资的共同侵权责任认定规则 ……………………… 193
    ——S 公司与 A 公司等房屋租赁合同纠纷案

30. 涉工程款优先权调解协议的司法审查规则 …………………………… 202
    ——Z 公司诉 Y 公司建设工程施工合同纠纷案

31. 涉资管产品纠纷的甄别及追加增信措施的审查规则 …………… 210
   ——曹某诉 A 公司等委托理财合同纠纷案

32. 商业地产租赁中介人请求"跳单"委托人支付报酬的司法认定 …… 218
   ——A 公司诉 B 公司等中介合同纠纷案

33. 无效格式条款中"不合理"的司法认定规则 ………………………… 226
   ——L 公司与周某服务合同纠纷案

34. 债务人怠于行使其债权的认定 ………………………………………… 234
   ——A 公司诉 B 公司、C 公司其他合同纠纷案

（四）劳动争议纠纷

35. 实际控制人与公司所签订劳动合同之效力甄别 …………………… 241
   ——陈某诉 K 公司劳动合同纠纷案

36. 劳动争议中民事法律行为无效的法律后果及司法救济 …………… 250
   ——J 公司诉黄某劳动合同纠纷案

37. 合作承揽协议下平台骑手与所服务企业劳动关系的审查认定 …… 256
   ——L 公司诉徐某劳动合同纠纷案

38. 劳动者隐瞒残疾，用人单位解除劳动合同纠纷裁判思路 ………… 264
   ——牛某与 L 物流公司劳动合同纠纷案

39. 股权转让协议关于员工劳动关系的约定的效力审查规则 ………… 269
   ——姜某诉 D 公司经济补偿金纠纷案

40. 关联公司用工之竞业限制责任的区分和认定 ……………………… 275
   ——Z 公司诉乐某竞业限制纠纷案

41. 竞业限制纠纷中竞争关系审查的形式标准检视与实质标准归位 …… 281
   ——王某诉 W 公司竞业限制纠纷案

（五）与公司有关的纠纷

42. 关于股东查阅会计账簿时能否进行摘抄的理解与认定 …………… 290
   ——王某与 A 公司股东知情权纠纷案

43. 缺失书面代持协议情形下隐名股东资格的司法审查 ………… 296
　　——凌甲与A公司、李某等股东资格确认纠纷案

44. 未届认缴期限股东转让股权后出资责任的认定 ………………… 304
　　——A公司与B公司等股东损害公司债权人利益责任纠纷案

45. 监护人股权转让行为对未成年人利益侵害的认定标准 ………… 312
　　——程甲诉A商务咨询中心股权转让纠纷案

46. 股权转让侵犯其他股东优先购买权的司法审查 ………………… 321
　　——A公司等与C公司等股权转让纠纷案

（六）侵权责任纠纷

47. 公共场所所涉安全保障义务边界的认定 ………………………… 327
　　——F医院诉李某龙等公共场所管理人责任纠纷案

48. 祭奠权的性质认定与法律适用规则探析 ………………………… 333
　　——吕某珍等诉A医院等侵权责任纠纷案

49. 违约责任与侵权责任竞合时客观预备合并之诉的司法裁判 …… 342
　　——A公司诉B公司等侵权责任纠纷案

（七）执行异议之诉

50. 一般不动产买受人执行异议之诉的要件审查 …………………… 351
　　——陈某与毕某等案外人执行异议之诉案

51. 未实际占有房屋的承租人不能对抗强制执行 …………………… 358
　　——孔某诉Y公司等案外人执行异议之诉案

行　政

52. 依据委托检定结论所作行政处罚决定的合法性审查 …………… 368
　　——某粮油公司与某区市监局行政处罚案

53. 涉"团建活动"工伤认定案件的司法审查规则及制度反思 ………… 375
　　　——A 公司诉 B 人保局等工伤认定纠纷案
后　　记 ……………………………………………………………… 383

刑　事

1

背信损害上市公司利益罪的损失认定与操纵证券市场罪的行刑衔接

——鲜某背信损害上市公司利益、操纵证券市场案

【案例要旨】

上市公司对于存在控制关系的子公司"失控"且无法合并财务报表，被告人将资金转入"失控"子公司的，转入子公司的资金不能从上市公司遭受损失金额中扣除。行政处罚与刑事处罚分属性质不同的处罚措施，对已处罚款的操纵证券市场行为判处罚金并不违背一事不再罚原则，但在执行罚金时应将已缴纳的罚款数额予以扣除。证券监管部门收集后未经侦查机关重新收集的证人证言，一般不宜直接作为刑事诉讼中的证据使用。

【案情简介】

公诉机关：上海市人民检察院第一分院。

被告人：鲜某。

鲜某，原系 A 公司（前身为 B 公司）董事长、C 公司法定代表人及实际控制人。

（一）鲜某实际控制 A 公司等公司情况

B公司是在上海证券交易所上市的公司；C公司是B公司持股70%的子公司。2012年，被告人鲜某通过收购他人持有的B公司股权，变更成为B公司及C公司的法定代表人。2015年，B公司更名为A公司。2016年，鲜某将持有的A公司股权转让后，不再担任A公司的法定代表人。鲜某转让持有的A公司股权时，A公司仍持有C公司42%的股权。因鲜某不予配合，导致C公司与A公司一直未能合并财务报表。

（二）背信损害上市公司利益事实

2013年7月至2015年2月，鲜某利用担任上市公司B公司及子公司C公司的法定代表人及实际控制人的职务便利，采用伪造C公司开发的某项目分包商林某签名、制作虚假的资金支付申请与审批表等方式，以支付工程款和往来款名义，将C公司资金划转至该公司实际控制的林某个人账户及某项目部账户，再通过上述账户划转至鲜某实际控制的多个公司、个人账户内，转出资金循环累计达1.2亿余元。其中，2360万元被鲜某用于理财、买卖股票等，至案发尚未归还，且部分资金已被平账。

（三）操纵证券市场事实

2015年间，鲜某作为B公司的实际控制人、董事长兼董事会秘书，个人决定启动公司名称变更程序。同年4月9日，鲜某安排公司员工周某至工商部门申请变更企业名称，将B公司名称变更为A公司。4月17日，周某领取了工商部门核发的企业名称变更预先核准通知书并被告知仍须履行相关程序，暂时不能使用该名称；周某将该情况告知鲜某。

2015年4月底，B公司分别召开第七届董事会第八次、第九次会议，鲜某既未将更名事项提交董事会审议，亦未将更名事项告知其余董事会成员。5月4日，工商部门通知名称变更审核已经通过，B公司于同日发出召开董事会会议通知。5月7日，B公司召开董事会，审议通过企业名称及经营范围变更的决议，并于同日将草拟的公告内容递交上海证券交易所审核。5月8日，B公司收到上海证券交易所关于公告内容的问询函；5月11日，B公司就问询函的相关问题进行了回复。

5月11日，B公司对外发布关于公司名称变更的公告及获得控股股东某网站域名特别授权的公告，称公司立志于做中国首家互联网金融上市公司，通过本次授权可以使公司在互联网金融行业获得领先竞争优势等。2015年6月B公司正式更名为A公司后，并未开展p2p业务，也未开展除了配资以外的金融业务，且配资业务在公司更名之前即已开展。

2015年4月30日至5月11日，鲜某通过控制的刘某等个人名下证券账户及实际控制的多个信托公司账户，买入B公司股票2520万余股，买入金额2.86亿余元。2015年5月11日，B公司有关名称变更的公告发布后，股票连续涨停；鲜某控制账户组账面大幅获利。

【裁判结论】

一审法院经审理，对被告人鲜某犯背信损害上市公司利益罪，判处有期徒刑二年，并处罚金人民币180万元；犯操纵证券市场罪，判处有期徒刑四年，并处罚金人民币1000万元。决定执行有期徒刑五年，并处罚金人民币1180万元。违法所得予以追缴。一审判决后，鲜某不服，提起上诉。

二审审理查明的事实与原判相同。此外，二审期间，鲜某在辩护人见证下自愿签署《认罪认罚具结书》，二审庭审中鲜某对一审判决没有异议，并在家属帮助下缴纳罚金1180万元及退缴相应违法所得500万元。

二审法院认为，原判认定鲜某背信损害上市公司利益、操纵证券市场的犯罪事实清楚，证据确实充分，适用法律正确，量刑适当，诉讼程序合法。鉴于鲜某二审期间自愿认罪认罚，并在家属帮助下缴纳全部罚金及退缴相应违法所得，具有认罪、悔罪表现，遂判决如下：一、维持一审判决的第二项，即"违法所得予以追缴"。二、撤销一审判决的第一项，对上诉人鲜某犯背信损害上市公司利益罪改判有期徒刑一年八个月，并处罚金人民币180万元；犯操纵证券市场罪改判有期徒刑三年四个月，并处罚金人民币1000万元。决定执行有期徒刑四年三个月，并处罚金人民币1180万元。

【评析意见】

本案的争议焦点以及法律适用难点在于背信损害上市公司利益罪的损失认定以及操纵证券市场罪的行刑衔接问题。

一、上市公司对于存在控制关系的子公司"失控"且无法合并财务报表，被告人将资金转入"失控"子公司的，转入子公司的资金不能从上市公司遭受损失金额中扣除

背信损害上市公司利益罪，是指上市公司的董事、监事、高级管理人员违背对公司的忠实义务，利用职务便利，操纵上市公司进行不正当、不公平的关联交易，致使上市公司利益遭受重大损失的行为。[①] 该罪以造成上市公司重大损失为前提。实践中，全国以背信损害上市公司利益罪定罪处罚的案件仅为个位数，其中如何认定上市公司遭受损失金额是争议较大的问题。

本案中，公诉机关指控鲜某通过关联交易造成上市公司损失2360万元。而鲜某提出，其在2016年12月至2017年5月，个人转入上市公司体系6870万元，上市公司不仅没有损失，还存在获利。这里涉及被告人转入上市公司子公司的钱款能否与损失金额折抵的问题。

一般而言，上市公司体系规模较为庞大，除上市公司外，还涉及众多的子公司甚至孙公司。财务制度上，上市公司对于存在控制关系的子公司需要合并其财务报表，而在"失控"状态下，则无法实现合并，进而只有将所涉子公司"出表"。实践中，上市公司的子公司"失控"的情形并不罕见，时常在A股市场上演，一般体现在子公司凭借掌控印章印照、财务资料的便利，拒不配合办理公司变更登记、不配合交接材料，更不配合审计。从影响来看，子公司"失控"直接体现为会计问题，也就是"出表"。应当说，"失控"仍是一个高度实务性问题，但目前会计准则和法律法规并未明确界定"失控"及其具体情形，以及相应的法律后果。实践中，在子公司控制权的争夺过程中，上市公司与"失控"子公司在人事、财务等方面的利益并非一致甚至尖锐对立，很难说转入"失控"子公司的资金真正进入了上市公司体系。因此，我们认为，被告人转入子公司的资金与上市公司遭受损失折抵的前提，是相关子公司与上市公司合并会计报表，也就是上市公司能够实际控制该子公司。

---

① 参见周道鸾、张军主编：《刑法罪名精释（上）》，人民法院出版社2013年版，第290页。

本案中，鲜某于2016年年初转让其持有的上市公司A公司股权后，即与上市公司针对子公司C公司的控制权发生激烈冲突，因鲜某拒不配合移送公章等材料，导致A公司无法取得C公司的实际控制权，C公司仍处在鲜某个人实际控制之下，且在2016年下半年后即未能与A公司合并财务报表。虽然鲜某于2016年12月至2017年5月向C公司转款共计6870万元，但此时A公司已对C公司"失控"，鲜某向C公司转入资金纯粹是为了个人利益，与维护上市公司利益无关，故转入资金与上市公司体系并无实质关联，不宜从上市公司损失中扣除，转入资金的行为并不影响已造成上市公司重大损失的认定。

二、关于操纵证券市场案件中的行刑衔接

本案中辩护人提出，鉴于证券监管部门已对鲜某处以罚款，即便认定其构成操纵证券市场罪，也不应再处以罚金，否则违背一事不再罚原则；部分证人证言由证券监管部门调取，未经侦查机关重新收集，不宜作为证据使用。前述两点意见均涉及操纵证券市场案件中的行刑衔接问题，首先牵涉对一事不再罚原则的理解。

（一）行政处罚与刑事处罚分属性质不同的处罚措施，对已处罚款的操纵证券市场行为判处罚金并不违背一事不再罚原则，但在执行罚金时应将已缴纳的罚款数额予以扣除

所谓一事不再罚原则，又称一行为不再罚、双重处罚禁止，其意义在于禁止国家对于同一违法行为，以相同或类似之措施，多次地加以处罚。[①] 那么，针对同一违法行为既施以行政处罚又进行刑事处罚是否违反该原则呢？对此，主流观点认为，针对同一违法行为既施以行政处罚又进行刑事处罚的做法并不违反一事不再罚原则。例如，有学者指出：一事不能两罚是指一种行为不能作出两次同种类的处罚，而对涉嫌犯罪的案件作出行政处罚后又予

[①] 参见黄先雄、张少波：《"想象竞合"情形下一事不再罚原则的适用机制》，载《中南大学学报（社会科学版）》2020年第2期。

以刑事追究，是两种不同性质的处罚，所以并不违反一事不能两罚的原则。[1]而从我国立法规定看，并未完全采纳理论上的前述主张，实际上采取的是有限制的一事不再罚原则，主要体现在相同种类的行政处罚与刑事处罚折抵的规定上。[2]例如，《行政处罚法》[3]第35条明确规定："违法行为构成犯罪，人民法院判处拘役或者有期徒刑时，行政机关已经给予当事人行政拘留的，应当依法折抵相应刑期。违法行为构成犯罪，人民法院判处罚金时，行政机关已经给予当事人罚款的，应当折抵相应罚金；行政机关尚未给予当事人罚款的，不再给予罚款。"显然，从前述规定可以看出，一事不再罚原则适用于同一性质的处罚之中，不宜对同一违法行为给予两次以上的行政处罚或刑事处罚；而不同性质的处罚中，只要将其中种类相同的处罚措施予以折抵，则不存在违反一事不再罚原则的问题。

需要指出的是，前述"行政机关尚未给予当事人罚款的，不再给予罚款"的规定，明确对违法人员刑事处罚前尚未给予罚款的，判处刑事罚金后不能再施以罚款，此时采取的是彻底的一事不再罚原则。这一规定是2021年修订通过的《行政处罚法》的新增内容。立法机关如此规定，是考虑到法院已经对违法人判处重度的罚金后，再由行政机关处以轻度的罚款，法律评价顺序逻辑上似嫌混乱。当然，立法机关的这一选择也可能带来实施相同违法行为的当事人法律责任不平等的问题。例如，《证券法》第191条规定从事内幕交易的，并处违法所得一倍以上十倍以下的罚款；而《刑法》第180条规定实施内幕交易的，并处违法所得一倍以上五倍以下罚金。从实践来看，有的证券犯罪案件行政处罚在先，有的则是刑事处罚在先，在《刑法》规定的罚金上限远低于《证券法》规定的罚款上限的情形下，行政处罚与刑事处罚的先后顺序可能会对违法人承担的经济责任产生明显影响，需要办案机关在具体案件处理过程中综合考虑予以平衡。

本案中，在刑事追诉前，证券监管部门已对鲜某的操纵证券市场行为顶格处以巨额罚款，但并未实际执行到位；同时，认定构成犯罪的操纵证券市

---

[1] 元明：《行政执法与刑事执法相衔接工作机制总结》，载《国家检察官学院学报》2006年第2期。
[2] 练育强：《行政处罚与刑事制裁衔接研究之检视》，载《政治与法律》2017年第3期。
[3] 本书在引用我国法律时，统一省略法律文件中的"中华人民共和国"。

场事实已包含在证券监管部门行政处罚范围之内。在生效刑事判决中,法院仍对鲜某以操纵证券市场罪判处罚金1000万元,并由鲜某家属配合主动缴纳完毕。如前所述,鉴于我国法律规定的是有限制的一事不再罚原则,针对行政处罚与刑事处罚两种性质不同的处罚措施,只要在具体执行时考虑相同种类的行政处罚与刑事处罚之间的折抵问题,就不涉及违反一事不再罚原则的问题。因此,鲜某辩护人提出的对同一操纵证券市场行为已处罚款就不能再处罚金的意见,不能成立。当然,具体执行过程中,办案机关一定要查明罚款、罚金的履行情况,避免重复缴纳的情形出现。

(二) 证券监管部门收集后未经侦查机关重新收集的证人证言,一般不宜直接作为刑事诉讼中的证据使用

此处涉及行刑衔接程序中证据的转换问题。我国《刑事诉讼法》第54条第2款规定:"行政机关在行政执法和查办案件过程中收集的物证、书证、视听资料、电子数据等证据材料,在刑事诉讼中可以作为证据使用。"该款规定仅涉及物证、书证等客观性证据的行刑衔接使用,未涉及证人证言等主观性证据的衔接使用问题。《最高人民法院关于适用〈中华人民共和国刑事诉讼法〉的解释》与《人民检察院刑事诉讼规则》中,同样未涉及行政机关收集的言词证据的衔接使用。可以说,鉴于该问题的复杂性,立法与司法解释均采取了回避的态度。

对此有观点认为,应该承认这些言词证据有限的作用,因为它们与案件事实一般都存在比较明显的关联性。[1] 但理论上一般主张,基于言词本身的不确定性与收集程序上的明显区别,行政言词证据没有刑事证据能力,需要重新制作收集。[2] 而最高人民法院的权威解读并未完全认同理论上的主流观点,主张"司法实践中,对行政机关收集的证人证言等言词证据,在刑事诉讼中作为证据使用的,必须作更为严格的限制,即仅限于确实无法重新收集,但又必须使用的,且有证据证明取证程序合法、能与其他证据相印证等

---

[1] 参见张树义:《行政诉讼证据判例与理论分析》,法律出版社2002年版,第87页。
[2] 参见董坤:《论行刑衔接中行政执法证据的使用》,载《武汉大学学报(哲学社会科学版)》2015年第1期。

特殊情形"。①

我们赞成最高人民法院权威观点所持立场。通常情形下，对于证人证言等言词证据，鉴于此类证据主观性较强以及不同程序权利保障程度不同等特点，应当在案件进入刑事诉讼后由侦查机关重新收集后，才能具有刑事诉讼证据资格；同时，考虑到司法实践中案件情况十分复杂，要将行政机关收集的言词证据一律排除在刑事诉讼之外，也不完全符合我国司法实践的情况。但是，应对可以直接使用的情形作出非常严格的限制，仅限于极为特殊的情形。

本案中，公诉机关用于指控操纵证券市场犯罪的部分证人证言，系由证券监管部门在查办案件过程中收集，之后未经侦查机关重新收集或者转换。法院经综合评判后，将该部分未重新收集的证人证言排除刑事诉讼证据资格，不作为定案的根据。主要考虑是：从证据特点看，证人证言作为言词证据，具有较强的主观性，容易发生变化；从收集程序看，行政机关收集言词证据的程序与侦查机关并不一致，对证人权利的保障程度不同；从该部分证人情况看，侦查机关完全有条件重新收集而未收集，且侦查机关未提供材料证明该部分证人证言已基本满足刑事诉讼中言词证据的取证要求。同时，需要指出的是，虽然该部分证人证言不能作为证据使用，但并未影响到法院对本案操纵证券市场主要犯罪事实的认定。

（三）单次操纵证券市场违法行为所涉金额，应区分情形决定是否累计计入犯罪金额

操纵证券市场案件中，单次操纵证券市场违法行为如何累计计入犯罪金额也是一个重要的行刑衔接问题。虽然本案未直接涉及该问题，但在其他的操纵证券市场犯罪案件中该问题争议较大。《最高人民法院、最高人民检察院关于办理操纵证券、期货市场刑事案件适用法律若干问题的解释》第6条规定，二次以上实施操纵证券、期货市场行为，依法应予行政处理或刑事处

---

① 参见李少平主编：《最高人民法院关于适用〈中华人民共和国刑事诉讼法〉的解释理解与适用》，人民法院出版社2021年版，第200页。

理而未经处理的，相关交易数额或者违法所得数额累计计算。实践中，对于应予行政处理或刑事处理而未经处理存在不同理解，导致单次操纵证券市场违法行为什么情形下能够累计计入犯罪金额存在争议。我们认为，对此可以从以下三个层面加以理解：（1）已经受过行政处罚的单次操纵证券市场行为所涉金额达到入罪标准的，应当依法移送司法机关追究刑事责任，当然计入犯罪金额。（2）单次操纵证券市场违法行为所涉金额尚未达到入罪标准，已受过行政处罚的，一般不累计计算交易数额或者违法所得数额追究刑事责任。（3）单次操纵证券市场违法行为所涉金额尚未达到入罪标准，应予行政处罚而未处罚，且未过行政处罚时效的，应当累计计算交易数额或者违法所得数额追究刑事责任。

【附录】

编写人：李长坤（刑事庭副庭长）

一审裁判文书案号：（2018）沪01刑初13号

一审合议庭成员：李长坤（审判长兼主审法官）、巩一鸣、王瑞方

二审裁判文书案号：（2019）沪刑终110号

2

刑法修正后"公共场所当众猥亵"情节的理解与认定

——张某猥亵儿童案

【案例要旨】

《刑法修正案（十一）》对于猥亵儿童罪中"公共场所当众猥亵"加重处罚情节，增加了"情节恶劣"的限制。根据从旧兼从轻的刑法适用原则，对于公共场所当众猥亵儿童的，应当适用修订后的刑法条文。对于"情节恶

劣"的审查,应当结合公众场所当众和猥亵行为本身,从公共场所的性质、在场人员的数量、猥亵行为手段和法益侵害程度等因素综合认定。

【案情简介】

抗诉机关(原公诉机关):上海市闵行区人民检察院。

上诉人(原审被告人):张某。

被告人张某于本市某游泳馆教授被害人王某(女,未满12周岁)仰泳时,在泳池内数次实施用手触摸被害人王某隐私部位的猥亵行为。案发时游泳馆内有多人在场。

【裁判结论】

一审法院经审理认为,被告人张某作为对未成年人负有特殊职责的人员,为满足淫秽下流的欲望、寻求刺激,利用其教授游泳的身份便利,在公共场所当众猥亵未满12周岁的女童,其行为已构成猥亵儿童罪,遂判决认定张某犯猥亵儿童罪,判处有期徒刑四年六个月。张某不服判决,以其行为在水中实施猥亵,因无人看见不属于在公共场所当众猥亵。检察机关则提起抗诉,认为张某在公共场所当众猥亵儿童,情节恶劣,应在五年有期徒刑以上量刑。

二审法院经审理认为,上诉人张某作为负有特殊职责的人员,利用教授游泳的便利,在公共场所当众对未满12周岁的女童实施猥亵,构成猥亵儿童罪。但本案的猥亵行为主要发生在水下,公然性不突出,猥亵方式、持续时间及所造成的危害后果等未达到情节恶劣的程度。原判对张某在五年有期徒刑以内从重处罚,判处有期徒刑四年六个月,罪刑相当。遂驳回张某的上诉及检察机关的抗诉,维持原判。

【评析意见】

本案的主要争议焦点是,被告人张某的行为是否成立"公共场所当众猥亵"加重情节。第一种意见认为,新法旨在加大对猥亵儿童犯罪的打击力度,依照从旧兼从轻原则,应适用旧法,张某在公共场所当众猥亵儿童,处五年以上有期徒刑。第二种意见认为，新法对"公共场所当众猥亵"加重处罚情节，增加了"情节恶劣"的限制，应属于轻法，故本案应当适用新法。张某利用其游泳教练的特殊身份，在公共场所当众猥亵未满12周岁的儿童，已达情节恶劣的程度，应在五年有期徒刑以上量刑。第三种意见认为，本案应当适用新法，但是张某的猥亵行为未达"情节恶劣"的程度，应当对其在五年以下有期徒刑内量刑。我们同意第三种意见，具体分析如下：

一、新法对于公共场所当众猥亵儿童增加了情节恶劣的限制条件，从法定刑角度比较确属轻法，且适用新法不会轻纵该类犯罪

第一，本案法律适用的分歧主要在于新法和旧法何为轻法。我们认为，新法的立法目的在于严惩猥亵儿童犯罪，但是立法目的上的严惩可以体现为两种方式：一是严密法网；二是加重刑罚。判断处刑较轻主要侧重法定刑的比较，《刑法修正案（十一）》明确列举了猥亵儿童罪加重处罚情节的几种情况，应当理解为侧重以严密法网的方式实现严惩，故不能仅根据《刑法修正案（十一）》严惩猥亵儿童犯罪的立法目的认定新法属于重法，而应结合相关司法解释规定判断何为轻法。

根据《最高人民法院关于适用刑法第十二条几个问题的解释》，"处罚较轻"是指刑法对某种犯罪规定的刑罚即法定刑比修订前的刑法轻；法定刑较轻是指法定最高刑较轻，如果法定最高刑相同，则指法定最低刑较轻；如果刑法规定某一犯罪有两个以上的法定刑幅度，法定最高刑或者最低刑是指具体犯罪行为应当适用的法定刑幅度的最高刑或者最低刑。

《刑法修正案（十一）》对于猥亵儿童罪的修正，不仅调整了量刑，还修订了加重情节及其罪状。具体而言，针对公共场所当众猥亵儿童的行为，相对旧法而言，新法增加了"情节恶劣"的罪状限制，共同作为升格量刑的构成要件，即在公共场所当众猥亵儿童的，旧法直接作为加重情节升格量刑档次，而按照新法规定，在公共场所当众猥亵儿童的，只有达到"情节恶劣"程度的，才升格为加重情节适用五年以上有期徒刑，没有达到"情节恶劣"程度的，在五年以下有期徒刑内量刑。因此，从整体来看，新法属于处罚较轻的法。也有观点认为，依照上述司法解释，在公共场所当众猥亵儿童的行为，没有认定为情节恶劣的，新法的法定最高刑较轻，应当适用新法，认定为情节恶劣的，新法与旧法的法定最高刑相同，根据从旧兼从轻，应当适用旧法。我们认为，鉴于情节恶劣是新法规定的情节，所以不能先根据新法判断是否属于情节恶劣，再来判断应当适用新法还是旧法，而应当基于新法增加"情节恶劣"的罪状限制条件，来认定新法属于轻法。

第二，对于在公共场所当众猥亵儿童的行为，适用新法不会导致对该类犯罪打击不力。《刑法修正案（十一）》一方面，将猥亵儿童犯罪独立规定，提高其法定最低刑，确立了对该类犯罪加大惩处力度的鲜明导向；另一方面，结合司法实践中的具体情况，列举了猥亵儿童犯罪加重情节的具体类型。在《刑法修正案（十一）》出台之前，对于公共场所当众猥亵儿童一律在五年以上有期徒刑量刑是否妥当曾存在争议，认定其他猥亵儿童行为的情节恶劣与否也存在适法不统一情况，《刑法修正案（十一）》正是为了解决上述问题，基于猥亵行为样态各异，在行刑二元制裁体系下，尽可能明确规定各类猥亵儿童行为的量刑档次，严密刑事法网，以实现对不同程度的猥亵儿童行为罚当其罪。对于确属情节恶劣的公共场所当众猥亵儿童行为，新法仍然规定了五年以上有期徒刑的法定刑，完全可以实现从严打击猥亵儿童犯罪的立法目的。

二、认定公共场所当众猥亵儿童应把握实质法益侵害，谨慎适用扩大解释

第一，从文义解释看，"公共场所"指公众从事社会生活的各种场所，具有公用性的特点。"当众"指当着众人的面，具有公然性的特点。"公共场所当众实施"，一般是指在车站、街道及其他不特定人员可以随意进出、使用的场所，当着其他在场人员的面实施性侵犯罪，这是对"公共场所当众实施"的最狭义理解，但是从司法实践中的具体情况来看，有些犯罪嫌疑人在公共场所利用其他物品遮挡而对未成年人实施性侵，社会危害性巨大，若仅因其他人没有看到就不对该类行为认定为"公共场所当众实施"加重处罚，明显会轻纵犯罪，无法实现保护未成年人的立法目的。正是基于上述考虑，两高两部《关于依法惩治性侵害未成年人犯罪的意见》第23条对"当众"作了适当的扩大解释：只要有其他多人在场，不论在场人员是否实际看到，均可依法认定为在公共场所"当众"。[①]

第二，对于"当众"的扩大解释不能突破法条的涵摄范围。鉴于"当众"字面含义为"当着众人的面"，对于"当众"进行解释时不能突破上述文意解释的涵摄范围，而且"公共场所当众"作为加重处罚情节，扩大解释应当持审慎态度，因此对于"当众"的理解，虽然不要求在场人员实际看到，但至少在空间层面，被告人实施犯罪的犯罪地点在在场人员视力所及范围之内，即被告人的犯罪行为要具备随时可能被看见或被发现的可能性。据此，在多人在场的公共场所通过身体遮挡或在水中等隐蔽实施的犯罪行为，仍然具备被在场人员发现或感知的可能性，不能以行为隐蔽即作为否定"当众"的理由。

具体到本案，涉案公共游泳馆是具有公用性的公共场所；张某在泳池教授被害人游泳时伺机触摸被害人隐私部位，尽管张某可能认为自己的行为不会被他人发觉，但"当众"不是以行为人的主观认识为判断标准，而是一种客观评价。[②] 泳池内及现场岸边有十余名人员，具备随时看见或发现张某行为的可能，故本案应认定为在公众场所当众猥亵。

三、认定"情节恶劣"应当根据公共场所性质、在场人员数量、行为严重程度等综合判断

"情节恶劣"的判断应以其侵害法益的程度为标准。结合刑法基本理论和法条文字表述，"在公共场所当众猥亵儿童，情节恶劣的"其中的"情节恶劣"，应包括两个方面的考量：既有对"公共场所当众"的评价，也有对"猥亵"行为本身的评价。

第一，认定"公共场所当众"情节恶劣的程度，应围绕其法益侵害程

[①] 该内容已被《关于办理性侵害未成年人刑事案件的意见》第18条吸收。
[②] 参见高景惠：《在公共场所当众猥亵儿童的罪与罚》，载《中国检察官》2015年第11期，第9页。

度的大小,以公共场所的性质、在场人员的数量、被在场人员实际感知或被感知到的可能性大小等作为情节恶劣程度的重要考量因素。一是公共场所为未成年人日常活动场所的,情节更恶劣。如在学校对未成年人实施猥亵,将对其心理造成更严重的伤害,甚至可能使未成年人对学校感到恐惧和排斥,影响其学习和成长。二是在场人员越多,情节越恶劣。在场人员的数量越多,势必对被害人的心理伤害越大,造成的社会影响也越恶劣。三是行为的公然性越突出也即被感知或被发现的可能性越高,情节越恶劣。行为越肆意反映行为人主观恶性越大,同时可能对被害人造成的身心伤害越大,社会影响越恶劣。

第二,认定"猥亵行为"情节恶劣的程度,应综合考量猥亵手段、针对的身体部位性象征意义的大小、持续时间长短、对被害人身心伤害大小、对社会风尚的冒犯程度等因素。[①] 具体而言,侵犯部位的性象征意义越强、对被害人身体的强制程度越大、猥亵的手段越恶劣、侵害持续的时间越长、危害后果(对儿童身心伤害、社会影响等)越大,情节恶劣的程度越重。其中猥亵的环境(如公共场所当众)、行为的主体(如特殊职责人员)、侵害的对象(如未满12周岁儿童)等均是危害后果的评价因素,在综合考量猥亵行为情节恶劣与否时,不能简单地对上述情节进行叠加,还应注意避免上述情节既作为入罪情节、从重情节,又作为加重处罚情节重复评价。

具体到本案,张某作为特殊职责人员,在公共泳池教授未满12周岁的被害人游泳过程中,伺机触摸被害人隐私部位。一方面,此种猥亵行为强制性弱、持续时间短,较为轻微。另一方面,行为产生的实际危害后果相对较小,未对儿童造成身体伤害和较大的心理伤害,且猥亵行为主要发生在水下因隐蔽而实际无他人发现,造成的社会不良影响较小。综上,可以认定本案属于在公共场所当众猥亵儿童,但未达"情节恶劣"的加重处罚程度。

[①] 参见于书祥:《猥亵儿童案——从罪刑相适应的角度准确认定"在公共场所当众猥亵"》,载《刑事审判参考》第114集,中国法律出版社2019年版,第65页。

【附录】

编写人：周婧（刑事庭法官助理）

一审裁判文书案号：（2021）沪0112刑初456号

二审裁判文书案号：（2021）沪01刑终1413号

二审合议庭成员：郭震（审判长兼主审法官）、陈捷、于书生

3

认罪认罚案件检察机关庭后单方调整量刑建议的审查方式

——陆某猥亵儿童案

【案例要旨】

认罪认罚案件中，检察机关庭后单方调整量刑建议的，调整后的量刑建议不属于认罪认罚量刑建议，而属于新的普通量刑建议，法院可以视为检察院没有调整认罪认罚量刑建议，直接依法判决。一审法院在判决前未另行听取被告人及辩护人意见，二审法院不宜简单以程序违法发回重审，而应综合考虑控辩双方在一审庭审中有无围绕量刑充分发表意见、上诉人及辩护人就量刑所提意见有无实质变化、一审量刑是否适当等进行裁判。

【案情简介】

上诉人（原审被告人）：陆某。

被告人陆某因在本市某酒店房间内对被害人沈某（女，13周岁）实施猥亵行为，被公安机关抓获。审查起诉阶段，陆某与检察机关签署认罪认罚具结书，检察机关提出的量刑建议为一年十个月有期徒刑。一审法院经审查认为，该案量刑建议相较同类案件的裁判标准存在量刑畸轻的情形，属于量

刑建议明显不当，遂告知检察机关调整量刑建议。检察机关庭后书面调整量刑建议为三年有期徒刑，但未重新听取被告人及辩护人的意见，被告人也未重新签署认罪认罚具结书。

【裁判结论】

一审法院经审理认为，被告人陆某猥亵儿童，其行为已构成猥亵儿童罪。被告人陆某自愿认罪，可酌情从轻处罚。一审法院遂判决认定被告人陆某犯猥亵儿童罪，判处有期徒刑三年。一审判决后，被告人陆某认为检察机关调整量刑建议和一审法院加重量刑均未告知被告人及其辩护人，剥夺了其知情权与辩护权，导致量刑过重，遂提出上诉。

二审法院经审理认为，上诉人陆某猥亵儿童，其行为已构成猥亵儿童罪。原审判决定性正确。关于上诉人陆某的上诉意见，二审法院认为原审庭审时就起诉指控的犯罪事实和证据充分听取各方意见，系在各方认可的犯罪事实基础上，根据陆某的犯罪性质、情节、社会危害程度等，对其所作处罚在法律规定的幅度之内，量刑亦无不当。遂驳回上诉，维持原判。

【评析意见】

本案的争议焦点是检察机关于庭审结束后单方面从重调整量刑建议，法院未就新的量刑建议另行听取被告人及其辩护人意见，是否应认定为程序违法并发回重审。第一种观点认为，《最高人民法院、最高人民检察院、公安部、国家安全部、司法部关于适用认罪认罚从宽制度的指导意见》（以下简称《两高三部指导意见》）规定，法院认为量刑建议明显不当的，应当告知检察机关，检察机关可以调整量刑建议。本案原审法院采纳调整后的量刑建议依法裁判，并无不当。第二种观点认为，本案被告人系基于较轻量刑建议签署的认罪认罚具结书，并在此基础上参加庭审并发表意见，检察机关从重调整量刑建议后，原审法院应当听取被告人及其辩护人的意见，以充分保障其辩护权。本案原审法院没有听取意见径直裁判，在一定程度上限制了被告人的辩护权，应当发回重审。第三种观点认为，检察机关庭后单方面调整量刑建议，调整后的量刑建议不再属于认罪认罚案件中的量刑建议，法院可以视为检察机关没有调整认罪认罚量刑建议，而是提出新的普通量刑建议，法院依法判决前没有另行听取被告人及辩护人意见的，二审应当结合原审庭审程序中控辩双方是否就量刑充分发表意见、上诉人在二审期间的意见有无变化等情况，全面审查原审法院是否充分听取并在裁判中考虑了上诉人及辩护人的意见，对于上诉人及辩护人已经充分行使辩护权且原审定罪准确、量刑适当的，不宜简单以程序违法发回重审。我们同意第三种意见，主要理由如下：

一、控辩协商是认罪认罚案件量刑建议的基础，缺少控辩合意的量刑建议不是认罪认罚量刑建议

认罪认罚案件的量刑建议不同于非认罪案件中检察机关单方面提出的量刑建议，它是对控辩协商结果的固定，无论是作出量刑建议还是调整量刑建议，均应建立在控辩协商的基础之上，即检察院均需充分听取被告人及其辩护人的意见，检察机关单方面调整的量刑建议不应视为承载控辩协商结果的认罪认罚量刑建议。

第一，从认罪认罚量刑建议的性质来看，认罪认罚从宽制度以双方协商一致为基础。认罪认罚量刑建议和认罪认罚具结书是一体两面的关系，均是对控辩双方协商结果的固定。可以说，认罪认罚案件的量刑建议是检察机关对犯罪嫌疑人作出的承诺，具结书是犯罪嫌疑人自愿认罪认罚的承诺。一方面，检察机关应当受认罪认罚量刑建议约束，不得随意更改量刑建议，不能认为仅有被告人受认罪认罚具结书约束，否则就会动摇认罪认罚从宽制度的公平根基。[①] 另一方面，认罪认罚量刑建议与检察机关单方面提出的量刑建议在产生程序和法律效力方面均存在区别，检察机关在认罪认罚案件中更改量刑建议的，其调整也应包含协商程序。最高人民检察院发布的《人民检察院办理认罪认罚案件开展量刑建议工作的指导意见》（以下简称《量刑建议工作指导意见》）第 33 条亦规定，检察机关在开庭审理前或者休庭期间调整量刑建议的，应当重新听取被告人及其辩护人或者值班律师的意见。

---

① 马明亮：《认罪认罚从宽制度中的协议破裂与程序反转研究》，载《法学家》2020 年第 2 期，第 118-132 页。

第二，法院对于检察机关单方面调整形成的量刑建议，并不承担就该量刑建议询问被告人意见的义务。有观点认为，检察机关在认罪认罚案件庭审结束后，调整量刑建议且没有听取被告人意见的，为推进认罪认罚程序的适用，法院应将调整后的量刑建议告知被告人并询问其是否愿意就此签署认罪认罚具结书。我们认为，这种观点并不妥当。在认罪认罚案件中，法院行使量刑权的方式与不认罪案件存在明显差异，即法院应侧重于对检察机关量刑建议的适当性进行审查，以检察机关作出量刑建议的依据和过程为审查对象，在此基础上考量量刑建议是否适当。换言之，法院审查的侧重点是判断认罪认罚具结书是否为自愿签署，以及案件事实是否清楚、罪名认定是否准确、量刑建议是否适当。法院居中裁判的地位决定了其不宜主动介入认罪认罚的协商和认罪认罚具结书的签署过程，否则不仅会出现法院既当运动员又当裁判员的不合理情况，也有违认罪认罚案件促进繁简分流、提升诉讼效率的改革目的。

第三，检察机关单方面调整量刑建议，法院可以视为检察机关没有调整认罪认罚量刑建议而直接依法裁判。《两高三部指导意见》明确，法院经审理认为量刑建议明显不当的，应当告知检察机关进行调整，检察机关可以调整量刑建议。检察机关不调整或调整后仍然明显不当的，法院应当依法作出判决。根据该规定，检察机关在法院提出量刑建议明显不当时，有调整和不调整两个选项，法院可以根据检察机关是否调整以及调整后量刑建议是否明显不当，分别采取采纳或依法判决的处理方式。虽然上述规定没有明确写明检察机关调整量刑建议需要听取被告人的意见，但是如前所述，根据认罪认罚量刑建议应具有的固定控辩双方合意的功能性要求，调整量刑建议同样应适用提出量刑建议的相关规定，即"充分听取犯罪嫌疑人、辩护人或者值班律师的意见，尽量协商一致"。同时后续《量刑建议工作指导意见》亦已补充听取被告方意见的程序要件。

因此，检察机关单方面调整量刑建议，被告人未重新签署认罪认罚具结书的，既未做到充分协商，也未能固定协商结果，不能认为检察机关是对认罪认罚量刑建议作出的调整，只能视为该认罪认罚案件中检察机关未调整认罪认罚量刑建议，法院应依法判决，检察机关提出新的量刑建议与不认罪案件中的量刑意见具有相似性，对法院仅具有参考价值。需要明确的是，就本案而言，原审法院在充分听取意见、全面查明事实的基础上，按照类案的量刑规则，作出三年有期徒刑的裁判结果，虽然与检察机关调整后的量刑意见结论一致，但该判决并非对检察机关新量刑意见的直接采纳，而是综合考量后依法裁判的结果。

二、法院认为认罪认罚量刑建议明显不当，可以依法判决，判决前未另行听取被告人及辩护人意见，并不必然因程序违法而发回重审

根据《刑事诉讼法》的规定，法院认为认罪认罚量刑建议明显不当的，法院应当依法判决，但是刑事诉讼法及解释并没有规定具体程序。有学者认为法院不采纳认罪认罚量刑建议应当事先告知控辩双方，解释原因并听取控辩双方意见，[①] 有学者提出不采纳认罪认罚量刑建议就不能适用以被告人认罪认罚为基础的简易程序、速裁程序，[②] 也有学者提出法院应当注意在庭审中听取控辩双方发表的意见，[③] 但是该观点仅适用于法院经庭前阅卷认为认罪认罚量刑明显不当的情况。我们认为，法院依法裁判要把握的原则是——既要尽量不因径行裁判导致抗诉或者上诉，造成浪费司法资源，也要避免审理程序过于复杂，导致降低审判效率。

第一，法院在庭审前通过阅卷认为认罪认罚量刑建议明显不当，检察院不同意调整，或者被告人及其辩护人因不同意调整后的量刑建议而未签署认罪认罚具结书的，为稳妥起见，法院应当将案件作为非认罪认罚案件对待，不应适用速裁程序。

第二，法院在庭审中发现认罪认罚量刑建议明显不当而要求检察院调整，检察院不调整，或者出庭检察员虽然认可法院意见但是被告人及辩护人提出异议的，《量刑建议工作指导意见》规定检察院可以建议法庭休庭，再

[①] 马明亮：《认罪认罚从宽制度中的协议破裂与程序反转研究》，载《法学家》2020年第2期，第118-132页。
[②] 周新：《法院审理认罪认罚案件疑难问题研究》，载《法学论坛》2022年第1期，第140-149页。
[③] 杨立新：《认罪认罚从宽制度理解与适用》，载《国家检察官学院学报》2019年第1期，第51-61页。

次听取被告人及辩护人意见后再决定是否调整。我们认为，对于这种情况，可以分为以下几种情形处理。一是适用速裁程序开庭的，有必要休庭转换审理程序，因为在被告人及其辩护人不同意调整认罪认罚量刑建议的情况下，法院不采纳认罪认罚量刑建议，意味着被告人仅认罪不认罚，不属于认罪认罚，不能适用速裁程序。二是适用简易程序开庭的，鉴于简易程序以认罪为程序分流点，速裁程序以"认罪认罚"为程序分流点，① 故即使被告人及辩护人不同意调整后的量刑建议，但只要被告人仍认罪且同意适用简易程序的，就可以继续适用简易程序，但需要充分保障被告人及其辩护人对于量刑发表意见的权利。三是适用普通程序开庭的，可以继续审理，要注意充分听取控辩双方对于量刑的意见。

第三，法院在庭后认为认罪认罚量刑建议明显不当而要求检察院调整，检察院明确表示不调整，或者检察院认可法院意见但被告人及其辩护人提出异议而不签署认罪认罚具结书的，法院如何处理应当根据具体情况判断。

法院拟判处的刑罚轻于认罪认罚量刑建议的可以直接宣判。鉴于拟判处刑罚轻于认罪认罚量刑建议，有利于被告人，通常不会出现被告人及其辩护人对此提出异议的情况，所以无须再次开庭或者听取被告人及辩护人意见，而且已经告知检察院且检察院明确表示不调整，所以无须再次听取检察院意见，即便是没有告知检察院，鉴于"告知"仅是工作要求，并非形式上的刚性要求，故亦不属于程序违法。②

法院拟判处的刑罚重于认罪认罚量刑建议的，需要平衡好保障被告人权利和提高审判效率的关系。首先，该类案件并非必然需要再次开庭。根据《最高人民法院关于适用〈中华人民共和国刑事诉讼法〉的解释》（以下简称《刑事诉讼法解释》）的规定，法院变更检察机关指控罪名的，为保障被告人的辩护权，应当听取控辩双方的意见。罪名变更意味着犯罪事实及定性的实质性调整，即便该类调整依法也仅需要听取控辩双方意见，

---

① 最高院刑一庭课题组：《刑事诉讼中认罪认罚从宽制度的适用》，载《刑事审判参考》第127辑，第204-220页。

② 杨立新：《认罪认罚从宽制度中量刑建议问题的理解和把握》，载《刑事审判参考》第127辑，第221-236页。

而非重新开庭,故在没有新量刑事实的情况下对量刑结果的调整,仅是基于控辩双方认可的量刑事实适用刑法并确定宣告刑,更不必然需要再次开庭。其次,在庭审过程中被告人及其辩护人未针对量刑充分发表意见的,宜尽量提审被告人、询问辩护人意见。再次,确因客观原因,无法提审被告人或者听取辩护人意见的,可在宣判前补充开庭,若被告人及其辩护人并未提出新的事实和意见,可以按照既定安排宣判,若被告人及其辩护人提出新的事实和意见,应当再次进行合议庭评议。最后,对于该类案件,应当在裁判文书中讲明不采纳认罪认罚量刑建议的理由,充分说理。此外,若一审法院没有另行听取被告人及辩护人意见,二审法院也不宜直接以程序违法为由发回重审,而应综合审查一审庭审中控辩双方是否就量刑问题充分发表了意见、上诉人及其辩护人关于量刑提出的辩解与意见有无实质性变更或补充等情况认定原审法院是否充分听取了辩方意见,是否因遗漏辩方意见影响案件公正审理的情况。

综上,本案中,原审法院在审理过程中通过听取各方意见及对类案裁判规则进行综合衡量,发现检察机关所提一年十个月有期徒刑的量刑建议与同类案件的处理明显不一致,属于量刑建议明显不当的情形,在庭后告知检察机关进行调整。检察机关提出三年有期徒刑的量刑建议,但未充分听取被告人及辩护人的意见,未形成新的量刑协商结果,不能视为固定量刑协商结果的认罪认罚量刑建议,只能视为非认罪认罚案件的量刑意见。因此应当认为本案中检察机关未调整认罪认罚量刑建议,法院可以依法裁判。原审法院采用普通程序审理该案,庭审中已经就量刑问题充分听取各方意见,并在查明案件全部事实的基础上作出判决,且上诉人及辩护人在二审期间就量刑所提意见与原审相同,可以认定原审法院已经听取了辩方意见,并未因忽视辩方意见、限制辩护权导致审判不公正,二审法院在定罪准确、量刑适当的情况下,可以维持原判。

【附录】

编写人:张金玉(刑事庭审判长)、陈光锋(刑事庭审判员)
一审裁判文书案号:(2021)沪 0117 刑初 600 号

二审裁判文书案号：（2021）沪 01 刑终 959 号

二审合议庭成员：张金玉（审判长）、邬小骋、陈光锋（主审法官）

4

交通肇事转化的故意杀人罪中主观罪过形式的认定

——谢某某故意杀人案

【案例要旨】

行为人在发生交通事故后，实施了碾轧、拖挂、逃逸或将被害人带离事故现场隐藏或遗弃等行为，致使被害人死亡的，构成交通肇事转化的故意杀人罪；在整个犯罪过程中，行为人的主观罪过形式是从过失向故意转化。人民法院应结合主观上的认识因素、意志因素及其客观上的行为来综合判断行为人的主观罪过形式，坚持主客观一致的基本原则。

【案情简介】

上诉人（原审被告人）：谢某某。

原公诉机关：某市 P 区人民检察院。

2017 年 8 月 9 日凌晨，原审被告人谢某某酒后超速驾车，未按操作规范安全驾驶，造成所驾驶轿车正面与被害人所驾驶的电动自行车后侧相撞。碰撞发生后，谢某某未下车查看，先后两次踩油门继续向前行驶，但因被害人卡在车辆底盘处而未果，后谢某某又踩油门倒车，摆脱后驾车逃离现场。被害人后经送医抢救无效死亡。经鉴定，被害人符合道路交通事故致严重胸部、腹部损伤死亡。经交警部门认定，原审被告人谢某某承担事故全部责任。

【裁判结论】

一审法院原审认为，被告人谢某某酒后驾驶机动车辆，违反交通运输管理法规，发生重大事故，致一人死亡，负事故全部责任，其行为已构成交通肇事罪，判处有期徒刑一年六个月。判决生效后，检察机关认为原审判决认定的事实错误、定性不当、量刑畸轻，故提出抗诉。一审法院经指定再审后认为，被告人谢某某碾轧被害人的行为与被害人的死亡结果具有因果关系，其行为已构成故意杀人罪。故撤销原审判决，改判有期徒刑七年六个月。再审一审判决后，谢某某认为其行为不构成故意杀人罪，遂提起上诉。

二审法院认为，谢某某酒后驾车发生交通事故，在明知受害人可能在其车底，放任碾轧行为可能导致被害人死亡的结果发生，仍为逃避处罚而前后挪车驶离事故现场，具有主观上的间接故意；客观上谢某某实施了对被害人进行反复碾轧的行为，且被害人在急救人员到达现场时仍有心跳，谢某某反复碾轧被害人的行为与被害人的死亡结果之间具有直接因果关系，故谢某某的行为符合故意杀人罪的犯罪构成，其行为构成故意杀人罪，遂裁定驳回上诉，维持原判。

【评析意见】

我国刑法通说认为交通肇事罪的主观罪过形式仅限于过失，而交通肇事转化的故意杀人罪的主观罪过形式理应是故意。本案的争议焦点在于谢某某在发生交通事故后为逃离现场而前后挪车碾轧被害人并导致被害人死亡的行为是否构成交通肇事转化的故意杀人罪，谢某某的主观罪过形式是否构成放任被害人死亡的间接故意。以下将对交通肇事转化为故意杀人罪的定性问题展开探讨。

一、交通肇事转化为故意杀人罪案件的常见情形

（一）辗轧或拖挂行为致人死亡的

行为人在发生交通事故后，明知被害人在车辆底部或挂在自己车上，仍

出于逃跑或其他目的，希望或放任被害人被自己所驾驶的机动车辗轧和拖拉，导致被害人死亡的，可能构成转化的故意杀人罪。在这种情形下，行为人驾车逃逸过程中的辗轧或拖挂行为同时也是故意杀人的实行行为。如果行为人是出于杀人灭口的目的故意进行辗轧或拖挂的，则应直接依照故意杀人罪定罪。但在多数情况下，行为人会辩解自己并不知道被害人的位置，那么如何认定行为人是否"明知"将是定罪处罚的关键环节。在本案中，谢某某在发生交通事故后，未下车查看，先后两次踩油门继续向前行驶，但因被害人卡在车辆底盘处而未果，后谢某某又踩油门倒车，摆脱后驾车逃离现场。谢某某到案后供述自己感觉到被害人可能在自己车底下，但为了逃避酒后驾驶的处罚，想方设法挪车驶离事故现场。因此，谢某某明知自己前后挪车的行为可能导致被害人受伤或死亡，仍然放任这种结果的发生，主观上符合间接故意的构成要件。

(二) 逃逸行为致人死亡的

行为人在发生交通事故后，在有能力履行救助被害人的义务而不履行的情况下，通过单纯逃逸的不作为方式希望或放任被害人死亡结果发生的，可能构成转化的故意杀人罪。在这种情形下，行为人先前的交通肇事行为导致被害人处于危险状态，且存在重伤或死亡的可能性，即存在先前行为引起的救助义务。《道路交通安全法》第70条亦规定了车辆驾驶人具有抢救受伤人员的法定救助义务。从客观行为来看，行为人具有救助被害人的义务且在具备救助能力的情况下实施逃逸行为，没有履行相应义务。行为人的逃逸行为实际上是不履行特定义务的"不作为"，造成被害人死亡结果的发生，两者之间具有刑法上的因果关系，符合不作为的故意杀人行为特征。从主观心态来看，行为人明知不救助被害人可能会导致死亡结果的发生，但其为逃避罪责而希望或放任被害人死亡，致使被害人因无法及时得到救助而死亡的，其主观心理状态已明显从交通肇事发生时的过失转变为对被害人死亡结果发生时的故意。

(三) 隐藏或遗弃行为致人死亡的

行为人在发生交通事故后，将被害人带离事故现场并隐藏或遗弃在其他地方，导致被害人因无法及时得到救助而死亡的，可能构成转化的故意杀人罪。《最高人民法院关于审理交通肇事刑事案件具体应用法律若干问题的解释》第6条[①]也对该情形作出了明确的规定，但强调被害人死亡结果应当与行为人隐藏或遗弃行为之间存在因果关系。在这种情形中，行为人的主观心态存在直接故意的可能，即行为人通过隐藏或遗弃在偏僻地方甚至私人空间中，希望被害人因无法得到救助而死亡；也存在间接故意的可能，即行为人出于害怕交通事故被人发现、不想负担高额的赔偿金、不想受到法律责任的追究等原因而实施隐藏或遗弃行为，但并不希望也不阻止被害人因此而死亡。同单纯的逃逸行为不同，由于行为人将被害人带离现场导致被害人所处的现实环境发生了变化，被救助的可能性也发生了变化。那么对于行为人主观心态的认定就不能单纯以其心理状态为标准，还要具体考虑被害人的受伤程度，放置被害人的时间、场所、天气等客观情况。[②]

二、主观罪过形式的认定因素

我国刑法理论对于主观罪过形式的审查一般分为认识因素和意志因素两个方面。在认识因素方面，主要审查行为人对于危害行为及产生结果的认知程度；在意志因素方面，主要审查行为人对于危害结果的心理态度。

(一) 认识因素方面

行为人的认识并不是一种单纯的主观心理，而是通过反映客观危害社会行为表现出来的意志倾向，认识因素的成立以客观危害社会行为的存在为前

[①] 《最高人民法院关于审理交通肇事刑事案件具体应用法律若干问题的解释》第6条：行为人在交通肇事后为逃避法律追究，将被害人带离事故现场后隐藏或者遗弃，致使被害人无法得到救助而死亡或者严重残疾的，应当分别依照刑法第二百三十二条、第二百三十四条第二款的规定，以故意杀人罪或者故意伤害罪定罪处罚。

[②] 参见李文峰：《交通肇事罪研究》，中国检察出版社2008年版，第204页。

提。① 在交通肇事转化的故意杀人罪中，以存在辗轧和拖挂情形为例，从认识因素的角度来判断行为人的主观罪过形式。

其一，要判断行为人是否"知道"或"应当知道"被害人的存在和位置。如果行为人"无法知道"被害人的存在，那就自然不能构成故意犯罪。"知道"一般直接表现为行为人清楚地知道被害人的存在和位置。本案中，谢某某在发生交通事故后虽未下车查看，现场也没有其他人员，但其自己在多次供述中承认"感觉到人在车底下""电动车或者骑车人有可能卡在车下"，故谢某某对于自己辗轧被害人的行为应当属于"知道"。而"应当知道"是一种推定的"知道"，即使行为人辩解不知道被害人的存在和位置，但凭借一些客观条件可以形成一种肯定性的判断，表现为在交通事故发生后，行为人曾下车查看情况、被害人自己有呼救行为、同车人员或现场其他人员提醒过。

其二，要判断行为人是否明知辗轧或拖挂行为"会"造成被害人死亡的结果，包括"必然会"和"可能会"两种情形。"必然会"发生是指行为人根据交通事故发生时的具体情境和形势，认识到事态的发展只有一种可能性趋势，即被害人死亡结果的发生。但这并不意味着发生概率是百分之百，而应当理解为是一种高度或极大的可能，需要结合行为人的认识程度和事物发展的客观规律来综合认定。"可能会"发生则是指行为人认识到事态的发展存在多种可能性趋势，而不同趋势的发生可能性也有大小之分。在本案中，谢某某已经认识到被害人可能卡在车底下，且可能性较大。谢某某具有十几年的驾驶经验，应当知道前后挪车行为很大可能会辗轧到被害人，对其生命健康造成进一步的伤害，甚至出现死亡结果，即谢某某能够认识到自己的前后挪车行为可能碾轧到被害人以及辗轧行为可能会导致被害人死亡结果的发生。

(二) 意志因素方面

在犯罪故意中，意志因素一般分为希望与放任两种态度，也是区分直接

---

① 参见张蔚伟：《犯罪故意认识因素研究》，知识产权出版社2016年版，第36页。

故意和间接故意的关键要素。在交通肇事转化的故意杀人罪中，以碾轧或拖挂情形为例，从意志因素的角度来讨论行为人的主观罪过形式。行为人在明知发生交通事故且认识到可能存在碾轧或拖挂的情况后仍挪车进行逃逸，行为人的心理态度认定为是故意一般是没有异议的。对于被害人死亡结果的发生，行为人的心理态度需要有希望或放任的故意，否则应构成交通肇事罪。行为人在交通肇事后一般是出于逃避法律责任和法律义务的目的才逃逸的，即行为人害怕遭受刑事责任的追究及不愿承担对被害人的赔偿义务。在现实生活中，存在许多行为人希望被害人死亡的案例，即行为人对于被害人的死亡结果是持有希望的直接故意。究其原因，主要包括被害人的死亡能够减少自己被抓的可能性，宁愿承担被害人死亡的丧葬费、抚恤费等而不愿承担高额的医疗费等，甚至存在被害人刚好是仇人的个别情况。而在行为人放任被害人死亡结果发生的情况下，行为人的主要目的在于逃离事故现场，被害人的死亡只是伴随逃逸行为而发生的，但并不是行为人想要追求的结果。本案中，谢某某在发生交通事故后，害怕自己会因酒后驾车被拘留而急于逃离现场。在逃离的过程中，谢某某明知被害人可能在车底下，仍然不顾被害人可能会被碾轧的危险而前后挪车。虽然谢某某前后挪车的目的在于驾车逃离现场而不在于伤害被害人，但其明知其前后挪车碾轧行为可能会导致被害人死亡的发生，仍然放任这种结果的发生。也就是说，谢某某在逃逸过程中既不追求也不阻止被害人死亡结果的发生，持有的是一种放任的意志态度，应当认定其具有间接故意的主观罪过形式。

三、其他需要注意的问题

（一）主观心理态度的变化

犯罪往往是一个复杂变化的过程，行为人的主观罪过形式也有可能发生变化，主要体现在主观心理态度的变化。无论是交通肇事罪，还是交通肇事转化的故意杀人罪，都需关注行为人主观心理态度的变化情况。在交通肇事罪中，交通肇事的行为人经常存在酒后驾驶、吸食毒品后驾驶、无证驾驶或超载驾驶等违反交通管理法规的行为，其明知违章驾驶行为会遭到法律追究,但出于侥幸心理,对自己违章驾驶行为采取放任的心理态度,最终发生交通事故,行为人对于交通事故的发生持有过失的心理态度。而交通肇事转化的故意杀人罪的犯罪过程一般可以分为两个阶段:一是先前的交通肇事行为,行为人主观心理态度的变化如前文所述;二是后续的其他实施行为,包括前述碾轧、拖挂、隐藏或遗弃等,行为人对于后续行为会导致危害结果发生的心理态度应当是故意的。本案中,谢某某的犯罪过程可以分为两个阶段:第一个阶段是谢某某因操作失误导致了交通事故,对被害人实施了碰撞行为,此时谢某某应当是过失的心理态度;第二个阶段是谢某某为逃离现场而前后挪车,在预测到被害人可能是在车底下时,仍对被害人实施了碾轧行为,此时谢某某的心理态度应当是放任的故意。故,谢某某的主观心理态度由原先的过失变化成放任的故意。

(二) 一罪和数罪的认定

我国刑法理论一般以犯罪构成决定犯罪个数,行为人的主观罪过形式也是区分一罪和数罪的一个重要标志。在司法实践中,行为人违反交通运输管理法规导致发生重大交通事故,行为人主观上是过失的心理态度,通常按交通肇事罪一罪定罪处罚。如果行为人在交通事故发生后,采取了包括碾轧、拖挂、逃逸以及隐藏、遗弃等其他行为,此时行为人的主观态度有可能发生了转变,由原先的过失转变为明显的故意,此时应结合客观行为与危害结果之间的因果关系来判断是否构成故意杀人罪或故意伤害罪。但是,如果行为人先前过失引起的交通肇事行为已经达到了犯罪的程度,且后续故意实施的其他行为亦符合故意杀人或伤害罪的构成要件,则应实行数罪并罚。比如,行为人在先前的交通肇事行为造成一人死亡、一人重伤的严重后果后,为了逃避法律责任的追究,又将死亡和重伤的两位被害人都带离事故现场后隐藏或遗弃,致使重伤的那位被害人因无法得到救助而死亡或者严重残疾。①

综上所述,本案中谢某某在与被害人发生碰撞后,在明知前后挪车可能会发生被害人死亡的结果的情况下,仍然实施碾轧行为并放任危害结果发生,主

---

① 参见李文峰:《交通肇事罪研究》,中国检察出版社 2008 年版,第 162 页。

观上具有放任的间接故意。客观上，根据急救病例记载救护车到达事故现场时被害人仍有心跳，这就意味着被害人在被碰撞、碾轧后并未立即死亡。并且根据司法鉴定书证实被害人符合交通事故致严重胸部、腹部损伤死亡。从因果关系来看，谢某某对于被害人的碰撞行为和碾轧行为共同导致了被害人的死亡，即碰撞行为和碾轧行为与被害人死亡结果之间均具有因果关系。基于"禁止重复评价"的刑法基本原则，谢某某的行为应当构成故意杀人罪一罪。

【附录】

编写人：翁永强（申诉审查及审判监督庭法官助理）

原一审裁判文书案号：（2017）沪0115刑初3991号

再审一审裁判文书案号：（2021）沪0115刑再1号

再审二审裁判文书案号：（2021）沪01刑再8号

再审二审合议庭成员：易金淼（审判长兼主审法官）、薛惠君、丁正阳

5

运用客观证据认定被告人作案动机的审查方法

——鲍某抢劫案

【案例要旨】

犯罪动机、目的等主观要素是存在于行为人内心的活动或状态，对该类事实的认定，应遵循"主观见诸客观"的认识规律，即运用客观事实进行综合推定。在推定作案动机和目的时，应对客观证据进行全面、完整把握，不能仅依据部分事实进行推定。认定时不能轻信被告人的供述和辩解，要通过审慎审查对供述和辩解去伪存真。为确保结论认定的可靠性，运用客观证据推定时应遵循经验法则，并适度公开推定的过程和理据。

【案情简介】

公诉机关：上海市人民检察院第一分院。

被告人：鲍某。

2018年8月，欠下巨额赌债的鲍某（男）到上海找工作，在刚认识的网友朱某（男）住处借住数日，并获知其工作和收入等信息。10月13日，鲍某来到被害人朱某住处，敲门进入房间，后用案发地的拖线板电线勒死朱某。为掩盖犯罪事实，鲍某使用案发地物品肢解被害人尸体并抛尸。鲍某从案发现场取走被害人手表、手机、手包等物，用剪下的被害人手指解锁手机但未成功，后破解密码并将被害人手机绑定银行卡中的9万余元转入自己账户。被害人室友报案后，公安机关于次日将鲍某抓获。

【裁判结论】

一审法院认为，在案证据表明被告人鲍某作案前经济拮据，欠有巨额赌债，具有现实的劫财作案动机。鲍某客观上实施了杀人、劫财的行为，从其为解锁被害人手机而特意剪下被害人手指等行为来看，足见其劫财犯意坚决。被告人鲍某系采用暴力方法劫取他人财物，数额巨大，应构成抢劫罪，且其犯罪后果极其严重，犯罪手段极其残忍，犯罪情节极其恶劣，主观恶性极大，依法应予严惩。遂以抢劫罪判处鲍某死刑，剥夺政治权利终身，并处没收个人全部财产。一审判决后，被告人鲍某不服提出上诉，认为其不构成抢劫罪，其系因被害人欲对其性侵而杀害被害人，原判量刑过重。

二审法院认为，上诉人鲍某作案前经济拮据并欠有外债，其在向他人表明过抢劫意图后数日内实施了杀害、劫财行为，系以暴力方法劫取他人财物，数额巨大，应构成抢劫罪。原判定性准确、量刑适当，诉讼程序合法，遂驳回上诉、维持原判，并依法报请最高人民法院核准。

【评析意见】

本案定性的关键在于如何认定被告人鲍某的作案动机和目的。本案中，鲍某在到案后始终辩称，其之所以杀害被害人是因为被害人欲对其实施性侵，但其供述的动机存在前后矛盾和与其他事实不符的情况。对此，一种观点认为，本案应当定故意杀人罪和盗窃罪两罪，主要理由在于，在案证据无法证明案发当日鲍某随身携带能够致命的作案工具前往案发现场，鲍某杀人、分尸以及运送尸体的物品均为就地取材，不足以认定其有抢劫的意图。本案属于作案动机和目的存疑，应适用存疑有利于被告规则，在杀人、盗窃的证据确实、充分时，可以客观表述鲍某作案过程，以故意杀人罪、盗窃罪定罪处罚。另一种观点认为，鲍某应构成抢劫罪，主要理由在于，从作案工具系就地取材看，现有证据确实不足以认定其构成预谋抢劫，但结合鲍某案发前经济拮据、欠有大额赌债、曾向他人表露抢劫意图、事后劫财意志坚决等因素看，本案不能排除鲍某具有临时劫财的动机和目的。我们认为，对被告人犯罪动机和目的等主观要素的认定，应当遵循以下几个规则。

一、基本规则：结合全案客观要素予以推定

犯罪动机、目的等主观要素与犯罪主观方面的认定直接相关，涉及罪与非罪、此罪与彼罪的认定，故应当高度重视对目的、动机的审查判断。然而主观要素是存在于行为人内心的活动或状态，外人无法直接感知，因此在认定犯罪动机、目的时，也难以直接证明这类主观要素，而应遵循"主观见诸于客观"的认识规律，采取"迂回战术"优先证明客观事实的存在，继而通过推理完成对主观事实的证明。① 换言之，由于客观行为是在主观状态支配下实施的，在认定动机、目的时应当遵循从客观到主观的逻辑顺序，借助客观事实进行推定。

对动机、目的进行由客观到主观的推定，本质是一种基于认识规律对待证事实进行的反推，待证事实与客观证据之间存在的是一种高度盖然性的联系②。为了确保推定结论的可靠性，通常需要遵循两个原则：一是推定时应当注重对客观事实要素的整体全面把握。对犯罪目的、动机的推定应建立在

---

① 徐歌旋：《主观要件证明难题的一体化破解——兼论要素分析模式之提倡》，载《浙江工商大学学报》2022 年第 1 期，第 74-83 页。

② [美]尼古拉·雷舍尔：《推定和临时性认知实践》，王进喜译，中国法制出版社 2013 年版，第 1-2 页。

证据确实充分、准确查明案件客观事实的基础上，在推定时要对充分查明的全案客观证据进行整体、全面把握，不能仅选择部分客观证据进行推定，否则在信息不完全的情况下，推定结论可能存在偏差。二是依据客观证据推定的主观事实是确定事实而非存疑事实。推定也是事实认定的基本方法，如果对客观事实进行了充分查证，在整体、全面把握客观证据的基础上推定出的主观事实也是一种确证事实。对犯罪目的、动机的认定，要么是根据现有客观证据能够认定被告人存在相关犯罪目的或动机，要么是无法认定相关犯罪目的或动机，不存在是否存疑或有利于被告的问题。

本案中，第一种观点的问题点在于推定主观事实时未对客观证据进行整体全面把握，在判断被告人鲍某是否有抢劫目的或动机时，仅运用了"犯罪工具系就地取材"的这一片段化的客观事实，进而认为鲍某没有事先准备犯罪工具所以没有抢劫目的或动机。然而，如果对本案的客观证据进行整体全面把握的话，可以发现犯罪工具系就地取材至多可排除犯罪预谋，并不能完全排除鲍某具有劫财目的和动机：一方面，鲍某有劫财的意思表示和现实动机，其手机聊天记录及手机转账记录、相关证人证言等证据均证明其案发前经济拮据，欠有巨额赌债，没有固定收入，且在案发前曾向他人表露过找人抢钱的意图；另一方面，鲍某杀人后取财意志坚决，其在杀人后专门剪下被害人手指随身携带用于解锁手机后转账，客观上对案发现场进行细致搜索，有计划、分批次地转移被害人钱款，案发当日转走的部分钱款也被其用于赌博。综合全案客观证据，足以证明鲍某有明确的劫财目的和动机，不存在主观事实存疑的问题。

二、补强规则：重视但不应轻信被告人供述

一般而言，客观性证据的证明力高于言词证据，在证据审查过程中应当坚持客观性证据优先的基本处断原则。[①] 由于案件的处理结果与被告人利害相关，口供既可能是真实的，也可能是虚假的，还可能是真假参杂的，因此被告人的供述不能作为认定犯罪目的和动机等主观要素的主要根据，否则在

---

① 杨斌：《证据矛盾审查排除的三个要点》，载《检察日报》2022年7月5日，第7版。

被告人翻供的情况下全案定性都可能被推翻。但是，被告人对其犯罪目的、动机等内心状态最为清楚，其供述是证明犯罪主观事实最具体、最全面的证据，无论是如实供述还是作出辩解，都可能隐藏着证明犯罪动机和目的的信息。所以，虽然不能将被告人的供述或辩解作为推定主观事实的主要根据，但可以将其作为推定事实认定的补强证据。运用客观证据认定犯罪目的和动机时，对被告人的供述或辩解应当采取"重视但不轻信"的态度，通过审慎审查进行去伪存真。

对于被告人供述和辩解的审查重点在于"鉴真"。通常来讲，供述中的谎言有三个特征：一是缺少细节。谎言所描述的是未亲身经历的事实，无法把细节、过程讲得一清二楚。部分案件中被告人可能会编造细节，但这种编造的细节也会引起谎言的第二个特征。二是容易变化。说谎的被告人所作的供述欠缺稳定性，在多次供述时会反复改变讲法。三是欠缺逻辑。谎言是基于即时性思考所作出的陈述，这种即时性思考往往欠缺相关逻辑，在连续追问时，前后表述会出现矛盾。① 对此，可以进行有针对性的审查以去伪存真，如注重细节审查，对行为细节或环境细节等进行详细追问；注重印证审查，把多次供述与客观证据逐一比对；注重逻辑审查，判断供述或辩解是否符合一般人的行为习惯。

本案中，被告人鲍某到案后始终辩解其作案起因是"遭到被害人性侵"。对此，通过细节性、印证性、逻辑性审查可以排除相关辩解的真实性。比如，在供述细节上，鲍某对其因被性侵而杀人的过程描述缺乏细节且经不起追问，其声称被害人于案发当日多次尝试对其性侵，但对被害人多次性侵行为间隙的活动表述不清，对被性侵当时其如何反击的行为细节也无法具体描述，被追问时则回应记不清了或拒绝回答。在印证性上，其聊天记录显示案发前被害人对其说要与其发生关系，其表现出积极回应的态度，这与其供述的遭受性侵时其感到愤怒而杀人存在矛盾。在行为逻辑上，其供述被害人躺在床上一下子拉下了他的裤子、内裤等，但案发时为秋季，鲍某衣着齐整

---

① 黄祥青：《推进以审判为中心的刑事诉讼制度改革的若干思考》，载《法律适用》2018年第1期，第33-37页。

且并非单衣,对于被害人如何能够在鲍某不配合的情况下同时褪去其内外衣物等无法作合理解释。通过上述有针对性的审查,可以发现鲍某供述的作案起因与在案客观证据存在矛盾,相关辩解缺乏细节,且存在逻辑矛盾,因此不足以采信。

三、矫正规则:推定应当符合一般经验法则

运用客观证据推定犯罪动机和目的等主观事实,应当充分运用司法经验和逻辑法则,依据常情、常理、常识作出妥当的认定。可以说,在主观事实推定过程中,经验法则是联结客观事实和主观事实的中介。[①] 从客观事实推定出特定犯罪动机和目的的基础在于,根据一般社会常识,存在特定客观事实的情况下通常会具有特定的犯罪动机和目的,在适用推定方法时,虽然可以由基础客观事实直接跳跃到主观要素的认定结论,但其背后的经验法则并不能被忽略。在推定的完整过程中,大前提是经验法则、小前提是客观事实、结论是主观事实,作为推定大前提的经验法则需要被精准识别和准确适用。

在运用客观证据推定犯罪动机和目的时,需要将相关结论是否符合一般人的行为逻辑和社会常识作为检验推定结论的重要维度。在推定中实现经验法则的实质矫正作用,关键在于推动心证公开的实质化,即法官在阐述认定犯罪动机和目的时,不能省略客观事实和认定结论之间的说理过程,要将自由裁量的理据和过程予以公开,如可以探索在裁判文书中详细阐述主观事实推定的过程,并说明推定理由和理据等。

本案中,判断被告人鲍某是否具有劫财的动机和目的,在运用既有客观证据进行推定时,还应充分考虑行为人的行为是否符合经验法则。从司法实践经验看,鲍某所实施的杀人、分尸等行为与通常的愤怒杀人不符;其所采取的杀人方式、暴力程度等情形与通常的抢劫杀人行为较为契合;其作案前的经济状况表明其具有现实的作案动机;客观上实施杀人、劫财行为;从其特意剪下被害人手指以便解锁被害人手机的行为来看,也足见其坚决的劫财

[①] 包冰锋、杨雅淇:《事实推定中的经验法则的适用》,载潘金贵主编:《证据法学论丛(第七卷)》,中国检察出版社2019年版,第120页。

意志，因此能够认定其杀人的目的在于劫财。

【附录】

编写人：余剑（刑事庭庭长）、吴亚安（刑事庭法官助理）
一审裁判文书案号：（2019）沪 01 刑初 13 号
一审合议庭成员：余剑（审判长兼主审法官）、康乐、黄健
二审裁判文书案号：（2020）沪刑终 68 号

6

诈骗案中被害人基于严重不法目的而给付的财物不予发还
——陆某诈骗案

【案例要旨】

诈骗罪中被害人基于严重不法目的而给付的财物，属于不法给付物。此种情况下，被害人在民法层面不享有返还请求权，基于法秩序统一原理，刑法层面也不宜判决发还被害人，故对于上述不法财物应予没收。

【案情简介】

原公诉机关：上海市松江区人民检察院。
上诉人（原审被告人）：陆某。
2019 年 5 月，被告人陆某虚构能帮助被害人朱某为其胞弟办理缓刑的事实，编造需要打点关系、缴纳保释金、罚款等理由，从朱某处收取近 300 万元，其中为聘请律师支付 50 万元。案发前，陆某归还朱某 30 万元。

【裁判结论】

一审法院认为，被告人陆某以非法占有为目的，虚构事实、隐瞒真相，

骗取他人钱款，数额特别巨大，其行为已构成诈骗罪，遂以诈骗罪判处陆某有期徒刑十三年；责令陆某向朱某退赔人民币 200 余万元等。一审判决后，陆某认为其行为不构成诈骗罪，遂提起上诉。

二审法院认为，本案证据证实陆某接受朱某为其胞弟办理缓刑的非法请托并承诺兑现，并通过伪造微信聊天记录骗取朱某信任，以打点关系、缴纳保证金、罚款等各种理由多次从被害人朱某处骗取巨额钱款。其中，仅有 50 万元用于支付律师费，其余钱款均被陆某用于个人还款、工程项目等。在请托之事未能兑现后，朱某数次向陆某讨要钱款，陆某仅归还 30 万元。上述事实足以证明陆某主观上具有非法占有的故意，客观上实施了虚构事实、隐瞒真相的行为，完全符合诈骗罪的构成要件，应当以诈骗罪论处。原判认定陆某犯诈骗罪的事实清楚，证据确实、充分，定性准确，量刑适当。鉴于被害人朱某试图通过陆某"围猎"司法权力、影响司法公正、获取非法利益，其基于犯罪目的或严重违法目的遭受的财产损失，不宜予以返还，故二审法院改判追缴陆某的诈骗违法所得，予以没收。

【评析意见】

本案的争议焦点在于被害人欲通过行贿以违规办理缓刑而被骗的钱款能否予以发还。对此存在两种观点：一种观点认为，被害人主观目的虽具不法性，但其所交付的钱款本身并不具违法性，并且被害人确实遭受财产损失，理应将作为被告人诈骗犯罪所得的被骗行贿款发还被害人以弥补损失。另一种观点认为，被害人基于不法意图处分财产，其目的是实施法律禁止行为，则其财产不在法律保护范围内，故不应予以发还。我们同意后一种观点，主要理由如下：

一、被害人对被骗行贿款在民法层面不享有返还请求权，基于法秩序统一原理，刑法亦不宜判决返还

根据民法理论，被害人交付钱款用于行贿的行为属于不法原因给付。所谓不法原因给付,是指基于违反强制性法律法规或公序良俗的原因而为之给付。① 不法原因给付的基本精神可称为"洁净之手"(clean hands),即寻求衡平法上救济的人,必须以未被污染之手去诉求,若实施不被法律认可的行为,便自行放弃法律的保护。② 不法原因给付的构成要件包括:其一,给付者有意识、有目的地将财产终局性地给予受领人;其二,给付系出于不法原因即动机不法,包括违反强制性法律法规或者公序良俗,需要注意的是,此处的"不法"不能简单理解为违反法律规定,还需要达到足够严重的程度;其三,给付者知晓给付原因的不法性。只要给付者具有认识给付行为违反法律或公序良俗的可能性,就应当肯定其具有违法性认识。③

我国民法理论一般认为不法原因给付排除给付人的返还请求权。虽然《民法典》尚未规定相关条款,但在司法实践中存在因不法原因给付造成返还请求权丧失的判例。④ 从域外立法来看,大陆法系的德日民法中均规定不法原因给付者丧失返还请求权。例如,日本《民法》第708条规定,因不法原因而给付的行为人,不得请求返还。据此,给付人因不法原因给付遭受的财产损失,不法原因给付理论排除相应返还请求权,给付人不得要求返还所给付的财产。

本案中,朱某作为具有一般社会常识的成年人,势必能认识到行贿行为的违法性以及违规办理缓刑所导致的严重危害后果,但仍出于为其胞弟办理缓刑事宜的非法目的而将钱款交付陆某,主观上存在严重不法动机,故朱某的行为属于不法原因给付,其对被骗行贿款不具有返还请求权,无权要求返还钱款。

鉴于朱某在民法层面无权要求陆某返还被骗行贿款,根据法秩序统一原理,对于同一个法律事实各个法域之间不应出现冲突或矛盾的解释,若刑法规定要将被骗行贿款发还朱某,则会导致在民法层面对于朱某不负返还义务

---

① 谭启平:《不法原因给付及其制度构建》,载《现代法学》2004年第3期,第131页。
② 陈少青:《侵占不法原因给付物的法律规制——以刑民评价冲突的消解为切入点》,载《法律科学(西北政法大学学报)》2021年第3期,第186页。
③ 王刚:《不法原因给付与侵占罪》,载《中外法学》2016年第4期,第932-937页。
④ 参见上海市第一中级人民法院(2019)沪01民终720号民事判决书,载中国裁判文书网。

的被告人，却因刑法威慑而被迫返还，此时朱某无返还请求权之名，却有返还请求权之实，民法规范将陷入被虚置的风险中，故不应判令将涉案被骗行贿款发还给被害人朱某。

二、被骗行贿款具有不法性，不应纳入刑法保护范围

刑法所保护的个人财产必须具有合法性，对此《刑法》第 92 条明确规定，公民私人所有的财产均以合法或依法归个人所有为要件。同时《刑法》第 64 条规定，对被害人的合法财产，应当及时返还，再次明确应当返还的被害人财产应当具有合法性。综上，个人财产成为刑法保护对象的前提是具备合法性，即并非法秩序所禁止的物或利益。

本案中，对于以办理严重不法事项为目的而被骗的行贿款，不应当认定为合法的财产，主要有两个原因：其一，虽然在该类案件中并不存在真实的职务犯罪、违规操作，但是被害人交付财物的目的在于要求他人办理严重不法事项，而该类严重不法事项一旦得以办成通常具有较大的社会危害性，故被害人不仅在主观上具有行贿国家工作人员达到非法目的的意图，在客观上也存在侵犯国家工作人员职务不可收买性、引发职务犯罪，从而导致较大社会危害性的严重不法行为发生的危险，其行为具有相当严重的不法性。既然其交付钱款意图实施的行为属于法律禁止的行为，那么其为实现该意图所交付的钱款亦不应被法律保护。其二，鉴于该类案件被害人与其他诈骗案件的被害人相比，该类案件被害人主观上具有违反法律的意图，客观上存在引发其他犯罪的危险，理应对该类案件被害人与其他诈骗案件被害人作区分对待，以体现法律的指引、教育功能，故不应将被骗行贿款发还被害人，否则会有变相纵容此类行为之嫌，不利于引领良好社会风气。

三、认定骗取行贿款的行为构成诈骗与不予发还被害人被骗行贿款并不矛盾

持有应当将被骗行贿款发还的观点认为，诈骗罪侵犯的法益是财产权益，若刑法基于被害人对被骗受贿钱款不具有返还请求权以及被骗受贿钱款具有非法性而不予发还，则不能认定涉案行为侵犯了财产法益，由此导致认

定涉案行为构成诈骗罪与判决不予发还被骗行贿款存在冲突。我们认为二者并不矛盾。

其一，一般预防是刑罚目的之一。刑法认定某类行为构成犯罪，既是为惩罚实施此类行为的犯罪人，又是为警戒世人不得实施此类行为。在谎称可以帮助他人违法办理缓刑而骗取他人钱款的案件中，受领人以欺骗手段获取他人给付的钱款，显然已经破坏刑法所保护的社会秩序，无论给付者是否基于非法目的，刑法均应惩罚该类骗取行为，以彰示刑法对此持否定态度，实现刑罚一般预防目的。

其二，刑法打击针对某类事物的犯罪，并不意味着国家承认该犯罪对象的合法性。一般情况下，犯罪对象是法益的载体，如财物是财产权的载体，身体是生命健康权的载体，保护犯罪对象与保护法益具有一致性，但有的法益并不依托于实物而存在。例如，持续的排他占有状态也是一类法益，即使占有物不具合法性，其他人无正当理由也无权未经占有人同意而获取该占有物。因此在此种情况下，刑法惩罚该类非法获取他人占有物的行为，并非为保护占有物，而是为维持一种秩序。例如，刑法认定盗窃、抢劫毒品的行为构成盗窃罪、抢劫罪等财产犯罪，并非意味着刑法承认毒品的合法性，而仅是表明刑法保护稳定的占有状态，维护不得违背当事人意志而获取其占有物的规范。具体到本案中，虽然诈骗对象是民法上不予保护的不法原因给付物或刑法上的不法财产，但是诈骗他人财物的行为本身侵犯了社会法益。

其三，诈骗罪是对骗取他人钱款行为的认定。对于被骗行贿款的处置则是对被骗行贿款权属关系的认定，是犯罪既遂后的涉案钱款处置问题。被告人成立诈骗罪并非必然产生将涉案钱款发还被害人的结果。

综上所述，被害人因试图通过行贿办理严重不法事项而被骗的钱款，刑法不应判令予以发还。同时，上述钱款系诈骗犯罪被告人的犯罪所得，理应予以追缴，因此被害人、被告人均无权获得上述款项。又因上述款项具有不法性，故应当予以没收。

【附录】

编写人：刘涵文（刑事庭法官助理）

一审裁判文书案号：（2021）沪0117刑初634号
二审裁判文书案号：（2021）沪01刑终1252号
二审合议庭成员：李长坤（审判长）、顾苹洲（主审法官）、于书生

7

一审宣判后被告人无正当理由
不履行分期赔偿协议案件的处理

——谢某诈骗案

【案例要旨】

被告人在一审期间为取得被害人谅解而签订分期付款协议，一审法院应当严格审查被告人的持续履约能力。被告人在一审宣判后不履行分期付款协议的抗诉案件，二审法院经审查确属无正当理由的，因被告人缺乏悔罪表现、被害人损失未有效弥补，原判依据的被害人谅解事实发生变化，二审法院可以支持抗诉，予以改判。

【案情简介】

抗诉机关：上海市浦东新区人民检察院。

原审被告人：谢某。

2019年12月至2020年6月，原审被告人谢某利用在Y早教中心担任教学主管的便利，谎称其丈夫能帮助被害人钟某三人的小孩进入W幼儿园享受半价优惠等，先后骗取被害人钟某三人7万元至17万元不等。2020年8月，谢某主动至公安机关投案，并如实供述主要犯罪事实。案发后，谢某赔偿三名被害人部分损失并与其签订分期付款协议，约定自2021年8月起每月向三名被害人还款各5000元，2022年2月1日归还剩余款项。

【裁判结论】

一审判决认为：被告人谢某虚构事实、隐瞒真相，骗取他人钱款，数额巨大，其行为已构成诈骗罪。被告人谢某有自首情节，自愿认罪认罚，家属帮助赔偿被害人的部分损失，签订分期付款协议并取得谅解，依法从轻处罚。一审法院遂依法判决：被告人谢某犯诈骗罪，判处有期徒刑三年，缓刑三年，罚金人民币一万元；涉案余款应当按照协议按期返还各被害人。

一审判决后，谢某当月未依照协议按期履行还款义务，至2022年2月履行期限届满仅偿还三名被害人共6.5万元。因谢某拒不如期履行协议，检察院在被害人的要求下提出抗诉。二审法院经审理认为，在原审法院对其从轻判处并适用缓刑后，谢某在宣判当月就未按期付款，后续两个月亦没有付款，直至原审检察院提起抗诉并移交至二审法院立案后，才又偿还三名被害人部分钱款，但直至2022年2月1日履行期限届满，依然没有完全偿付，且在二审庭审中明确表示没有赔偿能力，三名被害人至今仍有十余万元损失未能挽回。基于上述原因，原审被告人谢某实际并无履行分期付款协议的能力，亦没有确保协议按期履行的有效保障，为了获取被害人谅解而签订分期付款协议，严重缺乏诚信，对法律无敬畏之心，没有悔罪表现，原判对谢某所判刑罚应予调整，相关抗诉意见予以支持。遂改判：原审被告人谢某犯诈骗罪，判处有期徒刑三年，并处罚金人民币一万元；违法所得继续退赔被害人。

【评析意见】

本案的争议焦点在于，原审被告人与被害人签订分期付款协议并获得被害人谅解，在一审法院据此对其从轻处罚后拒不履行协议，检察机关为此提出抗诉的，二审法院能否支持抗诉，对原审被告人判处更重刑罚。第一种意见认为，虽然被害人基于原审被告人一审宣判后拒不履行分期付款协议的行为表示不谅解，但是被害人在一审阶段曾出具谅解书，一审法院基于被害人谅解事实作出判决，并无不当，从维护判决稳定性角度，二审法院不应改判。第二种意见认为，原审判决基于的事实是原审被告人按期履行分期付款协议且被害人谅解，在原审被告人一审宣判后即无正当理由不履行协议的情况下，被害人谅解事实不复存在，原审判决基于的事实发生重大变化，从轻处罚缺乏依据，检察院为此提出抗诉的，二审应当基于新情况作出改判。我们同意第二种意见，主要理由是：

第一，在理论根据层面，被告人一审宣判后无正当理由不履行分期付款协议的，因被告人缺乏悔罪表现，被害人损失没有获赔，原判对被告人从轻处罚的依据不存在。

被告人与被害人签订分期付款协议，被害人表示谅解，法院通常会对被告人从轻处罚，主要原因在于：被告人一方面通过认罪悔罪向被害人提供心理补偿；另一方面以经济赔偿方式来修复犯罪行为造成的危害后果，被害人接受心理补偿和经济赔偿后表示谅解，被破坏的社会关系得以修复，产生的社会矛盾得以化解。被告人获得从轻判处后无正当理由不履行付款协议的案件，既反映被告人缺乏认罪悔罪表现，又导致被害人损失无法有效弥补，原判从轻处罚的依据不再存在。具体分析如下：

1. 被告人缺乏认罪悔罪表现。签订分期付款协议的案件中，约定的还款期限一般不长，被告人一审宣判后就不再履行且无正当理由的行为通常表明其在签订协议时就不具有持续履约能力。被告人不具有持续履约能力却签订分期付款协议并要求被害人表示谅解，足以反映其并不具有弥补被害人损失的积极态度，而且承诺分期还款又拒不履行的欺骗行为构成对被害人的二次伤害，难以发挥抚慰被害人精神创伤的功能，不应认定被告人具有认罪悔罪表现。

2. 被害人损失无法得到有效赔偿。司法实践经验表明，被告人一旦被定罪处罚，往往对被害人的经济赔偿就失去了履行动力，需要有其他措施予以引导，法院将积极赔偿损失、被害人谅解作为从轻处罚情节，实际是让渡部分刑罚决定权以鼓励被告人赔偿被害人，加强国家刑罚权保护被害人的职能。[①] 在被告人签订分期付款协议获得被害人谅解后就不再履行协议的案件

[①] 蒋凌申：《论刑事和解中权利与权利的边界及处分限度——以民刑责任良性互补为视角》，载《中国刑事法杂志》2016 年第 5 期。

中,被害人的损失无法通过被害人给付钱款的方式及时获赔,也无法通过其他途径得到有效弥补,原因有二:

一是被害人难以通过申请强制执行和解协议的方式来维护权益。根据《民事诉讼法》的规定,仅有双方当事人签名的和解协议书无法作为执行依据;即便是法院制作的和解协议书,执行程序与刑事案件的追赃程序也并无二异,无法在更高程度上保障被害人利益,被害人没有因表示谅解而获得更迅速的赔偿。

二是被害人无法持和解协议另行提起民事诉讼。《最高人民法院关于适用刑法第六十四条有关问题的批复》规定,"被告人非法占有、处置被害人财产的,应当依法予以追缴或者责令退赔。据此,追缴或者责令退赔的具体内容,应当在判决主文中写明;其中,判决前已经发还被害人的财产,应当注明。被害人提起附带民事诉讼,或者另行提起民事诉讼请求返还被非法占有、处置的财产的,人民法院不予受理"。上述批复主要考虑到,在赃物无法追缴到案的情况下,不论何时,只要发现被告人有财产,司法机关均可依法追缴,被害人另行提起民事诉讼的,可能会造成刑事判决和民事判决的重复、冲突。[①] 因刑事和解协议内容仍属于刑事追赃范畴,民事审判部门通常不予受理。

基于上述原因,被告人在一审判决后无正当理由不按期履行分期赔偿协议的,因被告人没有认罪悔罪表现、被害人没有获得经济赔偿,社会矛盾不仅未有效化解,反而会因被告人的失信行为更加激化,故不存在对被告人从轻处罚的依据。

第二,在事实认定层面,被告人一审宣判后无正当理由不履行分期付款协议的,不应继续根据被害人在一审宣判前出具的谅解书认定被害人谅解事实。

对于被害人因被告人出具分期付款协议而出具谅解书的案件中,谅解通常有两种表现形式,第一种是被害人在谅解协议中明确写明在以上款项均按

---

① 黄应生:《最高人民法院〈关于适用刑法第64条有关问题的批复〉的解读》,载《人民司法(应用)》2014年第5期。

期支付的基础上表示谅解；第二种是在分期付款协议之外，另行出具谅解书。第一种情况下的被害人谅解明显是附条件谅解，第二种虽然在谅解书中没有附条件，但是基于常情常理判断，该谅解亦以赔偿款项按期支付为前提。在一审阶段，鉴于被告人在约定期限内能否按期还款无法确定，故被害人谅解也是无法确定的事实，只是由于审限原因，一审法院无法等到分期付款协议履行完毕再结案，只能基于签约时被告人的收入情况及答应按期还款的书面承诺推定分期付款协议能够履行，进而认定被害人谅解的事实。在分期付款协议没有如期履行时，用以推定被害人谅解事实成立的基础事实不复存在，就不应认定仍存在被害人谅解事实，而应再次确认被害人态度。

有反对观点认为，谅解协议作为证明被害人谅解事实的证据，一旦出具就视为被害人谅解成为既定事实，无法消灭，而且分期付款协议必然存在后续不能按期履行的风险，既然被害人愿意在被告人仅出具分期付款协议而没有全额赔偿的情况下出具谅解协议，就表明被害人愿意承担该风险，不能因该风险切实发生而撤回谅解。

对此我们认为，分期付款协议是被告人与被害人之间的合意，根据该协议被告人应当按期还款，被害人才会表示谅解，被害人基于审限等原因先出具谅解协议，已经做出让步，若不允许被害人在后续被告人未如期付款情况下撤回谅解，则对于被害人明显不公；而且多数情况下，被告人没有按期还款且无正当理由的主要原因是其本无履行能力却签订分期付款协议，被害人因为被告人隐瞒真实情况而同意谅解。在被害人明确表示撤回谅解的情况下，应当认定被害人谅解事实不存在。

第三，在处理方式层面，为维护刑事判决权威性，一审法院对于双方签订分期付款协议的案件应当严格审查被告人的履约能力，二审法院对于被告人一审宣判后拒不履行应查明是否确属无正当理由。

对于被告人在案件尚未生效就无正当理由拒不履行分期付款协议而检察机关据此提出抗诉的，因该不履行行为发生在一审判决之后，证明该事实的被害人陈述、被告人供述等证据均属于一审宣判后发现的新证据，而且该证据不仅导致原审认定的谅解事实不存在，还反映被告人具有更大的主观恶性，在抗诉案件不受上诉不加刑原则制约的情况下，二审法院可以据此对被告人改判更重刑罚。然而，这种改判也确实在一定程度上影响了刑事判决的稳定性和权威性，因此一审法院和二审法院对于该类案件均应审慎裁判。

一审法院对于被告人签订分期付款协议以获得被害人谅解的案件，要从严审查被告人的持续履约能力，尽量防止被告人在一审判决后拒不履行分期付款协议的情况发生。具体而言，既要严格限定履行期限，不能过长，也要限定待付金额占全部金额的比例，不能过高。同时还要评估被告人的持续履约能力和违约风险，既应当考虑被告人签约时的收入情况、履约能力，也应当考虑收入是否稳定、履约能力是否持续等情况。

二审法院对于该类抗诉案件，对于应否改判亦应持审慎态度。一方面，应当查明原审被告人不能履行分期付款协议的原因。由于分期付款方式本身具有一定风险，被告人应当提供相应履约保障。具体而言，若其自己还款则应有稳定收入，若他人代为还款则不仅该人应有稳定收入而且双方还应具备稳定关系。当原审被告人并不具备上述保障，且在一审宣判后短期内既拒不履行，又无法说明一审宣判后出现签约时不能预见突发事故的，则可以认定为无正当理由。另一方面，即便可以认定无正当理由，二审法院也可以在听取被害人意见后，设置一定宽限期，在宽限期内全额赔偿的可认定仍存在被害人谅解事实，维持原审判决。

本案中，原审被告人谢某一审审理阶段中与被害人签订分期付款协议，被害人同意在分期付款协议如期履行基础上表示谅解，但是谢某在一审宣判当月就拒不按期履行分期付款协议，被害人据此申请检察机关抗诉。从案件审判效果来看，谢某在一审宣判当月就拒不履行且无法讲明原因的行为表明其在签约时并无持续履行能力，故其不具有悔罪表现，且被害人的损失未能有效弥补；从原审法院认定事实来看，被害人表示不再谅解并要求检察机关提出抗诉，被害人谅解事实应认定不复存在；二审法院经进一步查明谢某不能还款原因，发现谢某在签订分期付款协议前本就工作不稳定、与前夫关系紧张，其所提出的自己失业、前夫不愿意代为还款并不属于难以预见的事由，况且其与前夫关系恶化与其自身行为相关，故可以认定谢某属于无正当理由拒不履行协议。与此同时，二审检察机关也为谢某设置了宽限期，但是谢某仍未切实履行分期付款协议，故二审法院支持抗诉，对原审被告人谢某改判有期徒刑三年。

【附录】

编写人：张金玉（刑事庭审判长）

一审裁判文书案号：（2021）沪0115刑初3918号

二审裁判文书案号：（2021）沪01刑终1673号

二审合议庭成员：张金玉（审判长兼主审法官）、陈光锋、邬小骋

8

业务员虚构事实以单位名义收取客户钱款并占为己有构成诈骗罪

——胡某诈骗案

【案例要旨】

无相关职务权限的业务员通过虚构事实的方式，收取客户意向金、定金等，在民法上可能构成表见代理，但表见代理成立与否并不影响行为人刑事责任的判断，更不能以民事责任的承担倒推刑事责任。业务员无经手相关钱款的职务权限，对该钱款并非基于职务行为合法占有，不符合职务侵占罪的构成要件；其冒用单位名义收取客户钱款并占为己有，应构成诈骗罪。

【案情简介】

原公诉机关：上海市浦东新区人民检察院。

上诉人（原审被告人）：胡某。

被告人胡某系A房产中介公司业务员。2021年1月，胡某以非法占有为目的，虚构帮助他人购买房产的事实，以收取意向金、定金、税费、操作

贷款费等为由,先后骗取汪某等五人钱款 25 万余元,并用于赌博等挥霍。

【裁判结论】

一审法院经审理认为,被告人胡某以非法占有为目的,诈骗公私财物,数额巨大,已构成诈骗罪;胡某到案后能如实供述部分犯罪事实,对该部分犯罪可以酌情从轻处罚。一审法院遂对胡某犯诈骗罪,判处有期徒刑六年六个月,并处罚金四万五千元等。

判决后,胡某不服提出上诉,称其以 A 公司名义收取客户的定金、意向金等并据为己有的行为应构成职务侵占罪。

二审法院经审理认为,上诉人胡某以非法占有为目的,虚构代为收取定金、意向金、税费、操作贷款费等事由骗取被害人钱款,数额巨大,并在收取相关款项后主要用于赌博等挥霍,其行为已构成诈骗罪,原判定罪准确。原审法院根据胡某的犯罪事实、性质、情节以及对社会的危害程度等,并考虑胡某能够如实供述部分作案事实,对其量刑并无不当。遂裁定驳回上诉,维持原判。

【评析意见】

关于上诉人胡某冒用 A 公司名义收取客户钱款的行为如何定性,存在两种意见。第一种意见认为:胡某的行为在民事法律关系上成立表见代理,中介公司承担代理行为的民事责任并遭受损失,故胡某的行为属于利用职务便利非法占有单位财产,构成职务侵占罪。第二种意见认为:表见代理与诈骗犯罪分属不同部门法的评价领域,表见代理成立与否不影响刑事违法性的判断。胡某没有收取相关钱款的职务,其通过虚构事实、隐瞒真相的方式骗取客户钱款,构成诈骗罪。我们同意第二种意见,主要理由如下:

一、从法秩序统一性看,表见代理与诈骗犯罪可以并存

单位员工超越职务职权,虚构事实、隐瞒真相收取客户钱款并占为己有,在民事法律关系上可能成立表见代理,在刑事法律评价上则可能构成诈骗犯罪,属于典型的刑民法律关系交织的案件。

有观点认为表见代理与诈骗犯罪不能共存：成立表见代理表明善意相对人进行的是一次有效交易，并没有任何财产损失，真实受损者是被代理人，且权利外观责任阻却行为人构成诈骗犯罪；[①] 基于法秩序统一性的原理要求，如果民法承认并保护某一交易相对人的利益时，刑法则不再认为其受到了财产上之不利，进而将其确定为刑事被害人。[②] 然而我们认为，民事表见代理与刑事诈骗犯罪是可以并存的，两者在整体法秩序层面是统一的，理由如下：

第一，当刑民法律规范保护目的不一致时，刑法应当具有相对独立性。法秩序统一的重要意义在于各部门法所提示的行为标准应当一致，[③] 部门法秩序的规范保护目的统一于整体法秩序目的。刑民法律规范的立法目的、功能价值不同，其规范保护目的也存在差异。刑法侧重于对反面破坏行为的打击以保护法益，民法侧重于正面的制度设计以引导交易安全。虽然民法设置表见代理制度和刑法设置诈骗罪的规范保护目的不同，但二者在整体法秩序层面是统一的，因为民法对无权代理行为亦持否定态度，之所以规定具有权利外观的代理行为有效，既是为了维护动态交易安全，也是为了敦促被代理人加强印章管理，谨慎选择代理人，以减少无权代理行为发生，二者在否认无权代理行为方面是一致的。

第二，民事上认定表见代理体现一定的价值判断，不宜作为刑事判决认定事实的基础。表见代理制度的设计初衷是维护动态交易安全，虽然真实情况是代理人没有代理权，但为了保护交易相对人的合理信赖，提升交易效率，民法选择牺牲被代理人利益，仍认定代理行为有效，即在被代理人与交易相对人之间选择由被代理人承担损失，其认定过程本身就包括诸多主观判断。以表见代理成立与否、民事责任的承担结果反推犯罪行为的性质，实际上是一种用价值反推事实的判断方式。对于犯罪行为的判断则应当是一种事实判断，换言之，犯罪行为的性质在行为发生时便已确定，表见代理成立与否不能影响刑法上对行为性质的评价。

---

① 郭立锋：《表见代理与合同诈骗罪》，载《中国刑事法杂志》2004 年第 5 期，第 52 页。
② 孙杰：《更换二维码取财行为的刑法评价》，载《政法论丛》2018 年第 2 期，第 121 页。
③ 于改之：《法域冲突的排除：立场、规则与适用》，载《中国法学》2018 年第 4 期，第 87 页。

本案中，胡某作为房产中介公司业务员，虚构买房事实，收取意向金、定金、中介费、税费、操作贷款费等并据为己有，在民事法律关系上能否成立表见代理尚无定论，刑事法律规范对该行为的评价更不应该当然地认定表见代理成立，购买者与房产中介公司形成居间介绍关系，并以此推定房产中介公司为刑事被害人。

二、从犯罪构成看，未利用职务上的便利不构成职务侵占罪

"利用职务上的便利"是职务侵占罪在客观方面的必备构成要件之一，职务侵占罪的主体必须是具备相应职务的单位人员，行为方式上不改变钱款的占有状态。

第一，在刑民法律关系交织的案件中，民法基于商业交易效率考虑而承认表见代理合同的有效性，不能为职务侵占罪的"合法占有"前提提供理论支撑，而且在不同价值评判维度下，民法上表见代理获得的权利，不能简单等同于刑法上职务侵占罪中"利用职务上的便利"所涉及行为人的职权。

第二，"职务"基本含义是职位规定应当担任的工作，[①] 外延一般认为包括主管、管理、经手单位财物等情形。对于业务员冒用单位名义收取钱款并据为己有的行为，鉴于业务员并非单位主管人员，亦非管理单位财物的财务人员，判断该行为是否构成职务侵占罪，主要是判断其是否具有经手单位财物的职务。"经手"通常指行为人虽不负有管理、处置单位财物的职责，但因工作需要而对单位财物具有临时的实际控制权。在业务员以单位名义收取钱款的情形下，判断业务员具有"经手"钱款的职务须具备两个条件：一是收取的钱款确属单位应收款，若涉案钱款对应的项目是虚假的，则明显不符合该条件；二是具有收取钱款的权限，在判断行为人有无收款权限时，既要看单位有无明文规定或明确授权，还要看单位有无默认规则，如单位虽然没有明文规定员工具有收款职务，但对于员工多次代为收款的行为单位不仅未予制止而且以出具收据等实际行动默认的，亦应认定员工具有经手钱款的职务。

[①] 《现代汉语词典》，商务印书馆2002年版，第1616页。

第三，是否转移占有是侵占类犯罪与盗窃、诈骗类犯罪的重要区别之一。职务侵占罪是以不转移占有的方式侵占处于行为人自己管理、控制的财物，如果承认行为方式包括窃取、骗取，那么就会破坏不转移占有这一要件。在业务员冒用单位名义收取钱款的情形下，业务员并无相应职务职权，其收取钱款的对象仍是客户资金，该资金还并不属于单位资金，业务员也没有基于职务行为合法占有该资金，自然不满足构成职务侵占罪的前提要求。

在本案中，胡某作为房产中介公司业务员，其工作内容是对接客户、提供房产置业咨询、负责房源开发与积累、为客户提供房产信息、实地看房、代办房屋贷款、房产登记等，并不包括收取定金、意向金等，也无证据表明房产中介公司默认业务员具有收取定金、意向金等款项的职权，故应当认定胡某没有收取客户钱款的职务，也并非基于职务行为合法占有这些钱款，不构成职务侵占罪。

三、从实行行为看，主要以欺骗手段获取客户钱款构成诈骗罪

如前所述，职务侵占罪是将利用职务便利占有的钱款据为己有，而非利用职务便利将他人占有的钱款转为自己占有；诈骗罪则是改变占有的犯罪，通过诈骗手段使他人陷入错误认识进而处分财物，从而将他人占有的财物转为自己占有并据为己有。

第一，行为人是否构成犯罪，构成何种犯罪还需回到行为时进行判断。业务员没有收款职务而以单位名义收取钱款并据为己有的案件中，业务员通常先以单位员工身份骗取被害人信任，再虚构具有收款权限而要求被害人将本应交给单位的款项交付其个人账户，因其在实施欺骗行为时，涉案钱款仍由被害人占有，故其并非将依据职务合法占有的钱款通过秘密窃取等手段据为己有，而是通过欺骗手段将被害人占有的财物转为自己占有再据为己有，其非法获取涉案钱款的主要手段是欺骗作为交易相对人的被害人，而非针对单位实施秘密窃取等，故应以诈骗罪定罪处罚更为妥当。虽然其在编造欺骗理由时利用了自己的单位员工身份，但这仅属于利用工作便利使诈骗犯罪更易得逞，并非利用职务便利侵占单位财物。

第二，对于受骗者与被害人为不同主体，可以认定构成特殊的三角诈骗类型。在业务员以表见代理方式收取客户钱款并占为己有的案件中大致可分为两类：第一类是在单位提供服务或交付货物前收取钱款；第二类是在单位提供服务或者交付货物后收取钱款。刑法一般是以犯罪行为实施完毕为时间节点认定被害人，判断犯罪行为指向的对象有无损失，若有损失则行为对象则为被害人，若无损失则再判断何人受损。第一类案件中受骗者与遭受损失人员均为受骗客户，而在第二类案件中，受骗客户支付的钱款是已接受服务或货物的对价，并没有遭受损失，实际遭受损失的是单位，实践中不乏类似案件认定行为人构成职务侵占罪。我们认为，既然行为人没有收款的相应职务权限，就不符合职务侵占罪的主体要件，不能以单位是否遭受损失来认定被告人是否构成职务侵占罪。鉴于受骗者具有向被害人转移财产的义务，并且以履行义务为目的，按照被害人指示的方式或者以法律、交易习惯认可的方式处分自己的财产，因存在认识错误导致被害人没有获得财产时，可以认定属于处分人与受损人不一致的三角诈骗情形。①

在本案中，上诉人胡某虽然是房产中介公司的业务员，但不具有代为收取定金、意向金等钱款的职务职权，且其获得钱款的主要手段是向客户虚构虚假房源、虚假代办事实从而使客户陷入错误认识并处分钱款，并非将基于职务行为占有的钱款据为己有，而是虚构事实骗取被害人钱款并用于赌博挥霍，应当认定为诈骗罪。

【附录】

编写人：张金玉（刑事庭审判长）、潘自强（刑事庭法官助理）
一审裁判文书案号：（2021）沪0115刑初3333号
二审裁判文书案号：（2022）沪01刑终638号
二审合议庭成员：张金玉（审判长兼主审法官）、邬小骋、陈光锋

---

① 张明楷：《诈骗犯罪论》，法律出版社2021年版，第206页。

9

"专利敲诈"的行为定性与规制路径
——李甲、李乙敲诈勒索案

【案例要旨】

伪造专利或专利独占许可，恶意提起专利侵权诉讼或者进行不实举报，以胁迫手段索要财物的，可以认定构成敲诈勒索罪。依据合法授予专利反复提起诉讼，即使其专利申请有违诚实信用原则、专利质量不高，有滥用诉权之虞，但经检验无法完全否定涉诉专利价值的，一般不予追究刑事责任。遵循诚实信用原则获得专利授权并提起诉讼的，无论被诉方是否处于上市融资等敏感时间，均应依法保障专利权人的合法权益。

【案情简介】

抗诉机关（原公诉机关）：上海市浦东新区人民检察院。

上诉人（原审被告人）：李甲、李乙。

2017年7月至8月，李甲以倒签合同时间的方式伪造知识产权独占许可合同，合同内容为A公司将其拥有的专利"通过图像采集启动设备间数据传输的方式及其系统"独占许可给李甲实际控制的B公司。李甲又以B公司名义起诉C公司侵害上述专利权，并向证监会举报，造成C公司延迟挂牌上市。其间，李甲伙同李乙谎称A公司与B公司的独占许可合同在先，上述专利不受前期A公司与C公司签订的普通许可合同约束，C公司仍需支付费用。C公司为避免影响上市进程，被迫签订纠纷解决协议，约定向B公司支付80万元，实际支付10万元。

【裁判结论】

一审法院经审理认为，被告人李甲、李乙以非法占有为目的，采用要挟手段，强行索取被害单位财物 80 万元，实际得款 10 万元，数额特别巨大，其行为均已构成敲诈勒索罪。公诉机关指控李甲、李乙的罪名成立，但指控的部分事实因证据不足不予认定。李乙系从犯，李甲、李乙部分犯罪系未遂，依法减轻处罚。李甲、李乙退赔被害单位全部损失，酌情予以考虑。遂以敲诈勒索罪判处李甲有期徒刑四年六个月，罚金人民币五万元；以敲诈勒索罪判处李乙有期徒刑二年，罚金人民币二万元。违法所得予以追缴发还被害单位。扣押在案的作案工具予以没收。一审判决后，检察机关以全案行为均构成敲诈勒索罪为由提出抗诉，李甲、李乙以其行为均不构成犯罪为由提出上诉。

二审法院经审理认为，原判认定李甲、李乙犯敲诈勒索罪的事实清楚，证据确实、充分，定性准确，量刑适当。上诉人李甲、李乙以非法占有为目的，伪造专利独占许可，采用威胁手段强行向被害单位 C 公司索取钱款，数额特别巨大，其行为均已构成敲诈勒索罪。原判定罪准确、量刑适当，且审判程序合法。据此，裁定驳回抗诉、上诉，维持原判。

【评析意见】

本案是全国首例"专利敲诈"刑事案件，其争议焦点主要在于李甲、李乙的行为属于正当维权、恶意诉讼还是敲诈勒索。进一步应追问的是，在行为具有违法性的情况下宜通过民事途径处理还是予以刑事制裁，刑法介入经济纠纷的限度应如何把握。

一、刑法补充性原理及其裁判规则

刑法作为一般部门法的保障法，具有补充性。刑法补充性原理的基本含义是只有在一般部门法不能充分保护社会关系时，才由刑法保护。[①] 在刑民交叉案件中，应当正确区分刑事犯罪与民事不法，避免将民事不法认定为刑事犯罪。[②] 近年来，最高人民法院亦明确指出，要严格区分经济纠纷与刑事

[①] 张明楷：《刑法在法律体系中的地位——兼论刑法的补充性与法律体系的概念》，载《法学研究》1994 年第 6 期，第 51 页。

[②] 陈兴良：《民法对刑法的影响与刑法对民法的回应》，载《法商研究》2021 年第 2 期，第 39-43 页。

犯罪，坚决防止用刑事手段干预经济纠纷。与此同时，民法作为赋权法更强调意思自治和注重保护私权，因其符合市场经济的内在要求，应当适当扩张，成为调整社会生活、解决各类纠纷的主要手段。①

在刑事司法实践中，需要充分关注刑法补充性原理的指导价值，不应忽视民事手段对社会关系的调整作用。司法机关可以遵循以下裁判规则：

第一，个案行为符合刑法规定，构成犯罪的，应当依法追究刑事责任。刑法具有独立性，民法允许被害人基于私益补正无权代理行为及以欺诈、胁迫手段或者乘人之危签订合同行为的效力，刑法不能以尚可不追究民事责任为由，进一步否定追究诈骗、敲诈勒索的刑事责任。②

第二，民事手段能够予以妥当处理的，可对刑法进行限制解释。例如，双方当事人签订买卖或者承揽合同，约定了产品质量标准、违约责任，出卖人、承揽人提供了不合格产品的，可不解释为销售伪劣产品罪中面向不特定对象的销售行为，以民事方式处理，判令承担违约责任更为有效、适当。

第三，民法尚未形成明确处理规则的，动用刑罚更应予以从严掌握。在发生权利冲突等情形下，民法往往会在不同利益与价值之间进行取舍，容忍损害的发生。③ 此时，对受损利益进行刑事救济更应慎重，从严评估定罪基础。

以本案所涉恶意诉讼问题为例，我国民法尚未将恶意诉讼明确列为法定侵权类型。专利法第三次修订草案中，曾经有关于规制专利恶意诉讼的条款，但是最终亦未被采纳。④ 其立法考虑主要是，恶意诉讼不是普遍性问题，该条款将束缚专利权人，且缺乏国外专利法立法例的佐证等。⑤ 恶意诉讼涉及的法律问题、利益衡量及裁判标准均较为复杂，在民事领域尚未形成明确

---

① 王利明：《民法要扩张 刑法要谦抑》，载《中国大学教学》2019年第11期，第33-37页。
② 袁彬：《刑法与相关部门法的关系模式及其反思》，载《中南大学学报（社会科学版）》第21卷第1期，第48页。
③ 详见刘作翔：《权利冲突的几个理论问题》，载《中国法学》2002年第2期，第56-71页。
④ 《专利法第三次修改草案建议稿》第A10条第2款规定："专利权人明知其获得专利权的技术或者设计属于现有技术或现有设计，恶意指控他人侵犯其专利权并向人民法院起诉或者请求专利行政管理部门处理的，被控侵权人可以请求人民法院责令专利权人赔偿由此给被控侵权人造成的损失。"参见聂鑫：《专利恶意诉讼的认定及其法律规制》，载《知识产权》2015年第5期，第55-56页。
⑤ 谢光旗：《费用转移规则在美国的新发展与启示——以专利蟑螂泛滥为背景》，载《甘肃政法学院学报》2016年第4期，第144页。

诉讼规则的情况下，虽然不能据此否定刑法介入的可能性和必要性，但应当严格掌握刑事裁判标准，最大限度地降低刑罚的负面效应。

二、恶意提起专利诉讼并和解的刑事评价

传统产业中的专利主要由制造者持有，制造者在可能相互侵权的情况下通常会寻求交叉许可，但以电子产业为代表的新兴产业具有累积式创新的特征，大量专利由不从事制造的研发者和中介组织持有。在专利持有与使用相互分离的情况下，行为人恶意布局大量专利，寻找市场上使用相似技术的企业反复诉讼并趁机提出和解要求，其行为是否具有违法性，能否认定为敲诈勒索罪存在不同意见。

第一种意见认为，专利权人依据合法授予专利提起诉讼不具有违法性，法律不可过分限制诉权。第二种意见认为，行为人从事民事活动有违诚信、自愿原则，虽有恶意诉讼之虞，但可通过民事途径处理，不宜动用负面效应较大的刑罚。第三种意见认为，行为人利用专利制度的审查漏洞，假借专利诉讼名义进行敲诈勒索，应当予以刑事处罚，方可及时、有效地保护被害单位的合法利益。

我们认为，行为人恶意申请专利，依据合法授予专利起诉并逼迫对方和解的，其行为定性涉及刑民关系、权利平衡和价值取舍等多重因素，不能一概而论。主要应当审查判断以下因素：

1. 起诉是否依据合法授予专利。行为人是否依据合法授予专利提起侵权诉讼，是判断能否构成敲诈勒索的首要因素。行为人使用虚假专利起诉，或者伪造专利独占许可对普通许可的被许可方提起诉讼的，应当首先否定诉讼的维权属性，认定行为人具有非法占有的目的，并进一步研判其行为是否构成敲诈勒索。

2. 涉诉专利是否具有真实价值。涉诉专利具有一定的新颖性及创造性，具有一定市场价值的，难以否定诉讼具有维权特征，亦难以认定为敲诈勒索。其中，即使绝大多数专利没有价值，行为人有滥用诉权之虞的，也不宜片面选择部分诉讼行为认定为敲诈勒索罪。行为人所持专利缺乏新颖性或创造性，实质上均为低质量专利的，否定维权属性、认定为敲诈勒索的可能性更大。

3. 和解协议是否体现对价关系。行为人与对方签订和解协议，向对方许可合法授予具有一定价值的专利，可以认定专利权许可与和解费用之间具有一定的对价关系，难以认定为敲诈勒索。行为人假借和解协议，许可对方使用虚假、无实际价值的专利，或者以和解换取己方撤诉，难以认定双方之间存在合理对价关系，其行为构成敲诈勒索的可能性更大。

4. 定罪处罚能否实现罚当其罪。"专利敲诈"通常是利用低质量专利向创新企业发起诉讼，不符合专利制度鼓励创新的初衷，具有一定的社会危害性。但不可忽视的是，敲诈勒索罪是传统财产犯罪，主要用于调整财产关系而非市场经济关系，其法定刑配置相对较高。根据《最高人民法院、最高人民检察院关于办理敲诈勒索刑事案件适用法律若干问题的解释》的规定，敲诈勒索 30 万元至 50 万元以上，对应的法定刑幅度为十年以上有期徒刑。"专利敲诈"对象多为企业单位，行为人提出的索赔、和解金额数量较大，一概以敲诈勒索罪处理很有可能造成动辄判处十年以上有期徒刑重刑的局面，与该类行为的社会危害性不相匹配。在明显违反罪刑相适应原则的情况下，认定为敲诈勒索应格外慎重。

本案中，被告人李甲、李乙的行为因其不同特征可以分为两类，一类是伪造专利独占许可起诉；另一类是依据合法授予专利起诉。被告人伪造专利独占许可起诉的非法性极为突出，构成敲诈勒索罪争议不大，主要难点问题是依据合法授予专利起诉的行为定性问题。我们认为，相较于刑事手段，以民事手段对上述行为进行规制更为合理。主要理由如下：

第一，被告人据以提起侵权诉讼的专利经国家知识产权局依照法定程序授予。专利权人以技术公开换取法律保护，有权以诉讼等方式保护其专利权不受侵害。司法机关可依法裁决专利权是否真实遭受侵害，但不宜对诉权进行过度干预，也不宜从败诉后果倒推起诉行为本身具有违法性。即使行为人恶意利用有效性高度存疑的专利，超出权利行使的界限，而有权利滥用之虞的，在司法处理上亦需充分考虑二者界限的模糊性，动用刑罚应格外慎重，否则会影响公民权利的自由行使。

第二，专利复审决定不能否定专利权有效期内全部民事行为的效力。根据《专利法》第 47 条的规定，宣告无效的专利权视为自始即不存在，但宣告无效的决定对已执行的专利侵权判决、已履行的专利实施许可或专利权转让合同等不具有追溯力。专利复审是实质性地审查被授予专利权的技术、设计是否真实具备新颖性、创造性和实用性，是否应当进行专利保护，而非确认专利申请、授予及有关诉讼、许可、转让等均不合法。在民事处理尚留有余地的情况下，根据无效决定反证刑事违法性应更为慎重。

第三，被告人所持专利并非全部没有价值。通过委托检验等手段能够认定行为人所持专利均缺乏新颖性或创造性，尚有认定恶意规避专利授权制度实施犯罪的余地。难以否定相关专利，尤其是涉诉专利价值的，则存在一定的定罪障碍。本案被告人持有专利300余项，其中涉诉专利18项，二审法院委托中国信息通信研究院对上述专利的价值进行司法检验。检验结论显示，虽然绝大多数专利缺乏新颖性或创造性，但无法完全否定少量专利具有一定价值。虽然上述专利的质量与诉讼的频次、强度之间不成比例，可能存在滥用诉权的问题，但刑事处罚依据尚不充分。

第四，双方所签和解协议具有一定的交易性质。本案中，无可否认，诉讼双方签订协议带有一定的胁迫性、非自愿性因素，但协议内容本身仍然具有一定的对价性。被告人将其所持300余项专利全部或部分许可给对方，并以专利许可费等名义收取5万元至80万元不等的费用。被告人以专利许可与对方进行价值交换，难以完全否定双方之间存在对价关系。

第五，适当参考国外立法例及判例对"专利非实施主体"（Non-Practicing Entities，简称NPE）的处理方式。根据国际组织电子前沿基金会的定义，"专利非实施主体"的特征是不创造、发明或出售任何有用之物，其获取专利的唯一目的是威胁可能使用与专利相关技术的人群。以美国为例，美国国会提出《创新法案》等一系列法案，联邦最高法院亦作出相关判例，但目前的应对措施主要集中于改革诉讼程序、判令败诉方承担胜诉方的律师费或其他诉讼费用、处罚律师等。[①] 本案在具体处理上可参考上述立法例、判例，慎重选择司法应对措施。

第六，认定全案行为构成敲诈勒索罪有违罪刑相适应原则。对比当前经

---

① 参见易继明：《美国〈创新法案〉评析》，载《环球法律评论》2014年第4期，第146-166页。

济领域常见的非法集资及其他金融诈骗犯罪，本案行为的危害性相对较低，假设一概判处十年以上有期徒刑的重刑，难以准确评价、揭示不同罪行的社会危害程度。由此可见，"专利敲诈"与典型敲诈勒索之间的差异性不容忽视，这一问题最终有待立法解决。

最后，相关企业能够选择民事途径实施权利救济。根据《专利法》第47条的规定，专利权被宣告无效，因专利权人的恶意给他人造成的损失，应当给予赔偿。最高人民法院《民事案件案由规定》第171条将因恶意提起知识产权诉讼损害责任纠纷列为法定案由。相关企业认为其因专利恶意诉讼遭受财产损失的，可以依法请求民事赔偿。

三、"专利敲诈"的规制路径

"创新是引领发展的第一动力，保护知识产权就是保护创新。"然而，保护知识产权并不意味着无条件迁就知识产权人的诉求，司法裁判应坚持保护知识产权和防止权利滥用并重的价值导向，否则就会导致本案所揭示的问题，不仅不能保护创新，反而还会阻碍创新。

专利权人有保护其诉权及合法专利的诉求，同时制造企业有正常经营的需求，双方的利益难免发生龃龉，"专利敲诈"案件即是各方利益冲突激化的集中表现。司法裁判应当注意在现行法律框架内平衡专利权人与制造企业之间的利益冲突，明确权利保护与权利滥用的界限，关注民法与刑法的调整范围与效力边界，准确辨别行为性质是专利维权、恶意诉讼还是敲诈勒索。人民法院在处理此类案件时，可以采取以下认定思路：

1. 伪造专利或专利独占许可，恶意提起专利侵权诉讼或者进行不实举报，以胁迫手段索要财物的，可以构成敲诈勒索罪。

2. 依据合法授予专利反复提起诉讼，即使其专利申请有违诚实信用原则、专利质量不高，有滥用诉权之虞，但经检验无法完全否定涉诉专利价值的，一般不予追究刑事责任。相关企业可以通过民事途径维护自身合法权益。

3. 遵循诚实信用原则获得专利授权并提起诉讼的，无论是否发生在对方上市融资等敏感时期，均应依法保障专利权人的合法权益。

【附录】

编写人：于书生（刑事庭审判员）

一审裁判文书案号：（2018）沪0115刑初3339号

二审裁判文书案号：（2019）沪01刑终2157号

二审合议庭成员：李长坤（审判长）、于书生（主审法官）、顾苹洲

10

"经电话通知到案"型自动投案的司法认定

——李某伪造国家机关证件案

【案例要旨】

犯罪分子经电话通知而主动投案，后如实供述自己的罪行，在不明显违背自首的立法精神或者不属于法律、司法解释明确排除情形的情况下，可以认定为自首。认定是否构成"自动投案"应综合考察客观要件和主观要件，但不包括投案动机。犯罪分子是否存在侥幸心理、公安机关电话通知的形式和通知的内容，以及犯罪分子是否明确知道公安机关电话通知涉及犯罪事项，均对自动投案的认定不具有决定性影响。

【案情简介】

原公诉机关：上海市长宁区人民检察院。

上诉人（原审被告人）：李某。

2019年1月至案发，被告人李某通过胡某（另案处理）先后伪造了车牌为冀T7××××、冀TQ6××挂、苏J9×××挂、沪DS6×××、苏JQ5×××车辆的《机动车行驶证》《道路运输证》《道路运输证（待理证）》共计14本。

2021年2月20日，民警通过他人电话通知被告人李某到其所工作的物流园区了解情况，李某接电话通知后即回到上述园区接受民警询问，如实供述了相关犯罪事实，而后民警将其传唤到案。李某到案后始终如实供述所犯罪行。

【裁判结论】

一审法院认为，被告人李某伪造国家机关证件，其行为已构成伪造国家机关证件罪，且情节严重。李某虽非自首，但到案后能如实供述自己的罪行，依法予以从轻处罚。一审法院判决被告人李某犯伪造国家机关证件罪，判处有期徒刑三年五个月，并处罚金五千元，扣押在案的涉案证件予以没收。

李某不服提出上诉，认为其系经电话通知自动投案，并如实供述所犯罪行，应认定具有自首情节，原判未予认定，导致量刑过重。二审法院认为，李某接电话通知，得知民警向其了解情况，仍自动前往接受询问，属于自动投案的情形，且到案后如实供述自己的罪行，应认定具有自首情节，遂依法作出改判。

【评析意见】

本案的争议焦点在于，公安机关让他人代为电话通知，且通知的内容没有明确提到涉嫌犯罪，只是提到需要配合了解相关情况，李某前来配合并如实供述了自己的罪行，是否应认定为自动投案。一种意见认为，李某对于公安机关调查伪造证件事宜并不是明确的、具体的认知，而是带有侥幸心理的概括性认识，在认识因素和意志因素方面不能与法定情形相等同，不应降低标准认定为自动投案。另一种意见认为，李某在电话中得知公安机关到工作单位找其了解情况，即存在认识到公安机关调查其涉嫌犯罪的可能，在此情况下，李某仍选择前往单位接受公安机关调查，就体现出其自动投案的意愿，应认定为自动投案。笔者认为对自动投案的认定应作实质化理解，分析如下：

一、自动投案的规范含义和认定要件

自动投案和如实供述是一般自首的两大核心要件,其中自动投案是首要判断要件。所谓自动投案,其本质是"犯罪嫌疑人犯罪之后,在具有人身自由的状态下,自愿、主动将自己置于司法机关或者有关负责人的控制之下,并进一步接受法律的审查与制裁"。① 解决本案争议焦点,必须首先厘清自动投案的规范含义和认定要件。

关于自动投案的规范含义,1998年5月9日施行的《最高人民法院关于处理自首和立功具体应用法律若干问题的解释》(以下简称《1998年解释》)第1条第1项指出典型自动投案的侧重点在于"主动、直接"投案,且列举了两种自动投案的情形和七种应当视为自动投案的情形,但没有设置兜底条款。此时对于自动投案的认定主要采取形式判断,突出法律和司法解释的规范作用。而2010年12月22日最高人民法院印发的《关于处理自首和立功若干具体问题的意见》(以下简称《2010年意见》)在《1998年解释》的基础上,又列举了五种应当视为自动投案的情形,指出自动投案的核心在于"主动性"和"自愿性",其中第1条第5项还规定了"其他符合立法本意,应当视为自动投案的情形"这一兜底条款。即此时自动投案的认定采取形式判断和实质判断相结合的模式,不仅着眼于对自首的立法价值的追求,而且突出立法和司法的引导作用,是宽严相济的刑事政策在自首制度中的体现。从司法解释的发展脉络看,我国自动投案的法定情形在不断扩大,规范含义也趋于实质化。

自动投案的认定要件包括客观要件和主观要件。在客观要件上,自动投案要求犯罪分子投案之时人身处于相对自由状态,尚未受到司法机关的控制,或者司法机关虽已锁定但控制程度较低。② 这也符合自动投案所体现出

---

① 聂昭伟:《经电话通知传唤到案认定自动投案的条件》,载《人民司法》2016年第8期,第24页。
② 此处也存在特殊情形,即《2010年意见》第1条规定了"因特定违法行为被采取劳动教养、行政拘留、司法拘留、强制隔离戒毒等行政、司法强制措施期间,主动向执行机关交代尚未被掌握的犯罪行为的"。

的节约司法机关成本、及时惩处犯罪的立法精神。在主观要件上，无论是"亲投"还是"代投""陪投""托投""送投"等，这些自动投案和应当视为自动投案的情形均体现了犯罪分子投案的主动性和自愿性。所谓主动性，是指在明知投案后果的前提下，犯罪分子在其自由意志支配下对这种结果的一种积极主动选择，其重点在于犯罪分子自觉接受法律制裁的主观态度，即使有其他人的帮助和介入，也不影响对犯罪分子主动性的认定；所谓自愿性，是指犯罪分子系出于自由意志作出这种主动选择。实践中认定是否具有投案的主动性和自愿性，需要结合犯罪分子的客观行为和外在表现综合分析。如果犯罪分子的客观行为和外在表现能够推断出其投案行为具有主动性和自愿性，符合自首制度的立法本意，则即使该情形不属于法律和相关司法解释明确列举的情形，也应按照兜底条款将其视为自动投案。

二、投案动机对于自动投案认定的影响

自动投案的自由意志是指投案之时排除他人意志的绝对强制，但也并不意味着完全排除他人意志的影响。投案的动机属于意志范畴之外，是引发意志的先前因素。《1998年解释》和《2010年意见》均并没有对投案的动机作出明确限制，从上述两个规范所列举的情形看，犯罪分子投案的动机可以包含其他想法成分。例如，《1998年解释》第1条第1项规定了"并非出于犯罪嫌疑人主动，而是经亲友规劝、陪同投案的；公安机关通知犯罪嫌疑人的亲友，或者亲友主动报案后，将犯罪嫌疑人送去投案的，也应当视为自动投案"，可见投案的主观心态也可以包括不情愿的成分。[①] 又如，某些情形下，自动投案要求犯罪分子有主动投案的意思即可，甚至不需要主动投案的行为，如"经查实确已准备去投案，或者正在投案途中，被公安机关捕获的，应当视为自动投案"。

投案的动机多种多样，不同犯罪分子投案的动机不可能完全一样。有的犯罪分子投案的动机是真心悔罪，有的是为争取量刑上的从轻处罚，有的是

[①] 虽然《2010年意见》第1条第4款规定，犯罪嫌疑人被亲友采用捆绑手段送到司法机关的，不能认定为自动投案，但如果并非采用捆绑这种控制自由的强制手段，而是威逼利诱、言语逼迫等非强制手段，也应认定为自动投案。

基于亲友的规劝和压力而勉强投案，有的是走投无路，被通缉而觉得逃跑无望，有的则是逃跑过程中生存物资缺乏而被迫投案，甚至更极端的动机是为了报复同案犯，但这些动机均不影响自动投案的认定，动机只是引发犯罪分子内心投案想法的诱因，起到决定性作用的还是犯罪分子真正践行了自动投案的客观事实。笔者认为，那种由于欠缺百分百主动性而当然否认自动投案的观点略显片面。基于上述逻辑，经电话通知而自动投案的动机也可以是出于侥幸心理，因为此时公安机关尚且只是初步调查了解相关情况，即使犯罪分子如实向公安机关陈述事件过程，犯罪分子内心也可能存在侥幸心理，即不一定最终被科以刑事处罚。

本案中，持否定意见的主要理由之一就是李某的主观心态并不是完全自愿接受司法审查而主动、直接投案，因为公安机关并未明确告知李某已经掌握了其伪造国家机关证件犯罪的情况，仅仅模糊告知此次前来是了解相关情况。笔者认为，李某对于民警调查伪造证件事宜有可能并无明确的、具体的认知，而是带有侥幸心理的概括性认识，但仅仅因李某心存侥幸心理而完全排除自动投案的适用可能性，则与自动投案的本质相违背，也不符合实质化的趋势。因为李某涉嫌的伪造证件犯罪与自身工作紧密相关，此次公安机关直接前往工作地点向李某了解情况，可以推测李某内心并不是完全不知情，其对于公安机关上门调查自己的犯罪事实虽然是一种概括性认识，但也属相当高程度的概括性认识。侥幸心理只是投案的动机，并不排斥投案的自动性，李某在具备人身自由和意志自由的前提下，仍选择前往配合调查，并在到案后始终如实供述，足以体现其主动、自愿地接受司法处理，将其认定为自动投案并无不妥，反而如果仅因其心存侥幸而排除自动投案，则略显偏颇。

三、电话通知的形式、内容对自动投案认定的影响

"经电话通知"型自动投案，一般表现为公安机关在掌握相关线索后直接电话通知犯罪分子，且明确告知其因涉嫌犯罪需要配合调查。但为了顺利办理案件的需要，公安机关有时也会让他人代为通知，且不告知他人和犯罪分子本人公安机关系因调查犯罪需要，只是模糊告知了解相关情况，这种情

况在实践中很常见。但从犯罪分子角度看，其已经知晓的是公安机关需要其配合了解情况，在自身确有某类违法行为的情况下，犯罪分子内心很大程度上可以认识到公安机关就是为了调查本人涉嫌犯罪而来，此时其主动前往约定地点并如实供述，同样符合自首的立法精神。电话通知的形式、内容不影响犯罪分子自动投案的认定。

《2010年意见》对应当视为自动投案的情形规定了兜底条款，凡是与列举情形之间具有相当性的都应认定为"其他符合立法本意，视为自动投案"的情形。自首的立法本意是为了鼓励犯罪分子犯罪以后自动投案，以方便司法机关及时查处犯罪，节约司法成本，也体现出犯罪分子主观恶性降低，悔罪态度好，愿意接受处罚。从相关法律文件所规定的情形和立法本意来看，只要犯罪分子自愿选择至司法机关接受调查，就可以视为自动投案。具体到接到通知去司法机关接受调查的情形，只要可能认识到司法机关是因为所涉嫌的犯罪行为对其进行调查，而自愿前往的，都符合自动投案的要件。关于是否需要明确知道警察通知其了解情况的具体内容，笔者认为只需要达到"可能知道"的程度即可，不宜作出犯罪分子必须"明确知道"的不合理限制。

具体到本案中，没有证据证明李某还涉嫌其他犯罪，李某在接到同事电话通知后，虽然尚不能确认其是否明知警察上门的目的是调查其涉嫌本案的犯罪事实，但也不能就此反推其返回单位是存在侥幸心理逃避处罚。从李某的历次讯问笔录分析，李某接到同事电话后对警察上门调查其涉嫌伪造国家机关证件犯罪已有心理预期，在此情形下，其自愿回单位接受调查，即可视为自动投案。如果公安机关让李某的同事打电话给李某，声称有工作事宜需要李某来公司处理，不涉及需要配合公安机关调查了解情况，则属于公安机关布控下抓捕李某的一种方式，此时李某对公安机关的存在不知情，其前来公司只是为了处理工作事宜，而不包含任何投案的想法成分，则不属于自动投案，而属于公安机关主动抓获。如果将本案这种情形排除在自动投案之外，据此否认构成自首，可能会变相鼓励犯罪分子在得知警察调查的第一时间不予配合，以期得到"自动投案"的司法认定，避免不被认定为自首的风险。这将不利于司法机关及时查处犯罪，也与自首的立法本意相悖。

【附录】

编写人：丁学文（立案庭法官助理）

一审裁判文书案号：（2021）沪 0105 刑初 522 号

二审裁判文书案号：（2021）沪 01 刑终 1548 号

二审合议庭成员：巩一鸣（审判长兼主审法官）、沈黎、郑焯琼

11

为他人骗领工作类居留许可证件并收取费用的行为定性

——姜某出售出入境证件案

【案例要旨】

境外人员来华就业所需工作类居留许可等文件，依法应当认定为出入境证件。行为人收取费用，为境外人员提供虚假劳动合同等材料并为其申领工作类居留许可证件等，构成出售出入境证件罪。

【案情简介】

原公诉机关：上海市松江区人民检察院。

上诉人（原审被告人）：姜某。

被告人姜某伙同李某以牟利为目的，虚构被告人姜某名下或实际控制的A、B、C三家公司分别雇用5名外籍人员，协助上述外籍人员向某外省市出入境管理局申请办理境外人员工作许可证件及工作类居留许可证件。其中，被告人姜某在协助第5名外籍人员申请办理工作类居留许可证件期间，自动放弃犯罪。

【裁判结论】

一审法院经审理认为，被告人姜某伙同李某出售出入境证件，情节严重，其行为已构成出售出入境证件罪。被告人姜某在共同犯罪中起次要作用，系从犯，应从轻处罚。被告人姜某具有自首情节，且在向第 5 名外籍人员出售出入境证件一节中系犯罪中止，对其减轻处罚。一审法院遂判决被告人姜某犯出售出入境证件罪，判处有期徒刑二年六个月，并处罚金人民币二万元。一审判决后，被告人姜某提出上诉认为，境外人员工作类居留许可证件不属于相关司法解释规定的出入境证件，因此不构成出售出入境证件罪；即使认定为出入境证件，其是以协助办理工作类居留许可证件的方式收取费用，该行为性质是"骗取"而不是"出售"，刑法并未规定"骗取入境证件罪"，故应当改判其无罪。

二审法院经审理认为，本案所涉工作类居留许可证件属于出入境证件的一种，上诉人姜某伙同李某，收取费用后为境外人员虚构雇佣关系，协助境外人员办理工作类居留许可证件，其行为已构成出售出入境证件罪。二审法院遂驳回上诉，维持原判。

【评析意见】

司法实践中，有些人员出于非法获利目的，在没有真实劳动关系的情况下，为境外人员提供挂靠公司和虚假劳动合同，代为申领工作类居留许可证件，使境外人员达到以工作名义非法居留的目的。对于虚构用工事实，提供虚假材料代为申领工作类居留许可证件的行为如何定性，实践中分歧较大，主要争议的问题有二：一是工作类居留许可证件并非出入境时必须持有、查验的证件，能否认定为出入境证件？二是提供虚假材料代为办理工作类居留许可证件并收取相应费用的行为是否属于"出售出入境证件"？我们对上述问题皆持肯定意见，主要理由如下：

一、工作类居留许可证件属于出入境证件

对于出入境证件的认定，《最高人民法院、最高人民检察院关于办理妨

害国（边）境管理刑事案件应用法律若干问题的解释》（以下简称《两高解释》）作为目前司法实务中惩治妨害国（边）境管理相关犯罪的重要依据，其第2条采用了"列举+兜底"的方式定义出入境证件，"刑法第三百一十九条规定的'出境证件'，包括护照或代替护照使用的国际旅行文件，中华人民共和国海员证，中华人民共和国出入境通行证，中华人民共和国旅行证，中国公民往来香港、澳门、台湾地区证件，边境地区出入境通行证，签证、签注，出国（境）证明、名单，以及其他出境时需要查验的资料"，出入境证件则包括上述证件以及其他入境时需要查验的资料。

从《两高解释》的规定看，一则没有列明工作类居留许可证件属于出入境证件，二则兜底条款要求出入境证件是"出入境时"需要查验的资料。由此有观点认为，居留许可证件是境外人员入境之后办理的材料，在入境时并不需要查验，那么居留许可证件既不是列明的证件类型，也不符合兜底条款，因此不是出入境证件。对此我们认为，工作类居留许可证件同样应当归入出入境证件。主要理由如下：

第一，从文义解释的角度，我们不宜将《两高解释》中的"出入境时"狭义理解为地理意义上的出入境，"出入境时"是规范的概念，应坚持实质解释的立场，从规范意义出发解释"出入境时"。所谓地理意义上的出入境，是指境外人员的身体进入、离开我国国土上的国（边）境，但是法律意义上的出入境则不仅要求身体进入或离开我国国（边）境，相关出入境证件也要完成查验程序，才能最终实现法律意义上的出入境。例如，境外人员身体虽然已经进入我国境内，但是相关入境证件或手续尚未办齐或有待查验，那么，该境外人员在法律意义上依然处于"未完成入境"或"入境中"状态，此处的"入境中"应与《两高解释》中的"入境时"为相同含义。因此，工作类居留许可证件虽然是地理意义上入境之后办理的证件，但在法律意义上并没有超出入境时需要查验的材料范畴。

第二，从实务操作上看，出入境管理工作涵盖入境审核工作类居留许可证件，与工作签证在办理流程上高度绑定，不能割裂看待。根据《外国人入境出境管理条例》《外国人在中国就业管理规定》的相关规定，境外人员来华工作的常规流程如下：（1）境外人员凭借相关工作材料至中国驻外使领馆申请 Z 字签证（工作签证）。(2) 境外人员持有 Z 字签证入境。(3) 入境后 15 日内持许可证书、劳动合同及有效护照等办理就业证；在入境 30 日内持就业证到公安机关办理居留证（居留许可证件）。从以上常规办理流程可见，首先，出入境立法的管理和防范对象主要是境外人员的非法入境问题，即境外人员的非法入境、非法工作、非法居留、非法活动等,[①] 出入境管理工作贯穿境外人员入境及居留全过程，目的是使境外人员从入境到出境的全过程均在合法有序的管理之下进行。其次，即便境外人员使用工作签证入境，如果没有与用人单位在期限内签订劳动合同，并办理工作类居留许可证件，依然构成非法居留，面临驱逐出境，境外人员则无法达到其入境的目的。换言之，工作类居留许可证件与工作签证一样，是境外人员入境过程中所必须办理和查验的材料，工作类居留许可证件是工作签证合法性的延续，二者高度绑定，不能割裂看待。

第三，从法益上看，骗领工作类居留许可证件的行为侵犯了国（边）境管理秩序。出售出入境证件罪规定于《刑法》"妨害社会管理秩序罪"一章中"妨害国（边）境管理罪"一节，可见，出售出入境证件罪保护的法益是我国的国（边）境管理秩序，目的在于使出入境活动合法有序。境外人员入境后，行为人为境外人员提供虚假材料，代其申请工作类居留许可证件，使境外人员凭借居留许可证件以工作名义留境，显然已经破坏了国家正常的出入境管理秩序。行为人为境外人员骗领工作类居留许可证件，对于国（边）境管理秩序的侵害与出售护照、出入境通行证等典型的出入境证件并无明显差别。

综上所述，规范意义上工作类居留许可证件属于出入境时需要查验的材料；出售工作类居留许可证件行为所侵犯法益类型与出售出入境证件罪一致；工作类居留许可证件与工作签证属于同类出入境证件，其中工作类居留许可证件是工作签证的必要延续，甚至在入境查验时可以代替工作签证。因此，工作类居留许可证件属于出入境证件。

[①] 郭烁：《大国新问题：在华外国非法移民的司法对策研究》，载《清华大学学报（哲学社会科学版）》2012 年第 5 期，第 139 页。

二、有偿为境外人员代办工作类居留许可证件的行为属于"出售"出入境证件

本案的第二个争议问题是，提供虚假材料协助境外人员办理工作类居留许可证件的行为是否属于"出售"。有观点认为，出入境证件等国家机关公文，不可能成为民事主体交易的标的，而出入境证件是由国家机关签发的，行为人对该证件并无所有权，也无占有，遑论买卖，行为不符合民法中关于买卖的定义，该行为只是协助骗取，而非出售，因此不能成立出售出入境证件罪。我们认为，提供虚假材料协助骗取出入境证件的行为属于出售出入境证件，主要理由如下：

首先，出入境证件等可以成为刑法意义上的出售对象。刑法中"出售"一词较为常见，如非法出售增值税专用发票罪、非法出售文物藏品罪、出售陆生野生动物罪等，与之相近的还有"销售""贩卖"等，但无论是发票、文物、野生动物，还是本罪的出入境证件，均非民法上所有权的对象，行为人不可能对其享有所有权，更不存在买卖的可能性，如果用民法原理来限定刑法中的相关行为，那么上述罪名都将无法成立。因此，刑法上的"出售""销售""贩卖"等概念相较民事部门更为宽泛，即使行为人对相关物品没有任何权利，但是只要收取相应对价，并将物品转移给他人占有，甚至不亲自转移占有，只是使他人获得了获取该物品的资格，都可以成立刑法上的"出售"，只有这样，才不至于遗漏对犯罪行为的打击。

其次，提供虚假材料代为申领居留许可证件并收取相应费用的行为可以认定为出售。行为人收取相应费用，虚构用工事实，提供虚假劳动合同等材料，代境外人员申领居留许可等证件，并提供给境外人员，一方面，上述行为在外观上符合一手交钱、一手交货的售卖模式；另一方面，虽然居留许可证件由国家机关签发，但是就申领过程来看，签发机关对于申领文件所提交的相关材料仅进行形式审查，如劳动合同有真实公章和签名就视为符合要求，至于双方是否真实存在劳动关系，并不在审查范围之内，因此行为人提供的虚假劳动合同等材料在申领过程中具有关键作用，行为人将虚假材料递交给出入境管理部门，即可完成办理，待出入境管理部门签发证件时，行为

人即完成该出售行为。

本案中姜某在他人的指使下，虚构自己名下或实际控制的公司雇用境外人员的事实，与境外人员签订虚假劳动合同并提供其他材料，协助境外人员办理工作类居留许可证件，其行为已经构成出售出入境证件罪，认为其无罪的相关辩护意见依法不予采纳。

【附录】

编写人：陈兵（刑事庭审判员）、白子庚（刑事庭法官助理）
一审裁判文书案号：（2021）沪 0117 刑初 1430 号
二审裁判文书案号：（2022）沪 01 刑终 17 号
二审合议庭成员：吴斌（审判长）、陈兵（主审法官）、王晓越

12

卖淫场所股东在组织卖淫共同犯罪中地位作用的认定

——陆某等六人组织卖淫、协助组织卖淫案

【案例要旨】

未出资但因其他原因被动持有卖淫场所股份且不参与具体经营的股东，不宜仅因其持有股份而直接认定为组织卖淫罪。实际出资的股东可结合占股比例、是否参与实际经营等因素综合认定其在共同犯罪中的作用。虽出资但未参与具体经营的非控股股东，可视案件情况认定为组织卖淫罪的从犯。对组织卖淫案件被告人量刑时，应充分考量同案犯的刑罚情况以实现量刑均衡。

【案情简介】

抗诉机关（原公诉机关）：上海市闵行区人民检察院。

上诉人（原审被告人）：陆某。

原审被告人：张某、许某、朱某、俞某、徐某。

2006年年底，被告人陆某、张某、许某、朱某及成某、何某（成、何二人已另案处理）共同出资开设A浴场。2008年后，浴场在洗浴业务外开展卖淫活动。张某之妻俞某曾在该浴场内工作，协助管理卖淫人员。2010年，张、俞二人离婚，俞某分得张所持浴场一半股份。2012年年底，浴场更名为A会所，专门从事卖淫嫖娼，并由何某负责日常经营管理，张某、陆某、许某负责疏通关系、进行财务审核监督等，朱某不参与经营，所有股东均按持股比例参与现金分红。朱某之妻徐某曾参与对会所的账目核查。2015年4月，会所被公安机关查封。仅2015年3月至4月，会所十余名在册卖淫人员卖淫记钟就达1000余次，收取嫖资人民币80余万元。

2018年7月，陆某、许某与其他案外人员结伙，先后组织十余名卖淫人员在B场所内进行卖淫活动。

【裁判结论】

一审法院经审理认为，陆某、张某、许某、朱某与他人结伙组织卖淫，情节严重，均已构成组织卖淫罪，其中，陆某、张某、许某三人系主犯，朱某系从犯；徐某、俞某协助组织卖淫，均已构成协助组织卖淫罪。一审法院根据六人的犯罪事实及六人所各自具有的坦白、认罪认罚、亲属代为退缴违法所得等情节，对陆某犯组织卖淫罪，判处有期徒刑十年三个月，并处罚金人民币一万元；对张某犯组织卖淫罪，判处有期徒刑十年，并处罚金人民币一万元；对许某犯组织卖淫罪，判处有期徒刑十年三个月，并处罚金人民币一万元；对朱某犯组织卖淫罪，判处有期徒刑五年六个月，并处罚金人民币一万元；对俞某犯协助组织卖淫罪，判处有期徒刑二年，并处罚金人民币一万元；对徐某犯协助组织卖淫罪，判处有期徒刑二年，并处罚金人民币四千元；违法所得予以追缴。

判决后，检察机关提出抗诉，主要理由为：俞某早期参与日常经营，后期作为实际持股人，其行为应构成组织卖淫罪；朱某作为会所投资人，虽不直接参与日常管理，但参与股东会，对会所收入实施监督，应认定为主犯；

原判对六名被告人量刑及判处的罚金刑畸轻等。上诉人陆某认为其出资比例较小，且不参与经营管理，应认定为组织卖淫罪从犯或协助组织卖淫罪。

二审法院经审理查明的事实和证据与原判相同。二审另查明，陆某、许某与其他案外人员结伙，在 B 场所组织卖淫，收取嫖资至少人民币 20 余万元。二审法院认为，朱某虽出资涉案会所并参与分红，但未直接参与日常经营管理，在共同犯罪中起次要作用，应认定为从犯。俞某曾在早期的浴场内工作，协助管理卖淫人员，与张某离婚后即退出会所，离婚分得的会所股份亦非由其直接出资取得，故不宜认定为组织卖淫行为，原判认定其犯协助组织卖淫罪并无不当。但根据本案各人的犯罪事实、情节及与其他已决同案犯的量刑平衡因素等，原判对陆某、许某、朱某、俞某四人量刑畸轻，应作适当调整；对陆某、张某、许某、朱某四人适用的罚金刑有误，应予纠正，遂对陆某犯组织卖淫罪，改判有期徒刑十一年，并处罚金人民币三十五万元；对张某犯组织卖淫罪，改判有期徒刑十年，并处罚金人民币二十五万元；对许某犯组织卖淫罪，改判有期徒刑十年六个月，并处罚金人民币三十万元；对朱某犯组织卖淫罪，改判有期徒刑六年，并处罚金人民币二十万元；对俞某犯协助组织卖淫罪，改判有期徒刑三年，并处罚金人民币一万元；维持原判对徐某的判决；维持违法所得予以追缴。

【评析意见】

本案是一起团伙型组织卖淫案件，多名被告人均系卖淫场所股东，且在团伙中各有分工，发挥不同作用，如何准确认定各被告人的行为及其在共同犯罪中的地位作用，从而进行精准刑罚裁量，是审理此类案件的疑难点。本案主要有三个争议问题：一是俞某作为被动受让而持有卖淫场所股份的股东，能否认定为组织卖淫罪？二是朱某作为仅出资但未参与具体经营的卖淫场所股东，能否认定为组织卖淫罪的从犯？三是一审法院对各被告人量刑及判处的罚金刑是否畸轻？详述如下：

一、未实际出资而被动持有股份且无其他组织行为的人员不宜认定为组织卖淫罪

对于没有出资行为但被动受让会所股份的俞某,是否应认定为组织卖淫罪,存在两种观点:第一种观点认为,不论是否系从他人处受让股份,只要持有卖淫场所股份并接受分红,就应当认定为组织卖淫罪;第二种观点认为,因其他原因而被动持有卖淫场所股份的股东,其本身并无实际出资行为,不宜据此认定其犯组织卖淫罪。我们同意第二种观点,主要理由如下:

第一,出资是卖淫场所股东参与组织卖淫犯罪的核心行为。卖淫场所的股东一般指持有卖淫场所股份的人员,其犯罪行为一般表现为明知系卖淫场所而出资并参与分红,鉴于分红系出资后的附随行为,故出资应为股东参与组织卖淫犯罪的核心行为。出资通常表现为金钱出资,但亦可表现为以其他犯罪资源出资,如以疏通政府部门的反侦查资源入股或以卖淫人员的"人力"资源入股等。

第二,卖淫场所股东的出资行为符合组织卖淫罪的管理、控制要件。组织卖淫行为的罪质特征表现为行为人能够管理、控制卖淫人员及卖淫活动,而股东通过对卖淫场所出资,实现了对卖淫活动的管理、控制:首先,从出资对组织卖淫活动的影响看,出资是组织卖淫活动得以开展并持续进行的重要因素,直接影响犯罪规模,甚至足以影响犯罪能否实施;其次,从出资的行为性质看,出资体现为对组织卖淫活动的资本输入,作为出资者的股东亦因此取得了相应财产控制权;最后,从出资的伴随效应看,对卖淫场所出资后必然带来对场所经营事项的投票权和决策权。故,行为人明知系组织卖淫活动而出资的行为符合组织卖淫罪的管理、控制要件,应认定为组织卖淫行为。

第三,持有股份不等于实际出资,因其他原因被动受让而持有股份的股东不宜据此直接认定为组织卖淫罪。对于虽持有卖淫场所股份但未实际出资的股东,因其未实际实施为组织卖淫活动提供资金支持或犯罪资源注入的实行行为,亦无积极实施组织卖淫活动的主观故意,因此不宜仅依据其持有股份而直接认定为组织卖淫罪,应结合个案中是否存在其他组织行为审慎判

断,若其未实施其他组织卖淫行为,则不宜认定为组织卖淫罪,可根据其实施的其他行为定罪处罚。

本案中,对于俞某行为的定性应考虑到:首先,俞某虽持有涉案会所股份,但该股份并非由其直接出资取得,而系与张某离婚分割共同财产所得,俞某亦因未参与出资而缺乏出资设立卖淫会所的主观故意,故其持有股份的行为应区别于其他直接对卖淫场所出资的行为,不宜据此直接认定为组织卖淫行为。其次,俞某早期参与浴场事务的主要内容为根据客户要求安排卖淫人员上钟服务、对卖淫人员考勤和维护后场秩序等,均系执行何某等会所管理层所制定的标定服务流程和既定规章制度,并不具备对卖淫人员或卖淫活动的独立决策权和管理权,仅系对何某等人实施组织卖淫活动提供帮助。最后,俞某参与早期浴场事务时,尚未与张某离婚而分得股份,系以领取工资作为收入,且其与张某离婚后即退出浴场事务,故其早期参与浴场事务并执行管理层既定规章制度的行为和后期未实际出资而因离婚分得股权的行为,均不能评价为组织卖淫行为,综合上述情节以协助组织卖淫罪评价更为恰当。

二、出资但不参与具体经营的卖淫场所非控股股东可以认定为组织卖淫罪从犯

对于如何认定出资但不参与具体经营的朱某在组织卖淫共同犯罪中的作用,存在两种观点:第一种观点认为,卖淫场所股东的出资对于组织卖淫犯罪的实施具有重要作用,故对于实际出资卖淫场所并参与分红的人员,不论其是否参与经营,均应认定为组织卖淫罪,且不区分主从犯;第二种观点认为,朱某的出资行为虽为组织卖淫犯罪提供了资金支持,但其未参与会所的日常经营管理,其在整个组织卖淫犯罪中的作用相对其他出资并参与会所经营的股东作用较小,可以认定为从犯。我们同意第二种观点,主要理由如下:

第一,对于存在多名出资卖淫场所股东的情形,有必要区分各股东作用以确保精确量刑。实践中,当卖淫团伙存在多名出资卖淫场所的股东时,虽然实际出资的股东均为组织卖淫活动提供了资金支持,为整个犯罪活动的开展提供了助力,但各股东在出资数额、是否参与经营和参与经营程度等方面

通常存在差异，由此各股东对组织卖淫活动的控制力不同，所体现出的主观恶性及社会危害性亦不同，故为作出罚当其罪的判决，应认真辨析各股东在共同犯罪中的作用，必要时可区分主从犯以充分实现罪责刑相适应。

第二，区分卖淫场所股东地位作用具备可操作性的实现路径。对卖淫场所各股东进行地位作用区分时，可从出资占股比例、是否参与经营等方面进行综合考量：其一，居主要出资地位的股东，其对于组织卖淫活动实施具有重要作用，即使没有参与具体经营，也应当认定为具有主要作用；其二，参与具体经营的股东，因其直接负责经营管理，属于组织卖淫的主要实行犯，即使其出资比例较少，也应当认定为具有主要作用；其三，非控股且没有参与具体经营的股东，其地位作用应明显次于控股股东、实际经营者和实际管控者。故综合考量上述因素后，对于虽出资但不参与具体经营的非控股股东，可综合案件情况认定其在共同犯罪中起次要作用，以确保罪刑相当。

本案中，何某、陆某、张某、许某、朱某等人均系涉案场所股东。从犯罪分工上，何某总负责会所的日常经营管理，对会所内的人员进行整体指挥、调度；陆某、张某负责疏通内外关系，逃避监管；许某负责会所内的财务审核及监督，管理会所资金；朱某不参与会所日常经营。从出资比例上，何某持股30%，系大股东，陆某、张某、许某、朱某持股均在20%以下，从上述持股比例及参与经营情况可见，何某、陆某、张某、许某均持股并参与会所日常管理，在共同犯罪中均起主要作用，该四人的作用均明显大于仅出资而不参与日常经营的朱某，综合朱某亦非控股股东，可以认定朱某在组织卖淫的共同犯罪中起次要作用，为组织卖淫罪从犯。

三、对组织卖淫案件被告人量刑时应充分考虑量刑平衡并注意罚金刑的正确适用

第一，对组织卖淫案件被告人刑罚裁量时应充分考量已决同案犯的判罚情况。组织卖淫犯罪通常表现为团伙作案，因参与人员众多，分工复杂，被告人到案时间亦有先后，实践中常常出现需要先行处理或分案处理的情形，此时，如纯粹仅依照各被告人实施的具体犯罪行为予以定罪量刑，不考虑同案犯的判罚情况，容易出现量刑失衡。故在对组织卖淫犯罪人员进行刑罚裁

量时，除要充分考量被告人本人的犯罪事实、情节、社会危害程度和综合考虑其在共同犯罪中的地位作用及其他法定、酌定量刑情节外，还应注意是否存在另案处理的同案犯及已决同案犯，并全面考虑上述人员的判罚情况，以确保量刑均衡。

本案中，涉案卖淫会所在 2015 年 4 月即被公安人员查获，立案先行处理，后公安机关于 2017 年依据线索锁定并抓获大股东何某，经进一步侦查后，于 2019 年抓获本案六名被告人。一审法院对本案六名被告人量刑时未全面考虑与本案其他已决同案犯的判罚情况，对许某、朱某、俞某判处的刑罚相较已决同案犯畸轻，应予适当调整；陆某上诉否认一审判决认定事实，系对一审认罪认罚的反悔，依法不再适用认罪认罚从宽处理，亦应予调整，二审遂对上述四人的刑罚作相应调整。

第二，正确适用组织卖淫罪的双倍罚金规则。《最高人民法院、最高人民检察院关于办理组织、强迫、引诱、容留、介绍卖淫刑事案件适用法律若干问题的解释》第 13 条规定，犯组织、强迫、引诱、容留、介绍卖淫罪的，应当依法判处犯罪所得二倍以上罚金。故在对组织卖淫案件被告人确定罚金刑时，除依据证据规则准确认定犯罪所得外，还应综合考虑各人在共同犯罪中的地位作用、嫖资收入的分配方式、获利情况等，在案件查明的犯罪所得总额二倍以上的总体框架下，对罚金进行合理分配，以实现罪责相适应。

本案中，一审法院对陆某、张某、许某、朱某判处的罚金刑有误，未在组织卖淫犯罪所得总额二倍以上进行判罚，应予纠正，二审法院在查明本案所涉组织卖淫犯罪的犯罪所得后，依法予以改判。

【附录】

编写人：王骐（刑事庭法官助理）
一审裁判文书案号：（2020）沪 0112 刑初 601 号
二审裁判文书案号：（2020）沪 01 刑终 1356 号
二审合议庭成员：黄祥青（审判长兼主审法官）、胡冰、秦现锋

13

商业银行中国家工作人员套取营销费用以及与请托人互送财物的行为认定

——丁某、王某受贿、贪污案

【案例要旨】

商业银行中国家工作人员违规违纪使用营销费用与贪污的界限，应当根据营销费用的分配、支出和报销在形式上是否合规，营销费用的真实用途及去向以及营销费用的使用方式是否合理等要素综合认定。该类人员明知与拓展业务、维护客户等相关的营销费用应当实报实销，仍利用职务便利，通过虚开发票、虚列支出等方法，侵吞未实际发生的营销费用的，应当以贪污罪定罪处罚。

国家工作人员与请托人之间互相给予价值较大财物的，应当根据双方互送财物的目的、事由、时间等要素判断行为性质。双方互送财物的目的并不相同，互送财物的事由与时间亦不具有对应性，且权钱交易因素与人情往来因素无法明确区分的，不影响受贿性质的认定。

【案情简介】

公诉机关：上海市人民检察院第一分院。

被告人：丁某、王某。

被告人丁某、王某系夫妻。2003年至2019年，丁某利用担任国家审计干部职务上的便利及职权、地位形成的便利条件，王某利用担任某商业银行中国家工作人员职务上的便利，共同或单独为何某等人谋取利益，共同收受他人财物744万余元；丁某还单独收受他人财物折合44.9万元。其中，

2011年至2017年，丁某、王某利用职务便利及职权地位形成的便利条件，共同接受何某请托，为其实际控制的多家公司获取银行贷款提供帮助。2011年至2019年，丁某、王某共同收受何某给予的财物共计345万余元。另查明，2014年至2016年，丁某、王某为利用何某的人脉资源解决工作调动问题，多次送予何某大额财物。

2009年3月至2016年8月，被告人王某利用职务便利，违反该银行内部报销制度，通过指使下属虚开企业发票、报销家庭消费发票以及购买消费卡后再出售套现等方式，侵吞银行营销费用共计1228.61万余元。

【裁判结论】

一审法院经审理认为，被告人丁某、王某身为国家工作人员，利用职务上的便利或者职权、地位形成的便利条件，为他人谋取利益，非法收受他人财物，其行为均已构成受贿罪，且数额特别巨大。王某还利用职务上的便利，侵吞公共财物，其行为已构成贪污罪，且数额特别巨大。对王某应当两罪并罚。王某到案后能够如实供述自己的罪行，主动交代办案机关尚未掌握的贪污事实和部分受贿事实，依法予以减轻或从轻处罚。王某能够真诚认罪悔罪；丁某、王某积极退赃，赃款赃物已全部冻结、扣押在案，依法对两人从轻处罚。故一审法院以受贿罪对丁某判处有期徒刑十年三个月，并处罚金五十万元；对被告人王某以受贿罪判处有期徒刑十年，并处罚金五十万元；以贪污罪判处有期徒刑六年，并处罚金一百三十万元。决定执行有期徒刑十三年，并处罚金一百八十万元；受贿违法所得予以追缴，上缴国库；贪污违法所得予以追缴，发还被害单位。

一审宣判后，被告人丁某、王某在法定期限内均未提出上诉，检察机关亦未提出抗诉，判决已发生法律效力。

【评析意见】

本案的争议焦点主要在于：一是商业银行中国家工作人员套取营销费用的行为系贪污还是仅构成违规违纪；二是国家工作人员与他人互送财物的行为系礼尚往来还是权钱交易。

一、商业银行中国家工作人员套取营销费用的认定

近年来，营销费用的分配、使用及报销环节已成为银行"四风问题"的多发领域。实践中，不少商业银行中的国家工作人员对于营销费用的性质抱有怀疑态度，常常以"银行分配的营销费用属于个人业绩的对价体现"作为其行为不构成贪污罪的抗辩理由。故有必要先明确营销费用的性质再对商业银行中国家工作人员套取此类费用的行为予以界定。

（一）准确界定营销费用的性质

营销费用是指，商业银行在总行预算范围内因开展营销活动所产生的各项费用统称，主要用于开展业务宣传、客户维护等。[①] 关于营销费用的性质，主要有两种观点：一种观点认为，营销费用系根据银行工作人员的个人业绩分配，在营销额度未使用完毕的情况下，剩余部分应当作为个人为银行所作业绩的补偿或奖励，由个人继续支配、使用；而且此类行为在业内具有一定的普遍性。另一种观点认为，营销费用属于银行财物，且在额度未使用完毕的情况下，也不归个人所有。笔者同意第二种观点。分析如下：

从营销费用的来源看，营销费用系总行以各分支机构的经营规模、利息收入等作为核定标准下发的预算费用；各分支银行再以营销团队员工的个人业绩等作为参考依据，分配相应的营销额度。从营销费用的用途看，为满足市场竞争，商业银行通过核定、下发、分配营销费用，由营销团队利用该成本帮助银行开展宣传、拓展业务以及维护客户等。个人虽有使用相应额度营销费用的权限，但用途必须限定在"为公支出"的框架之内，也就是说银行工作人员按照规定使用营销费用属于一种"公务行为"，不能因与个人业绩挂钩，而视为个人财物随意占有、处分。从营销费用的报销及管理机制看，基于营销费用具有"取之于公，用之于公"的属性，因此，各大商业银行均明确规定，营销费用必须实报实销，不得套取作为福

[①] 参见王晓晓：《"五剂良药"解营销费用管理"痼疾"》，载《中国农村金融》2020年第13期，第68页。

利性收入；营销费用的额度虽然与营销业绩挂钩，且额度按月或按季度核定，但当年度未使用完毕的部分会做清零处理，少用营销费用不会获得奖励。从个人营销业绩的对价看，营销费用额度虽与营销业绩挂钩，但本质上并不属于银行工作人员在营销过程中付出相应劳动的对价，而是用于拓展业务、维护客户等的对价；而个人在营销业绩中所付出的劳动对价主要体现在其应获取的工效工资中，故营销费用属于个人业绩的补偿或奖励的说法没有相应依据。综上，营销费用属于银行财物，并不归个人所有。同时结合银行的性质，如果此类费用来源于国有出资银行的，则属于公共财物。

（二）合理区分违规违纪使用营销费用与贪污罪的界限：形式与实质判断相结合

实践中，有不少商业银行中的国家工作人员存在"套取营销费用最多只是违规违纪""套取费用只要出于公心就可以允许""套取费用只要不进个人腰包就可以理解"等习以为常的思想误区；甚至有的办案人员受套取手段的隐蔽性、证据材料的欠缺性以及金融领域营销的特殊性等多种因素的影响，对套取营销费用系违规违纪还是贪污犯罪亦存在不同认识，处理结果不尽一致。无论是出于警示教育，还是推动适法统一的目的，均有必要在二者之间构建一个明确的区分规则。

1. 合规使用营销费用的认定

合理区分违规违纪与贪污营销费用的界限，首先需要明确合规使用营销费用的认定。根据各大商业银行关于营销费用的分配、使用及管理办法，营销费用的合规使用需要满足两个方面的要件：一是"形式意义上合规"，主要体现在营销费用的支出和报销环节，强调的是程序上的要素审查。即商业银行中的国家工作人员严格遵循营销费用的支出流程和报销流程，如用于报销的发票是真实的，报销的数额未超出营销费用的额度，发票内容系按照银行规定开具相应的名称，财务支出及报销审批流程亦完整、规范等。二是"实质意义上的合规"，主要反映在营销费用的真实用途方面。如前所述，营销费用系银行用于拓展业务、维护客户的基础性费用,故其真实用途必须限定在"为公支出"的框架之内,且该项支出必须具有合理性。这里的"合理性"对银行国家工作人员使用营销费用提出了更高要求,它强调的是,国家工作人员使用营销费用拓展业务、维护客户的方式必须符合相应的作风要求及纪律性规定,这是由行为主体所具有的国家工作人员的特殊身份所决定的。常见的不合理情形,如为迎合不良社会风气,使用营销费用维系业务关系多建立在"违规吃喝送"等低层次的营销方式上;使用营销费用违规在关联亲属经营的场所进行业务接待等。

2. 违规违纪使用营销费用与贪污犯罪的审查认定

贪污罪的实质在于国家工作人员利用职权便利使公共财物化为私有,其侵犯的是国家工作人员职务行为的廉洁性与公共财产所有权;而违规违纪行为是指国家工作人员的行为虽不构成犯罪,但因违反财经纪律须要追究纪律责任的行为,包括侵吞公共财物尚未达到入罪标准的行为,以及虽未侵吞公共财物,但使用公共财物不符合财经纪律、党纪党规的行为。具体到违规违纪使用营销费用与贪污犯罪的区分认定中,应当从形式判断与实质判断两个方面入手,认定银行国家工作人员的主观目的及行为性质。

其一,审查营销费用的支出和报销在形式上是否合规。审查目的在于为进一步查明营销费用去向的真实性、合理性奠定基础。实践中,主要根据银行出台营销费用合规使用等相关规定的时间及具体内容审查发票是否真实、发票载明的内容是否属于营销费用的报销范畴、发票金额是否与报账系统录入一致、是否经经办人审批、相关附件材料是否齐全等内容。从实践来看,随着银行营销费用的管理制度越发完善和规范,为规避组织调查,绝大多数违规违纪使用营销费用与贪污营销费用的情形,从形式上看均是合规的,只有极少数案件存在通过伪造发票报销营销费用、简化支出及报销流程等形式不合规的情形。

其二,审查营销费用的真实用途及去向。对营销费用的去向进行穿透式审查,是判断国家工作人员主观上是否具有非法占有公共财物目的的关键所在。实践中,主要从报销事由、报销票据反映的内容、钱款流向(包括银行与国家工作人员之间、国家工作人员与开具发票的主体之间因营销活动产生的钱款往来情况)、相关营销服务的履行情况以及相关主体的言词证据等入手,查明营销费用的真实去向。经审查,可能存在以下几种可能性:(1)前述证据能够证实营销费用确实被用于拓展银行业务、维护客户的,即可排除国家工作人员主观上具有非法占有公共财物的目的,不构成贪污罪;是否存在违规违纪行为,则需要进一步根据营销方式是否具有合理性等进行判断。(2)前述证据证实部分营销费用被用于拓展银行业务、维护客户,剩余部分流向国家工作人员个人的,此时需要进一步查明营销费用流向个人的原因,即查明是否系通过职务便利将未使用完毕的营销额度侵吞,还是因存在先行垫付营销费用等特殊原因而流向个人账户。(3)部分营销费用由国家工作人员通过职务便利侵吞,达到犯罪追诉标准的,认定构成贪污罪;未达到的,认定为违规违纪行为。

其三,审查使用营销费用的方式是否合理。如前所述,经审查,营销费用确实被用于拓展银行业务、维护客户的,虽阻却构成贪污罪但不排除存在违规违纪的空间,故仍需进一步审查其使用方式是否合理。根据财经纪律及有关营销费用的管理办法,如果使用营销费用按实列支、实报实销的,则属于合规行为;相反,营销费用虽被用于拓展银行业务、维护客户,但因使用方式不合理,如以违规宴请、违规去娱乐场所、使用营销费用违规在关联亲属经营场所进行业务接待等方式进行营销,导致发票内容不符合报销要求或受到市场费用额度限制等因素,而通过虚开宣传费、广告费、公杂费等发票、虚列费用等方式套取资金用于业务营销的(业内俗称的"费用置换式营销"),不仅会造成银行财务会计信息失真,还会为名目繁多、花样翻新的"四风问题"大开方便之门,甚至还会发展成为滋生腐败的温床,应认定为违规违纪行为。

本案中,2009年至2016年,被告人王某利用担任某银行长宁支行行长、某银行上海分行营销四部总经理的职务便利,明知该行关于营销费用应当按需支出、实报实销等规定,仍通过虚开发票、虚列支出等方式,侵吞该行营销费用1228.61万余元,并用于个人及家庭消费,应认定构成贪污罪。

二、贿赂双方互送财物的行为认定

保持正常、适度的人情往来系约定俗成的社会交往规则，不受法律约束。司法实践中，受贿、行贿双方互送财物的情形时有发生，受贿人常常以礼尚往来作为出罪事由予以抗辩，故准确划分"礼尚往来"与受贿罪的界限，对于正确认定互送财物行为的性质及犯罪数额具有重要意义。

受贿罪的核心在于权钱交易，即收受财物行为与国家工作人员职务行为存在对价关系；礼尚往来则系基于人情世故建立在平等主体之间的社交规范，来往的皆是正常的私人利益，与国家工作人员的职务行为无关。礼尚往来的出罪功能，应当是在构成要件层面发挥作用，即属于一种构成要件排除事由。如前所述，受贿罪的核心是财物与职务行为之间的对价关系，而出罪的关键也在于否定或破除这种对价关系。[①] 判断互送财物的行为系礼尚往来还是权钱交易，应当从交往双方的关系、互送财物的目的和时机、互送财物的价值等方面综合判断：

1. 审查互送财物双方的关系，判断二者是否具有人情交往的感情基础

从实践来看，礼尚往来型的互送行为往往发生在亲友、同学或者其他良好的私人关系之间，且维系时间一般较长且相对稳定；贿赂行为可能发生在上述人员之间，也可能发生在不具备人情交往基础的人员之间。在查明双方基本交往关系的基础上，还要重点查明国家工作人员一方及其所在单位与对方是否存在业务往来关系。

2. 审查双方互送财物的目的是否具有一致性

礼尚往来型的互送行为中，国家工作人员与对方互送财物的目的是简单纯粹的且具有一致性的，即在不掺杂任何职务行为与请托事项的前提下，保持正常的社会交往。当二者互送财物目的不一致时，则可能出现以下几种情形：第一种情形是，他人出于行贿目的向国家工作人员赠送财物，而国家工作人员因无受贿故意而通过回送形式将收受财物的价值退还给行贿人。根据

---

① 参见车浩：《贿赂犯罪中"感情投资"与"人情往来"的教义学形塑》，载《法学评论》2019 年第 4 期，第 33 页。

司法解释的规定,"国家工作人员收受请托人财物后及时退还或者上交的,不是受贿"。第二种情形是,他人出于行贿目的向国家工作人员赠送财物,国家工作人员受贿后,因自身或者与其受贿有关联的人、事被查处,为掩饰犯罪而退还或因实物灭失而"回送"同等价值财物的,认定构成受贿罪。第三种情形是,双方互送财物系为了分别利用对方的职务便利或社会影响力谋取各自的不正当利益,此时应分别予以评价。

3. 审查双方互送财物的事由和时间是否具有对应性

特别是当互送财物的事由既存在权钱交易又存在人情往来因素时,应当根据收送财物时间与请托时间、谋利时间的吻合情况等,判断二者能否截然分离。无法明确区分的,应当整体评价为受贿,对可能存在的其他因素在量刑时酌情考虑。同时需要注意的是,礼尚往来型互送财物中,并不要求双方互送财物的事由和时间必须保持一致或同步。因为从社会经验看,红白喜事往往是礼尚往来的常见事由,但因受到年龄、经历等因素的影响,客观上很难保证双方在操办红白喜事的时间上具有同步性。当国家工作人员在不涉及职务行为的情况下,纯粹因红白喜事等事由先行收受合理数额礼金的,只要其在送礼者之后出现类似事由时回馈了相当数额的礼金,即使事由不完全一致、时间亦不同步,仍属于礼尚往来范畴。

4. 审查双方互送财物的价值并判断二者是否具有相当性

礼尚往来型互送财物中,涉及的财物价值相对较小,且双方送予对方的财物价值大致是相当的。而贿赂情形中,涉及的贿赂财物价值普遍较高,且超出了一般人际交往的认知水平。实践中,若国家工作人员给予对方的财物与对方给予国家工作人员的财物价值相差较大,且国家工作人员利用职权便利为对方谋取利益的,应认定为受贿。

本案中,被告人丁某、王某与何某一开始并不具备纯粹的私人交往关系,后因与王某所在银行开展贷款业务逐渐交往密切;双方虽存在互送财物情形,但系为了分别利用对方职务便利或社会影响力谋取各自的不正当利益,且互送财物的时间也与请托时间相吻合;此外,何某给予丁某、王某财物的价值远高于二人回送的财物价值,故应认定为受贿。

【附录】

编写人：李长坤（刑事庭副庭长）、张亚男（刑事庭法官助理）

一审裁判文书案号：(2020) 沪 01 刑初 26 号

一审合议庭成员：李长坤（审判长兼主审法官）、顾苹洲、于书生

民　商　事

（一）人格权纠纷

14

体育场馆中他人不当施救致伤情加重的侵权责任认定
——周某与A公司等生命权、健康权、身体权纠纷案

【案例要旨】

在健身房等体育场馆中发生受伤情况的，应当综合考量伤者个人基础情况、所使用的器材或参加的项目及强度、经营管理机构是否存在管理疏忽等因素确定损害发生的原因及责任承担方式。在伤者伤情尚不危及生命，并非不采取必要措施即会产生不可逆转的损害后果的情况下，缺乏急救资质和相关医学知识的非专业人员展开施救，却处置不当致使伤者伤情加重的，即便施救行为出于善意，仍应认定为存在主观过错，需就损害加重部分承担侵权责任。侵权人施救属于履行职务行为的，由其所属用人单位承担替代责任。

【案情简介】

上诉人（原审原告）：周某。
被上诉人（原审被告）：A公司。

被上诉人（原审被告）：A 公司第二分公司。

A 公司为健身服务公司。2019 年，周某与 A 公司第二分公司签订《会籍合同书》。次年 10 月，周某在 A 公司第二分公司开办的健身房参加有氧操项目时发生扭伤，教练当场对其伤处进行拉伸复位，后周某至医院医治。周某认为，系 A 公司第二分公司教练自行对其做复位动作致其髌骨骨折，双方对医药费、赔偿款协商不成，遂涉诉。

一审中，法院委托进行司法鉴定。鉴定意见载明：周某右髌骨脱位后，教练未能正确复位已脱位的髌骨，并活动其右膝关节，可加重周某右膝软组织损伤和关节腔积液的伤情。《司法鉴定意见书》在分析说明中亦明确：周某股骨滑车较浅，提示髌股关节发育不良，其右髌骨向外脱位系在髌股关节发育不良基础上，右膝半屈曲位时旋转导致；双方均认可健身动作致右膝外伤，肉眼可见局部畸形（髌骨脱位）；手术中证实内侧支持带撕裂，提示周某右髌骨脱位系健身过程中所致。

【裁判结论】

一审法院认为，从《司法鉴定意见书》的分析说明和鉴定意见反映，虽然涉案健身教练未能正确复位周某已脱位的髌骨，加重其伤情，但周某自身髌股关节发育不良是其受伤的主要原因，且教练此种救死扶伤的良好品行不应摒弃。同时周某从事健康管理师工作，对自身健康状况和他人的救治措施比常人更应有合理的判断。故据此判决 A 公司及 A 公司第二分公司对周某的损害后果共同承担 20% 的赔偿责任。周某不服，提起上诉。

二审法院认为，周某未能根据自身状况适当控制运动强度，未尽到谨慎注意义务，其特殊体质是受伤的基础性原因，且健身教练对此无法预见，周某应就右髌骨脱位（包括手术中证实的内侧支持带撕裂）承担全部责任。救死扶伤固然是传统美德，但现场救护需由具备医疗专业技能的人员进行，否则可能会造成二次伤害。该健身教练并非运动保健医生且无相应资质，其进行的复位动作与损伤加重存在因果关系，该不当处理行为导致周某的康复时间延长。涉案健身教练是 A 公司第二分公司雇员，其不当处理行为属于履行职务的行为，故该行为所造成的损害后果应由 A 公司第二分公司承担替代责任。一审法院认定 20% 的赔偿比例并无不当；但 A 公司第二分公司作为 A 公司的分支机构，应当先以其管理的财产向周某赔偿损失，不足以承担的部分由 A 公司承担赔偿责任。二审法院遂依法改判。

【评析意见】

本案中，基于《司法鉴定意见书》所载"教练活动其右膝关节，可加重周某右膝软组织损伤和关节腔积液的伤情"，应当认为导致周某最终伤情的包括两个独立行为，即周某自身参加有氧操运动及教练在其受伤后的拉伸复位。因此，本案侵权责任的认定应当明确以下三个问题：一是对于周某在健身房有氧操团课中受伤，健身房是否因未尽安全保障义务而应承担侵权责任；二是教练的拉伸复位行为是否符合过错侵权责任的构成要件；三是责任承担主体是谁。

一、体育场馆安全保障义务的范围及边界

（一）安全保障义务概述

违反安全保障义务的侵权行为，是指依照法律规定或者约定对他人负有安全保障义务的人，违反该义务，直接或间接地造成他人人身或者财产权益损害，应当承担损害赔偿责任的侵权行为。[1] 安全保障义务的创设一方面是基于进入经营场所、公共场所或参加群众性活动的主体通常对自己在该场所或活动中将受到一定程度的保护存在需求或期待，这种合理信赖是随着时代发展和社会交往而产生的，也是许多活动开展的前提。另一方面是场所经营者、管理者或者活动组织者对上述场所和活动具备特殊的支配和管理能力，对可能存在的安全风险和隐患有更好的预见和控制能力，对其课以一定的注意义务能够督促其及时排查危险，以较小的成本减少在场所和活动中发生的损害。此外，经营场所、公共场所经营者、管理者或者群众性活动组织者通常会从其行为中直接或间接地获得收益，根据获利报偿理论，其亦应当在一

---

[1] 参见杨立新：《侵权责任法》，北京大学出版社 2014 年版，第 245 页。

定程度上承担防止危险发生的义务。①

安全保障义务并非我国法律体系独有，大陆法系的代表国家德国、法国、日本之民法虽未就安全保障义务作出一般性规定，但亦由判例发展出"社会交往安全义务""保安义务""安全关照义务"等概念。②美国加州则设定了"场所责任"，或称"业主责任"，即财产所有人（或无产权的居住者）有责任维持一个相对安全的环境来确保来到该场所人员不会受伤，否则应为发生在该场所的事故或受伤承担责任。《加州民法典》第1714条（a）款规定，每个人不仅应对其故意为之的行为造成的后果负责，而且需对因其在管理财产或人身时缺乏一般的注意或技能而给他人造成的伤害负责。

我国2009年《侵权责任法》第37条第1款及2013年《消费者权益保护法》第18条第2款均对安全保障义务进行了相应的规定，《民法典》侵权责任编也承袭了这一制度并进行了进一步完善。《民法典》第1198条第1款规定，宾馆、商场、银行、车站、机场、体育场馆、娱乐场所等经营场所、公共场所的经营者、管理者或者群众性活动的组织者，未尽到安全保障义务，造成他人损害的，应当承担侵权责任。根据我国现行法律规定，安全保障义务既包括传统意义上的"场所责任"，也包括"组织责任"，违反安全保障义务造成损害通常情况下为一种过错侵权责任。

判断行为人是否违反安全保障义务，首先应当明确其所负有的安全保障义务的内容，且应当将该义务限定在"合理限度范围内"，而不宜随意扩张。因场所设施条件、所属行业以及实际用途等存在较大差异，群众性活动的参与人员和风险性亦各有不同，难以确定统一的认定标准，本节以下将主要讨论体育场馆所负有的安全保障义务。

（二）体育场馆的安全保障义务

1. 体育场馆安全保障义务的范围及内容

运动健身是现代人追求健康的重要途径，但多数运动本身亦存在一定风

---

① 参见田桐：《高空抛坠物致人损害中物业服务企业的安全保障义务》，中国政法大学2020年硕士学位论文，第10-11页。

② 参见邹海林、朱广新：《民法典评注·侵权责任编一》，中国法制出版社2020年版，第352页。

险，在体育场馆内受伤的情况也时有发生。有鉴于此，我国《民法典》第1198条在负有安全保障义务的典型经营场所中增加了"体育场馆"。通常认为，其中既包括健身房等提供场所、器材及服务的营利性专业机构，也包括公益性体育场馆。界定安全保障义务的范围，需平衡保障义务人从事经营管理活动的积极性与保护受保障者的合法权益两个方面，同时坚持个案判断原则和相当性原则。[①]

对于体育场馆而言，应当负有如下义务以保障其场馆内人员或服务对象的安全：一是设备设施的运维义务。即须保证其场所和场内设备处于安全可用的状态，保证硬件设置符合国家及行业安全标准，定期进行检查维护，及时维修、清理可能导致事故发生的设备、环境等。二是必要且适当的提示义务。体育场馆需对检修中的设备或存在隐患的地点设置明显的警示标识，对常规运动风险、参加特殊项目的要求进行特别的提示说明。三是防范制止侵权行为的义务。体育场馆的经营者和管理者应对在其场所内发生的第三人造成的财产或人身伤害承担一定的防范或制止义务，如设置监控装置，聘用安保人员等，但对制止行为的程度标准不宜过分严苛。四是保障运营服务安全性的义务。当前，健身房等体育场馆除提供运动设施外，也提供部分团体课程和私教服务，根据其提供的服务项目及与服务对象的约定，可能需承担相应的保障义务，如对课程分级管理或对参加者进行身体检测。五是合理的救助义务。例如，发生在体育场馆受伤的情况，经营者和管理者应当承担采取必要救助措施的义务。

2. 确定在体育场馆内受伤时责任承担的考量因素

即使损害发生在体育场馆内，仍应当首先根据现有证据，尤其是鉴定意见等专业性较强的证据，分析导致损害发生的原因，继而确定伤者自身、体育场馆经营管理者以及其他可能存在的加害人的责任分担。

一是伤者个人基础情况。在体育场馆参与体育活动的人群虽大多为具有完全民事行为能力的成年人，但年龄、性别、体质、健康状况各有不同。上述基础条件的不同导致其参加体育活动的风险及对风险的预见控制能力有较

[①] 参见王利明、周友军、高圣平：《中国侵权责任法教程》，人民法院出版社2010年版，第434页。

大差异。通常，作为具有完全民事行为能力的健身者，应当预见到运动本身所具有的风险，亦应当知悉且有能力判断自己当下的身体状况是否适合进行运动以及运动的速度、力度、幅度，以避免发生运动损伤。如因其自身行为不当或没有尽到谨慎注意义务，则应当对损害后果承担责任。本案中，《司法鉴定意见书》明确指出，周某股骨滑车较浅，提示髌股关节发育不良，其右髌骨向外脱位系在髌股关节发育不良基础上，右膝半屈曲位时旋转导致。可见，周某的特殊体质是其右髌骨脱位的基础性原因，导致其发生髌骨脱位损伤的概率相较常人有极大地增加。且周某未能根据自身的状况适当地控制运动强度，没有尽到谨慎注意义务，以致在健身时右髌骨脱位，其自身应当承担相应的责任。

二是所使用的器材或参加的项目及强度。体育场馆内不同的运动器材和运动项目强度和危险性都有较大差异，体育场馆的经营者、管理者和具体组织开展课程活动的专业人员所负有的注意义务也不尽相同。对于风险较高的器材和活动项目，应当设置明显的标识并将注意事项清楚告知参加者，必要时应对参加者进行必要的体质评估。如是一对一的课程，根据双方约定，则应当综合评估个体差异制订课程计划。反之，对于一般项目或团体课程而言，场馆经营管理方所负有的注意义务则应相应降低。例如，在本案中，周某所参加的活动是健身房提供的团体有氧健身操，该项运动是一种中小强度的全身性运动，因该项运动风险较低，受伤情形较少，故对课程参与者的筛选标准较低，且主要以群体锻炼的方式进行，教练承担的角色往往是在队伍前面领操，而非对每个个体"因材施教"。周某未能举证证明健身教练在领操时曾做出极端的动作、过度负重的动作、过度重复的持续动作和持续受压的动作，故健身房就提供该课程而言不存在过错。

三是综合判断体育场馆对损害结果的发生是否存在过失。该判断需考量采取预防措施的期待可能性以及危险的可识别性，确定其行为是否符合"善良管理人"的标准。本案中，健身房已审核教练的健身教练资质证书。《会籍合同书》中明确约定会员应将其身体状况告知健身房，但周某事前并未予以任何说明，健身教练领操做动作时，无法预见周某的特殊体质，因此不具有采取防范行为的期待可能性。周某受伤后，健身房人员亦已及时拨打急救电话。综合考量，仅就右髌骨脱位（包括手术中证实的内侧支持带撕裂）而言，健身房已尽到相应的安全保障义务，对损害结果的发生不存在过失，周某自身应当承担全部责任。

二、施救人处置不当情形下的主观过错判断

对于施救人处置不当的情形，通常情况下，应当将该施救行为对照过错侵权责任构成要件进行判断。本案中，根据双方当事人陈述及《司法鉴定意见书》等现有证据，对于教练对周某实施不当的拉伸复位动作、该动作造成周某伤情加重以及二者之间存在因果关系已然明晰，故判断教练实施上述施救行为时是否存在主观过错成为判断是否满足过错侵权责任构成要件的关键要素。

（一）主观过错的分类及认定

侵权责任中的过错包括故意和过失两种形式，其中故意是指行为人预见到自己行为的后果，仍然希望或放任结果的发生。而过失是指行为人对自己的行为的结果应当预见或者能够预见而没有预见，或虽然预见了却轻信这种结果可以避免。[①] 可以看出，故意是一种在已预见损害后果的基础上，以作为或不作为的方式，追求或促使结果发生的主观状态。相较于故意而言，过失的判断更强调采用客观标准进行认定，即一种"合理人"的标准。按照这一标准，首先应当分析行为人是否达到基于在同样境遇下一个合理的、谨慎的人所应具有的注意义务而确定的行为标准。其次也应兼顾不同群体、年龄和职业，甚至专业技能进行衡量，更符合公平原则的要求，也避免机械适用一般人标准造成的裁量失当。

（二）紧急救助行为的免责例外及与侵权行为的区分

诚然，见义勇为、救死扶伤是中华民族的传统美德，我国《民法典》第184条中"因自愿实施紧急救助行为造成受助人损害的，救助人不承担民

[①] 参见王利明、周友军、高圣平：《中国侵权责任法教程》，人民法院出版社2010年版，第207-211页。

事责任"的规定也在法律层面体现了这一点。但是,并非所有的救助行为都是值得倡导的。施救行为造成损害的,应认定为免责的紧急救助行为还是应承担过错侵权责任,可以综合考量以下三个因素。

一是受伤者的伤情及所处环境。实施救助行为应当首先判断伤者所处境遇是否紧急,具体应当包括两个层面。第一,伤者病情是否危重,是否处于不立即采取措施就会导致情况严重恶化甚至死亡等后果的状态。第二,伤者获得最佳救助的可能性。如伤者的伤情尚不危急,或有极大可能性能够得到及时专业的救治,则普通人无须"冒险"施救。本案中,周某虽然腿部受伤,但无性命之忧,无急救之需。此时,健身教练完全有时间和能力通过恰当方式使周某得到及时的治疗。但是,健身教练显然是盲目自信,给周某造成本可以避免的二次伤害。

二是施救者的身份或救助能力。救死扶伤固然是社会主义核心价值观的应有之义,但对受伤者进行现场救护,需要由具备医疗专业技能的人员进行,普通人光凭热情和勇气是远远不够的,缺乏急救资质和相关医学知识的非专业人员处置不当,即使出于好心,也可能造成伤情加重的后果。除紧急情况外,普通人最佳的处置方式是为伤者获取专业救助提供便利或帮助。本案中,教练在周某受伤后为其进行拉伸复位虽是出于善意,但其作为专业教练比常人更应认识到某些运动造成的扭伤或骨折不宜随意移动患处,且在明知自己并不具备应急救护资质的情况下,应当预见到自己的处置行为不一定合理适当,有造成伤情加重后果的可能。其在呼叫救护车后仍盲目自信实施所谓的救助行为,应当认定主观上存在过失。

三是救助行为的风险和收效判断。实施救助行为的最终目的是使伤者脱离危险或困境,在伤者已受伤或自身难以脱困的情况下,任何措施都存在一定的风险,评判是否应当实施救助行为亦应当考虑行为的经济性,即可能产生的效果和行为成本的衡量。在紧急情况下,因待救助人已处于一种不可能更差的状态,此时,出于善意的救助相较不作为通常会带来更好的收效。但在非紧急情况下则涉及对救助措施合理性的评价。本案中,如没有教练所谓的"救助"行为,周某将直接由救护车送往医院进行专业救治,教练的拉伸复位行为产生更好救助效果的可能性较低,且对受伤部位直接进行活动显然风险较大。因此，该处置行为并不合理，难以实现救助目的，就给周某造成的二次伤害，教练存在过错。

三、承担侵权责任主体的确定

就本案而言，实施具体行为的主体是健身房聘用的教练，因此就责任承担而言，涉及是否构成职务行为的认定和分公司与所属法人间责任承担两个问题。

（一）用人单位的责任承担

我国 2009 年《侵权责任法》第 34 条第 1 款及《民法典》第 1191 条均规定了用人单位的责任，《民法典》中增加了用人单位承担责任后对有故意或重大过失的员工的追偿权。用人单位的责任即雇主责任，是一种无过错责任，只要工作人员实施侵权行为造成他人损害，用人单位就应首先承担赔偿责任，而不能通过证明自己在选任或者监督方面已尽到相应义务来免除自己的责任。因员工在完成工作任务时某种意义上是用人单位"延长的手臂"①，用人单位既然从员工的行为中获利，也相应地应承担其行为带来的风险和责任。此外，基于用人单位比员工具有更好的赔偿能力，由其代替受其管理或指示的工作人员对外承担责任，更有利于救济受害人。本案中，涉案健身教练系 A 公司第二分公司雇员，且其不当处理行为发生在 A 公司第二分公司开办的健身房和经营时间内，与履行岗位职责相关。故，涉案健身教练的不当处理行为属于履行职务的行为，行为所造成的损害后果应由 A 公司第二分公司承担替代责任。

（二）分公司与所属法人的责任承担

本案中，一审法院判令 A 公司与 A 公司第二分公司承担共同赔偿责任，二审法院则判令 A 公司第二分公司应当先以其管理的财产向周某赔偿损失，不足以承担的部分，由 A 公司承担赔偿责任。我国 2017 年《民法总则》第

---

① 参见邹海林、朱广新：《民法典评注·侵权责任编一》，中国法制出版社 2020 年版，第 299 页。

74 条第 2 款及《民法典》第 74 条第 2 款均规定，分支机构以自己的名义从事民事活动，产生的民事责任由法人承担；也可以先以该分支机构管理的财产承担，不足以承担的，由法人承担。因分公司不具有独立的法律人格，为维护交易安全和市场秩序，法律规定分公司从事民事活动的结果由其所属法人，也即由总公司继受，具体有法人承担全部责任和承担补充责任两种方式。如涉案分公司运作和财产相对独立，从督促分公司审慎经营的角度而言，采取后一种责任承担方式更为合理。本案中，周某系与 A 公司第二分公司签订的《会籍合同书》。同时，周某健身时受伤的地点在 A 公司第二分公司开办的健身房，具体加害人是 A 公司第二分公司聘请的健身教练。综合考虑以上因素，二审法院遂作出上述改判。

【附录】

编写人：韩朝炜（立案庭审判长）、刘雨薇（立案庭法官助理）

一审裁判文书案号：（2021）沪 0120 民初 8921 号

二审裁判文书案号：（2021）沪 01 民终 10699 号

二审合议庭成员：方方（审判长）、韩朝炜（主审法官）、赵鹃

15

商业三者险"犯罪行为"免责条款的理解与适用

——王某等与张某等生命权纠纷案

【案例要旨】

侵权行为人虽被生效刑事判决认定构成过失致人死亡罪，但在受害人一方就相关损害赔偿另行提起的民事诉讼中，人民法院仍应根据损害发生的主体、场所、原因、经过及结果等因素综合认定是否属于交通事故，从而判定

是否应纳入涉案车辆保险的赔偿范围。商业三者险中"犯罪行为"免责属于一般免责条款，保险人应尽提示及说明义务方可生效。该条款仅采用"故意行为、犯罪行为"概括性表述时，法院应结合保险险种和条款内容进行法律解释。

【案情简介】

上诉人（原审原告）：王某、朱某、高某等。

上诉人（原审被告）：A 保险公司。

被上诉人（原审被告）：张某、蔡某、管某。

2018 年 2 月，王某坤与张某、蔡某签订《转让协议》，约定将涉案车辆转让给张某、蔡某。同日，案外人 S 公司（王某坤担任监事）与张某、蔡某签订《车辆挂靠协议》，约定涉案车辆挂靠期为 5 年等。2020 年 4 月，张某在松江区九亭镇某路南侧，因挂靠车辆报废问题与王某坤发生纠纷，张某欲驾驶车辆离开，王某坤至车前阻拦，他人至车前劝离王某坤。后张某误以为王某坤已被劝离，故驾车加速驶离，在驶离过程中将王某坤碾轧致死。法院生效刑事判决认定张某构成过失致人死亡罪。

事发时，涉案车辆在 A 保险公司处投保了交强险及限额为 100 万元的商业三者险。王某、朱某、高某等五人作为王某坤的父母、配偶、子女起诉，要求张某、蔡某、A 保险公司共同赔偿死亡赔偿金、丧葬费等共计 200 余万元。由 A 保险公司在交强险及商业三者险范围内先行赔付，不足部分由张某、蔡某共同承担；蔡某的妻子管某对蔡某的债务承担连带赔偿责任。

【裁判结论】

一审法院认为，张某驾驶车辆驶离过程中将王某坤碾轧致死，其作为侵权人应进行赔偿，但鉴于王某坤有拦车行为，自身存在一定过错，故酌情确定张某承担 80% 的责任，王某坤承担 20% 的责任。现 A 保险公司未举证证明其在签订保险合同时已对免责条款作出足以引起投保人注意的提示，A 保险公司应在保险限额内承担赔偿责任，仍有不足的由侵权人张某承担。本案系由张某的侵权行为引发的赔偿，而蔡某、管某并非共同侵权人，车辆也并非由蔡某、管某实际控制使用，所以要求其承担赔偿责任并无相应依据。一审法院遂判决 A 保险公司在交强险及商业三者险限额内赔偿 111 万元，剩余部分由张某承担。王某、朱某、高某等五人及 A 保险公司均对一审判决不服，提起上诉。

二审法院认为，关于责任承担比例，王某坤作为具有完全民事行为能力的成年人，其应当预见在车辆附近站立阻拦的危险性，张某经生效刑事判决认定不存在主观故意，王某坤亦存在过错，一审法院认定责任比例并无不当。关于保险范围，事故发生经过为张某驾车加速驶离、在驶离过程中发生事故，故本案系机动车通行时引发的损害赔偿案件，A 保险公司应在保险范围内予以赔偿。关于免责条款，本案并非因受害人故意造成的交通事故的损失；且商业保险合同对相关条款中的"犯罪行为"没有明确特指范围，A 保险公司未举证证明就该格式条款履行了提示和明确说明义务。犯罪行为在除外责任条款中的含义，应结合具体条款进行具体分析，本案实质是驾驶机动车发生的事故，保险条款仅采用"故意行为、犯罪行为"概括的表述方式，张某被判处的过失致人死亡罪不应理解为属于除外责任条款中的"故意行为、犯罪行为"。二审法院遂判决驳回上诉，维持原判。

【评析意见】

因车辆在道路上造成人身伤亡或财产损失的侵权行为而导致受害人重伤或死亡时，侵权行为人可能会在刑法层面上被认定为构成犯罪。司法实践中，受害人一方针对侵权行为人另行提起民事诉讼主张赔偿也较为常见。事发时涉案车辆已投保交强险、商业三者险的，受害人往往同时请求保险公司进行赔偿。对此，法院要先界定该类事故是否属于道路交通事故，在认定属于相关保险赔偿范围的基础上，再判断有无对应免责条款及免责条款的效力，从而认定保险公司是否承担赔偿责任。

一、刑事罪名不影响机动车第三者责任险保险范围的认定

实践中，保险公司常以侵权行为人已经被认定为过失致人死亡罪而非交通肇事罪，主张损害不属于道路交通事故，不应纳入交强险或商业三者险的

赔偿范围内。对此，应该进一步厘清侵权行为人触犯的刑事罪名与交通事故认定之间的关系。

（一）机动车第三者责任险保险范围

机动车交通事故责任强制保险，是指由保险公司对被保险机动车发生道路交通事故造成本车人员、被保险人以外的受害人的人身伤亡、财产损失，在责任限额内予以赔偿的强制性责任保险。而机动车第三者责任商业保险条款规定其保险范围为，在保险期间内，被保险人或其允许的合法驾驶人在使用保险车辆过程中发生意外事故，致使第三者遭受人身伤亡和财产的直接损毁，依法应由被保险人承担的经济赔偿责任。保险人对于超过机动车交通事故责任强制保险各分项赔偿限额以上的部分，按照保险合同的规定负责赔偿。可见，交强险与商业三者险的保险范围为被保险人在使用被保险机动车过程中发生交通事故或意外事故致使第三人遭受人身伤亡和财产的直接损毁。

（二）侵权人触犯的刑事罪名不影响交通事故的认定

根据《最高人民法院关于审理交通肇事刑事案件具体应用法律若干问题的解释》第8条的规定，在实行公共交通管理的范围内发生重大交通事故的，依照交通肇事罪等规定办理；在公共交通管理的范围外，驾驶机动车辆或者使用其他交通工具致人伤亡或者致使公共财产或者他人财产遭受重大损失，构成犯罪的，分别依照重大责任事故罪、重大劳动安全事故罪、过失致人死亡罪等规定定罪处罚。

后2011年颁布的《刑法修正案（八）》中，在交通肇事罪法条后增设危险驾驶罪[①]，情节为在道路上驾驶机动车追逐竞驶，情节恶劣的，或者在道路上醉酒驾驶机动车。可见，同为机动车辆引发的事故，因发生的地点不同、情节不同，在刑法上会被认定为不同犯罪。

《刑事诉讼法解释》第192条第3款规定："驾驶机动车致人伤亡或者造

[①] 《刑法修正案（八）》第22条规定：在刑法第一百三十三条后增加一条，作为第一百三十三条之一："在道路上驾驶机动车追逐竞驶，情节恶劣的，或者在道路上醉酒驾驶机动车的，处拘役，并处罚金。"有前款行为，同时构成其他犯罪的，依照处罚较重的规定定罪处罚。"

成公私财产重大损失,构成犯罪的,依照《中华人民共和国道路交通安全法》第七十六条的规定确定赔偿责任。"该条款中仅规定"构成犯罪的",并未限定为交通肇事罪,驾驶机动车在道路上致人伤亡或造成财产损害的,可能触犯其他罪名,但不排除仍属于交通事故。

综上可知,道路交通事故仅为交通肇事罪的必要条件,未被认定为交通肇事罪并不能当然推导出发生的事故并非道路交通事故,刑事罪名的认定不影响事故本身的性质。至于是否应纳入保险范围,仍要从事故本身出发来认定是否构成道路交通事故。

(三) 事故的特征和要素系交通事故认定标准

根据《道路交通安全法》第119条之规定,"交通事故"是指车辆在道路上因过错或者意外造成的人身伤亡或者财产损失的事件。损害是否属于交通事故进而应纳入机动车第三者责任险的范围,需要从以下几个角度进行考量:

1. 事故主体

"车辆"是指机动车和非机动车。事故的一方应为车辆,且因事故发生诉讼时的被诉主体应为车辆有关的人员,如驾驶员、所有人、车辆管理者等。

2. 发生场所

首先,《道路交通安全法》第119条将"道路"的含义界定为公路、城市道路和虽在单位管辖范围但允许社会机动车通行的地方,包括广场、公共停车场等用于公众通行的场所。其次,《机动车交通事故责任强制保险条例》第43条及《最高人民法院关于审理道路交通事故损害赔偿案件适用法律若干问题的解释》第25条均规定,机动车在道路以外的地方通行时发生事故,造成人身伤亡、财产损失的赔偿,比照适用本条例或本解释。最后,虽然交通事故的定义是将发生场所限定为道路上,但机动车第三者责任险赔付范围并不仅限于发生场所为道路上的事故。

3. 事故类型

主体及场所均为较易辨认的因素,而最终需根据事故发生的原因、过程、结果予以认定。纳入机动车第三者责任险范围内的事故应为机动车通行过程中造成人身伤亡或财产损失,机动车应具有通行的意思或状态,该意思或状态与行驶距离无关；如车辆刚刚启动即发生事故仍应属于交通事故。但如车辆未具有通行的意思或状态，不应认定为交通事故；如修理车辆底盘时，支撑物突然倒塌，此时事故不属于交通事故。

综上，交通事故的认定应根据事故本身的特征和要素，依据相关法律综合认定，与刑事罪名的认定无关。本案中，生效刑事判决虽认定张某已构成过失致人死亡罪，但也查明事件发生经过是张某驾车加速驶离、在驶离过程中发生事故，导致被害人王某坤死亡。本案系机动车通行时引发的损害赔偿案件，仍属于机动车第三者责任保险范围内。

二、商业三者险"犯罪行为"免责条款的生效要件

"保险责任"与"除外责任"是两个不同的概念，前者指保险人对于合同约定的可能发生的事故因其发生所造成的损失承担赔偿或者给付保险金的责任；后者则指依照法律规定或者合同约定，保险人不负给付保险赔偿金的免责情形。除外责任是在保险人需要承担保险责任的前提下，对保险责任范围的进一步限制。[①] 侵权人的犯罪行为是否可以成为保险人在商业三者险中除外责任的依据，法院需要对相关免责条款的类型和效力进行具体分析。

（一）商业三者险"犯罪行为"免责为一般免责条款

本案涉及的免责条款包括《机动车交通事故责任强制保险条款》第10条第1项规定的"因受害人故意造成的交通事故的损失"及《中国保险行业协会机动车综合商业保险示范条款（2014版）》第25条第2项规定的"第三者、被保险人或其允许的驾驶人的故意行为、犯罪行为、第三者与被保险人或其他致害人恶意串通的行为"。本案中，受害人王某坤对该案事故的发生并无主观故意，故保险公司理应在交强险限额内赔偿。需要进一步探讨的是侵权人张某的行为是否可归属于商业保险合同免责条款约定的"犯罪行为"，能否据此免除保险公司在商业三者险内的赔偿责任。

[①] 参见朱建娜、李永芝、唐燕：《商业三者险格式免责条款效力审查的现状审视与路径完善——以交强险与商业险合并审理为背景》，载胡云腾主编：《法院改革与民商事审判问题研究——全国法院第29届学术讨论会获奖论文集（下）》，人民法院出版社2018年版，第1041页。

一般而言，保险免责条款可以分为法定免责条款、禁止性规定免责条款与一般免责条款。投保人对不同类型的免责条款理解程度不同，故对保险公司也课以不同程度的义务。法定免责条款是法律、行政法规明确规定保险人不承担责任的情形。法定免责条款中，行为人违反法律规定的法律后果是保险人不承担保险责任。① 禁止性规定免责条款是将命令当事人不得为一定行为的法律规定列入免责条款中。除上述两种情形外，其余约定保险人不承担责任的条款则为一般免责条款。而《保险法》第43条规定，"投保人故意造成被保险人死亡、伤残或者疾病的，保险人不承担给付保险金的责任"。本案中，商业保险合同免责条款的所涉主体是"第三者、被保险人、其允许的驾驶人、其他致害人"，与《保险法》第43条规定的"投保人"并不一致。条款中所约定的"故意行为、犯罪行为"的概念和外延，较法条"故意造成被保险人死亡、伤残或者疾病的"的规定也更为宽泛，故该条款并非法定免责条款或禁止性规定免责条款，而应为一般免责条款。

（二）一般免责条款应尽到提示及说明义务

《保险法》第17条第2款规定："对保险合同中免除保险人责任的条款，保险人在订立合同时应当在投保单、保险单或者其他保险凭证上作出足以引起投保人注意的提示，并对该条款的内容以书面或者口头形式向投保人作出明确说明；未作提示或者明确说明的，该条款不产生效力。"保险人的说明义务是为了矫正投保人与保险人之间实质不平等而产生的，是诚实信用原则在保险合同订立阶段的体现。②《最高人民法院关于适用〈中华人民共和国保险法〉司法解释（二）》（以下简称《保险法司法解释（二）》）第11条第1款及第2款规定分别对免责条款的提示说明义务程度进行了相应区分。商业三者险"犯罪行为"免责条款为一般免责条款，保险公司须尽提示及说明义务。未作提示或者明确说明的，该条款不产生效力。需要注意的

---

① 最高人民法院民事审判第二庭编著：《最高人民法院关于保险法司法解释（二）理解与适用》，人民法院出版社2015年版，第249页。

② 最高人民法院民事审判第二庭编著：《最高人民法院关于保险法司法解释（二）理解与适用》，人民法院出版社2015年版，第247页。

是，提示义务与说明义务为两项并列义务，并非尽到一项即可。

《保险法司法解释（二）》第 11 条对于提示义务与说明义务标准作了详细规定：保险合同订立时，保险人在投保单或者保险单等其他保险凭证上，对保险合同中免除保险人责任的条款，以足以引起投保人注意的文字、字体、符号或者其他明显标志作出提示的，人民法院应当认定其履行了提示义务。保险人对保险合同中有关免除保险人责任条款的概念、内容及其法律后果以书面或者口头形式向投保人作出常人能够理解的解释说明的，人民法院应当认定保险人履行了《保险法》第 17 条第 2 款规定的明确说明义务。

本案中，A 保险公司未能举证证明已就该免责条款履行了提示和明确说明义务，故该条款未实际发生效力，A 保险公司以此免责条款予以抗辩，法院不予采纳。

三、商业三者险"犯罪行为"免责条款的进一步解释

法院生效刑事判决认定侵权人构成过失致人死亡罪，而商业三者险免责条款仅采用"故意行为、犯罪行为"的概括性表述，法院是否应当适用该免责条款排除保险公司的赔偿责任，尚需对此进一步解释。

（一）文义解释

首先，按照用语之文义即通常使用方式予以理解，"故意行为"与"犯罪行为"其内涵外延并非完全并列的两个定义，而"犯罪行为"与"违法行为"也系不同定义。从文义上看，侵权人构成过失致人死亡罪，已有审判机关的生效法律文书予以认定，应属犯罪行为。但是，《刑法》《刑事诉讼法》与社会一般观念的犯罪行为存在不同的理解。[①] 犯罪行为系一种概括性说明，用语不够准确，指向不清晰，外延广阔，并无具体的禁止性规定情形，故对该免责条款中的"犯罪行为"尚需进一步解释。

---

① 最高人民法院民事审判第二庭编著：《最高人民法院关于保险法司法解释（三）理解与适用》，人民法院出版社 2015 年版，第 530 页。

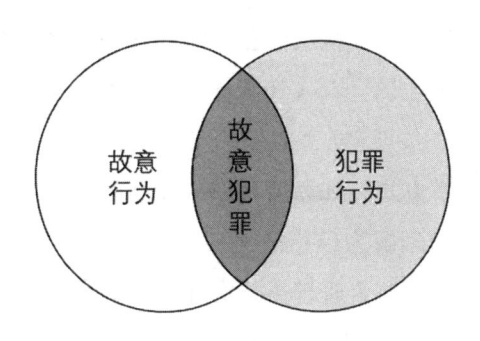

故意行为与犯罪行为关系示意图

(二) 目的解释

保险合同作为射幸合同，保险人是否履行义务，有赖于偶然事件的出现，即基于保险事故发生的不确定性。被保险人既然被认定构成过失致人死亡罪，此时，其对保险事故的原因行为和损害结果均不具有故意，并不积极追求危害后果的发生，所造成的最终损害具有不确定性和偶然性，并未违反合同性质。

犯罪行为作为除外责任条款，在不同险种中具有不同的免除意义，应结合保险险种及条款内容进行分析。责任保险是指以被保险人对第三者依法应负的赔偿责任为保险标的，其区别于寿险、健康险等其他险种的最大特点在于最终的保护对象并非被保险人，而是受害之第三人。罗马法谚云："任何人不得因其不法行为而获有利益（No one shall be allowed to benefit from his own wrong）。"但就责任保险而言，获益的并非不法行为人，而为受不法行为侵害之第三人。机动车第三者责任险保护对象更为特定，系交通事故中受到损害的第三人，应充分发挥第三者责任险弥补受害者损失的作用。受害者不应因他人的错误而得到惩罚，如一般的交通事故时可以获赔，因交通事故情节较为严重构成犯罪的情形下反而无法获赔，则有悖于投保机动车责任保险的目的。

(三) 限缩解释

前已述及，《刑事诉讼法解释》第 192 条第 3 款已将驾驶机动车致人伤亡或者造成公私财产重大损失构成的犯罪排除在免责条款犯罪行为的概念之外。中国保险监督管理委员会《关于保险条款中有关违法犯罪行为作为除外责任含义的批复》第3条规定："在保险条款中，如将一般违法行为作为除外责任，应当采用列举方式，如酒后驾车、无证驾驶等；如采用'违法犯罪行为'的表述方式，应理解为仅指故意犯罪行为。"该批复虽然不能直接作为法源引用，但中国保险监督管理委员会作为保险行业的监督管理机构，其对"犯罪行为"作为除外责任含义的认定效力应及于其管理范围内的保险公司所订立的保险合同，通过其中，可以看出监管部门对于"犯罪行为"的解读。

本案中，虽然张某在刑事案件中被认定过失致人死亡，但其实质是驾驶机动车发生的事故，即使A保险公司尽到免责条款的提示及明确说明义务，法院也难以直接依据该保险免责条款中的"故意行为、犯罪行为"来免除保险人的赔偿责任。

【附录】

编写人：何建（民事庭审判长）、赵雅丽（民事庭法官助理）

一审裁判文书案号：（2021）沪0117民初3138号

二审裁判文书案号：（2021）沪01民终11782号

二审合议庭成员：何建（审判长兼主审法官）、叶振军、胡桂霞

16

间接侵害法人名誉权责任的构成与认定

——LQ 公司诉易某某名誉权纠纷案

【案例要旨】

侵权人在微信公众号等互联网载体上，以商业网站为对象发表不实恶意评价的，虽然没有对运营该商业网站的商事主体直接进行诋毁，但基于该商业网站系该商事主体的特殊财产，两者之间存在紧密而公开、稳定而对应的法律联系，对该商业网站的评价属于该商事主体法人名誉权的范畴，故侵权人实质上系构成对成立、运营该商业网站的法人名誉权的侵害。

【案情简介】

上诉人（原审被告）：易某某。

被上诉人（原审原告）：LQ 公司。

LQ 公司系 TYW 网站的主办单位。易某某系微信公众号 SWY 的注册运营者。2018 年 3 月和 10 月，LQ 公司分三次申请办理保全证据公证，分别公证 SWY 微信公众号发布的十五篇文章。2020 年 12 月 22 日，TYW 网站的主办单位变更为案外人云南聚某公司，该司于 2021 年 11 月 3 日注销。现 LQ 公司认为易某某在微信公众号 SWY 上发表的被保全文章内容侵犯了 LQ 公司的名誉权，故诉至法院要求易某某承担侵权责任。

【裁判结论】

一审法院认为，LQ 公司系 TYW 网站的主办单位，对 TYW 网站的评价势必会影响到该公司的名誉。易某某在其注册运营的微信公众号上发表的十五篇文章均涉及 TYW 网站，多处使用了带有强烈的主观感情色彩和尖锐的攻击性字眼，且并未举证证明其发布的文章内容有事实依据，而所谓"事实"真伪应由易某某负举证责任。鉴于其措辞显然已经超过了应有的客观评价产品的尺度，从文章的阅读量和评论量来看，可判定已经对 LQ 公司的社会评价造成了不良影响。故判决：一、易某某删除微信公众号 SWY 中载有 TYW 网站网页地址的图片和文章；二、易某某连续十五日在微信公众号"SWY"就其侵犯名誉权行为向 LQ 公司赔礼道歉、消除影响；三、易某某赔偿 LQ 公司 30050 元；四、驳回 LQ 公司的其他诉讼请求。

二审法院认为，TYW 网站的主办单位后已变更，但在本案所涉争议侵权事实发生的期间，其主办单位依然系 LQ 公司。因此 LQ 公司具备本案适格原告的主体资格。TYW 网站与 LQ 公司之间建立并形成紧密而公开、稳定而对应的法律关系，而易某某文章表明其明确知道 TYW 网站与 LQ 公司之间的关系，故其对 TYW 网站的争议性言论必然会对 LQ 公司的名誉权产生实际影响。且易某某对 TYW 网站发表的文章言论攻击性极强，措辞用语倾向性明显，不符合商业评价的一般标准，其具有明显的主观故意，亦未提供证据证明文章所涉相关事实的真实性，从涉案文章对外传播的阅读量及评价来看，已经对 LQ 公司产生了实际不利的社会评价，因此易某某的行为已经符合名誉权侵权责任的构成要件。由于争议的侵权文章已经被腾讯公司删除，且现在 LQ 公司并非 TYW 网站的主办单位，而变更后的新主办单位亦已经注销。因此，易某某微信公众号 SWY 载有宣传 TYW 网站网址的图片与载有该图片的文章，基于侵权对象、权利主体均已消灭，现今已经无法继续、实际侵害 LQ 公司的名誉权。故，二审法院判决：一、维持一审判决第二项、第三项；二、撤销一审判决第一项、第四项；三、驳回 LQ 公司的其余诉讼请求。

【评析意见】

本案中，侵权人易某某对 TYW 网站进行不实陈述是有证据证实的，但是易某某的不实言论均指向的系 TYW 网站，而并没有直接指向背后运营 TYW 网站的商业机构 LQ 公司。本案的争议焦点之一即为：易某某对 TYW

网站的负面评价是否构成对网站运营主体 LQ 公司名誉权的侵害？

一、引论：争议

通过搜索中国裁判文书网及法信的相关案例，可以发现在线上平台如淘宝、美团、京东、拼多多、腾讯等背后的运营公司起诉个人侵害法人名誉权等案件[①]中，部分个人评价是直接指向线上平台的运营公司的，但更多的言论均只指向线上平台，并未涉及创建并运营这些平台的企业，但这些企业均作为原告提起诉讼。从侵权责任构成要件来看，受侵害的名誉权权利主体为何是这些企业？从这些判决中尚无法得出明确的结论。因此，需要从《民法典》角度进行法律逻辑上的论证与自洽。

本案中，易某某对 TYW 网站进行了不实的恶意评价，对于其是否构成侵害 LQ 公司名誉权的问题，有两种观点：第一种观点是易某某不构成名誉侵权。只有民事主体才享有名誉权，网站不是法律规定的民事主体，因此其不享有名誉权。易某某针对 TYW 网站作出的不实或恶意评价并未直接指向民事主体本身，故不应认定该行为构成对 LQ 公司的名誉侵权。第二种观点是易某某构成名誉侵权。名誉是自然人、法人和非法人组织在各项社会活动中所形成的总体社会评价。对 LQ 公司运营的网站、进行不实或恶意评价，会影响 LQ 公司基于经营活动所产生的社会评价，故应认定易某某的行为构成名誉侵权。

笔者认为，对于这两种观点的判断，需要结合《民法典》第 1024 条第 1 款"民事主体享有名誉权"、第 2 款"名誉是对民事主体的品德、声望、才能、信用等的社会评价"与《民法典》第 110 条第 2 款"法人、非法人组织享有名誉权"等规定，从法人名誉权保护的角度进行解释。

二、定性：网络平台的法律性质决定其无法成为名誉权的主体

当前时代平台经济高速发展，通常商家会成立注册网站、网店或者 APP

---

① 经搜索获得北上广深知名互联网机构名誉权诉讼 18 篇，对于网络平台与经营主体的关联性，经营主体的诉讼主体资格一般未加阐述。

等网络平台来经营。而本案中，不实恶意言论所指向的就是这类网络平台，那么这类网络平台在法律性质上究竟系何属性存在争议。对此，笔者认为，网络平台系特殊的"物"，构成法人的特殊财产。

首先，传统物的概念无法完全涵盖网络平台。物的概念是传统民法的基本范畴。物分广义的物与狭义的物。广义的物，包括有体物与无体物。我国民法理论一般系采有体物的概念，即指具有形体、占据空间，并被人感知的物。①《民法典》第115条对物的概念界定是物包括不动产与动产及法律规定权利作为物权客体的。由此可见，传统物权概念尚无法涵盖网络平台。网络平台实质上是由服务器、各种网络设施及软件系统和计算机终端所组成的综合系统，无法简单将其归入不动产或者动产，传统物权客体的概念无法涵盖。

其次，非法人组织尚不足以定性网络平台。我国《民法典》明确在自然人、法人之外，承认非法人组织亦是民事主体，因此，非法人组织作为民事主体享有民事主体所享有的民事权利，除非法律有例外规定。因此，对于本案，亦有观点认为，该网络平台亦可以定性为非法人组织，由于我国《民法典》第110条第2款规定非法人组织享有名誉权，因此，相较于原《民法通则》等法律规定，名誉权主体的范畴予以了扩展，非法人组织亦享有名誉权，因此，本案可以根据将网络平台作为非法人组织享有名誉权的思路来处理。

但笔者认为，根据我国《民法典》第102条的规定，非法人组织是不具有法人资格，但是能够依法以自己的名义从事民事活动的组织。非法人组织包括个人独资企业、合伙企业、不具有法人资格的专业服务机构等。从这个定义来看，虽然网站、网店、APP均需要进行登记备案，但经营活动亦非完全以自己的名义进行，且网络平台尚非系人合组织体，不足以用非法人组织的概念进行定性。

最后，网络平台实质上对其设立、运营的商业主体构成特殊财产。网络平台是当前"平台经济"的产物，商业主体会设立和运营网站、网店、APP来进行具体的商业活动或者商事活动。这个网络平台对于设立、运营的商业

---

① 梁慧星：《民法总则讲义》（修订版），法律出版社2021年版，第184页。

主体就构成了特殊的"物",其虽然无法被传统物的概念所涵摄,但却像物一样,系设立、运营的商业主体的特殊财产,而且设立人、运营人可以对该网络平台行使"所有权"的权能。特别是网络平台可以基于公开且可查询的关系,明确该网络平台与"所有人"之间的关系。

本案中,LQ公司就是TYW网站的设立人、经营主体,从而该商业网站与其运营主体形成了紧密、稳定、对应的法律联系,人们可以通过公开的渠道查询到该网络平台的设立、经营信息,从而了解到该TYW网站与LQ公司的所有关系。因此,TYW网站"物"的法律属性决定了其不能成为名誉权等人格权的主体,TYW网站等类似网络平台本身系不能成为名誉权等人格权的主体,易某某的不实恶意言论不能侵害TYW网站本身所不具有的名誉权。

三、判断:对法人特殊财产负面评价间接侵害法人名誉权的认定

网络平台虽然系其成立及运营主体的特殊财产,但是对该财产的负面评价却可能会侵害了该财产"所有人"的权利,即法人的名誉权。对于法人是否享有名誉权,在我国《民法典》出台前,存在较多争议。有观点认为法人的名誉权实质上系法人的商誉,[1] 或者认为系信用权,[2] 或者认为商誉权系知识产权范畴。[3] 但由于我国《民法典》第110条第2款明确了法人享有名誉权,第1024条第2款将名誉本质上定义为品德、声望、才能、信用等的一种社会评价。因此,法人名誉权的范畴就应当包括上述范畴的社会评价。如前所述,网络平台系特殊财产,并非系名誉权受侵害的主体,那么对于法人的特殊财产进行不实或恶意评价,并未直接对法人进行侮辱、诽谤的,这种间接行为是否构成侵害法人名誉权?应如何把握界限?

---

[1] 张新宝:《名誉权的法律保护》,中国政法大学出版社1997年版,第35页。
[2] 杨立新:《人格权法》,人民法院出版社2009年版,第15页。
[3] 参见吴汉东:《论商誉权》,载《中国法学》2001年第3期,第92页。

（一）网络平台与其背后设立、经营的法人之间形成稳定、公开、可查询的紧密联系

判断这种间接行为是否构成法人名誉侵权的核心要义之一在于确定被评价的特殊财产即网络平台与其经营主体间能否形成稳定的、对应的、可查询的公开关系。一方面，根据行业内或社会中的一般经验法则是否可以通过特殊财产识别锁定某一特定的商事主体。具体应需判断开设的网站、网店或虚拟账号等是否与商事主体之间具有高度关联性或较强对应性。另一方面，这种关联关系是否可以通过公开查询的方式获得，网络平台与其设立、运营的商事主体之间的关系可以进行查询，即权利人是否公开其设立人、经营者身份，是否对外明示该网络平台作为特殊财产所开展的活动是其经营活动的组成部分。

本案中，TYW 网站与 LQ 公司之间建立并形成了紧密而公开、稳定而对应的法律联系。LQ 公司与 TYW 网站等以该名称命名的网络平台之间的关系，可以通过网络备案相关机关查询到二者之间的关系。因此，易某某对于 TYW 网站的不实评价就会与其运营主体 LQ 公司的名誉权产生联系。

（二）对网络平台的社会评价已经构成法人名誉权的范畴

判断这种间接行为是否构成法人名誉侵权的核心要义之二是对网络平台的社会评价是否会构成其背后权利主体的名誉权的范畴。由于网络平台与其背后权利主体之间的紧密、稳定、公开的关联性，所以，对网络平台的社会评价构成了背后权利人法人主体名誉的组成。这些商事主体系利用其网站、网店或虚拟账号等从事商业经营活动，这些网络平台的运行质量、实际效果，直接关联到其背后经营主体的产品与服务，对于该网络平台所作出的不实或恶意的评价，必然会损害其经营主体的服务评价，该评价构成该经营主体法人名誉权的组成部分，故行为人的间接行为亦可被认定构成侵害法人的名誉权。所以，基于网站、网店等属于经营主体的特殊财产，对于特定网络平台的诋毁就间接地指向了其归属的经营主体，故经营主体作为权利人有权

就其法人名誉权受损获得司法救济。这也是对最高人民法院相关司法解释[①]的拓展与深化。

本案中，LQ 公司的日常运营系依赖于 TYW 网站，对于 TYW 网站所作的不实或恶意负面评价就会关联到 LQ 公司，对 TYW 网站的评价构成了 LQ 公司名誉权的组成。因此，易某某的间接指向 TYW 网站的不实恶意评价，侵害了 LQ 公司的名誉权，应当承担相应的侵权责任。

四、结语：意义

在互联网时代，自媒体盛行，在微信公众号等互联网社交软件上以商业财产为对象发表不实负面评价，实质上必然会侵害背后经营该商业财产法人的名誉权。这种间接指向侵害商业财产的所有人、运营人法人名誉权的新情形，有必要统一司法标准及观点，从而有助于保护互联网时代法人的名誉权，有助于促成风清气正的互联网环境，彰显人民法院在优化营商环境方面的重要作用。

【附录】

编写人：凌捷（民事庭审判长）

一审裁判文书案号：（2020）沪 0116 民初 12070 号

二审裁判文书案号：（2021）沪 01 民终 2300 号

二审合议庭成员：凌捷（审判长兼主审法官）、蒋辉霞、翟从海

[①] 2014 年 8 月 21 日《最高人民法院关于审理利用信息网络侵害人身权益民事纠纷案件适用法律若干问题的规定》第 11 条规定，网络用户采取诽谤、诋毁等手段，损害公众对经营主体的信赖，降低其产品或者服务的社会评价，经营主体请求网络用户承担侵权责任的，人民法院应依法予以支持。

17

网络转载媒体对转载新闻内容负有合理核实义务

——马某某诉 A 网络技术公司等名誉权纠纷案

【案例要旨】

网络转载主体需承担与其性质、影响范围相适应的注意义务，其对转载新闻内容的真实性未尽合理核实义务，侵害他人名誉权的，应当承担民事责任。对转载主体是否已尽合理核实义务的判断，法院应结合网络传播环境特征，综合考虑主体类型、内容来源、可预见性、影响范围等因素予以审查，并根据转载主体的客观行为及转载内容侵害他人权益的明显程度认定过错。

【案情简介】

上诉人：马某某。

被上诉人：A 网络技术公司、B 文化传媒公司。

2020 年 5 月 16 日，"某新闻" APP 内某平台用户"某火"发布一篇标题为"马某某找前岳父要钱？疑因家暴而离婚，与小 21 岁前妻恋爱俩月闪婚"的网络文章。文章糅合了马某某与吴某某感情纠纷、家庭琐事、人品等各种传闻，还附有三张网络评论截图，内容为："马某某人品不好，老是问岳父拿钱的，吴某某是我妈妈同事的女儿""我之前看八卦说好像也是说马某某开的车都是岳父的""之前传过马某某家暴吴某某的啊"。6 月 3 日，马某某委托律师向 A 网络技术公司发函，提出该公司运营的"某新闻" APP 收录了用户名为"某火"的网络链接，内容系凭空捏造，恶意诋毁马某某的正常工作和生活，严重背离事实真相，已经构成诽谤和名誉侵权，要求删除相关信息并消除影响。6 月 10 日，网站对上述发布资源进行了"全站下线工具下线"操作。"某火"用户的注册信息显示，媒体机关代码证主体为B文化传媒公司。同年8月，马某某诉至法院，要求A网络技术公司、B文化传媒公司承担侵权责任。

【裁判结论】

一审法院认为，涉案文章内容明确表示"马某某找前岳父要钱""马某某因家暴离婚""马某某人品不好"等内容来自他人爆料，并附有相关截图，对系争言论也未作肯定性判断，反而是表示疑问，并明确相关传闻目前只是猜测。B文化传媒公司对于网络流传的系争内容进行汇集，并根据自身判断对其真实性表示怀疑，该行为不具有侵犯名誉权的主观过错，侵权不成立。A网络技术公司系网络服务提供者，在网络用户发表涉案文章的行为不构成侵权的情况下，亦不应当承担侵权责任。据此，判决驳回马某某的诉讼请求。

二审法院认为，首先，涉案文章从标题到内容反复出现的关键词，既有事实又兼有评论。而诉讼中马某某前妻、前岳父均作出声明，谴责上述虚假报道。作为一般规则，法律要求评论及所赖以建立的事实都必须真实，发表者负有核实义务。新闻的每一次转载（重述）都是一种二度创作和公开，是原初报道（陈述）社会影响的二次传播和扩展。新闻转载方作为一项陈述的重述方，并不因其转载行为而免于对内容真实的合理核实义务。其次，新闻主题是发表者要传播的信息实质和要表达的精神主旨，是发表者想让受众接收的表达信号和表达意图。涉案文章作为图文作品，围绕主题马某某私生活品行不端展开铺陈，标题及内容所采用的设问手法、求证措辞，并非发表者真实的疑问，而是此类娱乐新闻激发受众好奇心、探究欲、关注度的惯用手法。故B文化传媒公司关于其基于怀疑表态而无过错的抗辩不能成立，主观上存在放任负面社会评论即名誉侵害的过失。再次，涉案文章一经发表，网络强大的传播功能使该条娱乐新闻在"某新闻"网站平台受众中发酵，"某火"公众号4.2万粉丝更是接收到推送并通过浏览标题获知了文章主旨。从"某新闻"网站的平台知名度和影响力、"某火"公众号的粉丝数，可以推定涉案文章点击量、推送量的可观及社会影响面的深广，具有正常思维能力的广大网络受众因此会产生对马某某品行的负面印象，从而降低马某某的社会评价。最后，马某某作为知名演艺界明星，其工作生活的各个方面的确都更易被新闻报道关注，但公众人物的人格权利亦应受到法律的保护。当言论涉及公众人物私人事务时，对言论表述和新闻出版自由应当予以限制，严格传播事实的真实性和评论的妥当性。对公众人物容忍义务限度的界定应当遵循维护公共利益的原则，本案案情并不涉及公共利益的抗辩，不适用公众人物的容忍义务规则。B 文化传媒公司构成对马某某名誉权的侵害。A 网络技术公司在马某某通知其争议内容侵权后及时履行了删除义务，尽到了平台责任。故二审法院据此改判 B 文化传媒公司在"某新闻"网站首页刊登道歉信向马某某赔礼道歉，并赔偿精神损害抚慰金 20000 元及律师费、公证费。

【评析意见】

随着网络科技的进步，尤其是移动端的迅速普及，当前各类社交媒体和新闻聚合平台，成为移动时代新闻传播的主要渠道。在各类新媒体迅速扩张与融合的背景下，如何引导规范网络新闻的有效传播，把握言论自由与名誉权保护之间的平衡，司法审判中仍面临诸多实践问题。联系本案，关于网络转载媒体的核实义务与公众人物的私权保障相交集，亦为案件争议的焦点所在，可以从中总结以下法律适用和审判指导原则。

一、网络转载媒体对转载新闻内容负有合理核实义务

新闻从内容上分类，可分为报道事实和发表意见，即事实和评论两类。实施新闻报道的主体，包括媒体自身、媒体从业人员、新闻信息提供者和其他利用媒体实施新闻报道的民事主体。网络经营者、网络服务提供者、网络写手等，亦为当前新媒体形式下的行为人主体。

真实是传播新闻的第一要义。新闻真实不仅是一种职业规范和道德准则，也是一种众所公认的媒体注意义务标准。世界各国在相关法律和国际公约中，均强调媒体对新闻报道的核实责任。我国《民法典》第 1025 条亦首次明确：行为人实施新闻报道，有"捏造、歪曲事实""对他人提供的严重

失实内容未尽到合理核实义务""使用侮辱性言辞等贬损他人名誉"等情形之一,影响他人名誉的,应当承担民事责任。相比独立采访、发稿的原创媒体,在移动互联网时代,大量转载信息已成为网络新闻主要的传播业态,但作为转载媒体,仍应遵循新闻报道的客观性与社会责任。[①]《最高人民法院关于审理利用信息网络侵害人身权益民事纠纷案件适用法律若干问题的规定》即对网络用户或者网络服务提供者转载网络信息行为的过错认定作出规定,明确了网络转载主体也需要承担与其性质、影响范围相适应的注意义务。

本案中,B文化传媒公司作为网络新闻转载媒体,其亦须核实所转载内容的真实性,与原创者同样负有对新闻事实的核实义务,并不因其转载行为而免于或必然减轻对内容真实的注意义务。其关于网上已有在先传闻存在、涉案文章只是对网络流传内容汇集的辩称意见,实际上排除和降低了自身的注意义务和核实标准,故不构成一项己方无过错的有效抗辩。

二、对网络转载媒体的过错认定应结合网络环境特征

与传统媒体相比,移动网络的传播主体更加多元,信息传播即时性更强,言论自由度更高。在传播形态上,通过社交媒体和新闻聚合平台的转载而进行二次传播的特征更明显。针对这些特征,司法实践中,法院需要根据转载主体的类型、影响范围来判断其注意义务;应当结合注意义务、转载信息侵权的明显程度以及转载者的客观行为判断其过错程度。[②]

具体而言,根据《最高人民法院关于审理利用信息网络侵害人身权益民事纠纷案件适用法律若干问题的规定》第7条,认定网络用户或者网络服务提供者转载网络信息行为的过错及其程度,应当综合以下因素:一是转载主体所承担的与其性质、影响范围相适应的注意义务;二是所转载信息侵害他人人身权益的明显程度;三是对所转载信息是否作出实质性修改,是否添加

[①] 肖梓、李凡:《新闻报道中转载行为人"合理核实义务"研究——基于〈民法典〉第一千零二十五条和一千零二十六条的展开》,载《科技传播》2022年第15期,第8页。

[②] 就《关于审理利用信息网络侵害人身权益民事纠纷案件适用法律若干问题的规定》最高人民法院民一庭负责人答记者问,载《人民法院报》2014年10月12日。

或者修改文章标题，导致其与内容严重不符以及误导公众的可能性。而就如何认定行为人是否尽到"合理核实义务"，《民法典》第1026条规定了六项考虑因素：一是内容来源的可信度；二是对明显可能引发争议的内容是否进行了必要的调查；三是内容的时限性；四是内容与公序良俗的关联性；五是受害人名誉受贬损的可能性；六是核实能力和核实成本。

本案中，B文化传媒公司作为一家专业的传媒公司，因其自身的专业性质、能力和影响范围，对于转载网络新闻的真实性负有较一般自媒体更高的核实义务。但其发布文章所涉内容，来源于网络传言及基于传言的主观性揣测，可信度不高。同时，转载信息涉及对马某某人品的负面评价，应可预见将致公众人物名誉受损的可能性，但其对此亦未尽谨慎、注意义务。其虽辩称涉案文章对争议内容表示怀疑，不具有侵犯名誉权的主观过错，但结合网络语言环境分析，文章标题及图文内容、主题指向明确，所采用的设问手法、求证措辞，并非真实疑问，而是此类网络娱乐新闻吸引受众的惯用手法，起到的是明知故问的诱导效果。因此，B文化传媒公司主观上存在放任负面评论、侵害他人名誉权的过失成立。

三、网络转载侵犯名誉权应准确把握法律的社会导向

互联网的快速发展，在丰富人民群众物质文化生活的同时，也带来了一系列的法律和社会问题。移动时代的网络传播，更因其即时、海量、低门槛和无限次的特点，大大增加了侵害名誉权等精神性人格权的现实风险，而且损害后果通常具有易扩散性和不可逆性。近年来，此类案件不断涌现，亟须切实运用司法裁判予以规制引导。

司法实践中，法院首先应注意区别人格权请求权与侵权损害赔偿请求权。例如，《民法典》第1028条规定："民事主体有证据证明报刊、网络等媒体报道的内容失实，侵害其名誉权的，有权请求该媒体及时采取更正或者删除等必要措施。"因此，即使对名誉权的妨害尚未造成实际损害后果，请求权人也可以要求行使更正权、删除权。这凸显了人格权作为绝对请求权与侵权损害赔偿请求权的区别，目的即在于把对受害人名誉权的侵害降至最低

限度，体现互联网时代人格权救济的即时性需求。①

其次，应合理运用举证责任分配规则。名誉权侵权案件中，权利方在证明媒体报道内容失实时，不需完全证明具体真实的情况究竟如何，只要其提出相应的证据，足以引起对媒体报道基本内容真实性的怀疑，即可认为履行了举证责任。②从强化报道人真实性审核义务、保护被报道对象权利的角度，可以将举证责任转移给媒体承担，由报道的媒体证明其具备合理可信赖为事实的消息来源。③

最后，应明确树立激浊扬清、净化生态的价值取向。当前，网络空间仍存在大量有害信息滋生、传播的土壤。网络媒体转载娱乐信息跟风炒作，"震惊体""疑问式"等标题党哗众取宠，扰乱网络秩序，传播错误导向。对此，司法审判要正视人格权益保护的紧迫性，依法予以严肃规制。例如，本案中，若以转载过往传闻而降低核实标准，转载就沦为法外之地，此类网络暴力、谣言即无成本和法律责任；若以正常语境对疑问式的表述进行理解，即会偏离发布者的真实行为意图；若仅仅以评论量、点赞量证明转载内容的传播度，则会忽视平台影响力和公众号推送所造成的名誉侵害后果。因此，对此类案件的审理，明确司法的价值取向应当作为指引裁判的重要原则。

【附录】

编写人：孙春蓉（民事庭审判长）

一审裁判文书案号：（2020）沪0104民初19487号

二审裁判文书案号：（2021）沪01民终12754号

二审合议庭成员：孙春蓉（审判长兼主审法官）、岑佳欣、王韶婧

---

① 最高人民法院民法典贯彻实施工作领导小组主编：《中华人民共和国民法典人格权编理解与适用》，人民法院出版社2021年版，第305页。

② 最高人民法院民法典贯彻实施工作领导小组主编：《中华人民共和国民法典人格权编理解与适用》，人民法院出版社2021年版，第306页。

③ 李丹：《使用匿名消息来源的新闻报道是否失实的认定——北京三中院判决世奢会（北京）公司诉新京报社名誉权纠纷案》，载《人民法院报》2016年3月3日。

18

侮辱英雄模范名誉的司法审查

——王某滨诉刘某名誉权纠纷案

【案例要旨】

英雄模范及其事迹是弘扬社会主义核心价值观的重要载体，具备公共利益属性。审理侵犯英雄模范名誉权纠纷时，人民法院应结合其名誉的特殊社会价值，充分考虑英雄模范的社会影响力与侵权行为的社会危害性，综合审查受害人名誉受损情况、行为人的行为违法性、违法行为与损害后果之间的因果关系以及行为人主观过错程度。

【案情简介】

上诉人（原审被告）：刘某。

被上诉人（原审原告）：王某滨。

王某滨因2015年救火行为先后获得中央宣传部、共青团中央、上海市精神文明建设委员会办公室等授予的"全国见义勇为模范"、2016年"全国向上向善好青年"、第五届"感动上海年度十大人物"、2015年"上海市社会主义精神文明好人好事"等荣誉称号。2020年，刘某在王某滨住所附近人流密集的场合张贴告示，标题为"上海救火英雄王某滨背后肮脏的故事"，内含不实信息及辱骂王某滨和其家人的内容。王某滨诉至法院，主张刘某挑选其住所周围人流密集的公众场合向不特定的第三人散布不实谣言，足以让不了解情况的人对王某滨产生误解，造成王某滨的社会评价降低，请求判令刘某书面赔礼道歉并赔偿精神损害抚慰金等。诉讼中，刘某承认以王某滨为标题，系为吸引眼球，认可王某滨是好人，他是对王某滨家人有意见，在相关事情解决前不同意向王某滨道歉。

【裁判结论】

一审法院经审理认为，刘某至王某滨居住小区附近的公交车车站张贴大字报的行为，以贬低、侮辱原告的方式博人眼球，在客观上造成了王某滨名誉受损，侵害了王某滨的名誉权，应承担相应的民事责任。遂判决刘某向王某滨书面赔礼道歉并赔偿精神损害抚慰金3000元等。刘某不服一审判决，提起上诉。

二审法院认为，刘某张贴大字报的行为以及大字报内容的影射效应构成对王某滨的贬损及侮辱。本案中，王某滨与刘某之间无个人恩怨，刘某为达一己私欲，借救火英雄王某滨的知名度，以博眼球的方式张贴不当言论，随意损害他人名誉，行为严重不当，理应承担相应法律责任。故判决驳回上诉，维持原判。

【评析意见】

英雄模范获得的荣誉被社会公众普遍认可，是社会主义核心价值观的具体体现，相较于一般的个人名誉，英雄模范的名誉还具备公共利益的属性。本案的争议焦点在于：当行为人侵害的名誉权具备公共利益属性时，对侵权责任以及损害赔偿的认定应否以及如何考量公共利益因素。

一、英雄模范的名誉具有公共利益属性

《民法典》第185条及《英雄烈士保护法》第25条第2款、第26条规定均涉及侵害英雄烈士等人格性权利将涉及损害社会公共利益。司法实践中已经明确侵害英雄烈士名誉、荣誉的行为损害社会公共利益。[1] 学术界的主流观点亦认为，公共利益为英雄烈士人格利益保护的法理基础。可见，英雄烈士的名誉具有公共利益属性已经成为共识。但英雄烈士的范围较为有限，如何判断英雄模范的名誉是否具有公共利益属性值得讨论。

---

[1] 最高人民法院第十九批指导性案例第99号《葛长生诉洪振快名誉权、荣誉权纠纷案》裁判要旨摘选：人民法院审理侵害英雄烈士名誉、荣誉等案件，不仅要依法保护相关个人权益，还应发挥司法彰显公共价值功能，维护社会公共利益。

(一) 英雄烈士名誉具备公共利益属性的成因

英雄烈士的名誉具有公共利益属性，主要理由在于：其一，从文义解释上看，《民法典》第185条明确了"损害社会公共利益的"，可见"损害社会公共利益"可单独作为构成要件。其二，英雄烈士的人格利益及建立在其人格利益基础之上的英雄烈士的形象、事迹和精神，已经衍生为社会公众的民族情感和历史情感，构成了社会公共利益的重要组成部分，具有浓厚的社会公共利益的属性。[①] 其三，《民法典》第185条系沿用原《民法总则》第185条的规定，该条的立法意旨在于，加强对英烈姓名、名誉、荣誉等的法律保护，促进社会尊崇英烈，扬善抑恶，弘扬社会主义核心价值观。[②] 从这个层面上讲，侵害英雄烈士名誉、荣誉的行为即是对社会公共利益的损害。其四，参照对比《民法典》第994条关于死者人格权益保护的规定，"社会公共利益"作为《民法典》第185条的构成要件，是与其他死者人格利益保护最主要的区别。[③] 故应认为《民法典》第185条侵权行为的构成要件包括"损害社会公共利益"。

因此，英雄烈士名誉具有公共利益属性的内核在于：英雄烈士是国家和民族精神的具体体现，是弘扬社会主义核心价值观的重要载体，诋毁、侮辱英雄烈士名誉的行为会损害到英雄烈士的标杆作用，降低全社会的认同感。

(二) 具有公共利益属性名誉主体的识别

英雄烈士名誉具有公共利益属性已经通过立法、司法实践以及法理论证确立。但对于英雄烈士的概念，法律并没有明文规定。学术界对此主要有两种观点：一种观点认为英雄烈士应当分别解读为"英雄"和"烈士"[④]，并

[①] 凌巍、何江恒、马蓓蓓：《〈葛长生诉洪振快名誉权、荣誉权纠纷案〉的理解与参照》，载《人民司法·案例》2021年第17期，第79页。

[②] 参见石宏：《中华人民共和国民法总则条文说明、立法理由及相关规定》，北京大学出版社2017年版，第440页。

[③] 刘颖：《〈民法总则〉中英雄烈士条款的解释论研究》，载《法律科学》2018年第2期，第110页。

[④] 袁明扬、陈林林：《〈民法典〉"英烈条款"的司法适用及完善——基于52份英烈人格保护判决的分析》，载《法律适用》2022年第6期，第105页。

对"英雄"和"烈士"的概念再予以划分；另一种观点则认为"英雄烈士"应当理解为具有英雄品质的烈士①，烈士的概念则可依照《烈士褒扬条例》及《军人抚恤优待条例》予以确定。

笔者赞同第二种观点，结合《民法典》第 185 条的表述为"英雄烈士等"，认为该条规范保护的对象还包括其他未被相关机构评定或者认定为英雄、烈士，但同样为争取民族独立、人民自由幸福和国家繁荣富强作出了突出贡献的楷模。此外，在保卫祖国以及建设社会主义事业的过程中，不仅有"英雄烈士"，还有一大批奋不顾身，为国家利益、集体利益作出重大贡献甚至重大牺牲的人物，他们的事迹被广泛用于正面宣传，并被授予各级荣誉称号，在全社会起到了模范作用。对于该类群体的名誉，可类比参照《民法典》第 185 条关于"英雄烈士等"的规定，认为该类群体的名誉亦具有公共利益属性。

因此，具有公共利益属性名誉的群体不仅限于英雄烈士，可将该类群体统称为英雄模范，在范围上囊括英雄烈士而非局限于英雄烈士。基于公共利益属性的内核要求，英雄模范应符合以下三个要件：一是为保卫祖国和社会主义建设事业作出重大贡献或牺牲；二是经由中央或国务院及其部委授予荣誉；三是其事迹被用于宣传，在社会上起到模范作用。

本案中，王某滨符合上述三个要件。首先，王某滨因 2015 年的救火行为被严重烧伤，经抢救脱离生命危险后长期卧病在家，为社会公共利益作出了重大牺牲。其次，中央宣传部、共青团中央、上海市精神文明建设委员会办公室陆续授予王某滨多种荣誉称号。最后，各级媒体以"救火英雄"宣传王某滨的事迹，王某滨因其英雄事迹具有较高知名度，在社会上起到了模范作用。因此，笔者认为王某滨为英雄模范，其名誉具有公共利益属性。

二、英雄模范名誉权保护的特别考量

笔者认为英雄模范的名誉权不仅关乎其个人的声誉评价与人格形象，更关乎社会的情感共鸣与精神风貌，故人民法院在审理此类案件时，对该类主

---

① 参见张新宝：《〈中华人民共和国民法总则〉释义》，中国人民大学出版社 2017 年版，第 402 页。

体名誉权的公共利益属性应予以充分考量。

(一) 重要性：弘扬社会主义核心价值观的重要方式与抓手

英雄模范作为国家树立的向全社会广泛宣传的道德品行典范，彰显了爱国主义、集体主义精神和社会主义道德风尚，是社会主义精神文明建设的重要内容。英雄模范是一个民族最为珍贵的精神脊梁，本身蕴含着独有的民族精神内涵和社会价值观念。对英雄模范名誉权的侵害会造成恶劣的社会影响，不仅仅局限在对个人权益的损害，更是对社会利益、公众情感的损害。因此，对英雄模范人格利益的保护应当兼具个体利益保护与公共利益保护的双重需求，以此更好地体现司法践行社会主义核心价值观，充分发挥司法裁判对社会风气的重要引领作用，亦体现出我国社会主义核心价值观与法治建设深度融合的实践探索。

(二) 必要性：现有法律未全面保护具备公共利益的名誉权

虽然《民法典》第185条规定了损害英雄烈士等的人格性权利构成侵权，但在适用范围与构成要件上具有较大限制，且未规定具体侵权责任的承担方式。甚至有学者认为，该条对英雄烈士人格性权利的保护程度尚不及《民法典》第994条规定的死者人格权保护。在适用主体上，该条的规定存在一定模糊性，司法实践中尚存争议。而在该条明确规定的"英雄烈士"之外，对于其他具有公共利益属性名誉的保护，则无具体的法律规定，只能从法律解释的角度进行个案平衡。

(三) 可行性：结合社会公共利益考量侵权构成要件的因素

行为人承担侵害英雄模范名誉权的责任，应符合侵权行为的构成要件，根据受害人确有名誉被损害的事实、行为人行为违法、违法行为与损害后果之间有因果关系、行为人主观上有过错来认定。判断受害人确有名誉被损害的事实核心在于受害人社会评价是否降低，在很大程度上是以第三人的感受来进行衡量。相较于一般侵权，名誉侵权损害事实一般难以直接证明，需要借助推定的方式，即受害人只需要证明行为人实施的侮辱诽谤等行为已经被一定范围内的人知悉,并能够特定指向受害人,就可以认定该行为造成受害人的社会评价降低。从侵权结果而言,对于具备公共利益属性的英雄模范名誉权,其名誉受损将同时导致社会公众因认知疑虑而产生情感伤害,有违公序良俗;从主观过错而言,行为人明知英雄模范名誉的社会价值,仍实施侵权行为,可能加重对其主观恶意的评价。

在侵权责任的承担方式上,作为名誉权侵权的一种类型,对兼具公共利益属性的名誉权的侵权损害后果,仍在消除影响、恢复名誉、赔礼道歉、赔偿损失、停止侵害等民事责任的范畴内。有观点认为,可以提高侵害英雄模范人格利益的经济赔偿的数额,从而提高违法成本。对此,笔者认为仍需秉持谦抑审慎的司法态度。首先,法律对此未有明确规定。其次,提高对英雄模范人格利益的经济赔偿数额,也会违反民法平等保护的原则。最后,对英雄模范名誉公共利益属性的保护,系为弘扬社会主义核心价值观,并不是体现经济惩罚功能。故对于该类案件仍应结合其侵权后果与主观恶意的严重程度,进行客观的责任认定。但因此类行为将造成社会认识偏差与社会影响异化,故在审理及文书说理过程中,应加强司法的教育功能,纠正错误行为范式,引导和谐道德风气。

三、对具有公共利益属性名誉权侵权责任的认定

对于是否构成侵害名誉权的认定,应当根据受害人是否确有名誉被损害的事实、行为人是否确有侵害、侵害行为与损害后果之间是否有因果关系、行为人主观上是否有过错来综合认定。此外,对具备公共利益属性名誉权的保护本身即是维护及弘扬社会主义核心价值观的途径,可结合社会主义核心价值进行释法说理。

(一) 受害人是否有名誉被损害的认定

英雄模范本身具有较高的社会评价和广泛的社会影响,加之媒体对其事迹的社会宣传,英雄模范一般享有较大范围的知名度,其人格、声誉亦已具备一定的社会价值属性和教育属性。此时,较轻程度的侵权行为即可能导致较广范围及较大影响的名誉损害。故,当行为人实施的侵害行为能够指向特定的英

雄模范，且在一定范围内被人知悉的情况下，即便行为人实施的侵害行为具有间接性，但如该行为指向以英雄模范作为直接联系的纽带，并以其身份为标识，则可推定会造成英雄模范社会评价的降低，即存在名誉被损害的事实。

本案中，刘某张贴大字报的具体内容及所述事件虽未涉及王某滨，但其以"上海救火英雄王某滨背后肮脏的故事"为标题，且在大字报中以"王某滨的阿姨""王某滨的表哥""王某滨的姨夫"作为诋毁的对象，并以大幅的侮辱性言语撰写并张贴该大字报，对听闻该大字报内容的民众而言，难免心理上牵连产生出对于王某滨的负面印象，刘某所写内容的影射效应在一定程度上亦构成对王某滨的贬损及侮辱。这种以英雄模范名誉作为吸引眼球的对象，所述事件及人物虽不直接涉及英雄模范，但却以与英雄模范的关系为指代，实施侵权行为。从其行为效果来看，对于一般社会公众而言，难以知晓"王某滨的阿姨""王某滨的表哥""王某滨的姨夫"中的阿姨、表哥、姨夫具体指向何人。而处处冠以有一定识别度的"王某滨"的名字，将导致社会公众对王某滨个人及其社会关系、生活环境的负面评价，该侵权行为的不良后果很大程度上将由王某滨承担，由此可以认定刘某为博取关注，以带有王某滨姓名及贬损性言辞的标题在特定范围内公开宣传的行为不仅造成王某滨社会评价降低，亦对文明友善的社会风气造成影响。

（二）行为人是否确有侵害行为及与损害事实间因果关系的认定

在行为人以言论自由、发表学术观点等理由予以抗辩时，应判断行为人是否具有正当的权利来源，就个案具体情况考察侵害英雄模范名誉的行为是否对公共利益造成损害，据以评判行为人的抗辩是否构成权利滥用。在名誉权侵权案件中，对于因果关系要件的审查，可通过一般第三人从违法行为中获取的信息及因此对受害者的评价是否降低进行考量。本案中，从一般第三人的角度而言，"上海救火英雄王某滨背后肮脏的故事"足以使社会公众直接联系到王某滨，在对王某滨产生负面印象的同时，还将有损"救火英雄"这一荣誉称号。故，刘某的行为与王某滨的名誉受损具备直接关联性，应认定具有因果关系。

（三）行为人是否具有主观过错的认定

行为人的主观过错，即行为人在实施侵权行为时，主观上是否存在故意或过失，可从行为人行为目的及行为方式进行推定。针对名誉权侵权行为，行为人在实施相关行为时，一般具有特定目的。但主观因素往往难以准确识别，可结合客观外在表现进行认定。具体到本案，刘某虽称其系与王某滨的亲属存在纠纷矛盾，并非针对王某滨本人。然从其行为的客观表现来看，张贴的大字报内容处处可见王某滨的名字，其作为理性社会人，应当知晓其行为对于王某滨的名誉将会产生贬损，故其并非出于无意或善意的主观状态，系明知甚至利用王某滨的社会影响扩大其行为的关注度，放任社会公众因此对王某滨产生负面评价的结果发生，应认定其具有较大的恶意。

（四）社会主义核心价值观的弘扬

需要注意的是，对英雄模范名誉的保护可以通过结合社会主义核心价值观释法说理的方式予以呈现。英雄模范的名誉本身即属于社会主义核心价值观的重要载体，而且该类型案件往往具有较高的社会关注度，人民群众对维护英雄模范的名誉具有较高的期盼，对于该类案件的妥善审理系运用社会主义核心价值观释法说理的鲜活示例。本案中，王某滨与刘某之间并无个人恩怨，刘某为达一己私欲，借救火英雄王某滨的知名度，以博眼球的方式张贴不当言论，随意损害他人名誉，行为实属严重不当，理应承担相应法律责任。本案裁判运用法律切实捍卫英雄模范的名誉，回应了人民群众对社会主义核心价值观的合理期盼。

【附录】

编写人：叶佳（民事庭审判长）、马哲一（民事庭法官助理）
一审裁判文书案号：（2021）沪 0112 民初 10590 号
二审裁判文书案号：（2022）沪 01 民终 1644 号
二审合议庭成员：叶佳（审判长兼主审法官）、宋赟、顾颖

（二）婚姻家庭、继承纠纷

19

离婚纠纷案件中夫妻共同债务的审查认定与处理规则
——袁某与吴某离婚纠纷案

【案例要旨】

夫妻共同债务的重要审查标准在于借款原因和借款用途可否归结于家庭生活。消费方式是否合理，不应成为判断夫妻共同债务的标准。对于有争议且涉及案外人的债务，通常不宜在离婚诉讼中一并解决。对于事实较为清楚且当事人无争议的债务，可视情在离婚诉讼中一并处理，但债权人仍有权就该夫妻共同债务向双方主张权利。一方清偿夫妻共同债务后，可要求另一方按照法院判决承担相应债务。

【案情简介】

上诉人（原审原告）：袁某。

上诉人（原审被告）：吴某。

袁某、吴某婚姻存续期间，吴某发现袁某以双方名义办理了多张信用卡并透支使用，且袁某在网络平台欠有债务。后双方因债务等发生争吵并分居。2020年，袁某起诉请求离婚并分担共同债务。经查明，双方先后向案外人李某借款30万元、16.2万元用于买房、偿还信用卡欠款，但二人对借款性质及未归还数额持有争议。此外，二人名下债务还包括各自的信用卡借款与网络平台贷款等共计73万余元。

【裁判结论】

一审法院经审理认为，根据袁某的陈述、还款清单，可认定二人尚未归还给案外人李某的 30 万元借款系夫妻共同债务。对于吴某名下的债务，双方均认可系夫妻共同债务，由二人共同承担。对于袁某名下的信用卡借款与网络平台贷款，主要因袁某超前消费、以贷养贷及过度消费等行为产生，故该部分债务中因袁某自身原因增加的负债应认定为袁某的个人债务。顾及该部分债务也用于家庭生活，故酌定其中 10 万元为夫妻共同债务。因此，一审法院判决准予双方离婚，袁某、吴某各自名下的信用卡借款、网络平台贷款由各自偿还，欠付案外人李某的借款也由袁某偿还，吴某支付袁某共同债务清偿款 5 万元。双方均不服一审判决，分别提起上诉。

二审法院经审理认为，袁某、吴某向案外人李某的借款系夫妻共同债务，未偿还部分应由二人共同清偿。然而该债务涉及债权人李某，且双方对已偿还金额持有争议，现有证据无法确定未归还的借款金额，故不宜在离婚诉讼中作出处理。袁某承担了家庭大宗消费及日常主要开销，家庭合理债务数额（李某的出借款除外）与双方名下负债金额基本吻合且债务均用于家庭生活开支。上述债务有银行、网络平台对账单佐证，双方均对债务数额无异议。鉴于上述债务涉及多家银行及网贷机构，为避免当事人讼累、节约司法资源，宜认定上述债务属于夫妻共同债务，由双方各自清偿并由少承担一方向另一方支付债务清偿款。同时，债权人仍有权就该夫妻共同债务向双方主张权利。综上，二审法院撤销原审部分判决，改判袁某、吴某清偿各自名下的信用卡借款、网络贷款及其他债务，吴某支付袁某债务清偿款 11 万余元。

【评析意见】

本案的争议焦点在于夫妻共同债务的范围及责任承担方式。夫妻共同债务，是指夫妻双方合意举债或者其中一方为家庭日常生活需要所负的债务。一方超出家庭日常生活需要所负债务且未用于夫妻共同生活、生产经营的，不属于夫妻共同债务。司法实践中，夫妻共同债务的处理主要在夫妻与债权人之间以及夫妻关系之中产生。《民法典》及相关司法解释的规定侧重于债权人与夫妻之间的债务处理,对夫妻共同债务的认定标准、举证责任的分配等作出明确规定,但对于离婚纠纷中如何处理夫妻债务问题未作进一步展开。本文尝试对夫妻离婚时共同债务的认定标准和承担方式进行梳理总结。

一、离婚纠纷中夫妻共同债务的常见类型

在离婚纠纷中,夫妻共同债务通常包括以下几种情形:

1. 夫妻双方就债务达成"共债共签"的合意

夫妻双方共同签名、夫妻一方事后追认或者有其他共同意思表示共负债务的,应认定为夫妻共同债务。夫妻双方的合意,既可以明示作出也可以默示作出。明示包括夫妻双方共签借据或一方以短信、微信等方式表示合意等。默示包括能推断出共同负债的行为,如借款时配偶虽未签名,但事后有主动还款的行为等。司法实践中,夫妻双方就"共债共签"债务的性质基本不存在异议,但对于借款实际金额及尚未归还金额通常存在争议。

2. 夫妻一方以个人名义负债

夫妻一方在婚姻关系存续期间以个人名义为家庭日常生活需要所负的债务属于夫妻共同债务。家庭日常生活的范围,可以参考我国城镇居民的主要消费种类,并根据夫妻共同生活的状态(如职业、身份、资产、收入等)和当地一般社会生活习惯认定。家庭日常生活需要而产生的支出,一般是满足家庭日常生活需要支付的必要开支,包括正常的衣食住行消费、日用品购买、医疗保健支出、子女教育支出、老人赡养支出,以及正当的娱乐、文化消费等,其金额和目的应符合"日常性"和"合理性"。[①]

若债务超出家庭日常生活需要,但有证据证明用于夫妻共同生活、共同生产经营的,亦应视作共同债务。随着社会经济发展,为满足日趋多元的家庭生活需求,很多夫妻的支出不再限于满足家庭日常生活需要的必要开支,还会有其他改善生活品质、增加家庭资产等方面的消费或者支出。例如,夫妻一方为购买房屋车辆、投资、参加教育培训、支持未成年子女出国或接受

---

① 最高人民法院民事审判第一庭:《民事审判指导与参考》(总第73辑),人民法院出版社2018年版,第45页。

私立教育等所产生的金额较大的支出。

司法实践中，除向他人借款外，较为常见的个人名义负债方式为信用卡欠款和网络平台贷款，此类负债往往是婚后长时间内形成，单次金额较小但总额较大。

二、离婚纠纷中认定夫妻共同债务的审查标准

根据《民法典》及相关司法解释，夫妻共同债务的审查标准包括如下几个方面：

1. 确定债务的用途是判断和认定债务性质的关键

根据《民法典》第1064条的规定，对于夫妻一方以个人名义负债的债务性质，如能证明款项切实用于夫妻共同生活或共同生产经营，则应认定为夫妻共同债务。

不同于案外债权人在款项借出后难以掌控款项的实际用途，夫妻举债一方对借贷发生后款项在家庭内部的使用目的和使用轨迹相对容易证明，理应承担证明债务存在及债务用途的举证责任。非举债一方否认借款的，则可提供证据证明该债务不存在、未用于家庭日常生活、系举债一方用于个人不合理消费等。

本案中，夫妻二人名下信用卡等借款发生于夫妻关系存续期间，借款总额较大，并有相关银行、网络平台对账单佐证其款项用途。该大额债务虽于婚后长时间内形成，但单次金额较小且债务确实用于家庭日常生活开销，应认定为夫妻共同债务。

2. 消费方式是否合理不应成为判断夫妻共同债务的标准

信用卡及网贷平台借款中，有时存在借款一方以贷养贷、信用卡套现等不合理、不合规行为，上述行为导致债务不断累积扩大。然而，若有证据证明上述债务确实用于家庭生活开支，而非简单用于个人生活享乐，仅以消费方式不合理而否定债务为夫妻共同债务则有欠妥当。

本案中，袁某负担家庭大部分支出，家庭必要的日常开销月均2万元左右，家庭总收入与家庭支出严重失衡。结合双方收入及支出，加之袁某存在以贷养贷、信用卡套现导致债务总额增加等情形，十余年间袁某为家庭生活承担的合理债务数额（不包括未向李某清偿的债务）与袁某、吴某名下的信用卡、网络平台欠款实际负债73万余元基本吻合。虽然以贷养贷的消费行为不值得提倡，但上述债务确实因家庭共同生活所产生，而非用于个人享乐，应认定为夫妻共同债务，由袁某、吴某向银行及网贷机构共同清偿。

3. 夫妻分居期间产生的债务亦要具体审查

一般而言，夫妻债务类纠纷应充分考虑夫妻分居、提起离婚诉讼后产生债务的情形。如确有证据证明夫妻状态处于婚姻不安宁阶段，非举债配偶有固定工作和稳定收入，无须负债且未分享举债利益、经营投资所得的，则一般应认定为举债一方个人债务。此外，即使夫妻双方分居也并不代表彼此的利益关系已割裂，一方为夫妻共同生活需要（如偿还房贷、车贷，支付保险费，抚养未成年子女等）所负债务，在法律上仍然视为配偶一方从该负债中获益。

本案中，袁某、吴某虽已分居，但袁某负担家庭大部分支出，包括偿还房贷、车贷，支付保险费、生活费，向案外人还债等。由此可见，日常开销均涉及夫妻共同生活，故本案中分居期间产生的债务仍需认定为夫妻共同债务。

三、离婚纠纷中夫妻共同债务承担的处理规则

在离婚诉讼中，涉讼主体是夫妻双方，该诉讼属于夫妻内部债务分担关系的争议，涉及债务最终责任承担的认定；而在夫妻外部债务诉讼中，涉讼主体是特定的债权人与债务人，该诉讼属于夫妻外部债务清偿责任的争议。上述两种诉讼，对立的双方当事人不同，讼争的法律关系亦不同，是两种不同性质的诉讼。[①] 离婚诉讼的裁判结果仅约束该诉讼关系的当事人，夫妻内部债务分担的处理结果不影响债权人，债权人仍有权就该夫妻共同债务向夫妻双方主张权利。

首先，涉及第三人的债务原则上不在离婚诉讼中作出处理。由于我国离婚诉讼案件审理中无第三人参加，故在认定夫妻对外所负债务时，债权人往

---

① 汪金兰、龙御天：《我国夫妻共同债务推定规则的法理基础与适用》，载《安徽大学学报》2018年第2期，第107页。

往处于不知情或者不能表达自己意见的地位。若夫妻双方还对债务金额、性质等持有异议的，对夫妻所负债务的承担问题一般不应作出处理。

本案中，部分债务涉及债权人李某的权益，且离婚双方对已偿还金额存在争议，根据现有证据无法确定尚未归还李某的借款金额，故对该债务不宜在离婚诉讼中作出处理，双方可另行通过合适途径予以解决。

其次，特定情形下涉及第三人的债务可在离婚诉讼中作出处理。司法实践中，若夫妻双方对债务数额本身无异议，债务有相关借款凭证、流水清单、银行信用卡对账单、网贷平台欠款记录等具有一定公信力的证据佐证且涉及多家银行或网贷机构，为避免当事人讼累、节约司法资源，可视情况在离婚案件中对该债务作出处理。处理方式通常为：确定债务的性质及由双方各自承担己方名下的欠款，再由少承担一方向另一方支付债务清偿款，但上述处理并不影响债权人对债权的追索。《最高人民法院关于适用〈中华人民共和国民法典〉婚姻家庭编的解释（一）》第35条规定，在判决确定的清偿规则下，债权人仍有权就该夫妻共同债务向男女双方主张权利。一方可就夫妻共同债务承担清偿责任后，主张另一方按照法院判决承担相应债务。

具体到本案，二审法院结合现有证据，认定上述债务有相关银行、网络平台对账单佐证，双方均对债务数额无异议。从避免当事人诉累等目的出发，判决明确袁某、吴某清偿各自名下的信用卡借款、网络贷款及其他债务（李某的出借款除外），吴某支付袁某债务清偿款11万余元。

【附录】

编写人：潘静波（少年家事庭审判长）、胡天和（少年家事庭法官助理）
一审裁判文书案号：（2020）沪0115民初66205号
二审裁判文书案号：（2021）沪01民终6058号
二审合议庭成员：潘静波（审判长兼主审法官）、俞敏、许洁

20

受遗赠人"接受遗赠"的理解与认定

——周某与王甲等共有纠纷、遗嘱继承纠纷案

【案例要旨】

受遗赠人应就接受遗赠承担证明责任，但对举证的形式及内容要求不应过于严苛。受遗赠人接受遗赠的法定期限，应自其知道或者应当知道受遗赠事宜之日起算。向继承人、继承人的利害关系人、遗产管理人等与继承或者遗产存在较为密切关系的人作出接受的意思表示方为有效。接受遗赠的表示需达到能够确认为有接受遗赠的意思表示的程度，可以书面、口头甚至特定行为等方式作出。

【案情简介】

上诉人（原审原告）：周某。

上诉人（原审被告）：王甲。

被上诉人（原审被告）：高某。

王某与陆某系夫妻关系，育有一女王甲。王甲生育一女高某（王某之外孙女）。周某系王某的外甥女、王甲的表妹。2001年，系争房屋登记为王某、高某共同共有。2009年4月，王某设立公证遗嘱明确其名下的房屋份额由周某继承。王某于2020年1月死亡后，三方就房屋继承引发争议并涉诉。周某的表姐汤某出庭作证表示：周某曾对其说王某写过遗嘱，且周某表示愿意接受王某的房产；高某曾打电话给汤某，表示收到过周某所拍的遗嘱照片，且当时高某表示这样对王甲不公平。

【裁判结论】

一审法院认为，受遗赠人应当在知道受遗赠后两个月内作出接受遗赠的表示，到期没有表示的，视为放弃受遗赠。周某仅有汤某等人的证词，并无其他证据予以佐证，不足以说明其在王某去世后两个月内作出了接受遗赠的表示，应视为其放弃受遗赠。王某的遗产应由王甲继承。然而，考虑到周某与王某共同生活二十多年，其对王某晚年生活起居等尽了主要照顾义务，故考虑给予周某适当遗产。一审法院判决系争房屋由周某、王甲、高某按份共有，三人分别享有25%、25%、50%的产权份额。周某、王甲不服一审判决，提起上诉。

二审法院认为，王某于2009年设立公证遗嘱前周某已知悉遗嘱事宜，周某在遗嘱公证后仍照顾王某十余年直至其去世。王某去世后，证人汤某表示，其在2020年2月接到过高某的电话，高某称周某将遗嘱照片发给过高某。此外，王某去世后三方交接过物品，系争房屋房产证周某一直未交出。结合其他在案情况，周某称其在知道受遗赠后两个月内作出了接受遗赠的表示，已形成相应的证据链，且达到民事案件高度盖然性的证明标准。因此，周某已在法定时间内作出接受遗赠的表示，王某在系争房屋中的遗产份额由周某享有。综上，二审法院依法作出改判，系争房屋由周某、高某各享有50%的产权份额。

【评析意见】

本案的争议焦点之一为周某是否在知道受遗赠后六十日内作出接受遗赠的表示。受遗赠人是否在法定期限内接受遗赠，是遗赠类纠纷案件的主要争议内容。囿于法律的规定偏于原则，关于受遗赠人何时、向谁、以什么样的形式作出表示才能认定为接受遗赠，司法实践中缺乏统一认识。本文结合本案案情，对受遗赠人接受遗赠的认定规则进行梳理、提炼和总结。

一、受遗赠人接受遗赠的行为性质

《民法典》第1124条规定，受遗赠人应当在知道受遗赠后六十日内，作出接受或者放弃受遗赠的表示；到期没有表示的，视为放弃受遗赠。该条与原《继承法》第25条相比，除将两个月的表述更改为六十日外，其他内容基本一致。

关于受遗赠人接受遗赠这一行为的性质，学界存在不同观点。有的观点从上述法律规定的文义出发，认为遗赠类似契约，遗赠意思表示为要约，接受遗赠则接近于契约订立之承诺。[①] 然而，主流观点仍认为遗赠系单方民事法律行为，遗赠的成立不以受遗赠人的意思表示为必要，只需有遗赠人一方的意思表示即可。[②] 受遗赠人接受遗赠，并非合同法意义上的承诺；受遗赠人放弃遗赠，也不过是放弃受遗赠权。[③] 因此，受遗赠人接受遗赠这一行为，并不影响遗赠本身的成立与生效，但可以据此表明受遗赠人对受遗赠的态度，该行为本身亦应属于一种单方法律行为。

需要注意的是，接受遗赠虽是单方法律行为，但考虑到法律规定的文义内容及效果，即便该行为相关意思表示的生效无须特定对象的同意，但也需要向特定对象作出。因此，该单方法律行为原则上属于需向相对人作出意思表示或意思表示需要受领的单方法律行为。[④]

二、受遗赠人接受遗赠的行为效力

（一）遗赠的效力分析

遗赠是单方法律行为，也是死因行为，即遗赠在遗赠人通过遗嘱作出遗赠的意思表示时即成立，但只有在遗赠人死亡后才发生效力。[⑤] 关于遗赠的效力，物权说认为，遗赠直接发生物权变动的效力。主要理由是原《物权法》第29条明确规定，因继承或者受遗赠取得物权的，自继承或者受遗赠开始时发生效力。债权说认为，遗赠不直接产生物权变动的效力，受遗赠人

[①] 朱庆育：《民法总论（第二版）》，北京大学出版社2013年版，第155页。
[②] 杨立新：《婚姻家庭与继承法》，法律出版社2021年版，第267页。
[③] 庄加园：《试论遗赠的债物两分效力》，载《法学家》2015年第5期，第137页。
[④] 朱庆育：《民法总论（第二版）》，北京大学出版社2013年版，第136页、第200页。
[⑤] 杨立新：《婚姻家庭与继承法》，法律出版社2021年版，第268页。

仅享有请求权。主要理由是我国现行的物权变动体系，除需要当事人意思表示外，还要求登记或交付，主张遗赠仅具有债权效力与我国物权变动体系相符。再者，遗赠仅具有债权效力也符合现有的遗产债务清偿顺序。[①] 更何况《民法典》第230条已经改变原《物权法》第29条规定的内容，将遗赠排除在非基于法律行为的物权变动之外。[②] 笔者更认同债权说，理由基本如上。

(二) 接受遗赠的效力分析

若受遗赠人接受遗赠，则接受的意思表示到达相对人时，接受遗赠的行为发生效力，受遗赠人自然享有向继承人或遗嘱执行人的债法请求权，且溯及于遗赠人死亡时。若受遗赠人在法定期限内不作表示，受遗赠人的债法请求权也因放弃遗赠而溯及于遗赠人死亡时消灭。该规定的考量为，若受遗赠人放弃遗赠不溯及于遗赠人死亡时，则遗赠物所生孳息可能归属于受遗赠人，由此即违反其放弃遗赠的意愿。[③]

三、受遗赠人接受遗赠的认定规则

(一) 立法目的分析

从比较法角度而言，我国《民法典》第1124条第2款的规定较为独特。域外法律多规定受遗赠人接受遗赠不必作出接受的表示，如意大利、日本均规定受遗赠人在指定期间届满后没有作出意思表示的，视为承认遗赠。[④]

我国《民法典》与原《继承法》之所以如此规定，是因为从立法者的立法目的而言，一方面是体现法律对权利人意志自由的尊重；另一方面是尽快确定继承人和受遗赠人的范围，避免其他继承人、受遗赠人以及遗产债权

[①] 庄加园：《试论遗赠的债物两分效力》，载《法学家》2015年第5期，第138页。
[②] 张一凡：《民法典遗赠效力解释论——以〈民法典〉第230条为中心》，载《西南政法大学学报》2021年第6期，第32页。
[③] 陈甦、谢鸿飞主编：《民法典评注（继承编）》，中国法制出版社2020年版，第42页。
[④] 吴国平：《我国遗赠制度的不足与立法完善》，载《法治研究》2013年第3期，第70页。

人的合法权益因继承法律关系长期处于不确定状态而受到影响。① 因此,该规定与其说是为了严格限制受遗赠人接受遗赠的条件,不如说是为了便于被继承人的遗产能够尽快得到处理、相关各方关系尽快回复至稳定状态。基于此,在司法实践中,对于受遗赠人是否接受遗赠的审查认定,不应设置过高标准;虽然受遗赠人应就接受遗赠承担证明责任,但对举证的形式及内容要求不应过于严苛。

(二) 受遗赠人未丧失受遗赠权

《民法典》第 1125 条规定,受遗赠人存在下列行为的,丧失受遗赠权:(1) 故意杀害被继承人;(2) 为争夺遗产而杀害其他继承人;(3) 遗弃被继承人,或者虐待被继承人情节严重;(4) 伪造、篡改、隐匿或者销毁遗嘱,情节严重;(5) 以欺诈、胁迫手段迫使或者妨碍被继承人设立、变更或者撤回遗嘱,情节严重。

本案中,周某并不存在上述行为,故其未丧失受遗赠的权利。同时,遗赠人去世后,周某也尚在世,其具备自行接受遗赠的前提条件。

(三) 行使时间

关于受遗赠人接受遗赠的行使时间,《民法典》规定受遗赠人应当在知道受遗赠后六十日内作出表示。一般情况下,继承从被继承人死亡时开始,遗赠自然也不例外。此时需区分两种情形:第一,如受遗赠人在遗赠人生前即已知晓受遗赠情况的,则该六十日应从遗赠人死亡时开始计算。第二,如受遗赠人在遗赠人生前并不知晓受遗赠情况的,则其需对自身从何时知道受遗赠进行举证证明,在能查实的情况下,再从其知道之日计算六十日期限。知道受遗赠,应理解为"知道或应当知道",但对于"应当知道"应审慎把握,否则容易侵害受遗赠人的合法权益。② 实践中,存在受遗赠人向中华遗

---

① 陈苇主编:《中华人民共和国继承法评注:遗产的处理》,厦门大学出版社 2019 年版,第 78 页。转引自陈甦、谢鸿飞主编:《民法典评注(继承编)》,中国法制出版社 2020 年版,第 37 页。
② 最高人民法院民法典贯彻实施工作领导小组主编:《中华人民共和国民法典婚姻家庭编继承编理解与适用》,人民法院出版社 2020 年版,第 512 页。

嘱库查询遗嘱时间来认定其"知道受遗赠"时间的情况。①

本案中,周某实际早已知晓王某公证遗嘱的存在,故其接受赠与的期限应从王某去世时开始起算。

(四)行使对象

关于受遗赠人接受遗赠的行使对象,法律规定并未明确。有观点认为,受赠人应向继承人或者利害关系人作出接受遗赠的意思表示,如果向任何人作出表示均可,显然该接受行为将会变得毫无法律意义。还有观点认为,在法律无限制规定的前提下,受遗赠人能够举证证明已向不特定第三人作出接受遗赠的意思表示,即为完成对受遗赠权的处分。②

笔者认为,上述观点均有欠妥当。其一,若仅仅将行使对象局限于继承人或利害关系人,则会大大限制受遗赠人的表示对象,不利于保障其权益。其二,如果发生遗赠人没有法定继承人等情况,会使得受遗赠人没有表示接受赠与的对象。其三,如果将行使对象扩展至不特定第三人,不仅会引发相关法律规定被架空的危险,还会带来受遗赠人随意找人作证说明其已接受遗赠的道德风险。因此,从接受遗赠这一行为本身的性质以及法律规定的立法精神出发,笔者认为受遗赠人表达接受赠与的对象,应为与继承或者遗产存在较为密切关系的人即可,如继承人、继承人的利害关系人、遗产管理人等。之所以如此考量,一方面是尽可能让法律规定不至于空置,而要求受遗赠人表达的对象与继承或者遗产本身存在较为密切的关系;另一方面是考虑到实践情况的复杂性,不过分限定受遗赠人可以表达的对象范围,尊重遗赠人的遗愿,从而保障受遗赠人的合法正当权益。

本案中,周某向邻居表示过其接受赠与的意思,不能成为有效的接受赠与的表达,而与继承及遗产均存在较为密切关联的高某,应属有效的表达对象。

---

① 邹冉:《如何认定接受遗赠的时间与方式》,载《人民法院报》2020年12月10日,第7版。
② 邹冉:《如何认定接受遗赠的时间与方式》,载《人民法院报》2020年12月10日,第7版。

（五）行使方式

关于受遗赠人接受遗赠的行使方式，法律规定亦未作限定。《民法典》第135条、第140条规定，民事法律行为除可以采用书面形式和口头形式，还可以采用其他形式；行为人可以明示作出意思表示，也可以默示作出意思表示。所谓默示方式又称为行为默示，是指行为人虽没有以语言或文字等明示方式作出意思表示，但以行为的方式作出意思表示。[①] 因此，接受遗赠的方式，只要证据较为明确，书面的、口头的表达方式均可。如受遗赠人虽未以书面或口头表示接受，但其特定行为能够表明其接受遗赠，也应予以认定，不能简单以未作出书面表示等即否认其接受遗赠的权利。[②] 司法实践中，通过行为来认定受遗赠人接受遗赠的情况也并非个例。[③]

本案中，周某除有证人表明其曾经向高某提出过接受遗赠的主张外，还通过一定的行为表明其接受了遗赠。例如，周某对于王某2009年作出的公证遗嘱系事前知情，此后周某依然照顾王某十余年直至其去世。王某去世后，周某与王甲、高某之间还就王某相关物品进行交接，但周某并未交出此前由王某保管的系争房屋的房产证。综合上述行为，可从另一侧面说明周某一直有接受遗赠的意思。

（六）法律效果考量

综合上述分析，笔者认为在审查认定受遗赠人接受遗赠的过程中，不应对受遗赠人提出过于苛刻的要求。也许有观点会认为，如果遇到类似以遗嘱

[①] 黄薇主编：《中华人民共和国民法典释义（上）》，法律出版社2020年版，第275页。

[②] 最高人民法院民法典贯彻实施工作领导小组主编：《中华人民共和国民法典婚姻家庭编继承编理解与适用》，人民法院出版社2020年版，第513页。

[③] 比如，在北京，法院根据受遗赠人在遗赠人立遗嘱时在场，当场并无人对遗嘱提出反对；且受遗赠人一家在遗赠人去世前后实际居住在遗嘱涉及的房屋中，故据此认定受遗赠人已经以行为作出了接受遗赠的表示。参见胡瑞：《受人遗赠，切勿置之不理》，载《民主与法制时报》2015年12月24日，第7版。再如，在兰州，公证机关根据受遗赠人在遗赠人死亡后，持有遗赠房屋钥匙和房屋所有权证并实际占有使用该房屋情况，认定受遗赠人在老人去世后明确表示接受遗赠，并据此出具接受遗赠公证书，受遗赠人也顺利办理了房产证。参见尤婷婷：《接受遗赠遇障碍公证确认解难题》，载《甘肃日报》2019年7月12日，第7版。

方式赠与第三者巨额财产等情形，是否也要秉持同样的标准和要求？对此笔者认为，笔者的上述主张主要是从《民法典》第 1124 条的立法目的出发，认为这样的主张有利于尊重遗嘱自由并尽快恢复生活秩序的稳定。若发生遗嘱自由与善良风俗等价值之间的冲突，笔者认为并非受遗赠人接受遗赠环节所应考量的因素。从相关实践案例来看，若遗赠确实有违善良风俗，即便受遗赠人接受遗赠，也可以通过有违善良风俗直接导致遗赠无效等方式加以救济。①

此外，很多情形下遗赠的发生往往是遗赠人受到受遗赠人的长期关心和照顾。如本案中，王某虽自己有子女，但其与周某及周某的家人共同生活长达 28 年，晚年也一直是周某在照顾。正如王某公证遗嘱中所述，将系争房屋遗赠给周某是对其长期以来照顾自己的感谢。在相关证据能证明周某已经作出接受遗赠意思表示的情况下，判决遗产根据遗赠人的遗愿归周某所有，在客观上也取得了较好的社会效果。

【附录】

编写人：潘静波（少年家事庭审判长）

一审裁判文书案号：（2021）沪 0115 民初 9061 号

二审裁判文书案号：（2021）沪 01 民终 15342 号

二审合议庭成员：潘静波（审判长兼主审法官）、俞敏、许洁

---

① 齐恩平、肖玉超：《遗赠中公序良俗原则判断标准之新探》，载《天津法学》2012 年第 1 期，第 20 页。

21

死亡抚恤金的性质及分配方式的认定规则

——田某、王乙等诉王甲共有物分割纠纷案

【案例要旨】

死亡抚恤金是根据国家相关法规政策发放给死者近亲属的财产，具有物质生活补助和精神抚慰的双重性质。死亡抚恤金不属于遗产，而属于死者的配偶、父母、子女共同共有的财产；没有父母、配偶、子女的，则属于死者未满18周岁的兄弟姐妹和已满18周岁但无生活费来源且由死者生前供养的兄弟姐妹所有。分割死亡抚恤金时，应以均等分割为原则，酌情考虑各近亲属与死者之间的共同生活情况、物质依赖关系及情感亲密程度等因素进行分割。

【案情简介】

上诉人：王甲。

被上诉人：田某、王乙、王丙、王丁。

王某与田某系夫妻关系，婚后育有王甲、王乙、王丙、王丁四名子女。王某于2020年4月1日死亡。上海交通大学人力资源处退休人员事务中心于2021年4月9日出具《告知书》，表示王某名下有抚恤金90736元，上述钱款仍保管于上海交通大学。后王甲与田某等人就抚恤金分割产生争议。同年12月，田某、王乙、王丙、王丁诉至法院，要求王某名下的抚恤金90736元归田某所有。

【裁判结论】

一审法院认为，抚恤金是死者生前所在单位发放给遗属的具有经济补偿、精神抚慰性质的钱款。王某名下的抚恤金系其死亡后取得，并非其遗产，亦非王某与田某的夫妻共同财产。根据《民政部关于颁发〈关于贯彻执行《军人抚恤优待条例》若干具体问题的解释〉的通知》（以下简称民政部民〔1989〕优字19号文）规定，一次性抚恤金的发放顺序为：有父母（或抚养人）无配偶的，发给父母（或抚养人）；有配偶无父母（或抚养人）的，发给配偶；既有父母（或抚养人）又有配偶的，各发半数；无父母（或抚养人）的，发给子女。田某作为王某的配偶，享有一次性抚恤金发放的优先顺序，且田某已逾90周岁，劳动能力受限，又在晚年失去了丈夫的陪伴。相较于田某的子女而言，田某更需得到经济上的扶助和精神上的慰藉，该笔抚恤金发放给田某更能体现出抚恤金补偿、抚慰的性质。据此，一审法院判决王某名下的抚恤金归田某所有。

二审法院认为，死亡抚恤金是给予死者近亲属及生前被抚养人的精神抚慰及生活扶助，兼具精神抚慰和物质补助的性质。抚恤金的具体分割一般按照均等分割原则处理，同时也应当酌情考虑各近亲属的客观情况。王乙、王丙、王丁在一审审理中均同意各自应得份额归田某所有，但王甲并未同意其可得份额归田某所有，故一审法院将抚恤金均判归田某所有，缺乏法律依据。当然，在本案中，田某系王某的妻子，其年老且劳动能力受限，所以在一定程度上应当得到照顾，对于田某、王甲各自所得金额，二审法院酌情判定抚恤金的7/8份额归田某所有，1/8份额归王甲所有（配偶分得抚恤金的1/2份额，四名子女各分得1/8份额，其中王乙、王丙、王丁均同意应得份额归田某所有）。

【评析意见】

本案的争议焦点为死亡抚恤金的分割主体范围以及分割方式。目前，我国法院关于死亡抚恤金的分割存在适法分歧，不同案件对于分割主体范围的认定、分割原则的适用及法律依据的适用有所不同。随着我国法治建设进程的有序推进、普法宣传的大力开展，民众的法治意识也逐渐得到提升，而立法方面的不足使得因死亡抚恤金引发的纠纷源源不断。为推动准确解决该类争议，首先应当厘清死亡抚恤金的性质，其次要明确参与抚恤金分割的主体，最后作出合理分割。

一、死亡抚恤金不作为遗产继承，而由死者近亲属共同共有

关于死亡抚恤金的法律规范分布较为广泛，《公务员法》《社会保险法》《工商保险条例》《军人抚恤优待条例》等均有相关规定，且随着社会保险制度的完善，死亡抚恤金涉及的主体、范围愈加广泛。广义的抚恤金包含的种类较多，包含一次性抚恤金、定期抚恤金等。本案中，王某所享有的死亡抚恤金，即属于王某生前所属单位上海交通大学根据国家规定因王某死亡发放的一次性抚恤金，发放的目的是对死者遗属的精神抚慰和物质性帮助。因此，死亡抚恤金的产生基于公民死亡，并非死亡之前即享有该抚恤金，所以抚恤金并非死者的遗产，而是属于死者遗属共同共有的财产。

司法实践中，对于死亡抚恤金的性质认定逐渐趋向一致，即认为死亡抚恤金不属于死者的遗产，因此不作为遗产进行继承。然而，对于死亡抚恤金的分割，在司法实践中仍存在较大分歧。

二、分割主体范围应以《民法典》界定的近亲属为限，不能随意扩大

死亡抚恤金基于特定身份、特定事由产生，公民死亡后，抚恤金成为死者遗属的共同共有财产，而对于"遗属"的界定，理论界与实务界均存在不同观点。

在《公务员法》《社会保险法》中，并未明确死亡抚恤金的分割主体，仅以"家属""亲属""遗属"对分割主体进行概括规定。[①] 对于近亲属的范围，《民法典》作出相应界定，包含父母、配偶、子女、兄弟姐妹、祖父母、外祖父母、孙子女、外孙子女。《军人抚恤优待条例》第15条则对分割主体范围作出了明确的规定："一次性抚恤金发给烈士、因公牺牲军人、病故军人的父母（抚养人）、配偶、子女；没有父母（抚养人）、配偶、子女的，发给未满18周岁的兄弟姐妹和已满18周岁但无生活费来源且由该军人

[①] 郑晓妍：《死亡抚恤金的分配研究》，郑州大学2021年硕士学位论文，第33页。

生前供养的兄弟姐妹。"可以看出,《军人抚恤优待条例》中享有抚恤金发放优先顺序的近亲属范围与法定继承中的第一顺位继承人范围基本一致。因此,在目前的司法实践中,大部分案件是依据《民法典》中法定继承人的相关规定确定死亡抚恤金的分割主体,即主要分割范围为第一顺位继承人,无第一顺位继承人时则在第二顺位继承人中予以分割。然而司法实践中也有其他做法,有法院认为死亡抚恤金是对死者近亲属的精神抚慰和物质补偿,兼具精神和物质两种性质,因此应当尽可能多地包含多数亲属,尽量起到抚恤金的救济和优抚功能。例如,有些法院不仅参照法定继承人范围确定抚恤金分割范围主体,还认为在抚恤金的分割中,第二顺位继承人可以通过"代位分配"和"转分配"成为适格分割主体。

司法实践中存在诸多不同做法,究其根本原因系死亡抚恤金的分割缺少统一的法律依据。各地法官根据自由裁量权,对于法律的参照程度不一,导致了同案不同判。

我们认为,在死亡抚恤金适格分配主体的认定中,应当以近亲属为限,不应扩大"遗属"的范围,否则不仅不符合抚恤金的发放目的,还会增加处理抚恤金分割纠纷的难度。司法实践中,为解决该类纠纷,部分判决参照《军人抚恤优待条例》。根据该条例,一次性抚恤金发放给死者的父母(抚养人)、配偶、子女;无父母(抚养人)、配偶、子女的,则发给未满18周岁的兄弟姐妹和已满18周岁但无生活费来源且由该军人生前供养的兄弟姐妹。我们认为,以此为分割依据符合抚恤金物质补助和精神抚慰的双重性质。在抚恤金的分割中,应当严格以近亲属为限,不得随意参照法定继承适用"代位分配"和"转分配",扩大分配主体范围。

需要说明的是,在检索到的现有案例中,尚无死者父母以外的人作为抚养人的情况出现,因此本案例中仅将父母、配偶、子女纳入抚恤金优先发放顺序范围。如有父母以外的人作为抚养人的情形,再作相应处理。

三、死亡抚恤金的分割以均等分割为原则,酌情考虑具体情况

司法实践中,死亡抚恤金分割纠纷主要发生在死者的配偶、父母、子女之间,该类纠纷实质是共同共有财产分割纠纷。本案中,王某的死亡抚恤金

由其配偶和子女共同共有,而如何进行分割,在司法实践中亦有不同观点。

第一种观点认为,以均分为原则,适当考虑各主体客观情况。即在父母、配偶和子女之间均分,同时考虑与死者生前共同生活、依靠死者生前供养、对死者生前尽义务较多等因素予以多分。

第二种观点认为,直接根据共同生活及供养情况进行分配。该类观点认为,抚恤金的分割主要考虑共同生活情况和供养关系,同时对其他近亲属进行适当分配予以精神抚慰。该观点的考量主要是抚恤金的性质不同于遗产,不应参照遗产分割的法定继承方式,而应考虑抚恤金的物质补助和精神抚慰性质,充分保障与死者共同生活和供养关系密切的主体的权益。

我们认为,第一种观点较为妥当,即确认适格主体共同共有后,以均分为原则,同时考虑与死者生活紧密、物质或精神依赖程度较高以及对死者生前尽义务较多等因素,酌情予以多分。

本案中,一审法院认为,根据民政部民〔1989〕优字19号文规定的一次性抚恤金的发放顺序,在王某父母先于其去世的情况下,田某作为王某的配偶,享有一次性抚恤金的优先发放顺序。然而,一审判决适用的民政部民〔1989〕优字19号文已经失效,不能作为判决依据,因此一审法院判决王某的抚恤金由田某所有并无法律依据。

在法律规定不明的现状下,《军人抚恤优待条例》对我国抚恤金分割作出相对明确的规定,成为司法实践中的重要参照。参照《军人抚恤优待条例》的规定,王某的配偶及四名子女均为适格主体,共同共有该笔抚恤金。在分割时,应当以均等分割为原则,同时考虑各共有主体的客观情况。二审中,四名被上诉人提出上诉人王甲不照顾王某,与父母关系较差,未尽赡养义务,不应分得抚恤金,但未提出证据加以证明。考虑到田某作为王某的配偶,二人共同生活时间较长、物质和情感依赖关系较为密切,加之田某现已年老,没有劳动能力,遂在本案中予以多分。王乙、王丙、王丁在审理中表示将各自应得份额赠与母亲,于法不悖。然而,王甲是死者之子,在父亲去世后,精神上也需得到抚慰,所以应当作为适格分配主体参与抚恤金的分配。

【附录】

编写人：黄蓓（少年家事庭审判长）、程云欣（少年家事庭法官助理）
一审裁判文书案号：（2021）沪 0104 民初 33498 号
二审裁判文书案号：（2022）沪 01 民终 11879 号
二审独任审判员：黄蓓

（三）合同、准合同纠纷

22

涉犯罪连环房屋买卖中原权利人的救济路径

——邢某英等与孙某军等确认合同无效纠纷案

【案例要旨】

"刑民交叉"案件中，若案件事实不同，刑事案件被害人不因该案被告人退赔赃款而丧失相关民事权益的主张权利。具体到连环房屋买卖中，若第一手买卖合同涉及刑事犯罪且被认定无效的，原权利人可选择以第二手买卖合同无效或者第二手买卖合同出卖人系无权处分为由，主张返还房屋。相关刑事裁判不直接影响民事合同效力的认定，法院应遵循民事法律规范对合同的效力加以认定。民事诉讼程序里对无权处分中涉及善意取得的认定，需与刑事追赃相协调。

【案情简介】

上诉人（原审原告）：邢某英、章某英、王某君（以下简称邢某英等三人)。

被上诉人（原审被告）：孙某军、曹某清、曹某云。

涉案房屋原登记在王Y名下。2009年7月，王Y欲以该房屋作为抵押，向案外人贺某借款。贺某在未实际出借钱款的情况下，诱导王Y夫妇签订了借款抵押合同等，并骗使其签订委托案外人乐某出售房屋的材料，还获取了房产证等证件。2009年9月15日，贺某指使乐某以王Y代理人的身份与孙某军签订《房地产买卖合同》，约定王Y以57万元的价格将房屋出售给孙某军。贺某通过操作，将产权变更登记至孙某军名下，并将房屋出售相关40万元银行贷款占为己有。

2011年至2015年，王某珍因恶性肿瘤住院治疗。2014年4月，丈夫曹某清将名下房产出售。当月，孙某军办理公证委托手续，委托案外人郑某办理房屋出售等事宜。5月，孙某军通过郑某与王某珍签订草签合同，约定将涉案房屋以100万元的价格出售，并约定付款方式及交房时间。当天，王某珍之子曹某云支付定金3万元。同年5月16日，孙某军与王某珍签订网签合同，内容与草签合同基本相同，中介公司加盖公章。后王某珍、曹某云先后向孙某军及其指定收款人支付共90余万元，郑某代为出具收据。同年6月，涉案房屋登记至王某珍名下，后变更登记为夫妻共同共有。后王某珍离世。

2016年3月，王Y的继承人邢某英等三人就涉案房屋提起房屋买卖合同纠纷诉讼。审理期间，涉案房屋经委托估价，在2009年9月15日市场价值75万元（取整），在2014年5月16日市场价值为146万元（取整）。

2018年6月，检察院以贺某犯诈骗罪向法院提起公诉。法院认定贺某的行为造成被害人王Y经济损失60余万元，审理期间贺某家属代为退赔全部赃款。后贺某被判决犯诈骗罪并判处有期徒刑等。2019年5月，检察院对孙某军作出不起诉决定。

2020年1月，邢某英等三人就涉案房屋提起房屋买卖合同纠纷诉讼，该案判决确认王Y与孙某军就案涉房屋签订的买卖合同无效。

2020年7月，邢某英等三人将孙某军、曹某清和曹某云诉至法院（本案），请求确认孙某军与王某珍签订的《房地产买卖合同》无效；曹某清和曹某云将涉案房屋返还给邢某英等三人,并办理房屋产权变更登记手续;孙某军、曹某清、曹某云承担产权恢复登记的税费。

【裁判结论】

一审法院认为,相关刑事判决认定被害人王Y的经济损失为60余万元,已由被告人贺某家属代为退赔至法院账户,故王Y可获得的救济形式为货币,而非案涉房屋的产权。邢某英等三人作为王Y的继承人,承继了王Y对该笔款项的请求权,可向法院申领该笔款项。现其以其损失并非钱款为由向法院主张案涉房屋产权,并无法律依据,故判决驳回邢某英等三人的全部诉讼请求。

邢某英等三人不服,提起上诉,认为孙某军与王某珍恶意串通签订的《房屋买卖合同》无效,相关刑事案件中认定的金额为犯罪金额而非对王Y损失进行赔偿的金额,王Y的继承人不因此失去主张返还涉案房屋的权利,要求改判支持其一审诉讼请求。

二审法院认为,从现有证据来看,王某珍系通过中介的居间介绍,并基于对不动产权属登记的信任,与持有公证委托授权书的郑某签订了系争房屋买卖合同,并支付了对价。结合王某珍生前的病情、曹某清已出售原有房屋、涉案房屋所处地理位置等事实,王某珍购房过程并未有明显瑕疵,房屋对价亦在合理范围之内。虽然王某珍在签订合同前未实地查看,但仅以此为由主张其具有损害邢某英等三人权益之恶意,依据不足。据此,二审法院更正了一审法院的判决理由,判决驳回上诉,维持原判。

【评析意见】

"刑民交叉"案件中,当刑事案件、民事案件涉及"同一事实",即行为主体、行为客体或对象、行为表现三者均相同的情况下,通常应当纳入刑事诉讼程序一并处理。当刑事案件、民事案件的事实出现竞合、牵连等情况时,如何妥处,在实践中尚存争议。本文主要就"刑民交叉"案件中被害人是否因获退赔而失去相应民事权益的主张权利、刑事裁判能否作为认定合同效力的直接依据、刑事裁判对于退赔的处理如何影响合同无效的处理后果等问题进行研究和探讨。

一、不同事实的"刑民交叉"案件被害人不因获得退赔而失去民事权益的主张权利

一般而言,先要根据案件的具体情况区分"刑民交叉"案件的类型,才能对症下药。从因果关系的角度切入,"刑民交叉"案件一般可以分为三类。一是"一因多果"类,即由一个行为造成两种以上的损害结果,可以提起刑事附带民事诉讼或分别提起刑事和民事诉讼进行救济,因此类案件多为侵犯人身行为引发财物损失,故民事诉讼具有衍生性和附带性。二是"多因一果"类,即多个行为或事由共同造成一个损害结果,行为人之间无共犯关系,因此类案件多为侵财犯罪,刑事犯罪为主因,故民事案件具有补充性或依附性。三是"因犯罪而继发民事诉讼",即犯罪行为或其后续处置行为直接引发民事纠纷,有明确的时间先后,因此类案件民事责任相对独立,与犯罪构成事实关联度鲜少,故一般按独立的案件分别处理即可。总体而言,因"刑民交叉"案件中的法律关系在民事和刑事上相互交叉或牵连、相互影响,故应考虑刑事、民事案件的整体性,对当事人受损权益进行充分保护的基础上避免重复救济,同时还要兼顾诉讼程序的协调推进。①

本案属于"因犯罪而继发民事诉讼",刑事案件事实对本案影响有限。一审法院直接以刑事案件被害人可获得的救济形式为被告人家属代为退赔至法院账户的货币,原告作为其继承人没有权利再主张房屋的所有权为由,判决驳回原告主张合同无效、返还房屋的诉讼请求,显然缺乏依据。在需要刑事诉讼、民事诉讼分别救济的情况下,被害人在刑事案件中获得退赔应当作为当事人受损权益是否已经获得充分合理救济的参考,进而作为民事赔偿金额、范围的考虑因素,而不是作为其民事权利丧失的依据。

当事人起诉确认合同无效及无效后果的处理,应按照民事法律中关于合同效力的认定规则进行实体审理。如果当事人从无权处分的角度起诉,则应

---

① 黄祥青:《刑民交叉案件的范围、类型及处理原则》,载《法律适用》2020年第1期,第59-65页。

当判断最终买受人是否构成"善意取得"。无论当事人寻求哪条路径进行救济,均不因刑事案件已经获得退赔阻却其民事救济途径,其中不存在必然的因果关系。需要注意的是,既然刑事案件已经判决罪犯进行退赔,则已经认定房屋不属于追赃范围。当事人如提出民事赔偿的诉讼请求需考虑已获退赔的金额,当事人如对退赔这一处理方式有异议,希望追赃应属刑事案件的处理范围。

二、"刑民交叉"案件中买卖合同效力的认定规则

"刑民交叉"案件主要因两案法律事实具有竞合、牵连等关系,使得两案出现刑民法律规范的适用问题。虽然先裁判的刑事案件对相关民事案件中合同效力的认定存在影响,但民事合同效力的认定不应以刑事规范作为依据。

民事审判中,先前的主流观点系"当然无效论"。但该观点"直接认定涉犯罪的合同当然无效"不仅缺乏法律依据,同时也不利于保护被害人的合法权益。目前在"刑民交叉"案件中合同效力不再以涉及犯罪直接作为无效的判断依据。

(一) 从合同无效法条的变迁看涉犯罪合同当然无效的观点

《合同法》第 52 条规定了认定合同无效的五项事由。《民法总则》将第 1 项"一方以欺诈、胁迫的手段订立合同,损害国家利益"修改为可撤销事由,不再作为认定合同无效的依据;将第 2 项"恶意串通,损害国家、集体或者第三人利益"保留,后经完善演变为《民法典》第 154 条;将第 3 项"以合法形式掩盖非法目的"删除;将第 4 项"损害社会公共利益",吸收入"公序良俗";将第 5 项"违反法律、行政法规的强制性规定"进行修改完善。第 4 项、第 5 两项经吸收、修改、完善后合成一条,即《民法总则》第 153 条,后被《民法典》第 153 条予以继承吸收。《民法典》第 146 条规定,行为人与相对人以虚假的意思表示实施的民事法律行为无效。以虚假的意思表示隐藏的民事法律行为的效力,依照有关法律规定处理。由上可见,导致合同无效的法定情形在不断精练、简化。

合同无效条款的变迁和完善,一方面反映了民事法律对于合同稳定性、市场有序运作的维护;另一方面将"以合法形式掩盖非法目的"删除,应当认为是要避免"非法目的"这一表述引发的争议,进而纠正实践中大量适用这一理由而认定涉犯罪合同当然无效的倾向。

(二) 刑事案件裁判结果对相关民事合同效力的影响

"刑民交叉"案件中涉犯罪合同的形式多样,案件所涉法律关系相互纠缠,现有多种对刑民交叉案件进行分类的观点。有观点认为,应根据法律事实的数量及民事法律事实与刑事法律事实的牵连关系将此类案件区分为"同位并列型"及"包容重合型"两大类,便于对合同效力进行认定。[1] 也有观点认为,应以法律事实为基础,将"刑民交叉"案件分为"法律事实竞合"和"法律事实牵连"两大类[2],再进行审理。还有观点系根据法律事实的本质、法律事实侵犯的法律关系等对刑民交叉案件进行分类,以达到方便后续审理的目的。

笔者认为,将刑民交叉案件类型化均是提供审理路径和思路,不同的分类方式均不影响合同效力审查的依据,法院仍应严格依照民法规范解决合同效力问题。即使刑事判决中确定性的事实会对在后的民事诉讼产生拘束力[3],或者同一法律事实在刑法上构成犯罪,在民法上也会受到否定性评价,都仅仅是对法律事实的认定,最终关于合同无效的认定仍应符合民法规范中关于合同无效情形的规定。

本案中,王Y的继承人邢某英等三人根据《合同法》第52条之规定起诉,以合同双方恶意串通为由请求法院确认合同无效,因此应当提供证据证明涉案合同系孙某军与王某珍恶意串通签订的。然而,王Y的继承人邢某英等三人以本案事实涉犯罪、王某珍与曹某清假离婚、买房而未看房、与持有

---

[1] 杭程:《刑民交叉案件中合同效力的类型化研究》,载《克拉玛依学刊》2021年第1期,第65-71页。

[2] 于改之:《刑民交错案件的类型判断与程序创新》,载《政法论坛》2016年第3期,第142-153页。

[3] 邢会丽:《刑民交叉案件中刑事判决的效力问题研究》,载《河北法学》2019年第6期,第190-200页。

公证委托书的郑某签订房屋买卖合同等为由，主张双方签订合同的行为具有恶意，显然缺乏依据，故二审法院不予支持。

笔者认为，如果合同无效的主张成立，则当事人有两种救济方式进行选择：一是选择根据实际损失、已获退赔部分，提出民事赔偿的诉讼请求，法院审理时应考虑充分合理救济原则。二是选择要求返还原物或不动产，此种路径则需与刑事案件的执行相协调，原则上当事人具有返还原物或不动产的请求权基础，但实践中能否通过放弃刑事案件中的退赔来避免重复救济有待商榷。

三、"刑民交叉"买卖合同案件"无权处分"的审理路径

在连环买卖的案件中，若第一手买卖合同因涉犯罪而被认定无效，原权利人可以选择以"第二手买卖合同中卖方系无权处分"为由以救济自身权利。如选择以此路径寻求救济，可能出现以下问题：当事人能否以第二手买受人非"善意取得"为由，主张返还原物？

在刑事案件不进行追赃的情况下，刑事裁判实际已经认定了买受人善意取得足以阻却刑事追赃，是对"善意取得"进行了比民事法律更为严苛的判断，则不宜再从民事法律角度对买受人是否善意重新作出认定，否则可能造成刑、民案件判决出现矛盾。为了进一步明确适用善意取得制度阻却刑事追赃的情形，有观点认为，规范性文件规定的"善意取得"情形，应当进行严格界定。只有确实经过公开、透明的市场交易程序完成的买卖行为，才能认定为"除外情形"，可以阻却刑事追赃，以保证市场交易秩序的安全性和稳定性。[①] 笔者认为该观点收紧了"善意取得"阻却刑事追赃的标准，明确了该类案件中刑、民分工，可以作为解决"对善意取得的认定标准不同致被害人获赔受阻"的参考，也能协调刑事追赃与民事善意取得之间的关系。

然而，实践中仍然存在不符合上述条件，在刑事案件中也未予追赃的情况，此时如限制当事人从买受人"非善意"角度主张返还原物，则切断了当事人取回原物的可能性。因此，笔者认为，在实践中尚无法彻底收紧"善

---

① 黄祥青：《刑民交叉案件的范围、类型及处理原则》，载《法律适用》2020年第1期，第59-65页。

意取得阻却刑事追赃的标准"的情况下,仍应根据《民法典》物权编中善意取得的相关规定,从民事法律的角度判断买受人是否构成善意取得。

本案中,上诉人如能证明房屋买卖合同无效,或可通过选择放弃刑事退赔主张返还房屋作为合同无效后的处理方式。如从无权处分的路径着手,则买受人应证明其符合善意取得的相关规定,如买受人依据善意取得的相关规定获得房屋所有权,则上诉人可以向无处分权人请求损害赔偿。

综上,对于此类案件的审理,可以先从判断刑民交叉的类型入手,根据"一因多果""多因一果""因犯罪而继发民事诉讼"的不同案件特征选择程序路径。关于实体审理,当事人可选择"合同效力"或"无权处分"两种途径进行救济:如选择"合同效力"路径,需注意以民事法律规范作为确定合同效力的依据,不可陷入"当然无效论"的境地。同时,在处理合同无效后果时应协调刑事、民事救济,确保当事人获得充分但不重复的救济。如选择"无权处分"的途径,需注意善意取得的民事判断标准和刑事退赔之间可能出现的矛盾。在"善意取得"阻却刑事追赃的标准尚未收紧的情况下,仍应从民事法律角度判断买受人是否构成善意取得。

【附录】

编写人:杨斯空(民事庭审判长)、张冰玢(民事庭法官助理)

一审裁判文书案号:(2020)沪 0115 民初 42474 号

二审裁判文书案号:(2021)沪 01 民终 202 号

二审合议庭成员:杨斯空(审判长兼主审法官)、郑卫青、毛慧芬

23

债权人代位权诉讼的立案审查标准
——B 公司与 J 公司债权人代位权纠纷案

【案例要旨】

债权人代位权诉讼的起诉并不以债权人对债务人的债权已经生效法律文书予以确定为前提条件。就债权人代位权纠纷案件，债权人起诉时提供的证据能够初步证明其对债务人享有合法到期债权，债务人对次债务人亦享有合法到期债权，存在债务人怠于行使其债权损害债权人权益可能性的，人民法院应当予以受理。

【案情简介】

上诉人（原审原告）：B 公司。

被上诉人（原审被告）：J 公司。

2013 年 J 公司与 Q 公司就"某公馆"门窗项目指定 B 公司分包。合同签订后，B 公司称其按约履行了合同义务，工程已于 2015 年 10 月 15 日完成竣工备案，后直至 2021 年 1 月 5 日，J 公司、Q 公司才完成工程款的结算。B 公司为主张三方确认的到期债权，于 2021 年 11 月 2 日，分别向 J 公司、Q 公司发送《催告函》，要求 J 公司履行付款义务，要求 Q 公司向 J 公司提起诉讼或者仲裁，主张到期债权。但 J 公司未履行支付工程款义务，Q 公司亦未对其提起诉讼或者仲裁。B 公司认为其对 Q 公司的债权合法有据，由于 Q 公司怠于行使其对 J 公司的到期债权，已经损害了 B 公司债权的实现。因此，B 公司提起债权人代位权诉讼，请求法院判令 J 公司向 B 公司履行代为清偿义务，支付涉案工程款及逾期利息。

【裁判结论】

一审法院认为，债权人的代位权之诉系指因债务人怠于行使其债权，影响债权人的到期债权实现的，债权人可以向人民法院请求以自己的名义代位行使债务人对相对人的权利，其实质为突破合同的相对性，产生债的保全的法律后果，故提起代位权之诉须有保全债权的必要，即以债务人的财产不能或不足以清偿债务为前提，只有当债务人对次债务人的消极行为与债权人到期债权不能实现具有因果关系时，才符合债权人代位权行使的要件。而本案中，B公司与Q公司因履行《建设工程专业分包施工合同》所产生的争议在未经诉讼裁判且无法履行的情况下，不能认定B公司与Q公司间存在B公司所主张的到期的债权债务关系，更无法确认债务人怠于行使其债权影响了债权人到期债权的实现，故B公司的起诉不符合提起代位权之诉的要件。据此，一审法院裁定驳回B公司的起诉。

二审法院认为，债权人对债务人须存在合法有效的到期债权，这是代位权行使的首要条件。在债权人代位权诉讼中，法院应先对债权人与债务人的债权债务关系进行审理认定，即确认债权本身合法，已届履行期限且数额确定。提起代位权诉讼的债权若已经生效法律文书确认，自属合法，法院在代位权诉讼中只需作形式审查即可；若此等债权尚未经生效法律文书确认，则法院在审理代位权是否成立时首先应对其合法性作出判断。据此，债权须经生效法律文书确认并非债权人提起代位权诉讼的前提要件。而本案中，B公司已向法院提供经B公司、Q公司及J公司三方确认的建设工程竣工结算价确认单等初步证据，予以证明涉案债权合法有效到期且数额确定。一审法院仅因B公司与Q公司之间的债权未经诉讼裁判即直接认定无法确认B公司与Q公司存在B公司所主张的债权，有所不当。此外，一审裁定亦认为B公司与Q公司的争议在未经诉讼且无法履行的情况下，难以确认债务人怠于行使其债权影响了债权人到期债权的实现，故B公司亦不符合提起债权人代位权之诉的该项要件。司法实践中，所谓债务人怠于行使其到期债权，影响债权人的到期债权实现，是指债务人既不履行其对债权人的到期债务，又不以诉讼方式或者仲裁方式向次债务人主张其享有的具有金钱给付内容的到期债权,致使债权人的到期债权未能实现。本案中,B 公司已提供初步证据证明 Q 公司存在上述情形,因此,B 公司的起诉亦符合提起代位权之诉的该项要件。因此,一审法院对代位权诉讼起诉要件的把握过于严格,不利于依法保护当事人的诉讼权利,应予纠正。据此,二审法院裁定撤销一审裁定,指令一审法院审理本案。

【评析意见】

一、债权人代位权案件的审理要件辨析

债权人代位权,是指当债务人怠于行使其对相对人享有的权利而影响债权人到期债权的实现时,债权人为保全和实现自身的债权,以自己的名义向人民法院请求相对人将其对债务人的义务向债权人履行的权利。根据《民法典》第 535 条的规定,代位权成立须具备如下要件:一是债权人对债务人存在合法有效到期的债权;二是债务人对次债务人存在合法有效的到期债权;三是债务人怠于行使其到期债权及与债权有关的从权利影响债权人利益的实现;四是代位标的为非专属于债务人自身的权利。

人民法院对一起案件的审理,涉及诉讼要件与实体要件两个方面:诉讼要件是指为了实现诉讼目的所必须具备的某些前提条件或事项。① 法院就诉讼请求的正确与否进行审理、裁判,其前提是系属在程序法上必须具备诉讼要件并且适法。② 诉讼要件与实体要件的区别在于,诉讼要件是判断这一诉讼是否适法系属的要件,而实体要件是原告诉讼请求实体合法的要件。具备诉讼要件时,诉讼会进入审理阶段,而不具备诉讼要件的案件则会被驳回起诉。《民法典》属实体法,上述法条中所列举的要件也是从债权人代位权诉讼的实体裁判标准来表述的,故这一条款基本上属于实体要件的范畴,而非债权人代位权案件所应具备的诉讼要件的要求。如必须满足上述条件法院才

---

① 杜闻:《立案登记制度下民事诉讼起诉条件的重构》,载《内蒙古农业大学学报(社会科学版)》2015 年第 6 期,第 52 页。
② 柯阳友:《起诉权保障与起诉和受理制度的完善》,载《民事程序法研究》2012 年第 9 期,第 90 页。

能受理此类案件，无疑是人为提高了诉讼门槛，损害了当事人的诉权。

最高人民法院（2015）民提字第186号民事裁定就债权人代位权诉讼要件的理解，亦提出了类似观点。最高人民法院在该裁定书中认为，在审查当事人提起的债权人代位权诉讼是否符合立案受理条件时，应在审查该当事人的起诉是否符合《民事诉讼法》规定的起诉条件的同时，结合司法解释规定的提起代位权诉讼的条件一并予以审查。从《最高人民法院关于适用〈中华人民共和国合同法〉若干问题的解释（一）》（以下简称《合同法司法解释（一）》）第11条[①]的规定来看，其一方面阐释了提起代位权诉讼的条件；另一方面亦作为审理此类案件中判断债权人代位权主张能否成立的实体标准。因此，在理解该条文时，应适度区分审查立案及实体判断的不同尺度，避免以审代立或者以立代审。

本案中，一审法院认为提起债权人代位权之诉须有保全债权的必要，因此在案件受理阶段即需审查债权人对债务人是否有明确到期的债权，债务人怠于行使其债权是否影响了到期债权实现。因难以认定债权人的起诉符合债权人代位权诉讼的上述条件，故一审法院认定本案不符合提起代位权诉讼的条件。笔者认为，一审法院将《民事诉讼法》规定的起诉条件之一"有具体的诉讼请求和事实、理由"理解为了"有充分的正确的诉讼请求和事实、理由"。在未予开展诉辩交锋以及审理的情况下，一审法院即认定B公司缺乏证据证明债权明确到期以及债务人怠于行使债权，并据此驳回起诉，混淆了诉讼要件与实体要件的区别，不利于对当事人诉讼权利的保护。

二、债权人代位权诉讼立案审查的具体标准

作为《民法典》规定的合同保全的一项制度，在没有特别规定的情况下，人民法院对于债权人代位权诉讼的立案审查标准，仍应根据《民事诉讼法》的相关规定来确定。根据《民事诉讼法》的规定，起诉的条件包括原告适格、被告明确、提出具体诉讼请求和相关事实理由、纠纷属于法院主管范围以及受诉法院享有管辖权；根据《民事诉讼法》第127条，《最高人民

[①] 该司法解释已被废止，但本条内容已被《民法典》吸收。

法院关于适用〈中华人民共和国民事诉讼法〉的解释》(以下简称《民事诉讼法司法解释》)第216条、第247条等规定,民事案件起诉的消极条件主要涉及无无效仲裁协议妨诉、不属于重复诉讼、不属于一定期限内不得起诉的情况、不存在其他前置纠纷解决程序等。

债权人代位权诉讼中包括两个法律关系,即债权人与债务人之间的债权债务关系和债务人与次债务人之间的债权债务关系。不论是认定代位权成立与否,还是认定代位权的具体数额,都离不开这两个关系的确定。法院审理代位权诉讼案件应在查清这两个法律关系全部事实的基础上再对债权债务的数额予以确认。首先,对于债权人债权的审查,需要明确的是债权人代位权案件的受理并不以债权人对债务人的债权已经生效法律文书予以确定为前提条件。提起代位权诉讼的债权如果已经判决书、裁定书、决定书、支付令、调解书、仲裁裁决、执行证书等生效法律文书确认,自属合法,在代位权诉讼中只需作形式审查;若当事人质疑债权合法性,应另行通过相关法律程序寻求救济。若债权人主张代位权的债权未经生效法律文书确认,则法院在认定代位权是否成立时首先要对债权的合法性、确定性以及是否已届履行期作出判断。其次,代位权诉讼最终要判决次债务人等向债权人履行债务人的债务,既要对债权人对债务人的债权进行认定,亦要就债务人对次债务人的债权作出判定,对两个债权的审查在区分已决和未决、债权发生原因、履行届期、债权确定性等方面的审查标准基本一致。因此,代位权诉讼中的两个法律关系,即债权人与债务人之间的债权债务关系和债务人与次债务人之间的债权债务关系均应当纳入代位权诉讼案件的实体审理范围之内,而非债权人能否提起代位权诉讼的先决条件。

此外,《民法典》第535条将原《合同法》第73条"对债权人造成损害"的表述,修改为"影响债权人的到期债权实现",有观点认为,将"损害"修订为"影响",系因实践中有的对"损害"理解过于机械,把握标准过于严苛,而"影响"较"损害"在概念外延上更为广泛、内涵上更为丰富,体现了加大对债权保护力度的立法本意。故,笔者认为,对于"债务人的怠于行使权利影响债权人债权的实现"这一要件,立案时亦应仅进行形式意义上的审查,即存在对债权人(代位权人)造成损害的可能性的,人民法院就应当予以受理。对于该损害是否现实地发生，应待实体审理中查明。经过审理，债权人的代位权请求不能成立的，判决驳回其诉讼请求。

本案中，B公司已向法院提供B公司、Q公司及J公司三方确认的建设工程竣工结算价确认单和催告函、催款函等初步证据，予以证明涉案债权债务的确定性以及Q公司存在怠于行使权利影响B公司债权的实现的可能性。因此，B公司提起债权人代位权之诉，符合《民法典》第535条之规定，法院应当受理，并在审理过程中对B公司的债权人代位权是否成立依法作出裁判。

综上，在审查是否受理债权人代位权诉讼时，如果债权人提供的证据能够证明其对债务人享有合法到期债权，能够初步证明债务人对次债务人亦享有合法到期债权，债务人怠于行使其债权并存在对债权人造成损害的可能性的，人民法院就应当予以受理。代位权能否成立，应待实体审理中查明，并根据事实作出裁判。

【附录】

编写人：蒋静（立案庭法官助理）
一审裁判文书案号：（2021）沪0115民初106623号
二审裁判文书案号：（2022）沪01民终2209号
二审合议庭成员：乔林（审判长）、赵鹃（主审法官）、侯晓燕

24

动产流动质押中质物交付的判断及责任认定

——A公司与B公司等买卖合同纠纷案

【案例要旨】

在动产流动质押中，对出质人交付质物的判断，不仅要求质物由监管人

接收，且要求质物持续处于监管人的实际控制之下，以确保存货流动性的同时，满足质权的担保功能要求。此外，质权未设立并不影响对质权人合同利益的救济，质权人可基于合同约定要求出质人承担违约责任，也可要求未履行监管职责的监管人承担责任。

【案情简介】

原告：A 公司。

被告：B 公司、C 公司。

第三人：D 公司。

A 公司向 B 公司销售铜线坯，双方签订《铜材产品销售合同》。B 公司和 C 公司共同作为出质人、A 公司作为质权人、D 公司作为监管人，签订《货物质押及监管协议》，约定出质人将其所有的货物质押给质权人，并将质押财产交由监管人存储监管。A 公司作为见证方，C 公司与 D 公司签订《仓库租赁合同》，约定 C 公司将其仓库及配套设施出租给 D 公司使用存储上述货物。后 A 公司起诉 B 公司、C 公司，要求 B 公司根据合同约定支付货款、利息及违约金；如未履行付款义务，A 公司有权对两公司出质的货物折价或拍卖、变卖的价款在最高债权额范围内优先受偿。审理中，各方确认仓库中质押货物已远低于《货物质押及监管协议》约定的最低监管数量。

【裁判结论】

一审法院认为，尽管本案中三方监管协议约定 D 公司受 A 公司的委托监管质物，但从《仓库租赁合同》的约定来看，质押物仍存放在 C 公司仓库内，仍由 C 公司负责场地和仓库货物的日常保管、进出库，而仓储物的灭失、损毁亦由 C 公司自行承担责任。从实际监管情况来看，D 公司并未取得对仓库货物的有效管控，质物出库时也未取得监管人同意，故 D 公司并未实际履行监管职责。此外，系争货物已远不足约定的最低折算总重量。因此，本案质押物并未实际交付，质权未有效设立。一审法院判决 B 公司向 A 公司支付货款、利息及违约金，驳回 A 公司实现动产质权的请求。A 公司不服一审判决中有关质权未有效设立的认定，遂提起上诉。

二审法院认为，从合同约定来看，相关合同不仅未明确约定排除出质人随意占有支配质押财产的具体内容，反而为出质人占有支配质押财产提供了充分的合同依据。从质押监管的实际履行情况看，监管人对案涉货物没有形成质权设立所需要达到的管领控制力，且系争质物已被 C 公司销售。综上，二审法院判决：驳回上诉，维持原判。

【评析意见】

本案的争议焦点在于：系争流动质押是否已设立，质权人 A 公司能否实现动产质权。在流动质押是否设立的问题上，我们需讨论：一是出质人交付财产是否需受"由监管人持续控制"的约束；二是监管人监管财产怎样才算达到"实际管领控制"的程度；三是质权人在流动质押未设立、质权无法实现时其权利如何得到救济。下文结合本案予以逐一厘清。

一、出质人交付财产的判断

《民法典》第429条规定："质权自出质人交付质押财产时设立。"据此，质权的设立以质押财产的交付为必要条件，但法律并未规定交付的具体认定标准。在动产流动质押中，出质人应将货物实际交付给质权人委托的监管人。此时，出质人交付财产是否须受"由监管人持续控制"的约束？

本案中，A 公司提出，D 公司已依据《货物质押及监管协议》接收 C 公司存储在案涉仓库内的货物，质权自质押财产接收之日起已经成立，故应当认定案涉质押财产已交付。对此，我们认为"交付"不仅包括将财产交给监管人的瞬间行为，也包括由监管人实施持续控制。这是质权担保功能的要求与企业融资需求相互角力的产物。

第一，质权担保功能的实现要求出质人在实质上交付动产。物权变动的公示原则要求物权的变动应具有可取信于社会公众的外部形式。动产物权的变动，原则上以交付为生效要件，法律另有规定的除外。动产质权的设立亦有赖于交付，而交付需能实现担保功能的要求。质权担保功能的实现，取决于质权的留置效力与优先受偿效力。① 更为重要的是，在交付出质财产后，出质人无法再处分质物，故而质权人不会因出质人处分质物而丧失担保。唯其如此，当债务人不履行到期债务或者发生当事人约定的实现质权的情形时，质权人才得以与出质人协议以质押财产折价，或就拍卖、变卖质押财产所得的价款优先受偿。基于以上原因，质物在"交付"后需处于质权人或其委托监管人的控制之下，这是质权得以实现的基础条件。

第二，流动质押中企业就动产再融资的需求亦要求存货维持在一定数量的基础上。之所以存在流动质押，是由于企业用于抵押的并非闲置存货，而是可能随时进入市场销售以维持经营所需的货物。在债务人以其所有的动产为自身债务提供质押担保时，只有保障存货质物的流动性，才能够提高利用动产存货再融资的能力，有利于增强债务人的偿债能力和保障质权人的利益。流动质押涉及出质人、监管人和质权人三方，质权人通过委托第三方监管来实现对质物的占有和控制。监管方的介入使得质物既可保持流动性以确保生产经营所需，亦可维持在质押约定的最低价值或数量以上。因此，质物的持续控制是维持存货流动性的保障。

综上，尽管流动质押允许通过指定交付的方式由监管人代质权人控制质物，但监管人不仅需要"接收"质物，且需对质物进行"持续"监管。本案中，B公司、C公司作为出质人所交付的质物，不仅需要在协议签订后由监管人D公司接收，且需持续处于监管人的实际控制之下，如此方可具有完整的公示效用，在实现存货流动性的同时，满足实现质权的担保功能。

二、监管人实际控制的认定

如前文所述，质物不仅需由监管人接收，且应受监管人的实际管领控制。那么如何才算达到由监管人实际控制的程度？应从合同约定内容和实际监管情况两个方面予以认定。

第一，从合同约定内容看，质押监管合同应当为监管人代质权人占有支配质押财产提供依据和保障。本案中，当事人为流动质押签订了两类合

---

① 谢在全：《民法物权论（下册）》（修订五版），中国政法大学出版社2011年版，第964页。

同——《货物质押及监管协议》和《仓库租赁合同》。尽管各方在《货物质押及监管协议》中约定由监管人 D 公司代质权人 A 公司接收、占有、保管、监管质押财产，并约定货物验收和进出库等事项，但《仓库租赁合同》对监管人和出质人之间的权利义务重新进行划分，将原本属于 D 公司的监管权利和义务转交由 C 公司自行承担。尤其值得注意的是，合同约定出质人 C 公司负有以下义务：一是货物的日常保管和进出库；二是承担质物灭失和损坏的责任；三是承担监管人 D 公司因履行《货物质押及监管协议》可能导致的损失。此外，监管人 D 公司可将《货物质押及监管协议》项下的义务转委托给出质人履行。由此可见，实际承担质物监管职能的主体已不再是监管人 D 公司，而是出质人 C 公司。而质权人 A 公司作为《仓库租赁合同》的见证方，对该监管安排是明知的。因此，从合同约定来看，监管人与出质人签订的《仓库租赁合同》从实质上变更了《货物质押及监管协议》项下的监管义务承担，不仅未明确排除出质人随意占有支配质物的具体内容，反而将表面上已由出质人交付给监管人的质物又返还给出质人，导致出质人实际上仍可占有、处分质物。

第二，从实际监管情况看，监管人需履行对质物的审核查验、保管监管等义务，实现有效的管领控制。我国的流动质押融资业务自二十世纪九十年代发展至今，多数情况下均由物流企业（如本案的 D 公司）承担监管人的职责，代质权人检查、核验和管理存货。[①] 质权人通过监管人这样的专业机构协助，得以准确评估存货价值，提高债权实现的概率。具体而言，监管人应履行以下几个方面的监管义务：一是在质物交付时，监管人负有审核查验义务。监管人应核验、清点出质人的交货是否符合合同的约定，质权人基于与监管人的委托关系间接占有质物。二是在质权存续期间，监管人应提供合适的仓储条件，确保质物与其他财产隔离，定期检查质物，准确记录数量、规格等，并向质权人反馈。三是当因出质人提取质物等原因而导致质物数量减少时，监管人应审核出质人是否符合提取条件。一旦质物价值减少至约定以下，监管人

[①] 常鹏翱：《供应链金融背景下存货动态质押的疑点问题研究——以"民法典担保制度司法解释"第 55 条为中心》，载《清华法学》2021 年第 4 期，第 90-91 页。

应立即通知质权人，并及时采取应对措施。质押监管在流动质押融资交易中的地位至关重要，只有在监管人能够对质物采取有效监管时，才能保障质权人既有可能从出质人的增值中获得受偿，也能够在债务人无法清偿时实现质权。

本案中，监管人虽已接受质物，但在质权存续期间并未进行有效监管：一是从监管地点来看，质物存放于C公司仓库，而非存放于监管人D公司的仓库。监管地点与C公司的生产经营场所毗邻，C公司占有支配案涉仓库具有天然优势。而D公司生产经营场所与案涉仓库相距遥远，管领控制仓库中的质物在客观上存在较大难度。二是从监管人员来看，D公司仅委派两名工作人员驻于案涉仓库，且未取得或控制仓库钥匙。该两名工作人员也只是白天到仓库上班，晚上仓库即处于无人看管状态。三是从质权人与监管人、出质人的沟通情况来看，监管人D公司表示，其只对进出库货物进行表面查验和数据汇总，并不能阻止出质人C公司强行出库。同时，质权人A公司亦未要求D公司针对此类情形制定能够阻止货物出库的有效措施。四是从质押监管的实际效果来看，库存质物的价值已远低于合同约定的质权人指定的最低控制线——这也是最为重要的。合同签订后，出质人C公司先后两次大规模将案涉仓库内共计2000余吨铜材转移出库并对外销售，监管人D公司和质权人A公司对此均未能有效阻止。

综上，从本案合同约定内容和实际监管情况可见，质权人A公司及监管人D公司对仓库内的质物并未进行有效的管领控制，出质人对质物仍可进行较为自主的占有支配。因此，本案质物并未实际交付，质权亦未有效设立。

三、质权人合同利益的救济

当质权未设立时，质权人无法实现对质物的优先受偿权。此时，质权人的利益应如何救济？

根据债权行为和物权行为相区分原则，担保物权未设立不影响合同效力。合同是债权变动的范畴，是物权变动的原因行为。合同一经成立，只要符合民事法律行为的生效要件则发生效力。具体到质押监管关系中，质权人、监管人和出质人的合同权利义务应由签订的质押监管协议予以调整。就出质人和监管人所应承担的合同责任，根据《最高人民法院关于适用〈中华人民共和国民法典〉有关担保制度的解释》第 55 条的规定，包括出质人的责任和监管人的责任两个方面：

第一，关于出质人的责任。质权人可以基于质押合同的约定要求出质人承担违约责任，但是不得超过质权有效设立时出质人应当承担的责任范围。在最高额质押的情况下，需注意质权人的受偿范围不应超过质押担保的最高限额。

第二，关于监管人的责任。监管人未履行监管职责时，质权人可以要求监管人承担责任。监管义务是监管人受质权人之托而承担的，属于委托合同中的受托人义务。在流动质押融资中，监管人通常是有偿监管，根据《民法典》第 929 条第 1 款有关委托合同的规定，监管人只有在因过错而未履行监管义务时，才需承担赔偿责任。对监管人有无过错的判断，需结合出质人、质权人的行为加以认定。例如，当监管人发现质物存在被出质人转移、强行出库或出质人不配合监管、驱赶监管人员等情形时，应采取打电话、发函等形式将上述风险及时通知质权人，并就出质人的前述行为采取向公安机关报警等应急措施。如监管人已穷尽管控能力，则应认定为无过错。反之，如出质人谎报存货数量，而监管人未履行必要的核验义务，则应认定为存有过错，但如有证据证明质权人在收到监管人有关质物存在风险的通知后，明知该风险却放任出质人转移质物的行为，则应相应减少监管人所应承担的责任。

【附录】

编写人：成阳（商事庭副庭长）

一审裁判文书案号：（2019）沪 01 民初 180 号

一审合议庭成员：成阳（审判长兼主审法官）、庞建新、潘雪雅

二审裁判文书案号：（2021）沪民终 54 号

25

瑕疵履行导致合同解除的认定标准与法律后果

——A 医院与 B 公司买卖合同纠纷案

【案例要旨】

瑕疵履行并不必然导致合同目的无法实现。认定合同目的无法实现时，应查明实际履行情况，依据合同约定、法律规定、瑕疵大小和违约程度进行综合判断。若履行内容违反约定的基本义务，足以导致合同目的无法实现，则构成根本违约。此时应准许当事人行使法定解除权，并结合履行情况和违约情形，准确认定损失赔偿的责任主体和范围。

【案情简介】

上诉人（原审被告、反诉原告）：A 医院。

被上诉人（原审原告、反诉被告）：B 公司。

A 医院以招标形式采购 CT 机配套球管，B 公司中标后签订书面文件，承诺提供原厂原装球管、保证合法合规，否则承担一切后果及损失。涉案球管交付使用后 A 医院仅支付部分货款，B 公司遂起诉要求 A 医院支付剩余货款并赔偿利息损失。对此，A 医院提起反诉，以涉案球管未取得医疗器械注册证导致 CT 机被责令停止使用并处罚款为由，请求解除合同、退货退款并赔偿损失。

【裁判结论】

一审法院认为，涉案球管可以单独销售，其被单独审核系因 CT 机注册证过期导致，但 CT 机有效注册并非 B 公司合同义务。即便球管有注册许可要求，B 公司也未超范围经营，A 医院应知晓且审核其销售资质，但未提出异议且充分使用。罚款系因 CT 机注册证过期导致 A 医院违规使用医疗器械所致，非因涉案合同所产生的后果。一审法院遂驳回 A 医院反诉请求；判决 A 医院应支付剩余货款和逾期利息损失。A 医院主张合同解除，遂提起上诉。

二审法院认为，根据相关部门书面说明，球管的经营、使用必须取得医疗器械注册证。若更换的球管与 CT 机原装球管不一致，无论 CT 机的医疗器械注册证是否过期，均需单独审查。A 医院被行政处罚并罚款系因 CT 机更换的球管未依法取得医疗器械注册证。涉案球管不符合合同约定的"原厂原装球管"和国家相关法律法规的保证，构成根本违约，故确认 A 医院解除合同的主张。合同解除后，A 医院应返还涉案球管。同时，考虑到 A 医院使用涉案球管的时间、寿命和程度，需承担使用期间的成本，酌定其支付 80% 的货款。对于 A 医院主张的损失，按约由 B 公司负担，但应以案件判决时实际发生的金额为准，若后续再实际发生损失，A 医院可另行主张。综上，二审法院依法改判确认合同解除、A 医院返还球管、支付部分货款并赔偿相应利息损失，B 公司赔偿 A 医院实际损失。

【评析意见】

本案的争议焦点在于：涉案合同是否应予解除以及解除后果。对此，我们需从以下三个方面展开讨论：一是出卖人交付的货物是否构成瑕疵履行；二是买受人单方行使法定解除权的条件是否成就；三是合同解除后违约责任和赔偿范围的认定。

一、瑕疵履行的认定

《民法典》第 509 条规定，当事人应当按照约定全面履行自己的义务。司法实践中，当事人往往会因各种情况没有或者无法全面履行合同义务，即构成瑕疵履行。瑕疵履行主要有四种类型：标的物质量瑕疵、数量瑕疵、时间瑕疵和权利瑕疵。诉讼中，最常见、案件数量最多的就是标的物质量瑕疵。《民法典》认定该类瑕疵采用主客观标准，主观标准为约定或协议补充（《民法典》第 509 条、第 510 条），没有约定时则适用客观标准（《民法典》

第 511 条第 1 款第 1 项）。①

　　司法实践中，除当事人约定外，如样品、质量说明、书面承诺、约定合同使用目的和协商标准等能真实反映当事人合意，均应作为主观标准予以考量，如本案中 A 医院招标时 B 公司提供的采购单。客观标准主要是指国家标准、行业标准、通常标准、最低使用标准等，如本案中相关部门和规定对更换球管的注册许可要求。结合我国学界通说和司法实践情况来看②，主观标准的适用优先于客观标准。需要注意的是，质量瑕疵通常是指低标准交付不包括超标准交付，但若超标准导致对方使用目的不能实现，仍构成瑕疵履行。③ 例如，涉案 CT 机原厂球管已停产，若 B 公司可以提供其他超标准或者合格替代品，抑或提供的球管并不影响使用效果，那么即便其履行行为存在一定瑕疵，法院也可能免除或者适当减轻其违约责任。

　　本案中，一是在事实查明方面，将双方书面合同约定作为认定瑕疵标准，并在此基础上进一步查明 B 公司在 A 医院招标时曾提交采购单，盖章承诺提供的球管应为"全新原厂原包装配件"，继而将生产厂家与型号一并作为双方约定的球管标准。鉴于涉案球管的生产厂家与 CT 机的生产厂家不一致，B 公司对此亦未作出合理解释，则应认定涉案球管与约定不符，B 公司构成瑕疵履行。二是在法律运用方面，根据《医疗器械监督管理条例》第 8 条、第 40 条、第 66 条的规定，球管的生产、经营、使用都必须取得医疗器械注册证。若 CT 机需要更换球管，该球管既非原厂配件，又未取得医疗器械注册证，则将会被处罚。鉴于涉案球管既非 CT 机原厂配件，又无医疗器械注册证，结合相关行政部门出具的书面文件和情况说明，最终认定 B 公司提供的球管不符合医疗器械的相关监管规定，构成瑕疵履行。

---

　　① 刘怡：《试论我国未来民法典中物之瑕疵担保制度的完善》，载《法学论坛》2018 年第 3 期，第 91—97 页。
　　② 参见山东省高级人民法院（2014）鲁民四终字第 97 号民事判决书、江苏省高级人民法院（2015）苏审二商申字第 00330 号民事裁定书，载中国裁判文书网。
　　③ 秦静云、宋汝庆：《论买卖物之瑕疵的认定》，载《河南财经政法大学学报》2017 年第 3 期，第 83—91 页。

二、法定解除权的单方行使

当事人签订合同是为了实现各自的目的，若瑕疵履行导致部分当事人的合同目的已无法实现，其有权根据合同约定或者法律规定主张解除合同。具体应从合同目的的识别和法律条文的适用两个方面进行综合判断。

第一，当事人磋商并订立合同是为了达到特定目的，该目的主要通过合同条款及文字表达的方式体现，应在准确把握理解的基础上，根据瑕疵类型和大小，综合认定合同目的能否实现。

本案中，A 医院从 B 公司处购买球管，双方建立买卖合同法律关系。可见，A 医院签订合同的目的是可以正常合法使用自有 CT 机。在履行过程中，B 公司提供的球管与 CT 机的生产厂家不一致存在标的物瑕疵，且其对此未作出合理解释，导致 A 医院 CT 机无法正常合法使用。因此，应认定 B 公司的瑕疵履行导致涉案合同目的不能实现。值得注意的是，若 B 公司可以明确并举证证明球管的来源合法、生产标准与原厂标准相同或者更高，且未违反我国相关规定，安装后 CT 机可以正常合法使用，那么即便严格意义上 B 公司存在履行瑕疵，考虑到并未产生不利影响，法院一般不会认定合同目的无法实现。综上，对于此类案件应结合典型交易目的（客观目的）和某些情况下的动机（主观目的）[1] 准确识别合同目的，结合具体情况认定瑕疵履行对合同目的的影响程度以及合同目的是否可以实现，为后续判断当事人是否可以行使法定解除权奠定基础。

第二，《民法典》第 563 条、第 580 条等规定当事人在一定条件和范围内享有单方主张解除合同的权利。司法实践中，应分两步进行审查：一是根据行权主体确定法律依据。本案中，提出解除合同的是守约方 A 医院，主张的法律依据是《民法典》第 563 条，故法院围绕上述法律条文展开审查。需要注意的是，《民法典》颁布并生效之前，原《合同法》未赋予违约方法定解除权，但根据《最高人民法院关于适用〈中华人民共和国民法典〉时间

---

[1] 崔建远：《论合同目的及其不能实现》，载《吉林大学社会科学学报》2015 年第 3 期第 55 卷，第 41-45 页。

效力的若干规定》第 11 条的规定，即便标的合同成立于《民法典》实施之前，违约方也可依据《民法典》第 580 条主张解除合同，即该条作为新增规定可溯及既往。二是对比条文内容查明关键事实。《民法典》第 563 条将守约方可以主张解除合同的情形主要分为三种：（1）客观上不能履行；（2）违约方主观上拒绝履行；（3）违约方主客观迟延履行。对于以持续履行的债务为内容的不定期合同，无论是守约方还是违约方，在合理期限之前通知对方的，均可以随时主张解除合同。

本案中，A 医院认为涉案球管非原厂配件且未取得医疗器械注册证，导致安装后的 CT 机无法正常合法使用，故依据《民法典》第 563 条第 4 项主张解除合同。在查明 B 公司对球管型号和厂家的承诺、相关部门和法规对更换球管的要求以及实际提供球管的具体信息等关键事实的基础上，对比上述规定后，法院认为 CT 机因 B 公司的瑕疵履行无法正常合法使用，合同目的已无法实现，符合 A 医院主张的法定解除情形，故支持该主张。

三、合同解除后果的处理

司法实践中，当事人以瑕疵履行构成违约为由要求解除合同的主张成立后，往往会要求法院一并处理合同解除的法律后果，此时应当如何确定违约责任和赔偿范围？

（一）违约责任形式

《民法典》第 582 条将瑕疵履行的违约责任区分为约定和法定两种，没有约定或者约定不明且根据《民法典》第 510 条仍无法确定的情况下，才可适用法定违约责任。具体承担方式分为四类：一是修理、重作、更换；二是退货（多数认为仅适用于合同解除的情形，少数判决认为可依据违约责任直接主张[1]）；三是减少价款或者报酬；四是合理选择（一般情况下，修理优先于更换和重作，三者原则上优于退货和减价，继续履行成本过高的除外）。

---

[1] 参见北京市第三中级人民法院（2015）三中民（商）终字第 08512 号民事判决书、厦门市中级人民法院（2015）厦民终字第 1360 号民事判决书，载中国裁判文书网。

诉讼中，大部分当事人会主张退货退款，对此法院一般会综合以下两个因素进行审查：一是标的物的情况。若标的物是定作物或附属设施，具有特殊用途或退货成本（拆除、运输）过高，退货对违约方而言会责任过重，在尚可使用、仅效果欠佳的情况下，则不适宜退货，可在估算标的物残值的基础上酌定减少部分价款，以发挥标的物的最大价值。若标的物无法正常使用且便于退货，或尚有利用价值，退回后可用作别处，则当事人主张退货退款尚属合理，但退款金额仍需根据标的物使用情况进一步酌定。二是造成瑕疵的原因。大部分情况下，标的物瑕疵并非当事人主观造成，而是客观条件不允许或双方均有过错。此时，应结合瑕疵产生的原因综合认定违约责任的承担主体和比例，具体体现为货物退还方式、责任主体和退货金额的认定。

本案中，CT机的生产厂家已经停止生产组件球管，B公司客观上无法提供原厂球管，故不宜修理、重作或者更换。鉴于涉案球管未取得医疗器械注册证，安装后CT机无法正常合法使用且被罚款，继续留在A医院处无法实现价值且会导致损失扩大。若退还B公司，其可在不违反法律法规规定的前提下另行处置，更有利于球管价值的实现，且球管体积不大、可拆卸、方便退还，故法院支持A医院退还球管并退还部分货款的主张。

(二) 损失赔偿范围

在债务人的履行有瑕疵且因其瑕疵导致债权人受履行利益以外损害的情形，即存在瑕疵履行中的特殊情况加害给付的情况下，根据《民法典》第577条、第583条的规定，在履行义务或者采取补救措施后，对方还有其他损失的，无论是人身伤害还是财产损失，无论是既得利益还是可得利益的损失，债务人均应予以赔偿。

结合《民法典》第584条、第591条、第592条等规定，损失赔偿范围的确定应遵循以下四个基本原则：一是损失填补原则，即以实际发生的损失金额为基础，双方约定或者当事人主张的损失金额超过或者低于实际损失的，法院可依法调整。二是可预见原则，是指当事人对于违约造成的损失是可以预见的，包括可得利益损失，但不能超过违约方订立合同时预见或者应当预见的因违约可能造成的损失。三是及时止损原则，守约方有采取适当措施防止损失扩大的义务，因此产生的合理费用由违约方负担，但若未履行该义务导致损失扩大，从公平合理的角度考虑，守约方无权就扩大损失请求赔偿。四是过失相抵原则，在当事人双方均违约的情况下，应各自承担相应责任，一方违约造成对方损失时，对方对损失发生有过错的，可以减少相应的损失赔偿额。

本案中，B公司未按约提供原厂球管，不仅造成A医院无法继续正常使用CT机，还导致其受到行政处罚并支付罚款，对此B公司签订合同时即可预见。根据上述法律规定，B公司在减少价款之后还应赔偿其加害给付行为给A医院造成的实际损失。虽然相关部门对于A医院的处罚金额为37.3万元，但考虑到截至二审判决之日，其实际缴纳金额仅为10万元，故二审法院最终依法判定B公司在本案中赔偿损失的金额为10万元，同时为A医院保留其他损失实际发生时另行主张的权利。

【附录】

编写人：刘洁（商事庭法官助理）、胡玉凌（商事庭审判员）
一审裁判文书案号：（2020）沪0117民初7687号
二审裁判文书案号：（2021）沪01民终5109号
二审合议庭成员：郑军欢（审判长）、胡玉凌（主审法官）、胡瑜

26

买卖合同中安装服务履行瑕疵的司法认定规则

——李某诉A公司信息网络买卖合同纠纷案

【案例要旨】

商品需要通过安装来达到完全的使用价值时，此类买卖合同中卖方提供

的安装服务系依附于商品的后续服务,属于从给付义务。非授权经销商履行安装服务,通常不会导致消费者受到误导并基于该错误认识作出了错误购买商品的意思表示,该行为尚不构成消费欺诈,不适用惩罚性赔偿。但经营者在该从给付义务的履行中未尽充分的告知义务,损害了消费者的知情权和选择权,属于瑕疵履行,应承担相应的违约责任。

【案情简介】

上诉人(原审原告):李某。

上诉人(原审被告):A 公司。

2020 年 10 月 8 日,李某通过某购物平台向 A 公司购买建筑膜,并支付定金 600 元。该商品介绍中记载商品价格含材料和安装,授权经销商安排人员上门测量面积并安装。之后,B 公司安排人员上门进行安装,李某通过扫描二维码的方式支付了尾款 1544 元,付款对象为 B 公司。A 公司向李某出具了发票及质量保证书,其上显示 A 公司特约经销商及安装单位均为 C 公司。李某遂以 A 公司构成欺诈为由,诉至法院要求 A 公司退还购物款 2144 元,并按照购物款的三倍赔偿 6432 元。

【裁判结论】

一审法院认为,李某与 A 公司就建筑膜建立买卖合同关系后,A 公司按约提供了建筑膜并出具了质量保证书,后续上门安装建筑膜的 B 公司虽非授权经销商,不符合与李某的合同约定,但该行为属于履行瑕疵,尚不构成欺诈。A 公司同意在不要求李某退还涉案产品的情况下退还购物款并承担质保责任,足以弥补其履行瑕疵,对李某要求 A 公司承担三倍赔偿的诉讼请求不予支持,故判决 A 公司退还李某购物款 2144 元。李某及 A 公司均不服一审判决,提起上诉。

二审法院认为,双方买卖合同关系中 A 公司存在主给付交付建筑膜和从给付提供安装服务两个给付行为。李某以安装方 C 公司资质不符合同约定为由,主张 A 公司虚假宣传并构成欺诈,缺乏事实依据。然 C 公司并非 A 公司的授权经销商,若均以 A 公司事后追认予以抗辩,则经营者前期的履行承诺即失去意义。A 公司作为知名企业，对其品牌的信任度在很大程度上成为消费者做出购买选择的原因和市场竞争中的隐含优势。A 公司关于授权经销商的安装服务承诺存在履行瑕疵，即便对消费者的产品使用未产生损失后果，但其消费体验和交易信任仍然受到影响，故对消费者的违约赔偿应考量补偿、惩罚、激励、威慑等多方面的因素。原审结合案情判决 A 公司退还货款的处理依据成立。二审法院判决驳回上诉，维持原判。

【评析意见】

实践中，买卖合同中由非授权经销商履行安装服务的情形时有发生，该行为是否构成欺诈、即使不构成欺诈是否需要承担惩罚性赔偿之外的违约责任等问题尚不明晰。本文从安装服务的法律性质出发，分析违反从给付义务对欺诈认定的影响，进而评析经营者在安装服务履行中应承担何种责任。

一、依附于商品的安装服务属于买卖合同中的从给付义务

合同内容的多样化、复杂化决定了法律关系类型日益丰富，合同性质不能简单从合同名称加以判断，而需对合同权利义务进行综合考量。买卖合同中约定了安装服务相关权利义务内容，此时合同的性质如何界定，为买卖合同还是属于混合合同，对当事人权利义务影响重大。判断合同的性质离不开区分主给付义务与从给付义务。

主给付义务，是指合同关系所固有、必备的，并且用以决定合同关系类型的基本义务，又称"合同关系的要素"。从给付义务，其本身不具有独立的意义，仅具有辅助主给付义务的功能，其存在的目的在于确保债权人的利益能够获得最大限度满足。[1] 本案中，主给付义务系出卖人移转标的物所有权的义务和买受人支付价金的义务，符合买卖合同的法律特征。A 公司的安装服务义务并非该合同所固有、必备的内容，也并非该合同区别于其他合同类型的要素，不属于主给付义务，其系依附于买卖商品的后续服务，使买受人购买的建筑膜能够安全便捷使用的利益获得最大限度满足，目的和功能是

---

[1] 韩世远：《合同法总论》，法律出版社 2011 年版，第 243-244 页。

为了辅助买卖合同的目的与功能的实现。因此,此类依附于商品的安装服务给付行为,相较于交付建筑膜的给付行为,应属于 A 公司的从给付义务。虽然双方在合同中对安装服务进行了明确约定,但该约定并未改变合同的主给付义务,合同性质仍为买卖合同。当事人在买卖合同中增加其他约定,系为更好地实现自身利益的满足,既符合合同自由原则,亦符合效率的要求。若否定该合同为买卖合同的有名合同性质,认定为混合合同,则将不当地缩小有名合同的适用范围、扩大无名合同的范围,增加法律适用难度,影响有名合同作为样本、例式的作用。[①]

审判实践中,经常与从给付义务发生混淆的是附随义务。附随义务,是指合同关系存续及履行过程中的通知、协助、保密等辅助性义务。基于两者法律功能的区别,从给付义务与附随义务在能否独立诉请履行方面也有所不同,从给付义务能够独立以诉请求,附随义务不能独立以诉请求。换言之,从给付义务可以请求履行,附随义务通常仅发生请求损害赔偿的问题。本案中的安装服务不属于附随义务,其明确约定于合同中,具有可诉性,如相对方未履行可诉至法院请求履行。

二、非授权经销商安装服务行为的性质认定

（一）是否构成消费欺诈

《消费者权益保护法》第 55 条规定了经营者提供商品或者服务有欺诈行为的,应承担惩罚性赔偿。鉴于消费者权益保护领域对欺诈法律后果的特殊性规定,审判实践中,为直观区分一般将该类欺诈称为"消费欺诈"。

民事法律中的欺诈需具备三个要素:欺诈行为、因果关系以及主观故意。但在消费者权益保护领域,《消费者权益保护法》或相关司法解释均未对欺诈行为作出明确规定,由此导致实践中对消费欺诈行为的认定产生诸多争议。有学者认为,《消费者权益保护法》中欺诈行为具有特殊性,其内涵应有别于一般民事法律中的欺诈行为,不要求经营者存在欺诈的故意,也不

[①] 钟政旭:《混合合同任意解除问题研究》,华东政法大学 2020 年硕士学位论文,第 19 页。

要求经营者欺诈行为与消费者陷于错误并作出错误意思表示之间存在因果关系。① 笔者认为，消费欺诈在《消费者权益保护法》有特别规定时依其规定，若无特别规定则应依一般法及相关司法解释界定其含义。因此，认定经营者是否存在《消费者权益保护法》第55条第1款规定的欺诈行为，仍需从欺诈行为、因果关系、主观故意三个方面进行考察，即经营者基于主观故意告知消费者虚假情况或隐瞒真实情况，消费者因此陷入错误并基于该错误作出意思表示。②

认定非授权经销商安装服务行为是否构成消费欺诈，应考虑从给付义务的法律性质、缔约合同的根本目的、销售商品的安装属性等因素，综合进行判断。就一般商品而言，消费者大多从品牌、质量、价格等角度权衡选择，安装服务相较于购买商品本身在属性地位上存在比重差异，消费者通常不会基于对安装服务的错误认识作出错误购买的意思表示。但就特殊商品而言，如果商品的安装需由具有资质的专业人士来完成，安装服务完全履行对该商品价值发挥重要作用，该商品的安装服务亦可建立起消费欺诈上的因果关系。

本案中，A公司未对建筑膜质量作过任何严重影响消费者权益的虚假描述，也没有隐瞒与建筑膜有关的真实情况，在完成商品交付及安装后出具了质量保证书对所售商品承担法律上的质保责任，可见A公司主观上不存在欺诈的故意，客观上不存在欺诈行为。虽然A公司商品网购页面公示的信息显示由授权经销商安排人员上门测量面积并安装，但实际为非授权经销商上门安装，对此未尽充分的告知义务，但李某下单购买A公司建筑膜，系建立在对品牌的信赖及质量的认可之上，且安装建筑膜无须专业资质，安装人员本身不足以决定消费者是否购买商品，安装服务并非消费者选择购买品牌的主要考量因素，故难以认定非授权经销商上门安装会导致消费者受到误导，并基于该错误认识做出了错误购买的意思表示。

---

① 凌学东：《消费者合同前信息义务研究》，载《北方法学》2016年第2期，第92-93页。
② 尚晓茜：《经营者隐瞒事实足以造成误导即构成消费欺诈》，载《人民司法》2016年第23期，第55页。

（二）是否构成瑕疵履行

非授权经销商履行上门安装服务不构成消费欺诈，并不代表经营者完全履行了合同项下的义务。按照《民法典》第509条的规定，当事人应当按照约定全面履行自己的义务。债务人虽然履行了债务，但其履行不符合债务的本旨，在我国立法中称为"履行合同义务不符合约定"，即为"不完全履行"。其中，损害到了履行利益以外的一般法益（履行利益以外的债权人的生命、健康、所有权等）的情形为加害给付，加害给付以外的不完全履行则为"瑕疵履行"。[①] 这里的"合同义务"，并不限于主给付义务，亦包括从给付义务、附随义务。

《消费者权益保护法》第8条规定，消费者享有知悉其购买、使用的商品或者接受的服务的真实情况的权利。该法第20条、第21条、第27条规定了经营者的告知义务，其应向消费者提供有关商品或者服务的质量、性能、用途、有效期限、价格等真实信息，不得作引人误解的虚假宣传。本案中，B公司工作人员上门安装时，未成为A公司对外公示的授权经销商，亦未告知李某其非A公司的授权经销商。消费者对此应具有知情权与选择权，故A公司未善尽告知义务。

授权经销商虽系经营者自身审核、选择合作对象的经营管理事宜，但并非仅仅是内部管理关系，若经营者对外向消费者明确其提供产品服务的身份，则应视为履约承诺受其约束。非授权经销商履行上门安装服务之后，经营者再进行事后追认，则失去了公开发布授权经销商的意义，会导致消费者对授权经销商失去信赖，安装服务亦难以在事前得到管理和规范，不利于消费者知情权、选择权的保护。因此，非授权经销商履行上门安装服务并不能因事后追认而视为完全履约，属于履行合同不符合约定的情形，损害了履行利益，系瑕疵履行。

[①] 韩世远：《合同法总论》，法律出版社2011年版，第423-424页。

三、安装服务行为瑕疵履行的责任承担

（一）是否可以选择解除合同

合同解除作为一种违约救济手段，是否选择，取决于当事人对利害关系的权衡，解除制度的功能在于合同义务的解放、交易自由的回复以及对方合同利益的剥夺。[1] 本案中，A公司业已交付建筑膜并安排人员上门安装，李某业已履行了支付价款的合同义务，故解放合同义务已无意义，交易自由的回复已可获得，对方合同利益的剥夺这一意义也可因为损害赔偿而被替代。本案中，当事人不主张解除合同有其道理，李某缺乏解除合同的请求权基础。根据《最高人民法院关于审理买卖合同纠纷案件适用法律问题的解释》第19条的规定，出卖人没有履行或者不当履行从给付义务，致使买受人不能实现合同目的，买受人主张解除合同的，人民法院应当依据民法典相关规定予以支持。这一规定表明了从给付义务履行对合同整体履行的重要作用，但本案中安装服务的从合同义务虽由非授权经销商上门履行，存在瑕疵，但是并未影响买卖交易的达成及造成商品使用功能的受限，尚未达到合同目的不能实现的程度，故不符合解除权发生要件，消费者李某就此可以主张赔偿损失等违约责任。

（二）违约责任的范围认定

A公司未完全履行安装服务的从给付义务，构成违约，应承担相应的违约责任。《民法典》第577条规定，当事人一方不履行合同义务或者履行合同义务不符合约定的，应当承担继续履行、采取补救措施或者赔偿损失等违约责任。本案合同业已履行完毕，主要争议的是赔偿损失的范围。

A公司作为行业知名品牌，在市场竞争中的隐含优势，源于长期积累形成的良好的品质认同、品牌信任。李某作为消费者，其之所以选择购买A公

---

[1] 韩世远：《医疗服务合同的不完全履行及其救济》，载《法学研究》2005年第6期，第102-103页。

司建筑膜，除去商品的客观价值，亦应当包含了李某的信赖利益，即李某基于对 A 公司品牌、商誉的合理信赖，支付了包含安装费用的相应购物款。对此，A 公司应当全面告知李某购买的商品及安装服务的信息，使其在安装服务履行前知晓上门安装服务的授权经销商的相关状况，充分保障处于信息不对称中弱势地位的消费者的知情权与选择权。

基于此种信任优势，在履行商品、服务的宣传承诺存在一定瑕疵的情况下，反而更易使得消费者的消费体验和交易信任受到极大的影响。即使非授权经销商安装服务行为未造成实际损失，但经营者的瑕疵履行已让消费者的信赖利益遭受了损害。消费者对知名品牌的信赖不仅是商品本身，还包括经营者能否完全履行其对商品、服务的宣传承诺。因此，法院结合本案具体情况，判令 A 公司退还李某支付的全部购物款。

【附录】

编写人：孙春蓉（民事庭审判长）、曹沁（民事庭法官助理）

一审裁判文书案号：（2021）沪 0104 民初 11790 号

二审裁判文书案号：（2021）沪 01 民终 15003 号

二审合议庭成员：孙春蓉（审判长兼主审法官）、岑佳欣、王韶婧

27

父母以未成年子女名下房产设定抵押的效力甄别

——陈某与邱某等民间借贷纠纷案

【案例要旨】

监护人应当按照最有利于被监护人的原则履行监护职责，作为监护人的父母仅可为维护未成年子女利益而处分该子女的财产。父母以未成年子女名

下房产设定抵押的，人民法院审理时应确定该行为是否出于维护未成年子女利益之目的。若父母并非出于该目的设定抵押，则该行为构成无权代理，应依照无权代理的规则评判相应法律后果。

【案情简介】

上诉人（原审被告）：陈某。

被上诉人（原审原告）：邱某。

原审被告：陈甲。

陈某与案外人施某于2003年6月登记结婚，婚后共同购入A房屋及B房屋，并诞育陈甲和陈乙。2016年4月，双方经法院调解离婚后，陈甲随母亲施某共同生活，陈乙随父亲陈某共同生活。B房屋归施某及陈乙共同共有，A房屋归陈某及陈甲共同共有。A房屋于2017年12月6日变更登记至陈某、陈甲名下，共有方式为共同共有。

2018年12月12日，陈某因急需资金周转，约定向邱某借款190万元。同日，双方签订《不动产抵押借款合同》，邱某为出借人、抵押权人，陈某为借款人，陈某和陈甲为抵押人。陈某以A房屋向邱某提供抵押担保，邱某、陈某在合同上签名，陈甲的名字由陈某代签，后邱某、陈某办理了不动产抵押登记。现邱某诉至法院，请求判令陈某、陈甲偿还借款本金并支付违约金利息，若陈某、陈甲未能按时归还借款，邱某可就全部欠款本金、利息等实现A房屋的抵押权。

【裁判结论】

一审法院认为，本案抵押财产登记在陈某、陈甲名下，属于陈某、陈甲的共同财产。邱某与陈某签订《不动产抵押借款合同》时，陈甲未满18周岁，属于限制民事行为能力人。陈某作为陈甲的监护人，用与陈甲的共同财产为自己借款设置抵押，并非为了陈甲的利益处分陈甲的财产，违反《民法总则》第35条第1款的禁止性规定，邱某对抵押权亦不构成善意取得，抵押合同中涉及陈甲的财产抵押部分无效。故判决陈某归还相应借款本金并偿付逾期还款违约金等，若陈某到期不履行给付义务，邱某可以以A房屋中陈某的份额为限在抵押权登记范围内对上述债权优先受偿。陈某不服一审判决，遂提起上诉。

二审法院认为，A房屋系陈某与施某婚后以夫妻共同财产购入，陈甲对系争房屋的份额来源于父母的赠与，系陈某与施某离婚时双方协商一致的结果，且经过法院出具的调解书予以确认。陈某作为陈甲的监护人，用与陈甲共同共有的财产为自己的借款设定抵押，主要目的在于资金周转而非用于陈甲的日常生活教育等，其并非为了陈甲的利益处分其财产。邱某明知系争房屋为陈某和陈甲共同共有，却未从保护未成年人利益角度出发，谨慎地对系争房屋的抵押情况进行审查，亦不构成善意取得。根据在案证据，无法证明陈某以系争房屋设定抵押经过了陈甲的同意，亦无证据证明陈甲知道或者应当知道上述情况而未提出异议，故系争抵押借款合同中的抵押部分应属无效。故依法改判驳回邱某关于行使A房屋抵押权的诉讼请求。

【评析意见】

随着我国经济建设高速发展，居民人均住房保有量日益增高，在此背景下，越来越多的未成年子女通过继承父母房产、接受父母赠与房产等方式获得房产所有权，父母以未成年子女名下房产进行抵押的情况也越来越普遍。《民法典》第35条第1款对监护人处分未成年人财产的行为进行了限制，但该原则并未明确监护人的何种处分行为符合未成年人的利益，因此在审判实践中对父母以未成年子女名下房产设定抵押的效力存在一定争议，有必要对此进行探讨与研究。

需要说明的是，虽然本案事实发生在《民法典》施行以前，但《民法典》第35条第1款承袭了《民法通则》第18条第1款及《民法总则》第35条第1款的适用原则，故为行文方便，后文将统一以《民法典》第35条第1款作为分析此类案件的法条依据。

一、"为维护被监护人利益"的认定原则及标准

父母的法定代理权不同于一般的代理权，系出于填补未成年子女认知能力缺陷的目的而设立，其并不要求父母按照子女的意思从事民事活动，而是

由父母以个人意愿参与民事活动。即父母的处分权并非来自子女的授权，而是由法律直接赋予。但任何的权利都存在被滥用的可能，即超越其本身应有的界限或边界。①《民法典》第 35 条第 1 款明确规定，监护人非为维护被监护人利益，不得处分被监护人财产。"为维护被监护人利益"这一限制条件即为法律为防止父母滥用财产处分权而设定的边界，当父母非为未成年子女权益而处分未成年子女财产时，该行为既与法律赋予其监护权和法定代理权的初衷相违背，同时也不符合社会公序良俗。

（一）根本原则

《民法典》第 35 条第 1 款的前后两句间存在着一定的递进关系，"为维护被监护人利益"可以理解为是对"最有利于被监护人"原则的具体解释，且前者应当受制于后者，即只有满足了"最有利于被监护人"这一原则，才可能符合"为维护被监护人利益"的要求，因此"最有利于被监护人"是界定"为维护被监护人利益"的根本性原则。

（二）"利益"的认定标准

由于现行法律法规及司法解释都未对"为维护被监护人利益"中的"利益"作具体的解释，因此在实践中，对"为维护被监护人利益"的理解上尚存分歧。其中有观点认为，利益仅仅为子女抚养、教育及进修等人身之利益。② 笔者认为该观点将利益限定于未成年子女的个人利益，而未考虑到家庭利益，未免过显狭隘。家庭利益对于整个家庭乃至每个家庭成员的生存和发展均具有重要意义，尤其对于未成年人来说，其健全成长依赖于家长和家庭。故未成年子女利益与家庭利益紧密相连，不可分割，家庭利益的满足总体上也是符合未成年子女利益的。

因此，在认定父母的抵押行为是否"为维护被监护人利益"，不能机械地将未成年子女的个人利益与家庭利益完全割裂开来，这样往往会僵化解释

---

① 参见周占生：《权利的限制与抗辩》，科学技术文献出版社 2015 年版，第 19 页。
② 参见林秀雄：《婚姻家庭法研究》，中国政法大学出版社 2001 年版，第 207 页。

而忽略财产监护的目的在于对未成年人身心健康的长远保障。在此前提下对"利益"的解释应该结合未成年人当时的财产状况及家庭条件,以社会上一般公众的经验及阅历来进行判断,即社会上的一般公众均认为监护人的处分行为最有利于未成年人,则该处分行为即为合理的;反之,则不合理。① 同时,适用存在社会上可以探知认识之客观伦理秩序、价值、规范及公平正义之原则,② 以此来判断父母之行为是否可以在日常生活中,为未成年人创造促进身心、智力、品行、精力和社会方面发展的机遇和条件。③

(三) 不同债务类型下的"利益"分析

通常情况下,父母以未成年子女房产担保之债务主要有以下三类:

一是子女自身债务。常见的包括担保就学、就医贷款等。该种情形下父母的抵押行为主观上是为了未成年子女的学习和生活需求,客观上也将所担保之债务用于未成年子女本身,显然符合为维护未成年人利益之目的,对此并不存在争议。

二是父母个人债务或家庭债务。常见的包括父母个人生产经营贷款或为改善家庭生活条件而抵押房产,本案中陈某抵押 A 房屋系为了个人资金周转,即属于这种情况。虽然未成年子女利益并不能单纯同家庭利益割裂开来,但毕竟此种做法会使未成年子女的房产处于风险之中,且未成年子女在家庭中本身就处于相对弱势之地位,故在处理此类案件时,应当结合抵押时父母之经济状况、婚姻存续情况以及未成年子女的抚养情况等因素综合考量。只有在父母个人财产和家庭财产无法满足正常需要或无法提供更佳条件,且该抵押行为获得的债务的确用于改善包括未成年子女在内的家庭生活环境时,父母的处分行为才可认定为"为维护被监护人利益"。本案中,陈甲在父母离婚后一直随母亲施某共同生活,父亲陈某抵押 A 房屋所得借款系为了其个人资金周转,而非用于改善儿子陈甲的生活条件或用于其教育、就

---

① 参见王利明:《中华人民共和国民法总则详解(下)》,中国法制出版社 2017 年版,第 162 页。
② 参见王泽鉴:《法律思维与民法实例》,中国政法大学出版社 2001 年版,第 247 页。
③ 参见王雪梅:《儿童利益保护的最大利益原则研究(下)》,载《环球法律评论》2003 年春季号,第 108-119 页。

医等，故对陈某之抵押行为不应认定为"为维护被监护人陈甲之利益"。

三是他人债务。即父母以未成年子女名下房产为亲戚朋友或其他第三人提供担保。通常情形下，第三人与未成年子女并不存在利益关系，为其提供担保，只会使未成年子女名下房产处于不确定风险中，显然并非"为维护被监护人利益"。

二、《民法典》相关规定的规范性质认定

（一）理论分歧

在审判实践中，对父母非为未成年子女利益在其房产上设定抵押的效力认定，主要存在无效论和无权代理论两种裁判路径。之所以出现这种分歧，主要系对《民法典》第35条第1款的规范性质理解不一致所致。

其中，无效论主张该条款规定为效力性强制性规定，若违反该条款，则应当按照《民法典》第153条第1款之规定，认定这种不当处分行为无效。而无权代理论则认为该条款仅为禁止性规定，其仅对父母处分未成年子女财产的代理权加以限定，即父母非为未成年子女利益不得处分其名下财产，否则构成无权代理，处分行为的效力则应当依照无权代理的规则加以判断。

法定代理权的过度扩张性意味着其需要受到一定限制，若不对其加以限制，难免会出现父母滥用法定代理权而损害未成年子女利益的情形，而这与"最有利于被监护人"的原则是相违背的。从表面上看，无论是无效论还是无权代理论，似乎都符合"最有利于被监护人"这一原则，但相比于无权代理论，无效论显然存在更多弊端。首先，该观点不利于维护交易相对人的信赖利益和交易安全。在法定代理制度下，父母的代理权基于法律的直接规定，类似于全权代理，相对人的信赖利益无法通过表见代理来得到维护。其次，该观点中的利益受损主体并不适格。通常而言，违反效力性强制性规定，会导致国家利益或社会公共利益受损，[1]但监护人处分未成年人财产的行为，涉及的只是父母、子女和交易相对人的利益，即使违反该规定，其核

---

[1] 参见王利明：《中华人民共和国民法总则详解（下）》，中国法制出版社2017年版，第669页。

心也只是私人利益受损而非国家或社会公共利益受损。

因此,笔者并不主张将《民法典》第35条第1款视为效力性强制性规定。笔者认为,应当将该条款视为禁止性规定,并结合无权代理制度对违反该条款行为的法律后果进行评判。

(二) 法律后果

从保护交易的目的出发,我国法律规定无权代理行为效力待定,因此父母非为未成年子女利益而抵押其房产的行为应认定为无权代理,未成年子女成年后进行追认可生效。

第一,父母的行为经子女成年追认后,无权代理转化为有权代理,父母所负的无权代理责任免除,由成年子女承受该行为的法律后果。

第二,子女不予追认或者拒绝追认的行为,对子女不产生任何效力,应由父母承担责任。

第三,在交易相对人存在过错的情形下,应由父母和交易相对人按照各自的过错承担责任。该情形又分为两种不同的情况:一是相对人明知父母无权代理,而与其恶意串通损害未成年子女的合法权益,该行为无效;二是相对人应当知道父母无代理权,但未尽到相应的审查义务,此时相对人具有重大过失,该行为亦属无效,并不构成善意取得。本案中,邱某在无证据证明陈某系为了陈甲的利益抵押房屋的情况下,未履行相应的审查义务,对抵押权亦不构成善意取得。

三、父母以其与未成年子女共有房产进行抵押的效力甄别

在父母抵押未成年子女名下房产案件中,若明确该房产为子女个人财产,则只需认定抵押行为是否"为维护被监护人利益",再结合无权代理制度对该行为的法律后果作出评判。若该房产为父母与子女共有之房产,父母的抵押行为并不当然视为无权代理,毕竟该房产中有部分份额属于父母本人。本案即属于该种情形,A房屋为陈某与陈甲共同共有,该事实已为《不动产登记簿》上登记的共有情况所确认,因此可以认定陈甲对A房屋享有一定份额,确认A房屋为陈某与陈甲的共有财产。但实践中,此类共有房产

往往难以分割,那父母以此类房产进行抵押的行为是否有效,则需要结合共有情况进一步分析。

需要注意的是,2000 年《最高人民法院关于适用〈中华人民共和国担保法〉若干问题的解释》(以下简称《担保法司法解释》)与《民法典》中对于共有人抵押共有财产的规定并不一致。《担保法司法解释》第 54 条规定,按份共有人可以以其共有财产中享有的份额设定抵押;但共同共有人只有在全体共有人都同意,或者其他共有人知道或者应当知道但未提出异议的情况下,才能以共有财产设定抵押。而《民法典》第 301 条则规定,处分共有的不动产或者动产以及对共有的不动产或者动产作重大修缮、变更性质或者用途的,应当经占份额三分之二以上的按份共有人或者全体共同共有人同意,但是共有人之间另有约定的除外。可见现行法律对共有人抵押共有房产的要求更加严格。

本案中,涉案事实发生在《民法典》施行以前,且陈某与陈甲对 A 房屋属于共同共有,故应当适用《担保法司法解释》第 54 条第 2 款之规定,认定系争抵押借款合同中的抵押部分无效。

【附录】

编写人:詹文沁(民事庭法官助理)

一审裁判文书案号:(2021)沪 0120 民初 4918 号

二审裁判文书案号:(2021)沪 01 民终 14893 号

二审合议庭成员:任明艳(审判长)、陈敏、顾恩廉(主审法官)

28

涉虚拟货币民事法律行为的受理审查标准

——徐某某诉张某某民间借贷纠纷案

【案例要旨】

虚拟货币因具有经济性、可支配性、稀缺性等特征而属于具有财产属性的物，应当被纳入《民法典》第127条"网络虚拟财产"的保护范围之内。对于民事主体之间因涉虚拟货币持有、交易、借贷等行为，不宜直接认定其不属于人民法院民事案件的受案范围。人民法院应按照《民事诉讼法》关于起诉要件的相关规定，对案件进行受理审查。

【案情简介】

上诉人（原审原告）：徐某某。

被上诉人（原审被告）：张某某。

徐某某与张某某系朋友关系。2021年5月，徐某某将其名下USDT交易账户内约40000泰达币（折合人民币约285000元）交由张某某进行投资管理，张某某承诺每月产生20%的收益。后张某某向徐某某表示因股权基金认购事宜需资金周转两个月，并承诺按照月化20%的收益支付给徐某某共12万元。张某某出具承诺载明：2021年5月8日，张某某收到徐某某叁拾万圆整，作为公司上市股权认购资金，张某某保证按照资金月化20%标准作为收益支付给徐某某，资金若有损失由张某某承担。双方约定张某某于6月28日向徐某某转账，但张某某未按约定时间转账。后经徐某某多次催要无果，并发现张某某的职位、公司上市等事宜均系虚假，遂向派出所报案，民警对两人做了笔录。后徐某某向法院提起诉讼，请求张某某返还本金30万元人民币及利息12万元人民币。

【裁判结论】

一审法院认为，本案涉及经济犯罪嫌疑，根据《最高人民法院关于在审理经济纠纷案件中涉及经济犯罪嫌疑若干问题的规定》的有关规定，应移送公安机关处理。遂裁定驳回起诉。

徐某某不服一审裁定，其认为依据公安机关出具的《询问笔录》等材料，可证明本案尚未按涉嫌刑事犯罪予以立案，故向法院起诉系其维护自身合法权益的唯一途径。遂提起上诉。

二审法院认为，本案的争议焦点在于关于虚拟货币的纠纷是否属于法院民事案件受案范围。首先，《民法典》第127条明确将数据与虚拟财产纳入保护范围，泰达币（USDT虚拟货币）具有一定财产属性，在这个意义上受法律保护。其次，本案为双方当事人之间涉USDT虚拟货币的民事纠纷，其可能影响相关民事法律行为的效力，不直接导致本案不属于人民法院民事案件受案范围。原审裁定驳回起诉存在不妥，故裁定撤销原裁定，指令一审法院对本案进行审理。

【评析意见】

本案的争议焦点在于虚拟货币USDT是否具有财产属性、民事主体之间涉虚拟货币的借贷关系是否属于人民法院受理案件的范围。我国民事法律尚未对虚拟货币进行明确的规定，这导致司法裁判对涉虚拟货币的案件受理、行为效力、赔偿标准等存在法律适用不统一的情形，也无法为民事主体提供明确的行为指引。虚拟货币是否具有财产属性，涉及虚拟货币交易、发行、借贷等法律关系是否受民事法律保护等问题的厘清是民事法律调整相关财产关系的前提。

一、虚拟货币本质属性的理论证成

（一）虚拟货币的概念界定及特征

虚拟货币是指非有权机关发行的，以区块链或类似技术为支撑并以电子化方式记录的通货。此处的虚拟货币区别于基于传统互联网技术产生的、由中心化主体发行的游戏币、积分等网络虚拟财产,主要包括比特币(BTC)、以太币(ETH)、泰达币(USDT)等。① 虚拟货币具有以下特点:

一是具有私人自治性。虚拟货币系运用加密技术的计算机信息系统数据,其最根本的特征是"去中心化",即在中央政府发行的法定货币体系之外,寻求一种私人自治的、具有隐私保护功能的记账支付手段。其通过区块链等技术,依靠算法运行而产生并交付,以脱离银行、金融机构等主体,这意味着虚拟货币的价值不基于国家的信用背书,其流转和交易极易缺乏法律体系下责任承担的适格主体。②

二是具有可编程性。虚拟货币的本质是依托区块链技术产生、通过私钥控制的虚拟凭证,故其没有特定的物理形态,只是数字化的信息,权利义务的设定系通过编程代码表达并形成智能合约来实现,故具有可编程性。③ 虚拟货币往往是绑定于相应的虚拟账户上,用户获得账户使用权就可以占有、使用、收益相应的虚拟货币,无须进一步的实名验证,这一特性使其容易存在价格操作等风险。

三是不具有法偿性。货币的主要职能是流通手段、价值尺度、储藏手段、支付手段和世界货币,其中基本职能是流通手段和价值尺度。虚拟货币可在网络系统内作为法定货币的映射物实现流通,虚拟产品和服务也多用虚拟货币进行标价,再按照固定比率与法定货币进行兑换。故从职能上考究,虚拟货币在一定范围内已具备货币的部分职能。④ 但虚拟货币目前只能在特定的网络系统内使用和流转,充当部分商品的等价物,无法实现与法定货币双向的自由兑换,不具有法偿性。

---

① 齐爱民、张哲:《政策与司法背景下虚拟货币法律属性的实证分析》,载《求是学刊》2022年第2期,第105页。
② 李伟、赵蕊:《虚拟货币的法律属性及争议解决现状分析——以北京市近三年司法裁判文书为样本》,载微信公众号《民主与法制周刊》2022年6月16日刊文。
③ 常亚楠:《虚拟货币的法律属性审思与规制完善》,载《金融理论与实践》2022年第4期,第69页。
④ 王冠:《基于区块链技术ICO行为之刑法规制》,载《东方法学》2019年第3期,第138页。

（二）关于虚拟货币的相关裁判观点梳理

为避免系统性金融风险，我国对虚拟货币采取了严厉的监管政策。2013年12月3日，中国人民银行、工业和信息化部等五部门发布《关于防范比特币风险的通知》，规定比特币的性质是特定的虚拟商品，不具有与货币等同的法律地位，不能作为货币在市场上流通。2017年9月4日，中国人民银行等七部门发布《关于防范代币发行融资风险的公告》，将发行虚拟货币融资的行为定性为非法公开融资。2021年9月15日，中国人民银行、中央网信办等十部门发布的《关于进一步防范和处置虚拟货币交易炒作风险的通知》，明确规定了虚拟货币不同于法定货币的本质属性。2022年4月13日，中国互联网金融协会等联合发布的《关于防范NFT相关金融风险的倡议》中，明确不得以比特币、以太币、泰达币等虚拟货币作为NFT发行交易的计价和结算工具。

在此情形下，多数法院对虚拟货币的合法性持否定评价，主要体现在三个层次：一是在立案阶段，认为虚拟货币本身不合法，当事人之间交易或投资虚拟货币的行为不属于民事法律的保护范畴，不应纳入人民法院民事案件的受案范围，应裁定驳回起诉或不予受理；二是在审理阶段，将涉及虚拟货币的相关民事法律行为直接认定为无效[1]，因虚拟货币产生的债务均为非法债务；三是基于损失和风险自担的原则，法院在认定相关民事行为无效之后，不认可当事人要求返还虚拟货币或赔偿损失的诉请。[2]

实践中，少数法院从虚拟货币本身的性质出发，认为涉及虚拟货币的交易、借贷、抵押等民事法律关系非当然无效，应按照相关民事法律规定予以认定，主要理由如下：一是《关于进一步防范和处置虚拟货币交易炒作风险的通知》属于部门规范性文件，而我国法律、行政法规并未禁止持有或合法交易虚拟货币，应将其纳入民事法律的保护范畴[3]；二是虚拟货币作为法定货币的虚拟对应物，可在特定的网络环境下进行流通或购买商品及服务，体

---

[1] 参见安徽省合肥市中级人民法院（2019）皖01民终10232号民事判决书，载中国裁判文书网。
[2] 参见北京市第三中级人民法院（2021）京03民终14106号民事判决书，载中国裁判文书网。
[3] 参见海南省高级人民法院（2020）琼民申305号民事判决书，载中国裁判文书网。

现出财产属性的本质，应认定为合法财产；三是应区分民事互易行为和经营性商事行为，对于涉及虚拟货币的商事流通行为应认定为无效，零星偶发的民事交易行为可认定为有效。由此可见，对虚拟货币法律属性的辨析，直接影响到对其合法性及相关交易行为的效力判定。

（三）虚拟货币属于具有"财产属性"的物

《民法典》第 127 条规定，法律对数据、网络虚拟财产的保护有规定的，依照其规定。该条款作为引致性规定，为将网络虚拟财产纳入民事法律保护范畴内预置了路径接口。但就虚拟货币是否可以归类于虚拟财产，目前尚未达成一致性结论。本文观点认为，"凡是对人有经济价值、可分离、可掌控的对象都属于财产",① 虚拟货币具有财产属性，主要在于其具有"财产"的特性：

一是具有经济性。虽然虚拟货币无法实现与法定货币的自由兑换，但在特定网络环境中，人们通过虚拟货币购买虚拟产品或服务，以满足自身的实际需求或部分经济利益，或是在特定群体之间流通和交易，体现出较强的交换价值和使用价值，故其具有经济性。

二是具有可支配性。民法意义上的"物"，是能够被控制的、客观存在的，包含有体物、无体物。虚拟货币的形态是数字化信息，该数据由权利人本身掌握，权利人可以通过私钥实现排他性的占有、支配和使用等所有权权能，且所有权的权属与变动可以明确的方式予以公示,② 故其属于可支配的"物"。

三是具有稀缺性。虚拟货币是依赖于网络协议、通过算法产生，需要消耗能源并投入大量的物质及人力成本，该过程及劳动产品凝结了人类抽象的劳动力。任何类型的虚拟货币均有固定的数量限制，人们通过"挖矿"、平台购买及接受虚拟货币支付而获取，无法随意取得，故其具有稀缺性。综上可以看出，虚拟货币属于具有财产属性的物。

---

① 孙山：《财产法的体系演进》，载《上海政法学院学报（法治论丛）》2021 年第 4 期，第 71 页。
② 赵磊：《数字货币的私法意义——从东京地方裁判所 2014 年第 33320 号判决谈起》，载《北京理工大学学报（社会科学版）》2020 年第 6 期，第 116 页。

二、涉虚拟货币民事纠纷案件的受理标准

(一) 相关案件的受理与否应基于起诉要件进行判定

《关于进一步防范和处置虚拟货币交易炒作风险的通知》第1条第2项规定，虚拟货币相关业务活动属于非法金融活动的，应依法追究刑事责任。第4项规定，任何法人、非法人组织和自然人投资虚拟货币及相关衍生品，违背公序良俗的，相关民事法律行为无效，由此引发的损失自行承担。有观点认为，基于上述规定，涉虚拟货币的纠纷并非受法律保护的民事法律关系，不属于人民法院民事案件的受案范围。

笔者认为，根据《民事诉讼法》第122条的规定，起诉必须符合下列条件：(1)原告是与本案有直接利害关系的公民、法人和其他组织；(2)有明确的被告；(3)有具体的诉讼请求和事实、理由；(4)属于人民法院受理民事诉讼的范围和受诉人民法院管辖。即公民、法人、其他组织之间因财产关系和人身关系提起的诉讼，满足上诉形式要件的，均应属于人民法院受理民事诉讼的范围。"不违反金融秩序""法律关系受法律保护"非法定的起诉要件。因此，对涉及公民之间持有、交易、借贷虚拟货币的行为，不宜以"违反金融秩序"或"法律关系不受法律保护"为由，裁定驳回起诉或不予受理。

(二) 涉虚拟货币的民事法律行为并非当然不属法院受案范围

基于虚拟货币可能会破坏现有金融秩序、损害公共利益，而对相关交易进行相应监管和限制具有正当性，但并非否定全部涉虚拟货币交易行为的法律效力。《关于进一步防范和处置虚拟货币交易炒作风险的通知》对"非法金融活动"的内涵列举为"开展法定货币与虚拟货币兑换业务、虚拟货币之间的兑换业务、作为中央对手方买卖虚拟货币、为虚拟货币交易提供信息中介和定价服务、代币发行融资以及虚拟货币衍生品交易等虚拟货币相关业务活动"，该规定并未明确规定个人投资、交易行为属于"非法金融活动"的范畴。

在《关于进一步防范和处置虚拟货币交易炒作风险的通知》第1条第4

项的规定中，任何法人、非法人组织和自然人投资虚拟货币及相关衍生品的民事法律行为无效的前提是"违背公序良俗"。涉虚拟货币的交易活动多因破坏金融秩序、国家宏观政策等公共秩序，被认为违背公序良俗，经法院实体审理后被判决或确认无效。民事主体之间所进行的额度有限、自主议价的虚拟货币交易，其往往仅涉及当事人之间利益关系的平衡，并不涉及对第三人利益、金融秩序、公共利益、社会稳定产生重大影响。① 故不宜基于"违背公序良俗"，未经法院实体审理即直接裁定不予受理或驳回起诉。

三、刑民交叉案件审理规则的审慎适用

《最高人民法院关于在审理经济纠纷案件中涉及经济犯罪嫌疑若干问题的规定》第 11 条规定，人民法院作为经济纠纷受理的案件，经审理认为不属于经济纠纷案件而有经济犯罪嫌疑的，应当裁定驳回起诉，将有关材料移送公安机关或检察机关。民事案件中是否存在犯罪嫌疑，实践中多以有权机关出具的相关意见作为重要参考，一般包括起诉建议书、起诉书、公安机关的立案通知书等。在缺乏上述材料的情况下，法院应当结合案件事实和相关证据，根据刑法规定的犯罪构成等要件对所涉犯罪进行初步分析，进而判断是否应出具不予受理、驳回起诉的裁定。

具体到本案，双方当事人之间的民间借贷纠纷所涉标的物虽为虚拟货币，但虚拟货币属于具有财产属性的物，应纳入《民法典》的保护范畴内，本案属于人民法院民事案件的受案范围。另，徐某某作为债权人与本案有直接利益关系、有明确的被告张某某、有具体的诉请及事实和理由，符合《民事诉讼法》第 122 条规定的起诉要件，应当予以受理。同时，徐某某已向公安机关报案，目前相关部门并未出具立案通知书等，不宜直接依据《最高人民法院关于在审理经济纠纷案件中涉及经济犯罪嫌疑若干问题的规定》的相关规定裁定驳回起诉。

---

① 李燕、常烨：《虚拟货币的法律属性争议与思考》，载《内蒙古社会科学》2021 年第 6 期，第 88 页。

【附录】

编写人：乔林（立案庭副庭长）、杨燕（研究室法官助理）
一审裁判文书案号：（2021）沪0120民初24110号
二审裁判文书案号：（2022）沪01民终6088号
二审合议庭成员：乔林（审判长兼主审法官）、赵鹃、侯晓燕

29

股权转让中违法减资的共同侵权责任认定规则
——S公司与A公司等房屋租赁合同纠纷案

【案例要旨】

公司减资决议未依法通知债权人的，构成违法减资，对债权人不发生减资的效果。在认缴出资已符合加速到期要件的情况下，原股东与现股东明知公司负有到期债务，仍恶意串通，通过股权转让与违法减资的一致行为，排除债权人获得担保或提前清偿的法定权利，故意损害债权人对股东出资义务的信赖利益，提前阻碍债权人获得破产清偿的法律渠道，构成对债权人的共同侵权行为，应在违法减少的认缴出资范围内，连带向债权人承担补充赔偿责任。

【案情简介】

上诉人（原审原告）：S公司。
被上诉人（原审被告）：A公司、顾某、周某、张甲、张乙。
2017年5月，S公司（承租方）与A公司（出租方）签署房屋租赁合同，租期两年，自2017年5月20日起至2019年5月19日止。S公司交纳

租赁保证金 196402.50 元，双方约定租赁关系终止时，租赁保证金扣除 S 公司应承担的费用后，剩余部分无息退还给 S 公司。之后 S 公司按约全额支付了租金及物业使用费，并按期归还了房屋。后因 A 公司迟延返还租赁保证金，S 公司诉至法院，请求判令 A 公司返还保证金及资金占用利息，公司现股东顾某、周某对 A 公司上述全部债务承担连带责任，公司原股东张甲、张乙在未出资本息范围内对 A 公司上述全部债务的不能清偿部分承担连带补充赔偿责任。

一审法院查明 A 公司的注册资本及股东变更情况：

A 公司系有限责任公司，于 2009 年 2 月成立，发起人张甲、张乙各以货币出资 5 万元、45 万元。2013 年 1 月，A 公司申请变更注册资本为 150 万元，张甲、张乙各以货币出资 15 万元、135 万元。2015 年 2 月，A 公司拟申请变更注册资本为 5000 万元，张甲、张乙出资额分别为 4500 万元、500 万元，认缴出资时间为 2035 年 2 月 25 日。

2019 年 3 月 16 日，张甲、张乙作为转让方，与顾某、周某作为受让方，共同签订股权转让协议，约定 A 公司注册资本为 5000 万元，张甲、张乙将所持全部股权作价 0 元分别转让给顾某、周某。股东由张甲、张乙变更为顾某（4500 万元）、周某（500 万元）。3 月 26 日，A 公司股东由张甲、张乙变更为顾某、周某，顾某、周某认缴出资额分别为 4500 万元、500 万元，出资时间为 2034 年 2 月 25 日。

2019 年 4 月 23 日，顾某、周某出具《债务清偿情况及担保情况说明》（以下简称《情况说明》），注明相应股东会减资决议已通知债权人，并公告。《情况说明》明确 A 公司向对外提供担保的债权人清偿了全部债务或提供了相应的担保，未清偿的债务，由公司继续负责清偿，并由全体股东在法律规定的范围内提供相应的担保。

2019 年 5 月 17 日，A 公司注册资本减少为 150 万元，股东认缴出资额变更为顾某、周某认缴出资额 135 万元、15 万元，约定出资时间为 2035 年 2 月 25 日。

二审法院另查明：2015 年 2 月 25 日，A 公司召开临时股东会，张甲、张乙共同作出决议，将 A 公司注册资本增加到 5000 万元，张甲、张乙各出资4500万元、500万元，认缴出资时间均为2035年2月25日。次日，A公司完成注册资本变更的登记申请。

2019年3月5日，A公司召开临时股东会并形成决议，公司减资至150万元，股东出资额及持股比例修改为顾某、周某出资各为135万元、15万元。同日完成章程修改，相关股东会决议与章程修正案均由顾某、周某作为股东签名，并加盖A公司公章。但是此时尚未签订股权转让协议。3月7日，A公司于报纸上刊登减资公告。

2019年12月至2021年5月，A公司作为被执行人在上海法院共有四起执行案件，全部义务均未履行。其中部分大额债务于2019年3月时已处于长期未清偿且持续增加的状态。

【裁判结论】

一审法院认为，双方签订的房屋租赁合同系双方的真实意思表示，合法有效。租赁期限届满，S公司要求A公司返还保证金，符合合同约定，S公司要求A公司支付自租赁期满次日起的利息损失，于法有据。由于出资时间未届期，S公司要求顾某、周某、张甲、张乙等承担相应责任，均不予支持。故判决A公司返还S公司租赁保证金并支付利息，驳回S公司的其余诉讼请求。S公司不服，提起上诉。

二审法院认为，系争租赁合同于2019年5月19日到期终止，S公司已经履行了全部租金、物业费支付义务，亦已经返还了系争房屋，A公司应该按约返还其所占有的保证金。A公司的减资行为将会对S公司的债权实现造成影响，应当依法履行通知义务，但是A公司以登报公告替代直接通知，与其在《情况说明》中的承诺不符，未依法履行对已知债权人的通知义务，明显违反法定减资程序，构成违法减资，不对债权人发生减资效果。A公司原股东与现股东均已明显意识到A公司的资产状态恶化，恶意串通，通过股权转让与违法减资的一致行为，意欲提前摆脱公司既有债务引发股东出资责任的不利后果，排除债权人获得担保或提前清偿的法定权利，故意损害债权人对股东出资义务的信赖利益，提前阻碍债权人获得破产清偿的法律渠道，构成对S公司债权的共同侵权行为。在A公司现已具备破产原因的前提下，股权转让双方的共同侵权行为已经实际损害了 S 公司的出资加速到期可得利益。A 公司原股东张甲、张乙与现股东顾某、周某存在恶意串通，构成共同侵权，应在违法减资的总体范围内，连带就 A 公司的保证金返还债务，向 S 公司承担补充赔偿责任。故改判顾某、周某、张甲、张乙连带在 48500000 元范围内对 A 公司承担的返还租赁保证金并支付利息的金钱给付义务中不能清偿部分向 S 公司承担补充赔偿责任。

【评析意见】

在公司注册资本认缴制的模式下，股东享有认缴出资的期限利益，但不得滥用股东权利损害公司资本维持原则。本案中，A 公司存在减资行为，张甲、张乙又将股权分别转让给顾某、周某，S 公司主张该减资行为违法，且前后股东存在恶意串通，损害其债权利益，应承担连带赔偿责任。因此，本案二审争议焦点在于：一、A 公司的减资行为是否违法？二、前后股东是否存在恶意串通的共同侵权行为？三、股东侵害债权的法律后果应当如何认定？

一、未依法通知已知债权人的减资行为构成违法减资

《公司法》第 177 条第 2 款规定："公司应当自作出减少注册资本决议之日起十日内通知债权人，并于三十日内在报纸上公告。债权人自接到通知书之日起三十日内，未接到通知书的自公告之日起四十五日内，有权要求公司清偿债务或者提供相应的担保。"公司减资"通知义务"的目的在于通过信息披露的方式弥补公司与债权人之间的信息不对称，使债权人及时准确地了解公司资产情况，以便其能够对自身债权的行使时机作出合理的判断，公司应尽早及尽可能之方式履行通知义务，以保障债权人的信赖利益和知情权，尤其是对已知的债权人，应采用通知这种合理、有效的方式告知，公告不能免除直接通知的义务，[①] 因为报纸公告的效果过于有限，几乎无法使债权人获悉减资事宜，很难期待债权人通过报纸知晓公司减资之事宜，更无法进一步要求债务人进行清偿或提供担保。

[①] 参见最高人民法院（2012）民提字第 25 号民事判决书，载中国裁判文书网。

本案中，A公司明知S公司对其享有即将到期的保证金债权，其减资行为将会对S公司的债权实现造成影响，应当依法履行通知义务。而且，S公司租赁系争房屋系用于办公，A公司也知晓S公司的联系方式及送达地址，完全有能力履行通知义务。A公司在2019年3月5日作出减资决议，于3月7日在报纸上刊登减资公告，却并未直接通知S公司，在与S公司办理房屋、押金单交接手续时，也未提及减资事宜。A公司以登报公告替代直接通知，与其在情况说明中的承诺不符，未依法履行对已知债权人的通知义务，明显违反了法定减资程序，构成违法减资。《公司法》并未对违法减资的后果进行明确规定，相关典型案例将抽逃出资的后果规定类推适用于违法减资，认定股东在违法减资范围内对公司债务承担补充赔偿责任。[1]而近年来的实践中，又出现了将"形式减资"与"实质减资"进行区分的观点，并认为形式违法减资并非减少公司责任财产，并不当然损害债权人利益，不能适用抽逃出资规则，不应由股东对债权人承担赔偿责任。[2]本案中，A公司的减资即所谓"形式减资"，其目的在于免除股东认缴的出资义务，但股东并未从公司现有资产中实际抽回资金。对该行为的后果，还需要结合本案具体情况，作进一步分析。

二、股权转让中的恶意串通型共同侵权行为认定

（一）原股东和现股东共同实施减资加害行为

侵权法以"意思联络"作为共同加害行为的构成要件，将具有意思联络，协力共同实施侵权行为的数个加害人的行为予以整体看待，评价为一个侵权行为。[3]根据《公司法》第20条第1款的规定，公司股东不得滥用公司法人独立地位和股东有限责任损害公司债权人的利益。在认缴制背景下，如公司正常经营，股东基于正常的商业考量转让尚未届出资期限的股权，并

---

[1] 参见（2016）沪02民终10330号民事判决书，载《最高人民法院公报》2017年第11期。
[2] 参见《最高人民法院第二巡回法庭法官会议纪要（第二辑）》，人民法院出版社2021年版，第21页至第35页。
[3] 参见程啸：《侵权责任法》（第三版），法律出版社2021年版，第376-377页。

不被法律所禁止,也不能当然认定原股东需对公司债务承担责任。但是,在公司面临严重债务困境的情况下,原股东为了逃避认缴出资义务,与现股东相互配合进行形式上的股权转让,真实目的在于使公司债权人对股东出资义务的追索渠道落空,则构成了典型的恶意串通。

在实践中,如何认定股权转让中的恶意串通,并没有具体统一的标准。一般而言,可以综合以下因素进行综合判断:一是股权转让时公司是否已面临债务困境,如在"陆某刚、曹某诉某星公司债务纠纷案"中,法院认为,在债权人已经向法院起诉要求某星公司偿还债务情形下,股东对公司的资产和负债情况应属明知,却在起诉期间转让股权,难以认定为善意[①];二是股权转让是否具有合理对价;三是受让人是否真实支付股权转让价款,受让人是否明显缺乏出资能力等。

而在本案中,A公司的股权转让与减资行为存在密切联系,原股东与现股东相互配合,以股权转让为形式,真实目的则在于共同进行违法减资:第一,A公司现股东在受让股权之前,就已经以股东的名义作出了减资决议,原股东对此明知,却通过出借印章、登报公告等方式办理了配合手续,说明现股东受让股权的首要目标在于完成减资,而原股东对此明知并予以配合。第二,从以往诉讼情况可知,当时A公司负有数笔债务且均处于长期未清偿并持续增加的状态,作为原股东的张甲、张乙对公司的负债情况应当明知,却在此期间无偿向现股东顾某、周某转让股权,互相配合,办理违法减资。由此可见,A公司原股东和现股东恶意串通,存在明显的意思联络,意欲提前摆脱公司既有债务引发股东出资责任的不利后果,共同实施了违法减资的加害行为。

(二)债权因已加速到期的认缴出资减少而遭受现实损害

根据原《侵权责任法》第6条(现《民法典》第1165条)之规定,"债权"作为一种民事权益,可以成为侵权行为的客体。根据《公司法》第3条之规定,公司对外承担债务的范围是公司的全部财产,公司的资产状况

[①] 参见北京市第三中级人民法院(2020)京03民终3634号民事判决书,载中国裁判文书网。

将直接决定公司的偿债能力。公司减资属于公司根本性的结构变化，实质上是股东优先于债权人收回投入的资本。① 在此过程中，股东收回投资与公司减资可能引发债权人债权无法实现，存在严重的利益冲突。因此，公司减资受公司资本维持原则的约束。从广义上看，基于保护债权人的目的，公司资本维持原则的核心要义包括三个方面：维持股东出资；完善的减资制度；全面的分配规则。与本案相关的是前两项内容。

维持股东出资指的是维持股东出资的金额。由于资本维持的对象是"出资"，那么，认缴但尚未到期的"出资"，是否属于维持的对象？一般认为，股东认缴但未缴的出资不属于资本维持的范畴，因为资本缴入公司之前不存在被维持的可能。根据企业会计准则，认缴出资不计入资产负债表，不属于公司资产的一部分，这也就是前文所述的"形式违法减资"与"实质违法减资"的差异化裁判观点的根源。但是，如果公司减资时，自身已经陷入资不抵债，达到实质性破产的地步，违法减资就会与债权人利益产生现实冲突。在公司无法履行到期债务时，未届出资期限的未完全出资股东将丧失期限利益，提前履行出资义务，即股东出资加速到期。2019年《全国法院民商事审判工作会议纪要》（以下简称《九民会议纪要》）第6条表述："在注册资本认缴制下，股东依法享有期限利益。债权人以公司不能清偿到期债务为由，请求未届出资期限的股东在未出资范围内对公司不能清偿的债务承担补充赔偿责任的，人民法院不予支持。但是，下列情形除外：（1）公司作为被执行人的案件，人民法院穷尽执行措施无财产可供执行，已具备破产原因，但不申请破产的；（2）在公司债务产生后，公司股东（大）会决议或以其他方式延长股东出资期限的。"

本案即是违法减资与加速到期情形的融合，而并非单纯的形式减资。原股东和现股东办理减资的直接后果在于免除了股东认缴于2035年到期的4850万元出资义务，而2019年12月后，A公司作为被执行人在上海法院共有多起执行案件，均为金钱义务履行，其中三起总计金额2000余万元因无财产可供执行被裁定终结本次执行。该减资行为在形式上虽未减少公司的净

---

① 李哲松：《公司法》，吴日焕译，中国政法大学出版社2000年版，第585-594页。

资产，但减资后 A 公司陷入循环债务诉讼，法院穷尽执行措施无财产可供执行，属于不能清偿到期债务，并且明显缺乏清偿能力，根据《企业破产法》第 2 条、第 35 条之规定①，A 公司现已具备法律所规定的破产原因，如其未违法减资，并依法进入破产程序，则股东所认缴的 4850 万元出资将提前到期，且足以清偿 A 公司现有的全部被执行债务，债权人对公司资本维持的信赖利益及债务清偿利益将得以实现。原股东和现股东均已明显意识到 A 公司的资产状态恶化，仍恶意串通进行违法减资，S 公司无法实现债权的后果亦属于双方所能预见的范围。因此，原股东和现股东的违法减资行为与债权人S 公司无法实现债权的损害之间具有因果关系。

综上所述，A 公司原股东张甲、张乙与现股东顾某、周某在明知公司负有到期债务的情况下，进行恶意串通，通过股权转让与违法减资的一致行为，排除债权人获得担保或提前清偿的法定权利，故意损害债权人对股东出资义务的信赖利益，提前阻碍债权人获得破产清偿的法律渠道，构成对 S 公司债权的共同侵权行为。

三、共同侵权股东对公司债权人的赔偿责任认定

恶意减资的原股东及现股东构成共同侵权，依据《侵权责任法》第 8 条（现《民法典》1168 条）之规定，从多数侵权人之间的关系角度，其应向受到损害的债权人承担连带赔偿责任。而赔偿责任的整体性质与范围，则需从公司法层面进行解读。

《最高人民法院关于适用〈中华人民共和国公司法〉若干问题的规定（三）》（以下简称《公司法司法解释（三）》）第 13 条第 2 款规定，"公司债权人请求未履行或未全面履行出资义务的股东在未出资本息范围内对公司债务不能清偿部分承担补充赔偿责任的，人民法院应予支持"。该规定直接针对的情况系指出资期限已经届满，而股东在未完成实缴义务的情况下

---

① 《企业破产法》第 2 条第 1 款规定，企业法人不能清偿到期债务，并且资产不足以清偿全部债务或者明显缺乏清偿能力的，依照本法规定清理债务。第 35 条规定，人民法院受理破产申请后，债务人的出资人尚未完全履行出资义务的，管理人应当要求该出资人缴纳所认缴的出资，而不受出资期限的限制。

转让股权，并不能直接适用于未届出资期限的股权转让。而且，本案中，前后股东承担赔偿责任的基础并非在于股权转让，而是双方在股权转让的过程中，共同从事了违法减资行为，而该行为又与出资加速到期的背景融合，造成了债权人利益的现实损害。这种赔偿责任应当是在减资范围内对公司债务承担补充赔偿责任。首先，股东与公司系各自独立的主体，恶意串通违法减资，出资加速到期，均不当然导致公司人格否认。债权人如果越过公司直接向股东追偿，违反了公司法人人格独立的基本原则。即使是恶意减资，也应该将公司作为清偿债务的第一责任人，股东仅承担补充责任，这样能最大限度维护公司的独立性与自治性，对债权人利益亦无损害。其次，从侵权角度来看，只有当公司无法清偿债务时，债权受到损害的后果才产生，股东共同侵权的构成要件才满足，故股东承担的责任应为补充责任。最后，基于股东有限责任原则，实际上也是股东以其认缴的出资总额为限对公司债务承担责任，故其对债权人承担补充责任的范围不应突破其认缴出资额，即在减资范围内承担责任。

本案中，A公司原股东和现股东恶意串通减资，免除认缴出资的违法减资行为虽然不能直接产生等同于抽逃出资的法律后果，但对未依法通知的债权人S公司，不能发生合法的减资效果。在A公司现已具备破产原因前提下，股权转让双方的共同侵权行为已经实际损害了S公司的出资加速到期可得利益。因此，共同侵权人顾某、周某、张甲、张乙应在违法减资的总体范围内，连带就A公司的保证金返还债务向S公司承担补充赔偿责任。

【附录】

编写人：李兴（民事庭审判长）、丁杏文（民事庭法官助理）、刘倩倩（华东政法大学硕士研究生）

一审裁判文书案号：（2020）沪0115民初51151号

二审裁判文书案号：（2021）沪01民终7486号

二审合议庭成员：李兴（审判长兼主审法官）、许军、陈蓓蓉

30

涉工程款优先权调解协议的司法审查规则

——Z公司诉Y公司建设工程施工合同纠纷案

【案例要旨】

工程款优先权具有对抗不特定第三人的效力，如施工合同当事人坚持将工程款优先权作为调解内容，法院需依职权，基于工程施工中形成的客观证据，对结算金额真实性、优先权主张期限、优先权范围等内容进行实质审查，并合理保障案外人尤其是抵押权人的程序参与权。当事人根据专业审价报告及合理补偿协商达成的结算金额，属真实意思表示，可作为认定双方之间给付金额的依据。但优先权范围应严格限定于工程款本金，即属于已物化于工程实体的施工行为对价，该范围不属于当事人可通过合意变更的事项。法院应对结算金额的具体构成进行审查，若调解协议约定的优先权范围包含非工程款部分，应不予确认，并应以判决方式对工程款优先权的法定范围进行最终认定。

【案情简介】

原告：Z公司。

被告：Y公司。

2015年，Y公司作为发包方，Z公司作为承包方，签订《施工总承包合同》及两份补充协议，项目内容为土建、安装、室外工程总承包。其中《补充协议二》涉及设计变更、维修等工程款和停工赶工的补偿款等。2020年4月，工程竣工验收。7月15日，Y公司收到Z公司提交的完整结算资料。同年12月，案外人S银行就系争工程房屋的部分区域取得了抵押权登记。

后因Y公司未支付款项，Z公司诉至法院，法院审理中，双方确认未付款项为77469742.95元，并于法院签署《调解协议》，约定：一、Y公司支付Z公司77469742.95元（含剩余工程款本金74229545.5元及索赔款3240197.45元）。二、Z公司在剩余工程款本金74229545.5元范围内对系争工程享有工程款优先权。法院告知双方，因协议中关于工程款优先权的内容与案外人利益相关，将对调解协议予以审查，如认为调解内容不符合法律规定，将另行判决。

2021年9月，另案判决S银行对Y公司抵押的工程部分地块折价款享有优先受偿权。经本案法院联系，S银行确认清楚本案诉讼状况，不参与本案诉讼，请求法院依法判决。

【裁判结论】

一审法院认为：《调解协议》的结算金额具有真实基础材料，已付款金额确认均有银行转账凭证，Y公司应当按约向Z公司承担付款义务。但工程款优先权涉及案外人利益，需要依职权审查。虽然Z公司的优先权主张没有超出除斥期间，但双方在《补充协议二》中约定的金额包括非工程款的损失补偿，经审查签约时的原始证据材料，可以认定该部分补偿款为16774413.49元，故工程款债权本金应为60695330.11元。《调解协议》约定的优先权本金明显高于法定标准，损害了抵押权人利益，法院不予确认，就本案不再出具调解书，依法作出判决，确认Z公司在工程款本金60695330.11元范围内对系争工程享有优先受偿权。一审宣判后，双方当事人均未提起上诉，一审判决已经发生法律效力。

【评析意见】

原《合同法》第286条及《民法典》第807条均明文肯定了承包人就未支付的建工价款对该工程折价或者拍卖的价款优先受偿。本案中，双方当事人根据在诉讼中达成的调解结算协议，请求法院出具调解书，法院对于协议内容进行了实质审查，并最终认定关于优先权的协议内容部分违法，不予出具调解书,以判决方式缩减了优先权范围。根本原因在于:工程款优先权具有对抗不特定人的效力,法律对其行使期限与范围设置了限定条件,并不属于当事人可自由创设处分的权利。

一、工程款优先权调解的虚假诉讼风险防范:保障抵押权人的程序参与权

(一) 工程款优先权的对抗效力与非公示属性

工程款优先权的立法目的是以保护承包人的建设工程价款债权为媒介,间接保护建筑工人的权益。[1] 关于其权利性质,理论上多有争议:观点一认为属于承揽合同留置权的一种,观点二认为属于法定抵押权,[2] 观点三认为属于法定优先权。[3] 无论采取哪一种观点,在实践中都可以认定,该权利来源于法律规定,其产生不需要进行登记公示与占有留置,对不特定的其他债权人具有优先对抗效力。正因为其具有强大的对抗效力,但又缺乏可信赖的公示手段,一方面,司法解释对优先权的行使期限、范围进行了严格限制;另一方面,在现实的执行程序中,往往只有被司法程序确认过的优先权才能实际享有优先受偿的利益。因此,当事人通过调解程序虚增优先权范围,规避行使期间规定的虚假诉讼动机就产生了。自2012年《民事诉讼法》确立第三人撤销之诉制度以来,实践中出现了大量针对工程款优先权调解书的撤销之诉,[4] 直接反映出工程款优先权调解已经成为虚假诉讼的高发领域。

(二) 抵押权人系工程款优先权的利害关系人

2002年6月27日施行的《最高人民法院关于建设工程价款优先受偿权

---

[1] 最高人民法院民法典贯彻实施工作领导小组编:《民法典合同编理解与适用三》,人民法院出版社2020年版,第2034页。

[2] 梁慧星:《是优先权还是抵押权——合同法第286条的权利性质与适用》,载《中国律师》2001年第10期,第40页。

[3] 最高人民法院民法典贯彻实施工作领导小组编:《民法典合同编理解与适用三》,人民法院出版社2020年版,第2035页。

[4] 参见(2021)渝04民终271号、(2020)湘03民终1843号、(2017)沪01民撤4号民事判决书,载中国裁判文书网。三起案件均为请求撤销调解书中的优先权内容,均获得法院支持。

问题的批复》明确，建筑工程的承包人的优先受偿权优于抵押权和其他债权，该规则也被《最高人民法院关于审理建设工程施工合同纠纷案件适用法律问题的解释（一）》（以下简称《建设施工合同纠纷司法解释（一）》）第 36 条吸收。因此，工程款优先权的有无，范围大小，会直接影响抵押权人的利益实现。最高人民法院于 2021 年 2 月发布的第 150 号指导性案例在裁判要点中明确，抵押权的实现同工程款优先权案件的处理结果有法律的利害关系，抵押权人对确认工程款优先权的生效裁判具有提起第三人撤销之诉的原告主体资格。由此可见，要防范优先权案件中损害第三人利益的虚假诉讼风险，避免抵押权人后续提起第三人撤销之诉，引发裁判效果不稳定、执行回转等问题，有必要在涉优先权案件的审理中，保障抵押权人的程序参与权。

本案中，法院主动询问，查明了系争工程的抵押权人为 S 银行，询问其是否愿意参加本案诉讼，保障了 S 银行的知情权与程序选择权。S 银行则在充分了解诉讼过程的情况下，明确表示已知晓优先权对抵押权的影响，认可由法院依职权审查优先权事项，不需要参加本案诉讼。本案诉讼程序与审理方式得到了利害关系人的明确认可，充分提示本案双方当事人不得损害第三人利益，保障了第三人的程序权利。

二、工程款优先权合法性的实质审查方法：确立施工方的基础证据提供说明义务

关于工程款优先权能否通过调解书予以确认，在司法实践存在争议。一种观点认为，该权利系从权利，可以在调解中一并确认；另一种观点认为，该权利具有物权性质，根据《民事诉讼法司法解释》第 355 条第 1 款第 5 项的规定，调解协议内容涉及物权，人民法院应不予受理。[①] 笔者认为，工程款优先权并非物权种类之一，法律并不绝对禁止其纳入调解范围。但是，司

---

① 李后龙、潘军锋：《建设工程价款优先受偿权审判疑难问题研究》，载《法律适用》2016 年第 10 期，第 12 页。

法解释明确规定了权利行使期限，也将优先权范围限定为工程款本金，① 故该权利的有无与大小并不属于当事人可自由处分事项。即使抵押权人参加诉讼，也仅能起到程序监督的作用，法院必须依职权审查确定：（1）主张权利的期限是否合法。（2）纳入权利范围的工程款是否真实。

本案中，Z公司按约进行了结算资料提交，积极提起诉讼，主张优先权没有超出除斥期间，② 故审查的焦点在于权利范围的大小，而该问题也是实践中较为复杂，突出反映施工合同纠纷特殊性的问题。

（一）实质审查应当回溯穿透结算协议的基础

要确定工程款优先权范围，需要明确两点：（1）该款项性质是属于行政指导文件《建筑安装工程费用项目组成》所认可的工程款本金，代表了直接物化于工程的成本投入，与违约损害无关。（2）该款项的计算方式符合合同约定，且对应了真实工程量。个案中优先权范围的具体金额是以完成工程结算为前提，而工程款的结算又有别于普通的民商事合同，具有高度的专业复杂性。尤其是大型工程，即便合同约定了固定总价或单价，也无法简单地根据价格、数量计算，一般要根据最终完成的实际工程量，按照约定计价方式进行专业审价。真实的结算过程必定存在基于合同约定与实际工程量的核对磋商，业主方应具有确定结算金额的合理谨慎与基础依据。

调解协议的本质是当事人达成的结算合意，但并不能反映施工中的客观事实，不能直接将其作为认定优先权范围的依据。要判断调解内容是否真实合法，就必须进行回溯性、穿透式审查，要求当事人具体说明调解金额的来源与构成，提供支撑其结算合意的基础性、过程性证据。首先，可以对比签

---

① 《建设施工合同纠纷司法解释（一）》第40条明确规定，承包人建设工程价款优先受偿的范围依照国务院有关行政主管部门关于建设工程价款范围的规定确定。承包人就逾期支付建设工程价款的利息、违约金、损害赔偿金等主张优先受偿的，人民法院不予支持。

② 2018年公布的《最高人民法院关于审理建设工程施工合同纠纷案件适用法律问题的解释（二）》第22条规定：承包人行使建设工程价款优先受偿权的期限为6个月，自发包人应当给付建设工程价款之日起算。《建设施工合同纠纷司法解释（一）》第41条将该期限延长至18个月。根据履行合同约定，2020年11月27日为应付结算款日，自当日起算6个月，Z公司2021年5月24日起诉时，适用6个月期限并未届满。如自2021年1月1日，将期限延长为18个月，则Z公司的优先权主张更未超出该期间。

约合同金额，虽然该金额往往只是暂定价格，但也能够反映当事人的合理预期，如果工程已经完工，而结算金额又与签约价格基本相符，那么存在虚假合意的可能性就相对很低。其次，应当审查当事人是否曾经自行委托过审价，结算金额与审价结论是否相符。因为，自行委托审价虽然不是司法鉴定，但不仅是工程结算的一般流程，而且具有专业机构结论的属性，能够大大降低虚假诉讼的风险。本案中，由于双方存在串标行为，导致中标合同无效，故应以履行合同作为计价依据。该合同暂定签约价格为 236666600 元，在工程竣工后，Y 公司委托专业审价机构，对合同内工程量进行审价，结论为 233560415.39 元，较合同内原定预测价格尚有减少，审价报告附有全套完整的结算基础资料，真实反映了工程量，与约定计价方式相符，工程结算已具有审慎合理的专业基础。双方在诉讼调解中，又对审价金额进行了二次核减，明显有利于 Y 公司，不存在虚假成分。

大型工程施工周期长，工程量庞大，基本都存在设计变更、签证等工程变更事项，对于超出合同范围的增加款项，尤其需要明确其发生的原因、内容、计价方式。而根据施工行业惯例，具有审慎态度的建设方与施工方，为了防止结算中的争议，均会保留证明变更事项的具体过程性材料，如施工期间形成的签证单、技术核定单等，这些材料会记载具体变更内容，并有施工监理等第三方的日志作为补充确认。

本案中，《调解协议》中的审价报告外金额是重点审查对象，《补充协议一》斜角拉直费用及补充签证、总包管理费、税金等均具有基础证据，且明显属于工程款。优先权范围最大的疑点就出现在与《补充协议二》有关的金额中，该协议形成于施工过程中，以停工复工为签约背景，包括了设计变更、维修等工程款，也涉及停工赶工的补偿款。根据该协议记载，Z 公司的申报金额 184885549.24 元，双方最终确认调低为总额 8500 万元，但并未记载 8500 万元的具体构成。因此，法院要求当事人对此进一步举证说明，进行细节审查。

（二）施工方应承担施工基础证据的举证说明义务

对结算合意的实质审查，并不是由法官替代当事人、鉴定人员进行款项计算，而是在当事人主动陈述，并提供基础证据的前提下进行综合判断。如前所述，根据结算合意主张优先权的施工方，如果仅提交结算协议，并没有完成举证义务，须进一步提供基础证据，并加以合理说明，只有当其举证达到了足以消除合理怀疑的程度，其关于优先权范围的主张才能成立；如果其举证说明存在矛盾，或证明力欠缺，则应当承担相应范围不成立的不利后果。只有明确该项举证规则，才能真正进行实质审查，保障第三人尤其是抵押权人的利益。

本案中，关于《补充协议二》中工程款与补偿款的区分问题，法院要求双方当事人进行磋商过程的细节举证，并加以合理说明。经审查，Y公司工作人员在签约前，曾专门通过微信告知Z公司，Y公司将补偿金额确定为2258.52万元；而Y公司提交的内部审核文件系在系统中经过会签的原始材料，亦能够印证Y公司将Z公司的申报金额核减为74925544.44元，其中将补偿金额确定为22585206.89元。上述基础证据能够相互印证，所证明的事实符合结算惯例。双方最终将总金额确定为8500万元，系在此基础上作了合意上浮。由于双方均无法合理说明该上浮款项的具体构成，法院认定，应在Y公司内部审核的费用构成基础上，同比例认定相应费用的上浮金额，即在8500万元中，补偿款总计应为25622003.82元。此外，在补偿款中，包含了赶工费用补偿款5542540.27元，该部分费用是对因赶工而实际增加的施工投入的结算，本质上属于工期利益所对应的物化成本，可归入工程款本金，进入优先权范围。在当事人已经穷尽举证及说明义务的情况下，法院最终根据合理怀疑的审查规则，认定了本案可进入优先权的工程款本金为60695330.11元，较当事人约定的金额低1700余万元。

三、结算协议审查中的意思自治与法定限制：区分相对给付义务与对抗性权利

（一）意思自治的结算协议应作为给付义务依据

《建设施工合同纠纷司法解释（一）》第29条确立了尊重当事人就工

程价款自行结算的基本原则;① 还在第 30 条②规定双方已经接受专业咨询意见的，不再进行司法鉴定；在第 31 条③规定仅对争议事实进行鉴定。当事人之间的金钱给付义务，属于当事人自由处分的范围，人民法院应当充分尊重意思自治。民事诉讼应当遵循诚实信用原则，双方都有义务恪守承诺，不得反言。而且，工程鉴定的成本高、耗时长且较为复杂，在双方已达成合意的情况下，又重复申请司法鉴定，构成对鉴定权利的滥用，违反诚信原则。因此，《建设施工合同纠纷司法解释（一）》上述规定的精神都在于鼓励当事人自行结算，尊重已经达成的结算合意，缩小鉴定范围，节约诉讼成本。

本案中，双方当事人《调解协议》中的结算内容，从总金额角度来看，主体部分已有专业审价为基础，审价范围外的增补部分亦具有合同或施工中形成的补充协议、签证单作为事实依据，体现了双方的真实意思表示，故 Y 公司应当按照《调解协议》约定的金额与期限向 Z 公司承担付款义务。

（二）涉及案外人利益的优先权不得由当事人自由处分

工程款优先权具有对抗第三人的效力，如双方合意创设处分该权利，就已经超出当事人之间债务关系的范畴，不能当然对第三人产生效力。建立相对给付义务与对抗性权利设立的差异审查思维，能够把握意思自治与法定限制的价值平衡，既节约司法资源，又保障案外人利益。本案中，法院对优先权范围依职权进行了审查，认定当事人约定的优先权金额违反了法律强制性规定，故不予出具调解书确认，以判决方式对优先权范围进行了限制，保障了抵押权人的利益。

【附录】

编写人：李兴（民事庭审判长）、熊崧（民事庭法官助理）

---

① 《建设施工合同纠纷司法解释（一）》第 29 条规定：当事人在诉讼前已经对建设工程价款结算达成协议，诉讼中一方当事人申请对工程造价进行鉴定的，人民法院不予准许。

② 该条规定，当事人在诉讼前共同委托有关机构、人员对建设工程造价出具咨询意见，诉讼中一方当事人不认可该咨询意见申请鉴定的，人民法院应予准许，但双方当事人明确表示受该咨询意见约束的除外。

③ 该条规定，当事人对部分案件事实有争议的，仅对争议的事实进行鉴定，但争议事实范围不能确定，或者双方当事人请求对全部事实鉴定的除外。

一审裁判文书案号：（2021）沪01民初152号

一审合议庭成员：李兴（审判长兼主审法官）、许军、周丽丽

31

涉资管产品纠纷的甄别及追加增信措施的审查规则

——曹某诉A公司等委托理财合同纠纷案

【案例要旨】

涉及增信措施的委托理财合同纠纷中，受托人未就追加增信措施与委托人达成一致，且其追加行为未向委托人告知，委托人依据行业惯例和交易习惯对此无法预计的，难以认定受托人追加增信措施的义务同样约束委托人，受托人主张委托人应依照出资协议共担风险的诉请不应支持。

【案情简介】

上诉人（原审被告）：A公司。

被上诉人（原审原告）：曹某。

原审第三人：B信托公司。

曹某与A公司签订《信托计划合伙出资协议》，载明双方共同出资设立信托计划，信托计划由A公司统一管理，曹某不参与投资事宜。双方同意风险共担、收益共享。同月，A公司作为委托人另与受托人B信托公司签订《信托计划》，约定A公司作为委托人代表有权向受托人出具投资指令。信托计划设置预警线。若收盘时信托财产单位净值小于预警线，A公司有义务向专用账户追加资金，否则受托人有权处置信托财产。投资期间，A公司分8笔向B信托公司支付资金，备注为"保证金"或"补仓资金"，且A公司曾短信要求曹某付息。一年后，B信托公司对信托计划进行清算并向A公司

分配收益等。曹某以 A 公司未向其分配收益及出资本金为由诉至法院。

【裁判结论】

一审法院认为,《信托计划合伙出资协议》中并未就曹某需要追加增强信托资金进行明确约定, A 公司亦无证据证明其和曹某另行就追加增强信托资金达成新的协议,且从 A 公司支付第三人增强信托资金备注为"保证金、补仓资金"来看,其对于资金的说明应当是审慎的,而发给曹某短信中要求曹某支付的款项亦名为利息。根据现有证据,难以认定双方就增强信托资金的追加达成一致意见。现 A 公司主张曹某知情、应当分担追加的增强信托资金,有悖常理。一审法院遂判决 A 公司支付曹某信托计划的清算财产及逾期分配信托清算财产的违约金。A 公司认为其不应支付违约金,遂提起上诉。

二审法院认为,第一,A 公司主张其与 B 信托公司签订《信托计划》中的增强信托资金追加义务同样约束曹某,但曹某并非《信托计划》的签订主体,而增强信托资金追加义务系该信托计划的重要条款, A 公司并未提供充分证据证明双方对于增强信托资金追加义务有过明确的约定或达成新的协议,其应当承担举证不能的后果。第二, A 公司主张依据《信托计划》,其追加增强投资金的行为系协议应尽"义务",并且对不追加增强投资金的后果予以约定。然而该"义务"本质上仍是一项投资决策行为,该行为的决定权主体是 A 公司而非 B 信托公司。同时,A 公司在庭审中确认,实施上述追加增强投资金的行为事前不需向曹某征求相关意见,事后亦不需向其进行告知,故 A 公司应当对其追加增强投资金的后果自行承担相应责任。第三,A 公司实施追加增强投资金的行为,事实上已经让曹某的投资"收益"远低于合同约定平仓线所对应的损失,一定程度上已体现"风险共担、收益共享"。关于 A 公司的违约情况,其至今超过 6 年未向曹某支付结算款的行为,显属违约。一审法院以曹某的实际损失为基础,兼顾合同的履行情况、当事人的过错程度以及预期利益等综合因素确定违约金,并无不当。二审法院遂驳回上诉,维持原判。

【评析意见】

本案的争议焦点在于，A公司向信托计划中追加的增强信托资金是否应由曹某按照份额比例进行承担。增强信托资金，是指依据信托合同约定，由部分投资者追加资金至信托计划账户，从而实现为优先级投资者提供风险补偿的增信措施。本案中，曹某与A公司签署了名为信托的出资协议，A公司与第三人B信托公司签署了信托计划，故厘清案涉资管合同及增强信托资金的性质，有助于确定当事人间的权利义务关系。

一、信托与委托理财法律关系的界分

司法实践中，关于资产管理业务基础法律关系的主要观点分为"信托关系论"及"委托关系论"。厘定资管产品的架构，应从信托关系及委托理财关系的定义出发，根据当事人的合同约定，结合行业管理和交易习惯等进行综合判断。

（一）信托的定义及分类

信托是受托人根据信托目的管理处分信托财产之制度。《中华人民共和国信托法》（以下简称《信托法》）所称信托是指委托人基于对受托人的信任，将其财产权委托给受托人，由受托人按照委托人的意愿，以自己的名义，为受益人的利益或者特定目的进行管理或处分的行为。资产管理业务是信托业务的本业和本源。[①] 信托关系中，委托人将财产权委托给受托人，信托财产实际上从委托人处转移至受托人处，处于受托人的管理之下，转变成信托财产，独立于委托人和受托人的固有财产。

信托划分为民事信托、营业信托、公益信托三种法定分类。其中，营业信托（商事信托）以信托系营业性商事行为的本质来界定，是受托人以营业为目的而接受的信托，未经人民银行、证监会批准，任何法人机构一律不

[①] 参见《〈全国法院民商事审判工作会议纪要〉理解与适用》，人民法院出版社2019年版，第468页。

得以各种形式从事营业性信托活动。① 民事信托多是委托人通过受托人在家庭或亲属内部进行的财产无偿转移的工具，并非以营业为目的，受托人的作用仅限于被动地进行财产管理或处分。

（二）委托理财的定义

民间委托理财是典型的商事行为。委托理财合同是商事合同，与民事合同有一定的区别，如其采取利益分配方式而非报酬等。民间委托理财是指委托人将资金、金融性资产委托给非金融机构或自然人，受托人在一定期限内将委托资产投资于证券、期货等金融市场的行为。法院在审理委托理财合同纠纷案件时，应对各方当事人依据自身利益，结合自身在合同中的地位、作用、身份因素综合判断后作出的关于风险承担及利润分配的约定予以充分尊重。

（三）信托与委托理财的比较分析

信托是一种特殊的委托，信托与委托确实存在共性，即二者均以委托人对受托人的信任为基础，受托人基于委托人的委托自行处理受托事务，受托人对委托人负有报告义务等。信托与委托理财的主要区别为：信托财产具有独立性、部分信托业务（营业信托）需要具备金融资质、受托人从事法律后果归属于受益人等。具体论述如下：

1. 受托财产的独立性不同。信托财产的所有权应转移至受托人，信托财产与委托人的其他财产相分离，也与受托人的固有财产相独立，信托财产的独立性是信托最本质的特征；而在委托理财合同中一般并不要求转移委托资产的所有权，不要求受托财产具备独立性，仅由受托人代委托人在证券、期货等资本市场上管理资产。

2. 受托人从事受托行为的名义不同。信托关系中受托人以自己的名义处理事务；委托理财关系中受托人可以以委托人的名义处理事务，也可以以

---

① 参见《〈全国法院民商事审判工作会议纪要〉理解与适用》，人民法院出版社2019年版，第466页。

受托人自身名义处理事务。

3. 受托人的权限与职责不同。信托关系中，受托人一般不受委托人的干预与限制，有权为受益人的利益自主处理信托事务；委托理财关系中，受托人应按照委托人的指示处理委托事务。

4. 是否应为要式行为不同。信托合同应当采取书面形式，信托合同属于要式合同；委托理财关系中合同为非要式合同，对于是否需采取书面形式未作强制性规定。

5. 资质要求不同。从机构监管和功能监管结合的角度出发，对实际经营营业信托的机构提出更高的要求，受托人应为具有金融牌照的金融机构；而委托理财中，对于受托人没有如此高的资质要求。

6. 法律后果归属不同。信托关系中受托人信托理财的法律后果归属于受益人；委托理财法律关系中，相关法律后果归属于委托人。

具体到本案中，基于前述标准，A公司与曹某间的法律关系不应定性为信托关系，而应归为委托理财法律关系，理由如下：一方面，A公司并非专业的信托公司或其他金融机构，不具备开展营业信托业务所需资质，不属于经营营业信托业务。另一方面，A公司的投资行为系以营业为目的，并非被动地为遗嘱等进行财产管理或处分，难言构成民事信托。尽管双方签订的《信托计划合伙出资协议》按照信托合同的思路界定当事人之间的权利义务关系，但因该协议内容未对委托人和受托人的固有财产予以区分，不能体现信托财产的独立性，不符合信托定义。A公司为案涉信托计划的一般委托人，具有合法的投资资格，曹某对此明确亦知悉，其自愿将320万元资金委托于A公司参与信托计划投资，由A公司代持其投资份额，双方之间的委托关系不违反法律的强制性规定，应作为一项以证券交易为目的的委托理财活动，[①] 由A公司在曹某的授权范围内代为进行投资决策。

A公司与B信托公司间的法律关系应属信托关系。A公司作为委托人及受益人与受托人B信托公司签订信托计划，A公司有权出具投资指令，B信

[①] 参见最高人民法院（2018）最高法民终359、362、364号裁判文书，（2019）最高法民申6857号裁判文书，载中国裁判文书网。

托公司按照委托人的意愿，以自己的名义为受益人的利益或者特定目的进行管理或处分，双方构成信托关系（营业信托）。

因案涉集合资金信托产品采取优先+劣后（一般）法律结构，即信托公司根据投资者不同的风险偏好对信托受益权进行分层配置，按照分层配置中的优先与劣后安排进行收益分配，使具有不同风险承担能力和意愿的投资者通过投资不同层级的受益权来获取不同收益，承担不同风险，构成结构化信托。本案中，A公司作为委托人具名在集合资金信托计划中，其认购的份额为结构化信托产品中的一般信托份额，担任劣后级委托人（劣后级受益人）。

二、追加增强信托资金的责任分担

2010年出台的《中国银监会关于加强信托公司结构化信托业务有关问题的通知》对结构化信托业务的产品设计进行规定，结构化信托业务运作过程中，信托公司可以允许劣后受益人在信托文件约定的情形出现时追加资金，但此处措辞为"可以"而非"应当"。部分信托文件中约定劣后级受益人需在特定情形下负有追加增强信托资金等义务，该资金为信托等金融产品设置的防范及预警措施，当信托产品单位净值低于受托人预估并触及预警线或止损线（平仓线）时，部分委托人（往往同时为劣后级受益人）在接受受托人反馈后，若不按约定及时履行追加增强信托资金（保证金）的履约保障措施，则相应产生限制买入、减仓、平仓的后果，由受托人对相关产品予以出卖变现，而此时，增强信托资金具有增信作用。

在审理涉及增强信托资金等增信措施的案件时，主要考量因素有：一是在信托受托人依约履行时，增信措施仅是处理优先级受益人与劣后级受益人之间关于差补义务的争议，受益人之间法律关系的定性不应影响委托人与受托人之间的法律关系，也不应影响信托关系当事人与该法律关系之外的当事人间的权责情况。二是协议约定状况，在资产管理合同中对于收益分配规则、清偿顺序是否有详尽的规定，各方当事人对增信措施的追加是否明知。三是追加增强信托资金的法律后果，如追加后是否影响信托份数总额、是否增加信托受益权的类别、是否增加或改变受益权项下信托利益的计算方法。四是劣后级受益人是否得以自愿追加资金，若劣后级受益人能够依据自身对市场的预判自愿确认是否追加增信资金，该等安排是否实质为次级受益人设定了一项选择权。需要注意的是，在适用或参考上述因素时，法院应当结合案件的关键事实、诉讼请求、辩论意见、法律依据等其他要素予以一并考量。

本案中，关于增强信托资金应否由曹某共同承担，并从 A 公司返还曹某的本金及清算收益中扣除，分析如下：

第一，A 公司未尽妥善的通知义务，曹某对投资事项的知情权未得到妥善保障。《民法典》第 922 条规定，受托人应当按照委托人的指示处理委托事务。本案中 A 公司在追加增强信托资金后并未及时履行通知、报告义务。纵观整个委托理财过程，虽由 A 公司自主决定追加增强信托资金，曹某不参与具体投资事宜，但投资相关重大事项的通知义务是受托人不可免除的一项义务，A 公司的自主决策不能妨碍委托人知情权的行使。

第二，曹某与 A 公司未就追加信托增强资金达成一致，A 公司虽主张其与第三人 B 信托公司签署的《信托计划》系作为其与曹某签署的《信托计划合伙出资协议》的附件，然曹某并非《信托计划》签订主体，《信托计划合伙出资协议》并未就曹某需要追加信托资金作出明确约定，双方亦未就追加增强信托资金达成新的协议。A 公司主张其与曹某短信中曾沟通表示曹某应支付利息等，但曹某不予认可，且相关款项与 A 公司支付第三人增强信托资金的备注"保证金""补仓资金"数额及用途均无法对应，难以认定双方就增强信托资金的追加达成一致。

第三，基于合同相对性，A 公司依据其与第三人 B 信托公司签订的信托合同自主决定追加增强信托资金所带来的亏损，应当由 A 公司自行承担。

综上，在 A 公司与第三人 B 信托公司签订的系列信托文件中，追加增强信托资金系重要内容，而曹某与 A 公司之间的协议却未涉及该内容，且 A 公司未举证证明其与曹某另行达成相关协议，未尽到通知义务。现 A 公司主张曹某知情并应当分担 A 公司追加的增强信托资金，法院难以支持。

三、本案责任分配的合理性

在明确案涉增强信托资金的性质及责任分担主体后，对于责任分配的合理性，仍需结合案件具体情况进行分析。本案中应考量，由 A 公司承担追加信托增强资金的全部责任是否对受托人过于严苛，以及曹某作为投资者是否对相关交易予以充分关注。

对于 A 公司是否需承担追加信托增强资金的全部责任，在案涉信托存续期内，A 公司作为增强信托资金追加义务人追加信托资金后，若信托单位净值连续 5 个交易日高于 1 元，其有权向第三人 B 信托公司申请返还其已追加未返还的追加增强信托资金，无须另行取得曹某的同意，且其追加增强信托资金前后均未将相关事宜告知曹某。由此不难看出，在达到相应条件后，A 公司可以自主取回该资金。信托计划运行过程中，是否追加增强信托资金的决定权在于 A 公司，A 公司追加增强信托资金的行为未与曹某进行协商并获得确认，亦未在协议及实际操作中给予曹某相关的风险提示，其应当对其追加增强信托资金的后果承担责任。就共担风险条款，曹某按照其认购的比例，根据最终亏损的清算结果获得分配已经体现了共担风险的含义，与该条款并不矛盾。

对于曹某是否对其资金账户的相关交易予以充分关注，曹某能够预见的内容为其投资份额的净值变动情况，在未获通知及披露的状况下，无法获知 A 公司自主追加增强信托资金至信托财产专用账户的情况，难言存在过错。

本案中，A 公司自主实施追加增强信托资金的行为，事实上已经让曹某的投资"收益"远低于合同约定平仓线所对应的损失，不应将此不利后果强加于曹某。实践中，在行业没有关于增信资金分担的商业惯例或交易习惯，委托人、受托人未对增信措施协商达成一致意见，且委托人对增信措施的实施无法预见的前提下，若受托人将理财中追加增强信托资金而结果不利的亏损后果加至不知情的委托人共同分担，则易导致受托人无须告知委托人重要的投资事项，其作出的任何投资行为均有持有投资份额的投资人共同兜底，如此有违委托人与受托人权益的衡平保护原则。

【附录】

编写人：郑军欢（商事庭副庭长）、陈硕（研究室法官助理）、沈俊翔（研究室法官助理）

一审裁判文书案号：（2021）沪 0115 民初 46313 号

二审裁判文书案号：（2022）沪 01 民终 3141 号

二审合议庭成员：郑军欢（审判长兼主审法官）、胡瑜、胡玉凌

32

商业地产租赁中介人请求"跳单"委托人支付报酬的司法认定

——A公司诉B公司等中介合同纠纷案

【案例要旨】

商业地产租赁中介活动中，委托人利用了中介人提供的媒介服务，绕开中介人私下或通过其他中介人与相对人订立合同的，根据商业地产中介的交易惯例，由商业地产的出租方承担向中介人支付报酬的义务。

【案情简介】

上诉人（原审原告）：A公司。

被上诉人（原审被告）：B公司、C公司。

原审第三人：D公司。

涉案房屋系四层独栋建筑，建筑面积约1854平方米，用途是办公。2019年8月，涉案房屋所有人C公司通过多家网站、平台和内部网站对外招租，有多家中介机构通过网络等途径发布招租信息。B公司同时也在寻找新的租赁场所。2019年12月，中介机构A公司两次带B公司看房，并在看房记录上签字。12月10日，A公司向B公司发出《租赁邀约函》。次日，B公司向A公司回复《邀约邀请意向书》。其间，A公司在B公司、C公司之间就涉案房屋的出租进行联系沟通，C公司表示佣金是1.5个月的租金，并确定最低租赁条件是年租金540万元（月租金45万元）及免租期三个月（从2020年3月1日交房时起算）。A公司将上述信息报告给B公司。后，A公司要求

B公司、C公司确认由其独家代理租赁事宜，但B公司、C公司未确认。

2020年1月19日，B公司、C公司在中介机构D公司的中介下就涉案房屋签订《房屋租赁合同》，合同约定租金为每月451142元，起租日为2020年3月1日。该租赁条件与C公司向中介机构A公司确定的最低租赁条件相同。后C公司向中介机构D公司支付佣金676713元。A公司遂向法院提起诉讼，请求B公司、C公司赔偿其佣金损失676710元。

【裁判结论】

一审法院认为，B公司、C公司均没有与A公司签订过居间合同或独家代理委托书，且C公司通过多渠道发布了同一房源出租信息，B公司亦可通过其他正当途径获得该房源信息，故B公司、C公司在与A公司沟通协商期间，与D公司进行联系并在其居间下签订房屋租赁合同，不违反法律规定，A公司的诉讼请求难以支持。遂判决驳回A公司的诉讼请求。A公司不服一审判决，遂提起上诉。

二审审理中，A公司、B公司、C公司均确认，涉案房屋的租赁属于商业地产大宗租赁，根据交易惯例，出租方或承租方事先一般不会与中介公司签订中介合同，而是在中介服务完成后，由承租方向中介公司出具独家委托书，中介公司持独家委托书与出租方签订中介合同，并由出租方支付佣金，承租方不需要支付佣金。

二审法院认为，难以认定D公司提供了真实的中介服务，而从A公司提供的证据来看，其不仅向B公司推介了涉案房屋，还组织了带看及受B公司委托与C公司进行沟通洽谈，并向B公司报告了C公司的最低租赁条件。而B公司与C公司最终签订的租赁合同亦与A公司报告的最低租赁条件相同，故有理由相信A公司的中介服务促成了租赁合同的成立，故A公司有权获得报酬即佣金。C公司支付了佣金，但未尽审慎的审核义务，导致提供服务并促成交易的中介机构A公司未能依法获得佣金，反而让未真实提供中介服务的中介公司获利，应属于"禁止跳单"规则的规制对象。根据前述行业交易惯例，A公司主张的佣金损失应由出租方C公司承担赔偿责任，要求B公司承担共同赔偿责任则缺乏依据。二审法院遂撤销一审法院民事判决，改判 C 公司赔偿 A 公司佣金损失 676710 元。

【评析意见】

近年来，随着我国房地产市场的兴盛，房地产中介服务市场随之蓬勃发展。司法实务中，中介合同纠纷不断增多，因"跳单"而引起的纠纷尤为常见，严重损害了中介人的合法权益，也影响了市场运行的稳定性和安全性。本文拟对商业地产租赁中介纠纷案件进行具体分析，明晰委托人"跳单"行为的构成要件及中介报酬的支付主体。

一、中介合同法律关系认定

中介合同（1999 年《合同法》称之为"居间合同"），是指中介人向委托人报告订立合同的机会或者提供订立合同的媒介服务，由委托人支付报酬的合同。在学说上，所谓"报告订立合同的机会"，即受他人委托，搜索及报告能够与委托人订立合同的相对人，并提供订立合同的机会，称为"报告中介"；而"提供订立合同的媒介服务"，则指不但要报告订立合同的机会，还应周旋于委托人与相对人之间，使双方订立合同，称为"媒介中介"。[①] 中介合同中，报告订立合同的机会或者提供订立合同的媒介服务的一方为中介人，接受中介服务的对方当事人为委托人。[②] 本案中，C 公司意在就涉案房屋招租，B 公司意在求租，双方目的实现以最终签订租赁合同为确认，A 公司不仅向双方报告订约机会，还需促成双方合同签订，故 A 公司为典型的媒介中介。

就 B 公司和 C 公司的法律地位，A 公司为 B 公司寻找适租房源，同时也为 C 公司寻找承租主体，A 公司居中磋商并传递双方意向，B 公司、C 公司均接受 A 公司的媒介中介服务，即在 A 公司与 B 公司以及 A 公司与 C 公司间分别存在事实上的中介合同关系，A 公司为双重中介人，B 公司、C 公司均为委托人。正如学者认为，中介人是否得同时为应与订约之相对人之中介

[①] 参见史尚宽：《债法各论》，中国政法大学出版社 2000 年版，第 462 页；韩世远：《合同法学》，高等教育出版社 2010 年版，第 578 页。

[②] 参见韩世远：《合同法学》，高等教育出版社 2010 年版，第 578 页。

人，关于此点，为解释问题，如仅为报告或媒介，应解释不妨为之。①

二、中介人向"跳单"委托人请求支付报酬的依据

（一）中介人向"跳单"委托人请求支付报酬的法律规定

中介活动的价值在于信息匹配，中介人利用其自身获取信息的优势，为委托人订立合同创造机会，进而享有报酬请求权。中介合同为有偿合同。《民法典》第963条规定，中介人促成合同成立的，委托人应当按照约定支付报酬。《民法典》第964条规定，中介人未促成合同成立的，不得要求支付报酬。据此，中介人向委托人主张报酬请求权的前提条件是促成合同的成立。因中介人报酬请求权的获得具有条件性，因此会成为助长委托人机会主义倾向、减弱诚实信用原则功效的"催化剂"，而这正是中介合同最大的特殊性。② 中介服务过程中频繁出现的"跳单"现象最能凸显其中客观存在的委托人道德风险问题。③

"跳单"，又称"跳中介"，是指委托人接受了中介人提供的服务后，利用中介人提供的服务，甩开中介人直接或通过其他中介人与相对人签订合同的行为，该行为的目的是规避向中介人支付报酬。④ "跳单"行为有违诚信、公平原则，严重损害中介人的利益，扰乱市场正常秩序，阻碍行业健康发展。为对"跳单"行为进行规制，《民法典》新增加第965条规定，委托人在接受中介人的服务后，利用中介人提供的交易机会或者媒介服务，绕开中介人直接订立合同的，应当向中介人支付报酬。由此，中介人依法享有对"跳单"委托人的报酬支付请求权。

（二）中介人向"跳单"委托人请求支付报酬的法理依据

中介人对"跳单"委托人享有报酬支付请求权的法理依据，学说上主

---

① 参见史尚宽：《债法各论》，中国政法大学出版社2000年版，第470页。
② 税兵：《居间合同中的双边道德风险——以"跳单"现象为例》，载《法学》2011年第11期，第88页。
③ 其木提：《居间报酬请求权的法理依据》，载《法学》2018年第7期，第117页。
④ 参见黄薇主编：《中华人民共和国民法典合同编释义》，法律出版社2020年版，第990页。

要有"条件拟制说""委托合同任意解除说""相当因果关系说"三种观点。其中,"条件拟制说"认为,委托人接受中介人提供的服务后,避开中介人直接或通过其他中介人与相对人订立合同,其目的在于逃避向中介人支付报酬,属于不正当地阻止了中介报酬支付条件成就,应视为中介人收取报酬的条件已成就。① "委托合同任意解除说"认为,中介合同是特殊的委托合同,利用中介人的独家信息后为避免支付报酬而"跳单"具有可归责性,为减少居间报酬的"跳单"则不具有可归责性。"跳单"导致先中介合同解除,中介人得参照委托合同的规定,向可归责性的"跳单"人主张赔偿责任。② 对此,笔者认同"相当因果关系说",该学说认为中介报酬请求权所要求的原因性要件必须是中介行为与委托人订立合同之间具有实质性的因果关系,即应审查订立的合同与中介人提供的媒介服务之间是否具有内在关联性。如果"跳单"委托人订立合同系接受中介服务,利用了中介人提供的交易机会或者媒介服务,即因中介人之行为促成合同成立的,则认定因果关系成立,委托人应当按照约定向中介人支付报酬。

三、中介人享有对"跳单"委托人报酬请求权的司法审查要素

司法实践中,法院认定委托人的行为是否构成"跳单",应从委托人是否接受了中介服务、委托人是否绕开中介人与相对人订立了合同以及委托人签订的合同是否利用了中介人提供服务三个方面进行审查。

(一) 委托人实际接受了中介人提供的中介服务

中介合同是诺成合同,中介人接受委托人的委托后,需要向委托人履行报告订约机会或者提供媒介服务的义务,委托人接受了中介人提供的服务,这是中介人获取报酬请求权的来源。③ 常规来看,在商业地产租赁合同签订

---

① 参见邓矜婷:《美国判例体系的构建经验——以居间合同为例》,载《华东政法大学学报》2014年第2期,第142页。
② 参见隋彭生:《居间合同委托人的任意解除权及"跳单"——以最高人民法院指导案例1号为例》,载《江淮论坛》2012年第4期,第114-115页。
③ 参见黄薇主编:《中华人民共和国民法典合同编释义》,法律出版社2020年版,第990页。

前，中介人提供服务的内容主要包括：带领承租方实地多次看房、核查、转交产证等资料，就租赁条件等分别与出租方和承租方进行沟通谈判，组织三方面谈磋商，起草租赁合同等。司法实务中，中介人需就其实际履行的中介服务承担举证责任，法院审查认定委托人是否实际接受了中介人提供的媒介服务。

本案中，根据 A 公司提交的微信聊天记录、电子邮件、短信、看房记录、邀约邀请意向书等证据，可以认定 A 公司向 B 公司报告了所获取的涉案房源信息，并两次带 B 公司看房，且 A 公司就涉案房屋的最低租赁条件、免租期等内容分别与 B 公司、C 公司进行沟通确定。由此，可以认定 A 公司已向 B 公司、C 公司提供了商业地产租赁中介服务，B 公司、C 公司也实际接受了 A 公司提供的中介服务。

（二）委托人绕开中介人与相对人订立合同

认定委托人是否"跳单"，法院需审查认定委托人是否存在"跳"的行为。所谓"跳"开中介人，即委托人与相对人私下订立合同，并未通过原中介人；或者在原中介人之外，委托人通过其他中介人与相对人订立了合同。

本案中，通过 A 公司提交的证据，可以认定 B 公司和 C 公司之间最终订立了涉案房屋的《房屋租赁合同》，但是该合同的订立并未通过中介人 A 公司完成，而是在 D 公司的中介下签订，且佣金也由 D 公司收取，可以认定构成"跳"的行为，形式为委托人通过其他中介人与相对人签订了合同。

（三）合同的订立利用了中介人提供的交易机会或者媒介服务

如前所述，中介人请求"跳单"委托人支付报酬的前提是委托人利用中介人的服务与相对人订立合同。法院需审查合同订立与中介人的中介服务之间是否具有因果关系，这是判断委托人的行为是否构成"跳单"并应当向中介人支付报酬的关键，也是司法实务中的审查重点。

市场经济中的合同机会自由存在，既可以为某一中介人所获取，也可以为其他中介人或者委托人自己所获取。正如本案 B 公司、C 公司抗辩所称，涉案房源信息属于中介市场上的公开信息，各中介公司都可以获知该房源信息并可自由在市场上寻找潜在的租户。因此，在具体个案中，只有当合同机会利用之可能有中介人的一份功劳时，其利用才能催生报酬请求权。[①] 一般而言，委托人实际接受了中介人的中介服务，又直接与相对人订立了合同，实际订立的合同主要条件与中介服务过程中商定的条件相符，就可以推定该合同之成立与中介人提供的服务有因果关系。如果委托人认为其没有利用中介人的交易机会或者媒介服务，应当承担举证责任。

本案中，B公司和C公司均未提供有效证据证明D公司与两家公司进行沟通洽谈并最终促成合同订立，D公司亦未到庭应诉和举证，故难以认定D公司提供了真实有效的中介服务。而从A公司提供的证据来看，A公司已提供了推介房源信息、带看房屋、沟通确认租赁条件等媒介服务，且A公司向B公司所报告的年租金、免租期等最低租赁条件与最终签订的租赁合同内容相同。因此，有理由相信B公司与C公司之间租赁合同的成立与A公司提供的中介服务具有因果关系，即因A公司的中介服务促成了B公司与C公司之间租赁合同的成立。基于前述，B公司与C公司利用了A公司提供的媒介服务，绕开A公司订立了合同，A公司有权获得中介报酬。

四、商业地产租赁中介人报酬支付义务主体的认定

根据《民法典》第963条之规定，中介人促成合同成立的，委托人应当按照约定支付报酬。关于中介人报酬的承担问题，在报告中介中，由委托人向中介人支付报酬；在媒介中介中，因中介人提供订立合同的媒介服务而促成合同成立的，由该合同的当事人平均负担中介人的报酬。当事人另有约定的，可以遵照其约定。[②] 由此可见，一般情况下，接受媒介中介服务的委托人与相对人双方平均负担中介人的报酬，但当事人可以通过约定确定实际的支付主体，体现了充分尊重当事人的意思自治。

---

① 汤文平：《从"跳单"违约到居间报酬——"指导案例1号"评释》，载《法学家》2012年第2期，第116页。
② 最高人民法院民法典贯彻实施工作领导小组主编：《中华人民共和国民法典合同编理解与适用（四）》，人民法院出版社2020年版，第2717页。

在大宗商业地产租赁实践中，通常出租方或承租方事先不会与中介人签订中介合同，而是在中介服务完成后，由承租方向中介人出具独家委托书，中介人持独家委托书与出租方签订中介合同，并由出租方支付佣金，承租方不需要支付佣金。本案中，中介机构 D 公司此前获得的报酬也是由出租方 C 公司单独支付。可见，关于本案涉案房屋租赁的中介人佣金支付事宜，出租方和承租方就"由出租方单独承担"达成了一致意见并照此实际履行。这与前述商业惯例中的支付条件并不相悖，也与上述法律规定相契合。

由此，依照此种情况下的交易惯例，商业地产租赁中介人的报酬支付义务主体多为出租方，中介人持承租方出具的独家委托书向出租方结佣。因此，在有多家中介人提供中介服务的情况下，承租人有权基于真实的中介服务活动，通过出具独家委托书的形式确定促成合同订立的中介公司，出租人依据约定或惯例作为支付佣金的义务主体，在签订中介合同和支付佣金前亦应对持有独家委托书的中介公司进行基本的把关和审核。

本案中，虽然 C 公司支付了佣金，但其未尽审慎的审核义务，导致提供服务并促成交易的中介公司未能依法获得佣金，反而让未真实提供中介服务的中介公司获利，有违诚信原则，不利于大宗商业地产租赁市场的健康发展，应属于"禁止跳单"规则的规制对象。从 A 公司主张的请求权基础及法律依据来看，其要求赔偿佣金损失的主张实际上就是要求支付佣金。如前所述，支付佣金的义务主体是出租方即 C 公司，故 A 公司主张的佣金损失亦应由 C 公司承担赔偿责任。

【附录】

编写人：钱文珍（民事庭审判员）、吴娟（民事庭法官助理）
一审裁判文书案号：（2021）沪 0120 民初 3772 号
二审裁判文书案号：（2021）沪 01 民终 12088 号
二审合议庭成员：毛焱（审判长）、钱文珍（主审法官）、蒋庆琨

33

无效格式条款中"不合理"的司法认定规则

——L公司与周某服务合同纠纷案

【案例要旨】

关于格式条款的效力认定,《民法典》第497条对"免除或者减轻己方责任、加重对方责任、限制对方主要权利"的格式条款并未一概予以否定性评价,而是规定需对其合理性进行判断。实践中如何把握"不合理"的认定标准,《民法典》未作明确规定,对此人民法院应结合《民法典》中的公平、诚实信用等基本原则及交易习惯、当事人的合同目的等进行综合解释和判断。

【案情简介】

上诉人(原审被告):L公司。

被上诉人(原审原告):周某。

L公司系某款游戏的游戏运营公司。2020年1月,周某下载该游戏,注册为用户并绑定了手机号。周某注册该游戏时,与L公司签订了《L公司游戏许可及服务协议》(以下简称《服务协议》)。《服务协议》约定:本协议中,如无相反说明,以下词语具有如下含义:5. 责任限制……5.3用户充分理解并同意,为高效利用服务器资源,如果用户长期未使用游戏账号登录L公司游戏,L公司有权视需要,在提前通知的情况下,对该账号及其账号下的游戏数据及相关信息采取删除等处置措施,上述处置可能导致用户对该游戏账号下相关权益的丧失,对此L公司不承担任何责任。……6.2用户拥有自主权利,单方面随时决定终止使用本软件及相关服务并卸载本软件。如

L公司对本软件、相关服务或本协议的内容作出任何变更，而用户不同意有关变更的内容，用户有权单方面立即停止使用L公司游戏以及相关服务并卸载本软件。如用户在有关内容变更后，仍继续使用L公司游戏和相关服务，即视为用户同意接受有关变更内容。

周某向法院提起诉讼，请求确认L公司运营的YZ游戏内《服务协议》第5.3条无效等。本案一审审理期间，L公司将《服务协议》第5.3条内容由"用户长期未使用游戏账号登录"变更为"用户连续365天未登录游戏"。

【裁判结论】

一审法院认为，周某注册成为L公司运营的游戏的用户，双方之间存在服务合同关系。对于双方争议的案涉《服务协议》系L公司为了重复使用而预先拟定，其内容具有不可协商性，属格式条款。L公司作为案涉网络游戏运营商，向游戏用户提供游戏服务系其主要义务。游戏用户享有享受运营商提供的游戏服务的权利。该休眠账号删除条款显然限制了游戏用户的权利。该限制是否合理，需考量休眠账号所增加的L公司游戏运营管理难度和运营成本，与用户账户信息被删除后无法恢复之后果间的衡平。本案中，L公司未提供证据证实其因休眠账号管理运营负担甚巨，而删除用户账户之严重后果却显见。况且L公司在用户连续一年不登录游戏便直接删除账户，所设期限不尽合理，处置方式亦缺乏交易之诚实信用。因此，该格式条款对作为游戏用户的周某权利的限制不尽合理，故当属无效，遂判决支持了周某的诉请。L公司不服，提起上诉。

二审法院认为，删除休眠账号使得周某账号及账号内的道具等存在失权且无法恢复之风险，而该条款又系L公司事先拟定且无法协商的条款，故L公司须有充分证据证明其存在合理理由限制周某的权利，且该限制应属于合理范畴。L公司主张该条款系为打击"网络黑产"等目的而设置，但休眠账号删除条款并非实现打击"网络黑产"等目的之唯一途径或者手段，两者之间并无直接的关联性。L公司并未证明因此所致运营成本增长与否、成本增长幅度、游戏体验是否受到影响及影响程度，且上述成本增长或者影响程度足以达到必须通过删除休眠账户的方式予以解决，故L公司以上述原因设置休眠账号删除条款,理由亦不充分。在实施消灭游戏玩家主要权利这一重大处分行为时,L公司未设置事前提醒或者通知程序,或者向游戏玩家提供事后救济措施及途径。双方签订服务协议时,L公司虽然以黑色加粗字体的方式提示注册的游戏玩家注意休眠账户删除条款,但对于未注意或者遗忘该条款的游戏玩家来讲,面临无救济措施而直接丧失合同主要权利的风险,游戏玩家的过失与其承担的风险并不相当;对于其他一般游戏玩家来说,在服务合同存续期间,必须保持一定的登录频次才能保有主要的权利,就此难言良好的服务体验,亦与L公司提供优质服务的合同义务不相符合。由此,可以认定该条款对休眠账户的处置方式不合理,亦有违诚实信用原则。故涉案休眠账号删除条款,超过了必要限度,对周某主要权利的限制并不合理,二审法院遂判决驳回了L公司的上诉请求。

【评析意见】

案件的争议焦点在于休眠账户删除条款中对游戏玩家主要权利的限制是否合理。《民法典》第497条明确规定,只有提供格式条款一方"不合理"地免除或者减轻其责任、加重对方责任、限制对方主要权利的,才产生格式条款无效的法律后果。而对"不合理"的认定,法律及相关司法解释并未作出明确的界定。《民法典》实施之前的原《合同法》第39条及《最高人民法院关于适用〈中华人民共和国合同法〉若干问题的解释(二)》第6条、《消费者权益保护法》第26条第2款[①]等规定,虽然已提出公平、合理等问题,但对"不合理"的判断标准,亦未作出明确规定或者列举。如何对"不合理"进行解释,是司法实践中必须解决的问题。

德国法学家萨维尼(Savigny)曾说:"解释法律,系法律学的开端,并为其基础,系一项科学性的工作,但又为一种艺术。"[②] 法律解释是指一定

[①] 《消费者权益保护法》第26条第2款,经营者不得以格式条款、通知、声明、店堂告示等方式,作出排除或者限制消费者权利、减轻或者免除经营者责任、加重消费者责任等对消费者不公平、不合理的规定,不得利用格式条款并借助技术手段强制交易。

[②] Savigny, System des romischen Rechts, I, 1841, S. 206. 转引自王泽鉴:《法律思维与民法实例》,中国政法大学出版社2001年版,第212页。

的解释主体根据法定权限和程序，按照一定的标准和原则，对法律的含义及法律所使用的概念、术语等进行进一步说明的活动。法律解释在于探究法律客观的规范意旨，[①] 因为法律规范具有抽象性、概括性的特点，它是对一般人或事，而不是对具体的、特定的人或事来规定的，[②] 多以将抽象的、概括的规定适用于具体情况时往往会有不同的理解。法律解释的方法可分为文义解释、体系解释、立法解释、比较解释、目的解释等。法院在对"不合理"与否进行认定时，也需采取这些方法进行具体解释。

一、公平原则

在法律解释的方法中，体系解释是指将需要的法律条文与其他法律条文联系起来，从该法律条文与其他法律条文的关系、该法律条文在所属法律文件中的地位、有关法律规范与法律制度的联系等方面入手，系统全面地分析该法律条文的含义和内容，以免孤立地、片面地理解该法律条件的含义。对"不合理"判定标准的解释，亦可从体系解释的角度进行发掘。

《民法典》第497条规定了格式条款无效的情形，而第496条第2款规定，"采用格式条款订立合同的，提供格式条款的一方应当遵循公平原则确定当事人之间的权利和义务"。该条规定了格式条款提供方的公平拟约义务。格式条款的特征有三：一是预先拟定；二是重复使用；三是未与对方协商。其中最重要的特征是"未与对方协商"，这使得格式条款提供方在合同缔结过程中存在天然的优势地位，因此格式条款提供方的公平拟约义务成为格式条款制度最重要的规则，处于核心位置，整个制度设计很大程度上是公平拟约义务的延伸。

公平原则是用于确定民事主体的权利、义务以及责任的基本原则，[③] 亦是判断格式条款是否合理时应当参照的主要民法基本原则之一。民法调整的是平等主体之间的民事权利义务关系，主要为双方法律关系的平衡，故对于公平的理解主要是在两方当事人中的权益平衡。公平原则的适用包括：

[①] 王泽鉴：《法律思维与民法实例》，中国政法大学出版社2001年版，第220页。
[②] 陈金钊、焦宝乾等：《法律解释学》，中国政法大学出版社2006年版，第320页。
[③] 韩世远：《合同法总论》，法律出版社2011年版，第39页。

(1) 在没有法律规则的情况下适用，弥补法律漏洞；(2) 在法律规则不明晰时适用，以解释法律规则；(3) 当公平原则与法律规则冲突时，为了个案正义，适用公平原则。然而，公平的标准向来扑朔迷离，其内涵与外延难有定论。因此，对公平的评价必须诉诸具体化和类型化的路径。在交换关系中，公平表现为交换物和被交换物价值的比例关系，在责任承担时，则表现为责任分配的妥当性。[①] 在具体案件审理中，权利与义务对等或者权责统一系司法实践中常用的判断标准。

本案中，休眠账户删除条款系对游戏玩家主要权利的限制，使得游戏玩家面临一定时期内不登录游戏而丧失游戏账户、道具、游戏币等的风险，该条款实际上是对游戏玩家课以义务，要求游戏玩家保持一定的登录频次。根据《民法典》第6条之规定："民事主体从事民事活动，应当遵循公平原则，合理确定各方的权利和义务。"依据休眠账户条款，游戏运营方可以根据游戏玩家登录频次而消灭游戏玩家主要的权利，游戏玩家承担的义务与其权利丧失的风险之间并不对等。保持一定的登录频次并非游戏玩家主要的合同义务，在游戏玩家未履行合同非主要义务的情况下，导致游戏玩家丧失合同的主要权利，可以认为该条款并未合理分配当事人之间的权利义务，违背了公平原则。

二、诚实信用原则

诚实信用原则是现代民法的帝王原则，在进行法律解释时，无论采用何种解释方法，均应遵循诚实信用之基本原则。《民法典》第7条明确规定："民事主体从事民事活动，应当遵循诚实信用原则，秉持诚实，恪守承诺。"诚实信用原则要求民事主体当以善意心理状态从事民事活动，行使民事权利，履行民事义务。具体要求是主观心理善意真诚、善待他人，客观行为守信不欺、严守约定。在进行民事活动、履行民事义务时，既要维系各方当事人的利益平衡，还要维系当事人利益和社会利益的平衡。作为司法原则，诚实信用授予法官相当的自由裁量权，要求其按诚实信用原则的要求裁判个

[①] 徐国栋：《将"人前物后"进行到底》，载《人民法治》2016年第3期，第24页。

案,最终实现平衡民事主体之间及民事主体和社会之间的利益关系、维护一般正义和个别正义的道德目标。

格式条款追求交易效率,当事人之间缺乏讨价还价的过程,容易引发误解和纠纷,此时需以诚实信用原则润滑当事人之间的关系,使交易顺利进行。具体到个案中,法官在认定缔约方是否遵守诚实信用的原则时,需要从不同的角度进行判断。在制定格式条款时,格式条款提供方应本着有利于合同履行、契约得到尊重的原则拟约。涉案格式条款授权游戏运营商可以直接删除游戏玩家的账户及账户信息、游戏币、道具等,但一则该条款包含在众多的条款中,即便服务协议中对此以黑色加粗字体进行了提示,但存在大量黑色加粗字体时,难以引起游戏玩家的重视,且该协议以电子方式记载,与传统的书面协议有所区别,在未设置事先通知或者提醒程序的情况下,极易导致游戏玩家因遗忘而产生长期不登录的情形。在游戏玩家并无其他过错的情况下,产生服务协议解除及相关游戏信息丧失的后果,并不利于合同的履行。二则对于休眠账户删除条款,运营商既未设置事前提醒程序,也未设置事后补救措施,游戏玩家存在权利得不到救济的风险。游戏运营商虽然提及设置该条款系为打击网络黑产、提高了运营成本等抗辩理由,但均缺乏证据证明。涉案休眠账户删除条款的设置,本质上是不利于合同履行的,与诚实信用的民事基本原则相悖。

三、交易习惯

交易习惯是指平等主体在民商事交易关系中,不违反公序良俗并且重复采纳而使另一方有足够期待的固定做法,或者在某一行业领域内被大多数人公认的、当事人知晓或者应当知晓的规则模式。《民法典》第10条规定:"处理民事纠纷,应当依照法律;法律没有规定的,可以适用习惯,但是不得违背公序良俗。"该规定确立了习惯作为法律渊源的地位,即在法律没有规定的情况下,习惯亦作为评价民事主体行为的依据。如果在双方当事人之间,某一交易习惯已经为双方所知晓,那么该习惯便具有优先适用的效力,可以用于参照解释;而如果某一交易习惯并不为双方所知晓,或是仅有一方知晓,那么此时该交易习惯便失去了优先性,应当让位于任意性规范,适用任意性规范补充合同内容。[①] 交易习惯可以起到查明双方真实意思表示、解释合同条款和补充合同空白等作用。

根据"谁主张，谁举证"的规则，纠纷中主张交易习惯的一方，应提供证据证明交易习惯的存在。首先，当事人应当证明交易习惯系客观存在的事实，即对交易习惯存在的客观事实进行举证；其次，应当证明交易习惯的具体内容，且内容明确具体，以便法官进行选择和适用；最后，当事人还应当证明其已遵守了该交易习惯，即证明自己已做出了与交易习惯相一致的前述行为，且交易相对方亦知晓该交易习惯，才具有进一步适用该交易习惯的合理前提。

因交易习惯具有地域性、行业性，所以在交易行为地或某一领域、行业有可能存在几种通常采用的做法，这几种通常采用的做法是可以同时存在的、被选择适用的，都无法排他的确定。原《合同法》规定，在我国交易相对方订立合同时"知道或者应当知道"交易习惯的存在的，即应受交易习惯的约束。同时，交易习惯亦应具有"同一性"，即该交易习惯是针对交易中一个具体的事项所形成的规范内容，有一个明确的指向对象，且是对同一事项所形成的一种惯性。这种做法能合理平衡当事人之间的利益，使得交易当事人都乐意遵守，并主动去适应和应用，以取得确定的、合理的预期收益。交易习惯这一待证事项与纯粹的待证事实不同，若严格按照纯粹的待证事实的标准来证明，被采信的交易习惯将寥寥无几。故在交易习惯的证明标准方面应适度放宽，法官也不应当是被动接受的角色，当事人所提供的证据有不充分或不确定时，法官可以依职权进行走访调查以确定该交易习惯是否存在及其具体内容。因交易习惯本身的举证难度较大，故法官在裁判案件的过程中，对依据众所周知的事实和一般的经验逻辑能够推定出的交易习惯，就不必由主张交易习惯的一方当事人进行举证，而且此种交易习惯也可推定对方知道或者应当知道，此时的判断标准便应以一般理性人所能理解的程度为准。

本案中，L公司主张国内众多网络游戏中均存在休眠账户删除条款，该

[①] 王利明、崔建远：《合同法新论总则》（修订版），中国政法大学出版社2000年版，第484页。

条款已成为行业惯例和交易习惯,依法应得到尊重。虽然 L 公司提供了部分游戏同样存在休眠账户删除条款,但仅凭游戏的列举,并不足以证明交易习惯的存在,故法院对此抗辩理由不予采纳。在游戏运营商未证明休眠账户删除条款系交易惯例且游戏玩家普遍知晓该惯例的情况下,不足以认定该格式条款具备合理性。

四、合同目的

设立、变更、终止民事法律关系,可以视为民事主体的合同目的。合同目的的首要层面便是典型交易目的,就是达到一方意欲的法律效果。[①] 一方的违约或者不当行为致使另一方获得期待利益的期望完全落空,即是一个严重的违约行为。

合同是当事人真实的意思表示,合同中的权利与义务系双方磋商的结果,对合同解除或者终止的约定,系当事人的自由,法律一般不加干涉。但格式条款排除事前协商的特征,决定了应对格式条款提供方消灭交易相对方主要权利或者合同目的的权利进行必要的规制,防止因交易地位不均衡产生的结果不公平。

具体到本案中,注册游戏账户,并通过游戏装备、游戏币等获取更多的游戏体验是游戏玩家的合同目的,休眠账户删除条款属于消灭交易相对方主要权利,使得对方交易目的落空的情形。未经协商而使游戏运营方获得该项权利,亦与民事法律的基本原则相悖,可以认定该条款不合理。

综合上述分析,在判断格式条款是否合理时,因法律对"不合理"情形并未作出明确列举,则应综合民事法律的条文规定、民事法律的基本原则、交易习惯、合同目的等进行解释,并在个案中对格式条款的合理性及效力作出认定。

【附录】

编写人:蒋庆琨(民事庭审判员)

[①] 崔建远:《论合同目的及其不能实现》,载《吉林大学社会科学学报》2015 年第 3 期,第 41 页。

一审裁判文书案号：（2021）沪 0112 民初 3445 号

二审裁判文书案号：（2022）沪 01 民终 249 号

二审合议庭成员：毛焱（审判长）、钱文珍、蒋庆琨（主审法官）

34

债务人怠于行使其债权的认定

——A 公司诉 B 公司、C 公司其他合同纠纷案

【案例要旨】

代位权诉讼中，债务人怠于行使其债权应当符合三个构成要件：主观上债务人存在故意或过失、客观上债务人没有及时作为、行为后果上不利于债务的履行。如果债务人已经通过诉讼方式向相对人主张其享有的债权，即使双方已达成和解，但只要不影响债务人的债务履行，则不宜认定债务人怠于行使其债权。

【案情简介】

上诉人（原审被告）：A 公司。

被上诉人（原审原告）：B 公司。

原审第三人：C 公司。

A 公司与 C 公司系经销合同关系，B 公司是 C 公司的二级批发商。产品销售后，A 公司向 C 公司支付返利款，C 公司再和 B 公司结算销售返利款。后 A 公司向 B 公司出具《说明》载明：B 公司与 C 公司进货返利 70 余万元，A 公司已经结算给 C 公司。在审理中，A 公司与 C 公司均否认存在上述销售返利。

经调查，A 公司曾向法院起诉，要求 C 公司支付货款 3700 余万元及相

应利息损失。C 公司也曾起诉要求 A 公司向其支付销售奖励 4100 万元及其他损失。两案经过两审终审，其各自主张均基本得到支持。目前，两公司之间就经销合同项下的债权债务，在上述判决生效后已通过和解方式结算完毕。现在 B 公司起诉主张代位行使 C 公司对 A 公司的返利债权 70 余万元及逾期付款利息。

【裁判结论】

一审法院认为，根据 A 公司出具的《说明》认定，C 公司享有对于 A 公司的返利债权，B 公司享有对于 C 公司的返利债权，而 C 公司未向 A 公司主张该笔债权，故支持 B 公司代位行使 C 公司对 A 公司的返利债权 70 余万元。A 公司认为案涉销售返利债权不存在，故提起上诉。

二审法院认为，首先，A 公司和 C 公司作为"债务人的相对人"和"债务人"均否认 C 公司对 A 公司享有案涉销售返利的债权，B 公司亦未能举证证明 C 公司对 A 公司享有案涉销售返利的债权。其次，即使存在 B 公司对于 C 公司的债权，C 公司也未怠于行使对于 A 公司的债权，其虽然与 A 公司达成和解，但和解的前提是双方通过生效判决确认互负债务。因此，二审裁定撤销一审判决，驳回 B 公司起诉。

【评析意见】

本案的争议焦点在于，C 公司是否怠于行使其债权。根据《民法典》第 535 条的规定，债权代位权应满足如下构成要件：(1) 债权人对债务人的债权合法；(2) 债务人怠于行使其债权或与该债权有关的从权利，影响债权人的到期债权实现；(3) 债权人的债权已到期；(4) 债务人的债权不是专属于债务人自身的债权。其中如何认定"债务人怠于行使其债权或与该债权有关的从权利，影响债权人的到期债权实现"一直是司法实务中的难点。尽管《全国法院贯彻实施民法典工作会议纪要》（以下简称《民法典工作会议纪要》）第 8 条进一步明确了债务人需通过诉讼或者仲裁的方式向相对人主张债权，否则将被认定为怠于行使债权，但概括的法条显然无法囊括千变万化的现实，需要法官在实践中进一步细化规则填补疏漏。

一、代位权诉讼的诉讼标的

债权代位权旨在解决"三角债"问题,因此实践中涉及债权代位权的诉讼中,多方债务往往较为复杂、难以厘清。审理过程中,法官往往较为容易混淆三者的债权债务关系,该问题实际上是代位权诉讼标的理论争议在司法实践中的表现。

(一)一元诉讼标的说

该理论认为代位权诉讼标的仅为债务人和相对人之间的债权债务关系,排除了将代位权本身作为诉讼标的看待。"代位权存在与否"是法院审理债权人能否实施代位权诉讼的法律要件,无论代位权成立与否都不会对债务人和债权人之间的法律关系产生实质上的法律效力。换言之,债权人与债务人之间的法律关系在代位权诉讼中不存在诉讼请求。而法院对于债务人针对"代位权存在与否"的事实提出异议且成立的情况下,应当裁定驳回起诉,而非判决驳回诉讼请求。可见,"一元诉讼标的说"未将代位权作为独立的诉讼标的,而是作为诉讼要件进行判定。

尽管该理论是传统大陆法系的通说,但仍然存在一定问题。例如,根据民事诉讼中"处分原则",法院不得超越当事人诉讼请求进行判决,因此"代位权存在与否"不属于代位权诉讼旨在解决的争议事项。进而导致法官在审理过程中往往容易忽略代位权存在与否的认定,或者混淆债权人、债务人、债务人的相对人之间债权债务的认定。

(二)二元诉讼标的说

该理论认为代位权诉讼中,诉讼标的应该既包含对于代位权是否存在的认定,也包含对于债务人和相对人之间债权债务的认定。其一,代位权属于实体法上的权利,当其成立要件达成时,债权人可以自己的名义直接向债务人的相对人提起请求。从传统诉讼标的的理论上看,已经可以作为单独的诉讼标的。其二,从审判逻辑上看,代位权存否的认定应当优先于债务人和相对人之间法律关系的认定。其三,从诉讼经济的角度,将两者同时作为代位权诉讼的诉讼标的，不仅可以有效减少后续纠纷中，后诉的法院对同样的事实作出相互矛盾的判定，还可以减少当事人三方诉累。

该理论重视代位权的存否，有利于法官梳理案件事实，但在司法实践中，对于一般的债权债务纠纷，法官对于原告是否享有债权这一事实的认定也仅是通过判决理由加以说明，并未将其记载于判决主文。可见，将代位权存否作为单独的诉讼标的写入判决主文，还没有被理论和实务界接受。

（三）司法实践中的尝试

鉴于代位权诉讼中债权债务关系的复杂性，法官需要通过不同的形式在判决中厘清相关法律关系。

1. 在争议焦点中区分两重债务关系

"无锡某太阳能电力有限公司与某自动化系统苏州有限公司债权人代位权纠纷"①一案中，一审、二审法院均认为案件存在两个争议焦点，一是债权人对债务人是否享有合法债权；二是债务人是否怠于行使对相对人的债权。法院认定债务人怠于行使债权的前提是债务人对相对人享有债权，并在审理中严格区分"债权人对债务人的债权"和"债务人对相对人的债权"。一、二审通过争议焦点的形式将两重债权债务关系进行分别论证，较为清晰地展现代位权诉讼中的审判逻辑。

2. 在判决说理部分区分两重债务关系

以本案为例，本案中法官没有在争议焦点部分明确区分债权人与债务人、债务人与相对人的法律关系。A公司曾向B公司出具《说明》，B公司跟C公司进货的返利合计70余万元，A公司已经结算给C公司。基于此，很容易认定三者之间存在债权债务关系，进而认定B公司代位享有对A公司的销售返利债权。因此，本案在判决说理部分，明确区分"债权人对债务人的债权"以及"债务人对于相对人的债权"，分别独立认定。

本案中，"债权人对债务人的债权"部分：B公司和C公司确认双方之间存在买卖合同关系，但C公司否认合同中存在销售返利的约定，B公司也

---

① 参见江苏省高级人民法院（2018）苏民终1183号民事判决书，载中国裁判文书网。

未能对此进行举证。因此，B 公司提供的销售返利统计表不能证明 B 公司对 C 公司享有案涉销售返利的债权。至于 C 公司出具的《说明》，亦不能证明 B 公司对 C 公司享有合法债权。综上，债权人未能举证证明其对债务人享有合法债权。而"债务人对于相对人的债权"部分：A 公司和 C 公司作为"债务人的相对人"和"债务人"均否认 C 公司对 A 公司享有案涉销售返利的债权。B 公司作为提起代位权诉讼的一方，亦未能举证证明 C 公司对 A 公司享有案涉销售返利的债权。因此，债务人不享有对于相对人的债权。

二、"怠于"行使的认定

代位权诉讼中，债务人怠于行使权利一直有"主观说"和"客观说"的争议。"主观说"认为"怠于"表现为应行使并能行使而不行使。① "客观说"则认为只要债务人在客观上不行使权利，就属于怠于行使权利。② 有学者认为客观说较为简洁，且规避了主观方面难以认定的问题，因此更为推崇。③ 然而，仅以《民法典工作会议纪要》第 8 条规定的仲裁或者诉讼方式不能应对实践中大量存在的起诉后撤诉、起诉后和解、消极应诉等情形。

本案中，C 公司在 B 公司起诉主张销售返利之前，已经向法院起诉要求 A 公司支付 4100 余万元的销售返利以及 2 亿多元的损失。尽管 C 公司承认其主张的 4100 万元中不包含案涉销售返利，并且已经就 4000 余万元的销售返利与 A 公司达成和解，但本案不宜认定 C 公司存在怠于行使其债权。笔者认为"怠于"行使债权应采用"主观说"，应该符合三个构成要件：主观上债务人存在故意或过失、客观上债务人没有及时作为、行为后果上不利于债务的履行。

（一）主观上债务人存在故意或过失

理论和实务中均存在一种观点，认为债务人的主观意图可以表现在外在

---

① 史尚宽：《债法总论》，中国政法大学出版社 2008 年版，第 447 页。
② 曹守晔、张进先、尹鲁先等：《关于适用合同法若干问题的解释（一）的理解和适用》，载《人民司法》2000 年第 3 期，第 4-11 页。
③ 申卫星、傅雪婷：《论债权人代位权的构成要件与法律效果》，载《吉林大学社会科学学报》，2022 年第 4 期，第 122-137 页、第 237 页。

行为上,因此无须考虑债务人的主观状态,可以从外在行为后果判断是否存在"怠于"行使。① 然而,该观点存在两个问题:首先,"怠于"行使的外在表现尚不明确,除不起诉、不仲裁外,是否还应包含起诉后撤诉、起诉后和解、消极应诉等情形?其次,即使债务人主观上不存在故意或过失,客观上也可能表现为如上情形。

本案中,如果仅从结果判断,则很容易将类似本案起诉后和解的情况认定为"怠于"行使,但实际上 C 公司早在 B 公司向 A 公司代位主张 70 万元销售返利之前,就已经向法院起诉主张 4100 万元的销售返利,且 C 公司尚欠 A 公司货款 3700 余万元,双方互付债务。虽然最终达成和解,但对于双方利益并没有造成损失。C 公司在主张权利的过程中不存在故意或者过失,不能认定为"怠于"。

(二) 客观上债务人没有及时作为

债务人应当在合理期限内主张对相对人的债权,否则应当被认定为"怠于"行使。合理期限应当结合双方交易习惯、合同及《民法典》相关规定,而不能仅以诉讼时效作为合理期间,且应由债务人主张其在合理期限内及时作为,否则应视为"怠于"行使。

(三) 行为后果上不利于债务的履行

《民法典工作会议纪要》第 8 条规定,《民法典》第 535 条规定的"因债务人怠于行使其债权或者与该债权有关的从权利,影响债权人的到期债权实现的",是指债务人不履行其对债权人的到期债务,又不以诉讼方式或者仲裁方式向相对人主张其享有的债权或者与该债权有关的从权利,致使债权人的到期债权未能实现。虽然"诉讼"和"仲裁"以其公示力成为债务人积极行使债权的标志,但是笔者认为不能仅以提起诉讼或者申请仲裁而认定积极行使债权。

---

① 王伟、卢薇薇:《债务人怠于行使到期债权之司法认定》,载《人民司法》2009 年第 20 期,第 90-93 页。

以"无锡某太阳能电力有限公司与某自动化系统苏州有限公司债权人代位权纠纷"为例，该案件中债务人在相对人重整时已经申报债权并获得确认，却在相对人已经留存相应款项时依然没有采取进一步催讨措施。仅从公示力角度看，债务人对于相对人的债权已经获得公示效力，但从结果上看，已经影响债权人债权的实现。再以本案涉及的起诉后和解为例，如果债务人与相对人双方债务已经履行完毕而申请和解撤诉，由于不影响本案债务的履行，因此不应认定为怠于行使。如果存在双方债务没有履行且没有其他正当理由即撤诉的情形，则不能仅以债务人已经起诉而认定其没有"怠于"行使债权。

【附录】

编写人：郑军欢（商事庭副庭长）、王一凡（商事庭法官助理）
一审裁判文书案号：（2021）沪0115民初32040号
二审裁判文书案号：（2021）沪01民终15262号
二审合议庭成员：郑军欢（审判长兼主审法官）、胡瑜、胡玉凌

(四) 劳动争议纠纷

35

实际控制人与公司所签订劳动合同之效力甄别

——陈某诉 K 公司劳动合同纠纷案

【案例要旨】

实际控制人与公司签订的劳动合同，不因实际控制人对公司的影响与控制力而当然无效。对相关劳动合同的效力进行甄别时，应以劳动法域合同无效之规定为立足点，着重审查是否存在违反法律、法规强制性规定之情形。同时，合同整体效力与具体条款效力的审查亦应并重，尤应注意涉及公司利润相关条款之检视。

【案情简介】

上诉人（原审原告）：陈某。

被上诉人（原审被告）：K 公司。

K 公司于 2006 年依法设立，由 H 公司 100%控股。H 公司 2%和 98%的股份分别由案外人 C 某和其表哥陈某持有。2015 年 1 月 23 日至 12 月 28 日，C 某担任 K 公司法定代表人。

2015 年 11 月 5 日，陈某与 K 公司签订《劳动合同》，K 公司签字代表为 C 某。约定内容包括：（1）合同为无固定期限劳动合同，除双方协商一致解除或陈某提出解除外，K 公司不可以任何理由撤销、解除、终止，否则视为违约，应向陈某赔偿自违约日起至国家规定退休年龄的所有合同约定薪资。（2）陈某作为 K 公司聘请的高层管理人员，K 公司对陈某无任何工作时间、工作地点的要求；只要 K 公司当年盈利，无论 K 公司对于陈某的绩效考核结果如何，K 公司都必须向陈某发放金额不少于其当年税后月薪三倍的年终奖金；只要 K 公司当年盈利，除非陈某书面同意放弃，否则陈某次年薪资涨幅应和公司副总裁级别以上平均涨幅相当，且不低于 10%。（3）K 公司须每月向陈某支付税后工资 58350 元、交通补贴（合同签订日起至 2016 年 11 月税后 35000 元/月，2016 年 12 月税后 70000 元，2017 年起每月税后交通补贴额为前一年标准的 110%）、差旅补贴（68000 元/月，且每年上调 10%以上）。

2015 年 12 月 9 日起至 2016 年 1 月 28 日，经多次股权变更，陈某及 C 某不再持有 H 公司股份。2017 年 11 月 14 日，K 公司向陈某发出电子邮件，表示"自公司完成并购以后从未见到您的劳动合同原件"，要求陈某提供原件核实。11 月 20 日，陈某通过电子邮件向 K 公司发送了《劳动合同》。2018 年 1 月 30 日，K 公司向陈某发出通知，明确陈某担任公司公共关系顾问，负责公司公共关系维护拓展等工作。2016 年 1 月至 2019 年 11 月，K 公司按月支付陈某工资，并为陈某缴纳了社会保险。

2020 年 1 月，K 公司经控股股东 F 公司董事会决议，决定解除陈某及团队成员的劳动关系、撤销公共关系顾问岗位。K 公司向陈某出具《解除劳动关系通知书》，理由为严重违反公司规章制度。4 月陈某申请劳动仲裁，要求恢复劳动关系，并由 K 公司按照每月税前 113860 元标准支付陈某相应期间的工资，以及 2016 年至 2019 年工资差额、年终奖、补贴等。仲裁委员会裁决对陈某的请求事项不予支持。陈某不服仲裁裁决，以相同请求诉至法院。

【裁判结论】

一审法院经审理认为，陈某于 2015 年 11 月与 K 公司签订的《劳动合同》，实际是陈某与陈某作为控股大股东的 K 公司签订的书面协议，仅能反映陈某一方的意思表示，难以认定系用人单位的真实意思表示，也并非 K 公司股东发生变化后陈某与 K 公司新股东经协商一致达成的合意，对 K 公司不具有约束力。陈某基于《劳动合同》提出的各项诉讼请求，无事实依据。

K公司作出的解除决定违法，但双方劳动关系不宜恢复。故判决K公司支付陈某2019年12月税后工资77663元并驳回其余诉讼请求。

二审法院认为，首先，从《劳动合同》的签订时间、主体及背景看，陈某作为股权出售前K公司的实际控制人，应当知晓《劳动合同》对K公司设定之义务与股权收购方之利益相关联，负有向股权收购方披露《劳动合同》的义务，但却未能举证证明在股权收购时其已履行相应披露义务。其次，从《劳动合同》内容看，其中不考虑陈某实际工作绩效，将陈某年终奖金、薪资涨幅与K公司是否盈利相关联之条款约定更类似于公司利润之分配，劳动合同解除及违约责任等条款远超出正常劳动关系中用人单位与劳动者之间权利义务的设定范围，即便K公司股权收购方在收购后同意留用陈某，亦实难认定《劳动合同》所设定义务属于收购方之合理预期范围。再次，从《劳动合同》实际履行情况看，在案证据不能证明K公司系按照该《劳动合同》约定条款履行相应义务。最后，《劳动合同法》第33条投资人变更不影响劳动合同继续履行之法律规定的适用，应以劳动合同合法有效为前提。根据《劳动合同法》第26条之规定，违反法律、行政法规强制性规定的劳动合同无效，再依据系争《劳动合同》签订当时有效的《民法通则》第58条之规定，恶意串通，损害国家、集体或者第三人利益的民事行为无效。陈某签订《劳动合同》时系K公司实际控制人，其明知K公司将被收购，在相关合同中对K公司所设定义务远超出正常劳动关系中用人单位义务范围，且未能举证证明当时已向收购方披露相关合同内容，在此情况下实难认定《劳动合同》对控股股东股权结构发生变化后的K公司具有约束力。故二审法院判决驳回上诉，维持原判。

【评析意见】

本案的争议焦点在于：K公司与实际控制人陈某签订的劳动合同，在K公司股权结构发生变化后，对K公司是否具有约束力。由于现有法律对实际控制人之直接规范甚少，如何评判实际控制人与公司所签订劳动合同之效力存在一定争议，笔者认为有必要对此进行探讨与研究。

一、实际控制人之法律规制现状

实际控制人,属商法之概念范畴。我国法律对实际控制人进行定义,最早出现于 2005 年 10 月修正的《公司法》第 217 条,① 将之界定为"虽不是公司的股东,但通过投资关系、协议或者其他安排,能够实际支配公司行为的人"。该定义将股东排除在实际控制人法定外延范围之外,实践中对此存在一定争议,有观点认为非控股股东亦应纳入公司实际控制人的定义范畴。② 2021 年 12 月 25 日公布的《公司法(修订草案)》第 259 条对实际控制人的定义取消了"不是公司的股东"的条件限制,但仍将实际控制人列为与高级管理人员、控股股东并列之概念,按此逻辑推论,实际控制人应不包括控股股东。本案中,H 公司持有 K 公司 100% 的股份,而陈某又系 H 公司持股 98% 之股东,其实际通过间接持股方式掌握了 K 公司控制权,当属 K 公司的实际控制人。

所有权与控制权的分离,本是公司制度长期发展而逐渐形成的治理结构。虽然公司依据法律而获得了人格独立性,并通过不同机关互相监督制衡的制度设计,将决策权、执行权、监督权分别配置给股东会、董事会、监事会,为公司运营过程中的人格独立性提供保障。但事实上,出于己方经济效益最大化之理性经济人本能,实际控制人借助于对公司之实际控制权,以损害公司利益为代价而谋取个人利益的情形现实存在。故对于实际控制人进行法律规制,避免公司控制权滥用行为,有其必要,也日益得到重视。

就目前而言,对实际控制人控制权之规制,主要体现在《公司法》及证监会出台的涉及上市公司的文件③中。《公司法》除第 216 条用语含义中涉及实际控制人外,另分别于第 16 条、第 21 条从担保及关联交易两个方面

---

① 参见《公司法》(2018 年修正)第 216 条。
② 周伦军:《上市公司实际控制人案件若干问题研究》,载《人民司法》2008 年第 11 期,第 5 页。
③ 参见《上市公司章程指引》第 57 条:"股东大会拟讨论董事、监事选举事项的,股东大会通知中将充分披露董事、监事候选人的详细资料,至少包括以下内容:(一)教育背景、工作经历、兼职等个人情况;(二)与本公司或本公司的控股股东及实际控制人是否存在关联关系;(三)披露持有本公司股份数量;(四)是否受过中国证监会及其他有关部门的处罚和证券交易所惩戒。除采取累积投票制选举董事、监事外,每位董事、监事候选人应当以单项提案提出。"

对实际控制人进行了限制。其中第 16 条规定，公司为实际控制人提供担保的，必须经股东会或者股东大会决议，且受实际控制人支配的股东不得参加表决；第 21 条规定，实际控制人不得利用其关联关系损害公司利益，如有违反，给公司造成损失的，应当承担赔偿责任。此外，《最高人民法院关于适用〈中华人民共和国公司法〉若干问题的规定（二）》（以下简称《公司法司法解释（二）》）第 18 条、第 19 条、第 20 条，针对实际控制人在公司清算、解散、注销过程中的不当行为，明确其应承担相应责任。[1] 2021 年 12 月 25 日公布的《公司法（修订草案）》第 191 条规定，"实际控制人利用其对公司的影响，指使董事、高级管理人员从事损害公司或者股东利益的行为，给公司或者股东造成损失的，与该董事、高级管理人员承担连带责任"，从实际控制人的行为表现及责任承担方式上进一步加大了对实际控制人的法律规制。

相较于商法上对实际控制人义务与责任的相应规范，劳动法中并无对实际控制人之特别限制。从建立劳动关系的主体范围看，不论是《劳动法》还是《劳动合同法》，均未对劳动者的内涵与外延作明确界定；从劳动权利义务设定及法律责任看，未见对实际控制人之特别规定；从劳动法的适用范围看，学理上虽有基于公司高管身份特殊性而主张双方非劳动关系[2]或分类适用劳动法[3]之探讨，但在审判实践中，已与公司建立劳动关系的高管人员

---

[1] 参见《公司法司法解释（二）》第 18 条："有限责任公司的股东、股份有限公司的董事和控股股东未在法定期限内成立清算组开始清算，导致公司财产贬值、流失、毁损或者灭失，债权人主张其在造成损失范围内对公司债务承担赔偿责任的，人民法院应依法予以支持。有限责任公司的股东、股份有限公司的董事和控股股东因怠于履行义务，导致公司主要财产、账册、重要文件等灭失，无法进行清算，债权人主张其对公司债务承担连带清偿责任的，人民法院应依法予以支持。上述情形系实际控制人原因造成，债权人主张实际控制人对公司债务承担相应民事责任的，人民法院应依法予以支持。"第 19 条："有限责任公司的股东、股份有限公司的董事和控股股东，以及公司的实际控制人在公司解散后，恶意处置公司财产给债权人造成损失，或者未经依法清算，以虚假的清算报告骗取公司登记机关办理法人注销登记，债权人主张其对公司债务承担相应赔偿责任的，人民法院应依法予以支持。"第 20 条第 1 款："公司解散应当在依法清算完毕后，申请办理注销登记。公司未经清算即办理注销登记，导致公司无法进行清算，债权人主张有限责任公司的股东、股份有限公司的董事和控股股东，以及公司的实际控制人对公司债务承担清偿责任的，人民法院应依法予以支持。"

[2] 王学华：《公司高级职员与劳动者的身份界定》，载《中国人力资源开发》2006 年第 4 期，第 107-109 页。

[3] 参见董保华、邱健：《劳动合同法的适用范围应作去强扶弱的调整》，载《中国劳动》2006 年第 9 期，第 22-25 页。

亦属于劳动法之适用主体。

本案中，陈某虽系K公司的实际控制人，但如其与K公司建立劳动关系、签订劳动合同，并无法律上之明确禁止规范。再加之，《劳动合同法》第33条规定，用人单位变更名称、法定代表人、主要负责人或者投资人等事项，不影响劳动合同的履行。故陈某主张其与K公司签订的劳动合同在K公司股权结构发生变化后仍对K公司具有约束力，于法有据。

二、实际控制人与公司所签订劳动合同不当然无效

从前述与实际控制人直接相关的法律规范可以看出，《公司法》等商法虽对实际控制人进行了规制，但主要是从特定行为表现及损失赔偿责任的角度予以限制，并未设立实际控制人与公司所签订合同效力认定的明确规则。

依据传统民法理论，平等、自愿原则应当是民法的基本原则。违反平等、自愿原则的合同，其效力存在瑕疵。从《民法通则》《民法总则》到《民法典》，均将意思表示真实作为民事法律行为的有效要件。《劳动合同法》第3条也明确订立劳动合同时应当遵循平等自愿、协商一致等原则，第26条亦将"以欺诈、胁迫的手段或者乘人之危，使对方在违背真实意思的情况下订立或者变更劳动合同""违反法律、行政法规强制性规定的"列为劳动合同的法定无效情形。也因此，有观点认为，实际控制人对公司决策具有影响和控制力，其与公司签订的劳动合同不能视为公司的真实意思表示，应为无效。对此，笔者认为不宜作此一概认定，实际控制人与公司签订的劳动合同并不当然无效。主要理由如下：

其一，从法律条文规范角度而言，并不能得出实际控制人与公司所签订劳动合同当然无效之结论。公司作为法律上的拟制主体，具有其独立人格以及相应的意思表示机制。实际控制人对公司之控制存在多种形式，间接持股是其中表现形式之一，在实际控制人之意志已成为公司股东意志的情况下，难以径行认定相关决策非公司真实意思表示。《民法总则》第168条（对应《民法典》第168条）虽然在《民法通则》《合同法》基础上增设了对自己

代理和双方代理行为的限制条款，该条款亦被学者视为对自我行为效力之规制，① 但从实际控制人与公司签订劳动合同的行为外观看，并不能当然将实际控制人与公司签订劳动合同的行为认定为自我行为。即便将实际控制人要求公司与其签订劳动合同的行为，视为指定第三人为复代理人，类推适用《民法典》第168条，自我行为按通说也应属于效力待定的法律行为，② 经被代理人同意或追认亦可认定为有效。

其二，从民法的意思自治原则角度而言，并无全面禁止实际控制人与公司签订劳动合同行为之必要。意思自治作为民法的基本原则之一，允许民事主体依其个人意思设立、变更、终止民事法律关系。《民法典》虽沿用了《民法通则》以及其他民商事单行法中"自愿原则"的表述，但其实质为意思自治原则。③ 虽然意思自治原则受民法的公平、诚信、守法等原则约束，但其仍应作为市场经济活动的基本准则。对实际控制人进行限制的主要原因在于其与公司、公司股东、债权人之间的利益冲突，而在不发生利益冲突或不影响他人或社会公共利益的情况下，并无全面禁止、认定相关行为无效之必要。

其三，从商法的制度设计比较角度而言，亦无认定实际控制人与公司所签订劳动合同绝对无效之特别需求。随着现代经济及公司集团化之发展，公司实际控制人的存在已成为不可回避、难以杜绝之现象。全面禁止实际控制人与公司之间进行交易，有悖市场经济客观规律，亦可能导致实际控制人关联交易行为更隐蔽化。出于此类考量，《公司法》并未禁止实际控制人与公司进行交易，允许公司经过法定程序为实际控制人进行担保，也仅禁止实际控制人利用关联关系损害公司利益。从劳动法角度而言，如公司确有与实际控制人建立劳动关系之必要，双方签订劳动合同，亦属于《劳动合同法》对公司之法定要求。如实际控制人意图通过劳动合同之签订损害公司利益，

---

① 迟颖：《自我行为中的利益冲突及其规制——〈民法总则〉第168条解释论》，载《河北法学》2019年第10期，第87—88页。

② 参见迟颖：《自我行为中的利益冲突及其规制——〈民法总则〉第168条解释论》，载《河北法学》2019年第10期，第97—98页；尹涛、邓丽君：《自我行为法律效力之初探——以〈民法典〉第168条解释论为中心》，载《泉州师范学院学报》2021年第1期，第15页。

③ 参见李适时主编：《中华人民共和国民法总则释义》，法律出版社2017年版，第17—20页。

也有其他救济途径。

三、实际控制人与公司所签订劳动合同之效力甄别

如前述，实际控制人与公司所签订劳动合同并不当然无效，结合具体情况对其效力加以甄别即可，法院审理时可注意把握如下原则：

一是以劳动法合同无效之规定为立足点，着重审查是否存在违反法律、法规强制性规定之情形。《劳动合同法》第 26 条第 1 款对劳动合同无效或者部分无效的情形作了明确，包括：（1）以欺诈、胁迫的手段或者乘人之危，使对方在违背真实意思的情况下订立或者变更劳动合同的；（2）用人单位免除自己的法定责任、排除劳动者权利的；（3）违反法律、行政法规强制性规定的。需要注意的是，不同于《民法典》将欺诈、胁迫、显失公平情形下实施的民事法律行为规定为可撤销情形，《劳动合同法》直接将欺诈、胁迫或乘人之危规定为无效情形。虽然《民法典》制定于《劳动合同法》之后，但劳动法律属于社会法范畴，有其特有理念和规则，民法则属于私法范畴，民法与劳动法律对同一问题有不同规定时，应当适用劳动法律有关规定，劳动法律没有规定时，民法典仍有适用余地。对于实际控制人签订的劳动合同，考虑到实际控制人对公司的控制力及一般理性经济人对己方利益之追求，设立免除用人单位法定责任、排除劳动者权利或低于劳动法保护基准条款的情形，应较为罕见。因而在判断相关劳动合同效力时，更应注重对是否违反法律、行政法规强制性规定进行审查。如《民法典》第 146 条有关虚假表示与隐藏行为的效力条款、第 154 条有关恶意串通的民事法律行为的效力条款以及公序良俗原则等法律规定，均可成为认定实际控制人与公司所签订劳动合同无效之依据。

本案中，陈某与 K 公司于 2015 年 11 月签订的《劳动合同》虽然经由当时 K 公司法定代表人 C 某签字盖章，但陈某时系 K 公司实际控制人，其明知 K 公司将被收购，在合同中对 K 公司所设定义务远超出正常劳动关系中用人单位义务范围，明显有损 K 公司股权收购方之利益，存在恶意串通损害第三人利益之法定无效情形。

二是合同整体效力与具体条款效力之审查并重，尤应注意与公司利润相

关条款之检视。从公司契约论角度而言，公司的本质是契约的结果，发起人之间达成契约、公司与股东之间形成契约，其根本目的是减少交易成本，获取更多利润。尽管随市场经济、公司制度的发展，股东将更多的管理权让渡给董事会、高级管理人员，但其通过承担认缴出资风险换取公司经营利润收益之根本目的并无变化。也因此，《公司法》第37条明确规定审议批准公司的利润分配方案属于股东会的职权范围。如果实际控制人与公司签订的劳动合同以劳动报酬为名、行规避股东会决议分配公司利润之实，相关条款应因损害股东权益而无效。同时，虽然公司盈余分配属于公司自治范畴，司法一般不予干预，但是公司资本的稳定性直接影响到公司债权人的利益。也因此，《公司法》第166条对于公司税后利润分配作了诸多强制性规定，如公司分配当年税后利润时应当提取利润的百分之十列入公司法定公积金（法定公积金累计额为公司注册资本的百分之五十以上的，可以不再提取）；法定公积金不足以弥补以前年度亏损的，应当先用当年利润弥补亏损等。因此，如实际控制人签订的劳动合同条款违反上述规定，相关条款亦应属无效。

本案中，纵不论陈某所签订《劳动合同》的整体效力，从该《劳动合同》具体条款而言，不考虑实际工作绩效，将陈某年终奖金、薪资涨幅与K公司是否盈利相关联之约定，更类似于对公司利润分配之设定，有违《公司法》利润分配之强制性规定，亦可认定相关条款无效。

【附录】

编写人：孙少君（民事庭审判长）
一审裁判文书案号：（2020）沪0115民初60048号
二审裁判文书案号：（2021）沪01民终10803号
二审合议庭成员：孙少君（审判长兼主审法官）、沈雯、唐建芳

36

劳动争议中民事法律行为无效的法律后果及司法救济

——J公司诉黄某劳动合同纠纷案

【案例要旨】

经法定程序认定劳动者辞职时无民事行为能力的，其向用人单位做出的辞职行为自始不发生法律约束力，即视为劳动者未辞职、劳动合同仍在履行过程中。劳动者在劳动合同履行期内因精神疾病发作未能正常提供劳动，难以归责于双方，结合劳动者的就医情况，可认定相应期间属于医疗期，用人单位应依法支付劳动者在此期间的病假工资。

【案情简介】

上诉人（原审被告）：J公司。

被上诉人（原审原告）：黄某。

2006年7月17日，黄某进入J公司工作，双方签订有多份劳动合同，最后一份为无固定期限劳动合同。黄某离职前12个月平均工资为15186.20元。2019年7月17日，黄某向J公司提交一份《辞职信》，载明："本人由于个人原因，不得不离开工作13年的工作岗位……恳请领导批准！谢谢！"7月18日，黄某由家人陪同至S市某医院就诊，之后又就诊于S市某精神卫生中心，并被诊断为急性精神分裂症样精神病性障碍。7月底至8月中旬，黄某家属与J公司曾就黄某就诊情况、能否撤销离职申请等进行沟通，未达成一致意见。8月16日，J公司为黄某办理了退工手续。

2019年9月5日，黄某向S市某区劳动人事争议仲裁委员会申请仲裁，该委裁决对黄某的全部请求不予支持。黄某不服仲裁裁决，诉至法院，请求判令自2019年8月17日起恢复双方劳动关系，并按每月13000元标准支付自 2019 年 8 月 17 日起到恢复劳动关系之日止的工资。

一审中，经黄某申请，法院委托某司法鉴定机构对黄某的精神状态及民事行为能力进行鉴定。鉴定意见为："1. 被鉴定人黄某患有急性精神分裂症样精神病性障碍，2019 年 7 月 17 日辞职时处于发病期，目前病情缓解。2. 被鉴定人黄某对 2019 年 7 月 17 日辞职一事应评定为无民事行为能力。3. 被鉴定人黄某目前应评定为具有完全民事行为能力"。

二审中，黄某提交 2019 年 8 月至 2020 年 12 月 S 市某精神卫生中心门诊记录单一份，其上显示黄某出院后仍每月复诊，诊断结果为"急性而短暂的精神病性障碍；急性精神分裂症样精神病性障碍"，处理为"注射及口服药物及休一个月"等。J 公司认可黄某此期间处于病假期。J 公司另补充提供黄某 2018 年 8 月至 2019 年 6 月工资发放明细，证明黄某所在岗位相对应的正常出勤月工资标准为 10355 元。

【裁判结论】

一审法院认为，黄某提出辞职申请时，实际处于急性精神分裂症样精神病性障碍发病期，属于无民事行为能力人，因此辞职申请并不发生民事法律效力。双方劳动合同的解除系因黄某在无民事行为能力的情况下提出辞职而引发，但 J 公司在为黄某办理退工手续前已知晓黄某患有精神疾病，在此情况下未谨慎处理仍办理退工手续有所不当。经综合考量劳动合同解除原因、解除过程、J 公司的责任等情况，应按离职前黄某 12 个月平均工资的 70% 支付相应期间的工资。故判决 J 公司自 2019 年 8 月 17 日起与黄某恢复劳动关系，并按 10630.34 元/月的标准支付黄某自 2019 年 9 月 5 日起至恢复劳动关系之日止的工资。J 公司不服，提起上诉。

二审法院认为，无民事行为能力人所实施的民事法律行为无效，黄某辞职的行为自始对双方不发生法律约束力，故应回复到初始的法律状态，即视为其未辞职，双方劳动合同仍在履行过程中。黄某此后未能正常提供劳动，系因其疾病所致，黄某自 2019 年 7 月 18 日起即处于医疗期内。依照 S 市相关规定，职工疾病连续休假在 6 个月以内且连续工龄满 8 年及以上的，企业按本人工资的 100% 计发疾病休假工资；职工疾病连续休假超过 6 个月且连续工龄满3年及以上的,企业按本人工资的60%计发疾病救济费。故判决J公司自2019年8月17日起与黄某恢复劳动关系,并分别按照10355元/月、6213元/月的标准支付黄某相应期间的疾病休假工资和疾病救济费。

【评析意见】

劳动者被认定为辞职时无民事行为能力的,其实施的辞职行为应属无效。就劳动争议领域中无效辞职行为的法律后果,以及从用人单位解除劳动合同到法院判决劳动关系恢复期间的性质认定,此前司法实践中较少涉及。本案创新适用《民法典》关于无效民事法律行为后果的规定,解决了前述问题。

一、劳动者被认定为辞职时无民事行为能力的民事法律后果

本案中,黄某提前30日主动提出辞职,且辞职时并未表现出异常情况,故J公司接受了劳动者的辞职申请。正常情况下,劳动合同自劳动者提出辞职之日起满30日即告解除。但本案中经司法鉴定,认定黄某辞职时无民事行为能力,依据《民法典》的规定,无民事行为能力人实施的民事法律行为无效,可以认定黄某实施的辞职行为属无效行为,无效的民事法律行为自始没有法律约束力,应视为黄某并没有提出辞职,双方劳动合同仍在继续履行过程中。

关于民事法律行为无效的后果,民法典仅就财产返还或折价补偿作出规定,① 而劳动争议领域一般不涉及财产的归属,《劳动合同法》中只规定了劳动合同无效的法律后果,即给对方造成损害的,有过错的一方应当承担赔偿责任,② 但是对劳动者辞职不发生法律效力的法律后果没有明文规定。

本案中,一审法院认为"J公司在为黄某办理退工手续前已知晓黄某经诊断患有精神疾病,J公司在此情况下未谨慎处理仍办理退工手续有所不

---

① 《民法典》第157条规定:"民事法律行为无效、被撤销或者确定不发生效力后,行为人因该行为取得的财产,应当予以返还;不能返还或者没有必要返还的,应当折价补偿。有过错的一方应当赔偿对方由此所受到的损失;各方都有过错的,应当各自承担相应的责任。法律另有规定的,依照其规定。"

② 《劳动合同法》第86条规定:"劳动合同依照本法第二十六条规定被确认无效,给对方造成损害的,有过错的一方应当承担赔偿责任。"

当",因而认定J公司在为劳动者办理退工过程中未尽审查义务存在过错,故酌定J公司按黄某离职前12个月平均工资的70%支付恢复期间的工资。但是即使J公司知晓劳动者患有精神疾病,也无权认定劳动者是否为无民事行为能力,J公司工作人员并非医疗领域专业人士,仅凭病历确实无法判断劳动者在辞职当时是否为无民事行为能力人。应当注意的是,辞职权是劳动者的一项重要权利,关涉劳动者劳动自由的基本价值,应当给予充分保护;同时,辞职权与雇主追求的员工数量与质量稳定和安全具有一定张力,二者应当加以协调。[①] J公司在二审时亦陈述,由于只有通过诉讼才能启动司法鉴定程序,J公司认为可先按照正常流程解除劳动关系,经仲裁进入诉讼程序,由法院启动鉴定,如果鉴定出劳动者辞职时不属于无民事行为能力,则J公司按照正常流程解除员工并无不当;如果鉴定出劳动者辞职时确系无民事行为能力人,劳动关系还可以恢复,J公司也愿意按照法定的标准支付劳动者此期间的工资。所以二审法院综合考量认定,当时情形下J公司按照正常流程办理离职的做法并无过错,劳动者因为精神病发提出辞职,更无过错可言,所以一审以过错为由分配双方的责任承担难言妥当。

二、自劳动关系解除至恢复期间的性质认定

《劳动合同法》第48条规定,用人单位违反本法规定解除或者终止劳动合同,劳动者要求继续履行劳动合同的,用人单位应当继续履行。《上海市企业工资支付办法》第23条规定,企业解除劳动者的劳动合同,引起劳动争议,劳动人事争议仲裁部门或人民法院裁决撤消企业原决定,并且双方恢复劳动关系的,企业应当支付劳动者在调解、仲裁、诉讼期间的工资。其标准为企业解除劳动合同前12个月劳动者本人的月平均工资乘以停发月数。双方都有责任的,根据责任大小各自承担相应的责任。

一审法院判决即参照上述规定,但是上述条款的适用前提是用人单位提出解除或者终止劳动合同,而本案是劳动者主动提出解除,不涉及用人单位违法解除的问题,所以本案中适用该条款的前提并不存在,不应该按照上述

---

① 谢增毅:《我国劳动者辞职权的法理与制度构建》,载《法学评论》2018年第4期,第52页。

标准计算相应期间工资。至于责任比例，如前所述，此种情况下，很难归责于双方任何一方或判定某一方的责任大小。

在劳动法中对此缺少法律规定的情况下，法官可以寻求法律原则或者《民法典》的有关规定。就劳动争议中能否适用《民法典》的问题，有观点认为民法系私法范畴，不同于劳动法的半公法性质，劳动法并非调整平等主体之间的民事法律行为，所以不能适用；但也有观点认为，《民法典》对于普通民事主体具有普遍适用价值，对于一些不涉及公法性质或者与劳动法律本身不冲突的当然可以加以适用，且2021年1月1日起施行的《最高人民法院关于审理劳动争议案件适用法律问题的解释（一）》（以下简称《劳动争议案件司法解释（一）》）也开宗明义地指出根据《民法典》等相关法律规定制定本解释，所以审理劳动争议可以适用《民法典》相应的规定。

笔者认为，《民法典》与劳动法的关系，是一般法与社会特别法的关系，因劳动合同并非普通民事主体之间缔结的合同，具有社会干预的半公法性质，从劳动合同的强制缔约性即可见一斑，对两者相冲突的部分，应优先适用特别法即劳动法的相关规定。但归根结底，劳动合同的缔约主体为劳动者和用人单位，当然适用《民法典》中关于自然人和法人的相关规定，民事法律行为效力的规定可以在劳动争议领域适用。

具体到本案中，既然劳动者辞职时无民事行为能力，那么无民事行为能力人实施的民事法律行为无效，即视为劳动者没有提出辞职，劳动关系仍在履行过程中。劳动者此后虽未能正常提供劳动，乃是因其疾病所致，根据劳动者就医事实及就诊材料，劳动者自提出辞职第二天起即至相关医院就诊且此后一直处于疾病的治疗期间，[①] 用人单位也认可劳动者一直处于医疗期内，所以可认定劳动者自提出辞职第二天起即处于医疗期内。

三、病假工资的计算标准及支付期间

既然劳动合同尚在履行过程中，劳动者处于医疗期内，用人单位须依法

[①] 曹俊金：《论特殊疾病医疗期之确定——基于劳动法宗旨的思考》，载《中国劳动》2013年第8期，第21页。

支付劳动者病假工资。根据上海市相关规定①，职工疾病连续休假在 6 个月以内且连续工龄满 8 年及以上的，企业按本人工资的 100% 计发疾病休假工资；职工疾病连续休假超过 6 个月且连续工龄满 3 年及以上的，企业按本人工资的 60% 计发疾病救济费。

本案中，劳动者主张自 2019 年 8 月 17 日起的工资，但实际上劳动者自 2019 年 7 月 18 日即处于病假期间，但用人单位在 2019 年 7 月 18 日至 8 月 16 日是按照正常标准支付了黄某此期间的工资，未低于病假工资标准，于法不悖；至于 2019 年 8 月 17 日至 2020 年 1 月 16 日的工资，结合劳动者的工龄计算，除去之前的一个月，尚余 5 个月，J 公司应按照相应标准（黄某所在岗位相对应的正常出勤月工资 10355 元/月）支付疾病休假工资；此后 2020 年 1 月 17 日至判决生效之日，J 公司应按照相应标准（正常出勤月工资 10355 元/月的 60% = 6213 元/月）支付黄某疾病救济费。

本案明确了：劳动者辞职行为不发生法律效力的法律后果是劳动关系继续履行，不同于普通民事法律行为无效而产生的返还财产或折价赔偿。在劳动合同履行期间，劳动者患病或非因公负伤的，在规定的医疗期内用人单位应支付病假工资（疾病休假工资、疾病救济费）。需要注意的是，一般病假需要劳动者向用人单位履行请假手续，但本案中，用人单位已经为劳动者办理了退工手续，双方其实对于劳动关系之后能否继续履行尚处于不明确的状态，所以也无须苛责劳动者履行请假手续。

【附录】

编写人：王正叶（民事庭法官助理）
一审裁判文书案号：（2020）沪 0105 民初 1686 号
二审裁判文书案号：（2020）沪 01 民终 11418 号
二审合议庭成员：王茜（审判长）、周寅、郑东和（主审法官）

---

① 参见《病假工资的计算规则》，载，上海市人力资源和社会保障局，网址：https://rsj.sh.gov.cn/trdhy_17355/20220209/t0035_1405579.html，最后访问时间：2023 年 11 月 27 日。

37

合作承揽协议下平台骑手与所服务企业劳动关系的审查认定

——L公司诉徐某劳动合同纠纷案

【案例要旨】

骑手与所服务企业签署了合作、承揽之类的协议，但双方均具备劳动关系主体资格，且实际履行的权利义务内容符合劳动关系从属性本质特征的，可认定双方存在劳动关系。

【案情简介】

上诉人（原审原告）：L公司。

被上诉人（原审被告）：徐某。

L公司与"某买菜"平台Y公司签订了《服务承揽合同》，L公司安排徐某至"某买菜"平台九亭站从事配送相关服务。L公司与徐某签订有电子版合作协议及书面承揽协议。上述两份协议均约定徐某与L公司通过协议建立合作关系，适用《合同法》《民法总则》和其他民事法律，不适用《劳动合同法》。徐某在九亭站点处受伤后申请劳动仲裁，请求确认其与L公司存在劳动关系。仲裁裁决确认L公司与徐某存在劳动关系。L公司对此不服，诉至法院。

诉讼中，徐某称其经"某买菜"平台九亭门店站长面试后开始工作，站长安排排班，分早中晚三班，上班时间需打卡，工资由基本工资、绩效奖金、补贴等构成。L公司则主张其只是代"某买菜"平台发放服务费，双方并无建立劳动关系的合意。

【裁判结论】

一审法院经审理认为，判断用人单位与劳动者是否存在劳动关系，关键在于双方之间是否存在人身隶属性以及劳动者提供的劳动是否是用人单位业务的组成部分。本案中，虽然双方当事人签订的合同形式为合作协议、承揽协议，但徐某从事的工作属于 L 公司自 Y 公司处承揽的业务组成部分；另双方当事人的合同中虽约定 L 公司向徐某支付服务费用，无底薪、无保底服务费，但根据徐某提供的交易明细单及收入明细显示，L 公司发放的系"工资"，且有基本工资、绩效奖金、补贴等项目。L 公司虽对此不予确认，但亦未能对该笔款项的组成进行合理解释。据此，一审法院认为，L 公司实际并未按照协议约定的服务费计算方式支付费用，且徐某每月的出勤时间相对固定，工作内容需要接受管理人员的安排及考核，这些都符合劳动关系的特点。因此，双方的关系符合劳动关系的一般特征，徐某要求确认双方存在劳动关系的请求，于法有据，一审法院予以支持。L 公司不服一审判决，提起上诉。

二审法院认为，一审法院从双方是否存在人身隶属性以及徐某提供的劳动是否属于 L 公司单位的业务组成部分等方面进行分析，确认徐某与 L 公司间的法律关系符合劳动关系的基本特征，并据此确认双方存在劳动关系，并无不当。故判决驳回上诉，维持原判。

【评析意见】

当今社会，互联网平台经济迅猛发展，在提供更多就业机会的同时，也带来了企业经营组织方式和用工模式的变革。相对于传统用工方式，平台经济下的新就业形态更加灵活，相关企业通过与骑手签订合作、承揽之类协议的方式排除劳动法律适用的情形时有发生。骑手所服务企业用工责任减轻，对应的是骑手权益保障的弱化，由此也引发了诸多骑手要求确认与所服务企业之间存在劳动关系的纠纷，本案即是此类。涉案双方的争议焦点在于：在骑手徐某与平台外包企业 L 公司已签订合作、承揽协议的情况下，能否认定双方存在劳动关系。

一、平台经济下骑手的用工现状及法律规制

随着互联网、大数据等信息技术的不断完善，以互联网为媒介的平台经济迅速发展，依托于互联网平台的网约配送员即"骑手"的从业人员规模亦不断壮大。

"与快递行业的发展历程不同，网约配送作为一种物流配送模式走过的是'先发展、再管理'的道路"。① 出于劳动关系和普通民事关系下平台用工责任的差异性，弱化劳动关系，通过各类协议明确双方为普通民事法律关系以排除劳动法的适用，此种现象日益多发。对于平台企业而言，往往通过众包、劳务外包的模式，剥离配送环节。众包（Crowd-sourcing）模式是指"一个公司或机构把过去由员工执行的工作任务，以自由自愿的形式外包给非特定的，而且通常是大型的大众网络的模式"。② 具体到平台配送，即平台企业把配送等相关任务以自由自愿的形式转交给企业外部大众群体来完成的一种组织模式。众包模式下，骑手"系通过APP注册成为平台的骑手，在相应的服务协议中，通常会明确其与外卖平台之间系平等主体之间的民事法律关系而非劳动关系"。③ 劳务外包模式，即平台企业通过服务协议等形式将一定区域内的平台配送任务交由第三方完成。该模式下，外包企业为减少用工成本，常通过与骑手签订合作协议、承揽协议的方式，对平台配送任务进行分派安排。

虽然"劳动关系"属于劳动法中的基本概念范畴，但我国法律法规中对其认定标准的规定较少。原劳动和社会保障部发布的《关于确立劳动关系有关事项的通知》是目前位阶最高且被广泛援引作为劳动关系认定依据的规范性文件。该通知第1条明确在用工单位与劳动者之间未订立书面劳动合同的情况下，应以"用人单位和劳动者符合法律、法规规定的主体资格""劳动者受用人单位的劳动管理""从事用人单位安排的有报酬的劳动""所提供劳动是用人单位业务的组成部分"等作为劳动者与用人单位间存在劳动关系的判定要素。通知第2条指出认定双方存在劳动关系时可参照"工资支付凭证或记录（职工工资发放花名册）、缴纳各项社会保险费的记录"，"用人

---

① 李怡然：《困住骑手的是系统吗——论互联网外卖平台灵活用工保障制度的完善》，载《中国劳动关系学院学报》2022年第1期，第71页。
② 360百科"众包模式"，https://baike.so.com/doc/6717159-6931203.html，最后访问日期：2022年7月30日。
③ 阚梓冰：《外卖平台灵活用工背景下劳动关系的司法认定》，载《中国应用法学》2021年第4期，第64页。

单位向劳动者发放的'工作证'、'服务证'等能够证明身份的证件","劳动者填写的用人单位招工招聘'登记表'、'报名表'等招用记录","考勤记录","其他劳动者的证言"等凭证。

上述通知出台于 2005 年,主要应对适用于当时较为传统的生产用工方式。随着新兴就业形态的发展,骑手等新就业形态劳动者劳动权益保护日益受到重视。2021 年 7 月,多部门联合发布了相关文件,即《关于维护新就业形态劳动者劳动保障权益的指导意见》、《关于落实网络餐饮平台责任切实维护外卖送餐员权益的指导意见》。其中《关于维护新就业形态劳动者劳动保障权益的指导意见》第 1 条第 2 款对骑手与所服务企业之间的权利义务关系做了分类:一是符合确立劳动关系情形的,企业应当依法与劳动者订立劳动合同。二是不完全符合确立劳动关系情形但企业对劳动者进行劳动管理的,指导企业与劳动者订立书面协议,合理确定企业与劳动者的权利义务。三是个人依托平台自主开展经营活动、从事自由职业等,按照民事法律调整双方的权利义务。

二、骑手与所服务企业间的法律关系应依据实际权利义务予以确定

法律行为在本质上乃是当事人的意志,此种意志符合法律规定,依法即可产生法律拘束力。[①] 依照《民法典》的自愿原则,民事主体从事民事活动,亦应当遵循自愿原则,按照自己的意思设立、变更、终止民事法律关系。也因此,对平台外包企业与骑手之间签订的合作协议、承揽协议能否成为否定双方间劳动关系的充足依据,以及如何认定其效力,存在一定争议。笔者认为,骑手与所服务企业之间的法律关系应依据双方实际权利义务确定,排除劳动关系的书面协议不应作为当然否定双方之间构成劳动关系的依据。理由如下:

第一,当事人意思自治需受社会公共利益、善良风俗等制约。契约自由本是伴随商品经济发展需要而形成的私法原则。随着社会的发展,民法理念逐步从形式正义走向实质正义,由个人本位转向社会本位,法律行为的实

[①] 参见王利明:《民法总则研究》(第 2 版),中国人民大学出版社 2012 年版,第 576 页。

施、法律关系的调整相应受到社会公共利益、善良风俗等制约。正如维尔纳·弗卢梅（Werner Flume）所言，"私法自治虽然使得当事人得以自由意志为自己设定权利，但是它本身不构成造法行为。私法自治必须获得它所依托的法律秩序的认可，才能获得法律效力"，① 包括立法、司法、公共政策乃至社会道德伦理所共同构建的法律秩序是私法自治获得法律效力的基础。② 保护劳动者合法权益，促进社会经济规范健康持续发展属于我国社会公共利益和社会主义法治建设目标涵盖范围。平台等新经济形态的发展不能以牺牲骑手合法权益为代价，对于假借协议躲避应承担之用工主体责任的行为，应予以否定性评价。

第二，法律关系的性质，本系由当事人间的权利义务内容所决定。法律关系，是指法律规范在调整人们的行为过程中所形成的具有法律上权利义务形式的社会关系，③ 由主体、客体和内容三个要素构成。不同法律关系的性质，实系由法律关系的内容，即当事人之间依照法律或约定所享有的权利和承担的义务所决定。国际劳工大会2006年第198号《关于雇佣关系的建议书》亦强调应"与隐蔽的雇佣关系做斗争，如其中可能包括使用掩盖真实法律地位的其他形式的合同安排的其他关系"，确定雇佣关系的存在"应主要以与劳动者从事劳务并获得报酬相关的事实做指导，而不论在各方当事人之间可能商定的任何契约性或其他性质的相反安排中的关系特点"。④ 新就业形态下，骑手与所服务企业之间的法律关系虽存在多样性和边界的模糊性，但双方发生争议时，仍应依据实际权利义务内容确定两者间的真实法律关系。

第三，根据实际权利义务内容认定法律关系亦符合公平原则。骑手与所服务企业在市场地位、经济实力等方面存在明显差别，骑手在双方的"合作

---

① ［德］维尔纳·弗卢梅：《法律行为论》，迟颖译，法律出版社2012年版；转引自曹燕：《合意在劳动法中的命运》，载《政法论坛》2016年第3期，第156页。
② 曹燕：《合意在劳动法中的命运》，载《政法论坛》2016年第3期，第156页。
③ 360百科"法律关系"，https://baike.so.com/doc/5414504-5652646.html，最后访问日期：2022年7月30日。
④ 《国际劳工大会第198号建议书关于雇佣关系的建议书》，https://www.ilo.org/public/chinese/standards/relm/ilc/ilc95/pdf/rep-v-1.pdf，最后访问日期：2022年7月30日。

关系""承揽关系"中明显处于弱势地位。对于所服务企业设定的条款内容，骑手几乎没有质疑、修改的余地，如要获取劳动机会，只能接受格式条款。趋利避害本系市场经济主体之本能，骑手与所服务企业缔约地位上的实质不平等性，亦加大了相关企业凭借优势地位拟定排除劳动关系之协议以推卸自身责任的可能性。根据民法的公平原则，民事主体从事民事活动，应当遵循公平原则，合理确定各方权利义务。在平台经济用工企业对骑手实际进行严格劳动管理，骑手并未享有所签订合作、承揽协议对应的从业自由度、自主决定权的情况下，应根据双方实际设定的权利义务内容探知认定骑手与其所服务企业的真实意思表示，依照责任与义务相对应原则，合理分配相关负担和风险，由平台经济下用工企业就其对骑手实际享有的劳动管理权承担相应的劳动保障义务。

三、签署合作承揽协议的骑手与所服务企业是否构成劳动关系的审查认定原则

如前所述，依据平台经济下用工企业与骑手签订合作、承揽协议之事实，不能当然否定双方之间劳动关系的存在。对于具备劳动关系主体资格的骑手与所服务企业确认劳动关系诉求的审查，宜把握如下原则：

第一，以劳动关系从属性作为内在核心评判基准。"从属性"是劳动契约之最大特色，一切有别于传统民事法概念的劳动法概念，皆是承此概念而展开。[1] "从属性"标准一般被拆解为人格从属性、经济从属性和组织从属性三方面要素，在体系上又以人格从属性为核心认定标准，以经济从属性为参考、以组织从属性为补充。[2] 劳社部发〔2005〕12号《关于确立劳动关系有关事项的通知》也正是依据从属性理论，从人格从属性（受用人单位劳动管理）、经济从属性（从事用人单位安排的有报酬的劳动）、组织从属性（所提供劳动是用人单位业务的组成部分）角度所明确的劳动关系认定标

---

[1] 黄越钦：《劳动法新论》，中国政法大学出版社2003年版，第96页。
[2] 参见肖竹：《劳动关系从属性认定标准的理论解释与体系构成》，载《法学》2021年第2期，第160-176页；转引自阚梓冰：《外卖平台灵活用工背景下劳动关系的司法认定》，载《中国应用法学》2021年第4期，第67页。

准。尽管对于从属性判定标准能否包容、解释互联网平台用工劳动关系尚存在争议,[1]但正是基于劳动者与用人单位之间从属性所反映出的双方之间的主体不平等性,才引发具有矫正正义作用的劳动法调整的介入,以保障实质公平的实现。故而,就目前阶段而言,仍应以从属性作为平台经济下劳动关系的内在核心评判基准。特别在骑手已与所服务企业签订了合作、承揽协议的情况下,其与所服务企业之间的从属性特征更应达到足以明显、不引入劳动法保护将显失公平之程度。

第二,合理调整平台骑手从属性外观表现的评判标准。相较于传统劳动关系,平台经济下的企业用工具有劳动时间弹性化、劳动场所不固定、从属特征隐蔽化等特点。也因此,对于平台骑手从属性的外观表现形式的评判标准,也应做相应调整:一是劳动管理的表现形式不拘泥于规章制度的遵守与用人单位的直接指令。从表面上看,骑手是否接单、接多少单、工作时间长与短是由其自身决定的,但实际上平台是通过"信息引导""工资算法""绩效挂钩"等管理制度来严格控制骑手的。[2] 平台配送业务外包情形下,平台方对于外包方的管理要求,实际也是对外包方所委派骑手的服务标准要求,在此情况下,平台对于外包企业驻派骑手的管理,应可视为外包企业对骑手的管理要求。配送任务统一派单还是自由抢单、骑手工作时间安排有无自主决定权、骑手能否拒绝服务及服务不达标情况下的奖惩措施等均可成为骑手是否受到劳动关系下用工管理的考量因素。二是骑手从所服务企业处所获劳动报酬应成为其基本生活来源。相较于传统就业模式,骑手等新就业形态具有极大的灵活性。网约配送入行门槛低,对骑手从业稳定性要求度不高,兼职从事网约配送服务的骑手亦不少见,故骑手从用工企业处所获劳动报酬是否已成为其基本生活来源,应构成双方经济从属性重要体现形式。在双方签署合作、承揽协议的情况下,骑手劳动报酬构成与传统就业模式下劳

---

[1] 参见谢增毅:《互联网平台用工劳动关系认定》,载《中外法学》2018年第6期,第1546-1569页;郑文睿:《"互联网+"时代劳动关系变革的法理分析和立法回应——互联网平台用工关系定性释疑》,载《社会科学》2021年第1期,第89-99页。

[2] 蓝定香、朱琦、王晋:《平台型灵活就业的劳动关系研究——以外卖骑手为例》,载《重庆社会科学》2021年第10期,第65页。

动报酬组成的相似度，如有无底薪、津补贴等，亦可成为经济从属性强弱的考量因素。

第三，兼顾劳动者权益保护与平台新经济形态发展进行综合评判。劳动关系的各项要素在不同个案中的体现存在差异性。平台经济新就业形态下，本身存在劳务、承揽等多种法律关系，不同法律关系的边界还存在一定模糊性。在此情况下，对于骑手与所服务企业劳动关系的有无，还需要结合平台及外包企业对骑手的具体工作安排、监管方式、绩效评估奖惩机制等多方面因素进行考量。在双方已签订合作、承揽等形式协议的情况下，可适当加强对骑手的举证责任要求。同时，还可将案件所涉平台的经营模式，众包还是劳务外包，平台其他外包方与骑手之间所建立法律关系等，作为辅助考量因素。透过平台及相关企业的经营模式以及对骑手各方面管理和政策的外在表现形式，依据"从属性"内在核心基准，对双方之间的真实法律关系作出更符合公平原则的认定。在处理具体个案时，应尊重互联网平台新经济业态特点，一方面要准确界定劳动关系与其他法律关系的界限，避免脱离法律规定和客观实际将劳动关系泛化；另一方面也应坚守根据用工事实认定骑手与所服务企业法律关系之原则，依法保护骑手的合法劳动权益。

综上所述，本案中，徐某、L公司均具备劳动法律关系的主体资格。L公司与"某买菜"平台企业签订商品分拣配送等方面的《服务承揽协议》，协议要求L公司对服务人员进行管理。L公司并基于履行《服务承揽协议》需要，安排徐某至"某买菜"平台站点提供商品分拣配送服务。徐某服务过程中，受站长管理，需根据排班时间到岗工作，配送订单由系统直接派单，并无自主选择权。徐某的报酬组成包含有基本报酬、按单计酬以及奖励等项目，不仅符合传统劳动关系下劳动者的工资组成形式，也从侧面反映了其工作受考核管理情况。上述事实可证明徐某与L公司存在事实上的人格、经济、组织从属性，符合劳动法律关系的认定标准。L公司与徐某虽签订了合作协议与承揽协议，但L公司在缔约过程中本处于优势地位，相关协议与双方实际权利义务履行情况不相匹配，不能成为否定双方之间劳动关系的充足依据。

【附录】

编写人：孙少君（民事庭审判长）、唐建芳（民事庭审判员）、马姗姗（民事庭法官助理）

一审裁判文书案号：（2021）沪0117民初600号

二审裁判文书案号：（2021）沪01民终11591号

二审合议庭成员：孙少君（审判长）、唐建芳（主审法官）、沈雯

38

劳动者隐瞒残疾，用人单位解除劳动合同纠纷裁判思路

——牛某与L物流公司劳动合同纠纷案

【案例要旨】

劳动者的隐私受法律保护。对于与劳动合同不直接相关的劳动者基本情况，用人单位不享有知情权。不影响履行工作的残疾情况，劳动者可以不主动向用人单位披露。用人单位以劳动者隐瞒身体残疾为由解除劳动合同的，构成违法解除。

【案情简介】

上诉人（原审原告）：牛某。

上诉人（原审被告）：L物流公司。

牛某左手大拇指缺失残疾。其于2019年10月10日到L物流公司工作，担任叉车工。牛某入职时提交了在有效期内的叉车证，并参加了入职体检，体检合格。公司要求填写员工登记表，登记表上列明有无大病病史、家族病史、工伤史、传染病史，并列了"其他"栏。牛某均勾选了"无"。牛某正

常完成了工作。2020年7月4日，L物流公司以牛某隐瞒持有残疾证，且威胁恐吓领导，属于严重违纪为由解除劳动合同。2020年7月10日，牛某向劳动人事争议仲裁委员会申请仲裁，要求L物流公司支付违法解除劳动合同赔偿金30000元。审理中牛某表示，其可以正常工作，并不要求L物流公司额外支付残疾人的福利待遇，所以没有告知L物流公司其身有残疾。2020年10月13日，劳动仲裁委员会按牛某工资2930元为标准，裁决L物流公司支付牛某违法解除劳动合同赔偿金5860元。牛某不服，向法院起诉请求判令L物流公司向其支付违法解除劳动合同赔偿金30000元。

【裁判结论】

一审法院经审理认为，L物流公司招聘的系叉车工，牛某也确实提供了在有效期内的叉车证，入职时体检也合格，从工作情况来看，牛某是否持有残疾证并不影响其从事叉车工的工作，故L物流公司以牛某隐瞒残疾证为由解除劳动合同，理由不能成立。鉴于L物流公司提供的证据亦不足以证明牛某存在威胁恐吓领导的行为，其解除劳动合同违法。一审法院遂判决L物流公司支付牛某违法解除劳动合同赔偿金5860元。

一审判决后，双方均不服，提起上诉。二审法院补充查明，就L物流公司主张的牛某威胁恐吓领导的情况，一审庭审中L物流公司申请的两名证人表示，当时听到牛某抱怨没有拿到应得的奖金，但没有听到牛某有威胁恐吓的言语。二审法院认为，一审认定L物流公司解除劳动合同违法正确，根据牛某确认的平均工资计算赔偿金亦正确，遂判决驳回上诉，维持原判。

【评析意见】

隐私权是指自然人享有的私人生活安宁与私人信息秘密依法受到保护，不被他人非法侵扰、知悉、搜集、利用和公开的一种人格权，而且权利主体对他人在何种程度上可以介入自己的私生活，对自己是否向他人公开隐私以及公开的范围和程度具有决定权。[1] 而劳动关系具有人身性和隶属性，劳动

---

[1] 梁慧星、廖新仲：《隐私的本质与隐私权的概念》，载《人民司法》2003年第4期，第42页。

关系一旦建立,就意味着劳动者要服从用人单位的管理,遵守相应规章制度,履行劳动义务,获得劳动报酬,实现自身的经济利益。用人单位对劳动者享有管理权,则必然享有知情权,否则管理权就会落空。所以,劳动关系中劳动者必须让渡出一部分隐私权。《劳动合同法》第8条对用人单位的知情权有所体现,即"用人单位有权了解劳动者与劳动合同直接相关的基本情况,劳动者应当如实说明"。

本案中,劳动者未向用人单位披露残疾状况,用人单位以此为由解除劳动合同,这就涉及劳动者的隐私权和用人单位的知情权之间的冲突。在此,值得研究以下问题:第一,用人单位知情权与劳动者隐私权冲突的表现与原因;第二,用人单位知情权与劳动者隐私权的界限;第三,劳动者的隐私权与诚实信用原则的关系。

一、用人单位知情权与劳动者隐私权冲突的表现和原因

为了保障招聘的劳动者符合用人需求,用人单位需了解劳动者的学历、履历、年龄、薪酬要求、职业规划等,用人单位掌握的信息越多越详细,越能保证招聘到理想的员工,越有利于提高企业的经营效益。因此,有的用人单位不仅了解以上信息,还向劳动者了解婚姻状况、生育意愿等。而随着社会的进步,隐私及隐私权越来越受到重视,除了学历和履历,劳动者愿意披露的信息越来越少,由此加剧了招聘中用人单位知情权与劳动者隐私权之间的冲突。为了提高劳动效率,用人单位需要时刻了解劳动者工作时间段内的工作状态,督促劳动者在上班时间积极认真工作,避免劳动者上班消极怠工、操作不符合规程、干私活等。而随着文明程度提高,人的独立、自由日益受到重视,劳动者越来越重视保护自己的隐私,由此加剧了劳动过程中用人单位知情权与劳动者隐私权之间的冲突。此外,为了保障劳动成果,用人单位需要了解劳动者劳动成果的交付情况,需要保证商业秘密不外泄,对此采用的手段通常包括监控电脑、电子邮件、社交软件甚至办公场所,以全面掌控设计图纸、报价单、加工工艺流程等,由此加剧了劳动成果交付阶段用人单位知情权与劳动者隐私权之间的冲突。

加剧这种冲突的原因,一方面是法律法规对两种权利的边界没有划定,

事实上由于实践中用人单位经营范围、工作岗位、劳动者能力秉赋等方面的差异，法律法规也不可能十分具体地划出一条清晰的边界。另一方面普通劳动者往往处于弱势地位，用人单位享有选择权，劳动者处于"被选择"的地位。在这种情况下，用人单位会不断扩张其知情权。而如前所述，现代社会又越来越重视隐私权的保护，劳动者不愿意披露相关信息。也有部分劳动者担心披露真实情况会丧失就业机会而不愿意披露，由此导致冲突越来越激烈。

二、用人单位知情权与劳动者隐私权的界限

要解决用人单位知情权与劳动者隐私权的冲突，就应当明确两者之间的界限。虽然法律法规没有划定具体的界限，但还是有一些原则性、指导性的规定。根据《劳动合同法》第8条的规定，用人单位了解劳动者的基本情况要限制在"与劳动合同直接相关"的范围内，即用人单位的知情权应当是基于劳动合同能否履行的考量。与劳动合同的履行不直接相关的事项，用人单位不应享有过于宽泛的知情权。

"与劳动合同直接相关"的信息应当是指与工作岗位相匹配的信息，如教育经历、工作经验、技术技能、研究成果等，而婚姻状况、生育情况与意愿、家庭条件、个人爱好等通常与岗位、工作能力不直接相关的信息，则不属于劳动者在劳动关系中让渡的隐私权中包含的内容。结合本案来看，L物流公司招聘的岗位是叉车工，牛某持有叉车证，虽然左手拇指残疾，但并不影响其操作叉车。从牛某实际工作近9个月都能顺利完成工作来看，亦可印证该残疾情况不属于"与劳动合同直接相关"，牛某可不主动向L物流公司披露。

三、用人单位知情权与劳动者隐私权的平衡

在处理两种权利之间，应以维护劳动者的人格尊严为基础，兼顾用人单位知情权与劳动者隐私权的平衡。一是劳动者的人格尊严依法受到保护。《民法典》第990条、第991条规定，人格权是民事主体享有的生命权、身体权、健康权、肖像权、名誉权、隐私权等权利，任何组织或者个人不得侵

害。在劳动关系中，劳动者要接受企业的管理，但其人格权应当得到尊重和保护，如不得非法搜查劳动者私人物品，不得非法搜查劳动者的身体，不得采集宣扬劳动者的生理隐私、身体隐私等。二是用人单位依法享有招聘选择权。用人单位有权询问和了解劳动者的知识技能、受教育情况、工作技能、健康状况，以保障招用的劳动者符合经营管理需要。与此同时亦应注意到，《劳动法》第12条规定，劳动者就业，不因民族、种族、性别、宗教信仰不同而受歧视。《就业促进法》第3条规定，劳动者依法享有平等就业和自主择业的权利；劳动者就业，不因民族、种族、性别、宗教信仰等不同而受歧视。故用人单位享有招聘选择权，但不得以各种理由对劳动者就业歧视。三是劳动者亦应遵守诚实信用原则。《劳动合同法》第3条规定，订立劳动合同应当遵循诚实信用原则。用人单位和劳动者在订立劳动合同的磋商过程中，应本着公平、自愿、诚信的原则进行。劳动者提供的信息是否真实、准确，对用人单位决定是否订立劳动合同产生重要影响，劳动者亦应遵守诚实信用原则。

那么，劳动者享有隐私权与遵守诚实信用原则之间有什么关联呢？若用人单位向劳动者了解并非"与劳动合同相关"的信息，劳动者拒绝披露，是否违反诚实信用原则？如果劳动者拒绝披露，是否构成《劳动合同法》第26条规定的以欺诈手段订立的劳动合同无效或者部分无效？

对此，可从两个层次进行分析：一是用人单位要求了解的信息是否明确。如果用人单位的要求不明确，劳动者不知道要披露而没有披露，则自然不违反诚实信用原则。例如，本案中，L物流公司要求牛某填写的员工登记表，登记表上仅列明有无大病病史、家族病史、工伤史、传染病史，列了"其他"栏。牛某大拇指缺失残疾，并不明确属于登记表上所列的内容，牛某勾选"无"，不违反诚实信用原则。二是用人单位了解的信息是否"与劳动合同相关"。若用人单位不能证明其要了解的信息"与劳动合同相关"，则属于劳动者隐私权的范畴，劳动者可拒绝披露。用人单位了解相关信息是为了决定是否订立劳动合同，系经营管理权的范畴。从这个意义上来讲，个体的隐私权高于用人单位的经营管理权，劳动者不披露不违反诚实信用原则，不构成劳动合同无效或部分无效。

劳动者残疾的具体情况不同，致残的原因也不一而足，对工作的影响亦不可一概而论。在残疾不影响工作的前提下，劳动者可以不主动向用人单位披露其身有残疾的事实，而是作为一名普通人付出劳动，获得劳动报酬，自立于社会，这也与社会主义核心价值观相契合。《残疾人保障法》第38条第2款规定："在职工的招用、转正、晋级、职称评定、劳动报酬、生活福利、休息休假、劳动保险等方面，不得歧视残疾人。"本案一、二审判决否定了L物流公司对残疾人就业的歧视行为，有助于为残疾人平等就业树立良好的法治环境。

【附录】

编写人：蔡建辉（民事庭审判长）、王婧（民事庭法官助理）

一审裁判文书案号：（2020）沪0115民初92996号

二审裁判文书案号：（2021）沪01民终6197号

二审合议庭成员：蔡建辉（审判长兼主审法官）、徐焰、顾恩廉

39

股权转让协议关于员工劳动关系的约定的效力审查规则

——姜某诉D公司经济补偿金纠纷案

【案例要旨】

新旧股东有权在股权转让协议中对公司治理的相关事项作出全面约定，但对员工劳动关系的约定并不对员工当然发生法律效力。除股权转让合同另有约定外，员工请求作为利他合同受益方向公司主张相关权益的，人民法院应不予支持。

【案情简介】

上诉人（原审原告）：姜某。

被上诉人（原审被告）：D 公司。

2009 年 2 月，姜某（韩国籍）进入 D 公司工作。双方签订了两份劳动合同，第一份合同的期间是 2017 年 6 月 1 日至 2019 年 9 月 1 日，第二份合同的期间是 2018 年 7 月 1 日至 2019 年 9 月 1 日，每月工资 50000 元，其间劳动合同及工资发放均未中断。2019 年 10 月 31 日，姜某因个人事由提出离职，双方劳动关系于当日解除，工资已结清。

2018 年 5 月，D 公司法定代表人郁某与 D 公司原股东（韩国公司）签订股权转让合同，约定将 100% 股权全部转让给郁某。并约定：公司内原韩国籍员工于 2018 年 5 月 31 日全部解除劳动合同，并进行相应的经济补偿（再续约的除外）。附件中列明姜某的经济补偿金为 259635 元。

2020 年 8 月 26 日，姜某向上海市劳动人事争议仲裁委员会申请仲裁，要求 D 公司支付股权转让合同约定的解除劳动合同经济补偿金差额 89635 元（姜某认为 D 公司已支付部分金额）。仲裁委裁决对姜某的仲裁请求不予支持。姜某不服裁决，向一审法院提起诉讼。

【裁判结论】

一审法院认为，根据合同主体相对性原则，该股权转让合同并不对姜某产生效力，姜某所递交的证据不足以说明姜某与 D 公司就劳动合同的解除以及经济补偿金等事项进行协商并达成一致。同时双方均确认在姜某提出辞职前，双方劳动关系从未中断。一审法院遂判决驳回原告诉讼请求。一审判决后，姜某不服提起上诉。

二审法院认为，本案中虽然股权转让合同约定了经济补偿金，但该约定系针对股权转让双方。若一方认为对方没有履行股权转让合同约定的义务，可依据合同主张违约责任。姜某要求直接援引合同的约定向 D 公司主张，主体不符。此外，按照股权转让合同的约定，经济补偿金是在解除劳动关系之后予以支付，而本案中姜某与 D 公司的劳动关系在 2018 年 5 月前后并没有中断，故没有解除。二审法院遂判决驳回上诉，维持原判。

【评析意见】

本案争议焦点在于，股权转让协议中控股股东对劳动用工事项约定的效力如何判定，劳动者是否可基于该约定主张相应权益——股东会作为公司治理体系中的最高权力机关，其在公司治理过程中的表意行为是否具有代表公司的当然法律效力？以下将聚焦于问题为何产生、问题如何定性、问题如何解决三个方面进行分析。

一、问题为何产生：表意主体的拟制性引发公司治理冲突

从立法角度来看，公司治理是指如何保障所有权和经营权的有效分离，在股东、董事和高级管理人员及其利益关联人之间分配权力与职责，规范和建立公司利益制衡内外机制的问题。① 公司治理是以私权自治为核心理念的架构，随着市场经济的更进一步发展，现代公司治理结构也得到了进一步衍化发展，所有权与控制权进一步分离，公司法律主体的拟制性加大了外部对公司表意判断的难度。

现代公司制度内部不仅存在股东会、董事会、经理、监事会等，公司内部也会设立诸多职能部门，公司对外表意行为的判断本就是商事法领域的难题之一。而在劳动用工领域，由于劳动者往往属于公司治理的末端环节，能对其施加表意影响的部门和人员更为广泛和复杂。司法实践充分表明，相当低层级的管理人员都会成为劳动用工中公司的表意主体。

从表面上看，本案股权转让协议中 100% 控股股东的表意与劳动用工中的公司表意不同，这种不同不仅是场合不同，对象亦有不同。不论控股股东的表意是否传递送达给其他受众，其只在特定场域中对特定对象产生法律效力，于第三人而言并不具有当然效力。然而从本质上来说，公司法律主体的拟制性导致表意机关的多样性，最终使得表意行为的效力发生混乱。控股股东在股权转让过程中的表意能否当然成为公司治理中的表意？

---

① 参见赵万一：《公司治理法律问题研究》，法律出版社 2004 年，第 3 页。

一是虽然股权转让协议是新旧股东之间就股权转让及相关事项作出的约定，但该股权转让协议作为公司股权变更登记的必要程序文件，最终会对社会公众产生登记公示公信的效力。那这种公示公信的效力，是否会转化为公司治理过程中对劳动者的管制效力呢？

二是股东会作为公司最高权力机关，无论是老股东会还是新股东会，无论是否发生公司变更，两者在股权转让协议中的合意表述，客观上都是公司治理意志的无缝接续——于劳动者而言，这并不存在公司意志的区别——这在《劳动合同法》第33条明确规定用人单位变更名称、法定代表人、主要负责人或者投资人等事项不影响劳动合同的履行，可兹佐证。

二、问题如何定性：股权转让协议涉员工劳动关系约定不属于利他合同

股权转让是公司治理中所有权发生变动的表现形式。此过程中的新旧股东，尤其是控股股东通常会就所有权交接过程中的治理事项作出全面约定。当新旧控股股东对员工劳动关系的建立、变更、解除等表态时，对协议双方无疑具有当然的拘束力，但于劳动者而言，作为公司治理的被管理方，是否可以依据相关条款属于利他合同而主张相应权益？

利他合同，又称第三人利益合同或利益第三人合同，是指当事人给予第三人以法律上利益的合同。[①] 通说认为，利他合同分为"真正利他合同"与"不真正利他合同"。两者的最重要也是最显著的区别在于，第三人是否基于合同当事人约定取得直接请求给付的权利——若第三人享有独立请求权则为真正利他合同，反之则为不真正利他合同。[②]

我国《民法典》第522条对两种利他合同分别作出相应规定。[③] 那股权转让协议中关于解除员工劳动关系的约定，是否属于利他合同呢？员工是否

[①] 参见朱庆育：《民法总论》，北京大学出版社2016年版，第139页。
[②] 参见张家勇：《为第三人利益的合同的制度构造》，法律出版社2007年版，第15页。
[③] 《民法典》第522条：当事人约定由债务人向第三人履行债务，债务人未向第三人履行债务或者履行债务不符合约定的，应当向债权人承担违约责任。法律规定或者当事人约定第三人可以直接请求债务人向其履行债务，第三人未在合理期限内明确拒绝，债务人未向第三人履行债务或者履行债务不符合约定的，第三人可以请求债务人承担违约责任；债务人对债权人的抗辩，可以向第三人主张。

因此享有经济补偿金的独立请求权呢？

首先，员工是否享有独立请求权？《民法典》第522条第2款明确规定第三人在利他合同中享有独立请求权的前提是"法律规定或者当事人约定"，除此之外，第三人并不享有对合同中利益的独立请求权。然而，法律并未规定员工对股权转让协议中的经济补偿金享有独立请求权，股权转让协议中亦未对此作出任何约定。虽然国内外学者对如何审查判断第三人约款的认定标准存在一定争议，但通说认为法院在审查相关表述是否构成赋权意思表示时需要"同时考虑合同目的及履行情况"。[1] 在合同对员工独立请求权并无任何约定的情形下——虽然该约定不限于明示——但从合同目的地及履行情况两个方面来看，显然无法析出对劳动者有如此赋权的意思表示。

其次，解除劳动关系是否属于"利"他行为？众所周知，利他合同是民法学理论对合同相对性的一种突破，但该突破本身并未违反"合同不得为他人设定义务"的基本要求——即利他合同的核心要义在于，合同约定仅对第三人产生利益而不设定义务。然而，对员工劳动关系作出解除而代之以支付经济补偿金，显然并不属于单纯的"利他"行为。暂且不论具有强烈人身附属性的劳动力交换能否撇开劳动者进行有效约定，就单以支付经济补偿金的方式解除劳动关系，于普罗大众的基本价值取向中，该约定显然不能视作单纯的"利"他行为。

因此，本案中股权转让协议对员工劳动关系的约定并不构成《民法典》中的"利他合同"，员工亦不能据此约定享有独立的请求权。

三、问题如何解决：准确厘定商事法律与劳动法律的效力边界

诚如前文所述，即使股权转让协议对员工劳动关系作出约定——纵使新旧股东均为持股100%的控股股东——劳动者亦不因此成为"利他合同"的第三方而获得独立请求权。那又应当如何准确认识和处理股权转让协议中对员工劳动关系的处理呢？

---

[1] 张继承：《利他合同制度的法教义学分析——〈民法典〉第522条的解释论展开》，载《时代法学》2021年第4期，第44页。

众所周知，在股权转让过程中，往往需要对部分员工的劳动关系进行切割，如本案中新股东要求韩方旧股东对所有韩国籍员工的劳动关系予以解除，并要求支付相应补偿金（再续约的除外）。那股权转让协议的效力与劳动者的权益保障应当如何厘清？笔者认为，此类纠纷处理客观上已经涉及商事法律与劳动法律效力边界的厘清问题——应当将股权转让协议与员工劳动事项置于各自法律领域进行判断，对相关行为的有效性、法律后果负担等分别作出审查判定。

首先，需要充分认识到不同法律之间存在的价值冲突。例如，商事法律与劳动法律之间相关规定在客观上存在冲突，这是由法律间不同的价值取向所决定的。商事法律着重于公司治理架构的完善，通过对股东会、董事会、经理、监事会之间权力的厘定以充分保障公司的所有者权益。而劳动法律更多地是从衡平的角度，以实质公平为价值目标，以公权力主动介入为手段，对由于人身隶属等因素导致劳资双方实际权利的不平等予以衡平调整。因此不同法律之间会因价值的取舍不一而对法律关系有些差异化的判断。

其次，需要区分不同法律领域对行为分别进行审查。为保证商事交易的安定性，股权转让协议中关于公司治理事项的交接与安排应依法审查后确定其效力。对于股权转让协议约定是否合法有效，应当从商事法律视角进行全面审查，对股东的持股情况、优先购买权处理、约定事项有效性等事项，应明确违约责任由合同当事人分别负担。对于关涉员工劳动关系的事项，此类约定虽然属于公司治理的范畴，但具体是否能够解除、应当如何解除、解除后承担何种责任，则需依据劳动法律作出相应判定。

必须指出的是，当依据劳动法律对相关解除行为进行合法性审查后，该处置后果又会回到商事法律的效力边界内——如果由于劳动法律的客观限制，导致股权协议当事方未能完全履行股权转让协议，则相关当事方会在商事法律视域下就此承担违约责任。

本案中，100%控股股东在股权转让协议中要求韩方旧股东将所有韩国籍员工的劳动关系予以解除，以便提升新股东在D公司中的话语权和治理水平，符合商事交易中的惯常做法，亦符合公司法关于股权转让的相关规定。然而，姜某的劳动关系并未因此股权转让协议而直接宣告解除，在之后其自动辞职的情形下当然亦不因股权转让协议中的规定,而当然取得经济补偿金的请求权。因此,本案最终认定劳动合同的换签并未造成劳动关系的中断,在姜某提出辞职的情形下,其请求经济补偿金的主张并未得到法院支持。

【附录】

编写人:蔡建辉(民事庭审判长)、徐文进(研究室科长)
一审裁判文书案号:(2021)沪 0104 民初 715 号
二审裁判文书案号:(2021)沪 01 民终 8979 号
二审合议庭成员:蔡建辉(审判长兼主审法官)、徐焰、顾恩廉

40

关联公司用工之竞业限制责任的区分和认定

——Z 公司诉乐某竞业限制纠纷案

【案例要旨】

负有竞业限制义务的劳动者入职的新用人单位与原用人单位无竞争关系,但新用人单位的关联公司与原用人单位存在竞争关系,如无证据证明关联公司之间存在人格混同、业务高度交叉等劳动力交换异常的,不应认定劳动者违反竞业限制义务。

【案情简介】

上诉人(原审原告):Z 公司。
被上诉人(原审被告):乐某。
乐某于 2015 年 7 月进入 Z 公司工作,最后一份劳动合同期限为 2018 年 7 月 1 日至 2021 年 6 月 30 日。劳动合同约定乐某在 Z 公司担任机械工程师

岗位。双方签订竞业限制协议，约定 Z 公司每月支付竞业限制补偿费，乐某则在劳动关系终止或解除之日起 3 年内负有竞业限制义务，包括不得到与 Z 公司生产或者经营同类产品、从事同类业务的有竞争关系的其他用人单位工作或提供各种形式的服务。2020 年 5 月 30 日，乐某自 Z 公司离职。

乐某离职后 Z 公司告知其须履行竞业限制协议，后乐某入职 A 公司。Z 公司认为自身与 B 公司存在竞争关系，而 A 公司与 B 公司系关联公司，二者之间的紧密关系致其商业秘密泄露，乐某已违反竞业限制协议。Z 公司遂向劳动仲裁委申请仲裁，要求乐某退还补偿费、支付 30 万元违约金、赔偿 80 万元损失等。劳动仲裁对 Z 公司请求未予支持，Z 公司遂向法院提起诉讼。

【裁判结论】

一审法院认为，虽然 A 公司与 B 公司存在关联关系，然在 Z 公司并未提供充分的证据证明乐某实际为 B 公司提供劳动的情况下，现乐某系与 A 公司建立劳动关系，而 A 公司的经营范围与 Z 公司并不相同，并不存在竞争关系，故认定乐某未违反竞业限制义务，判决驳回 Z 公司全部诉讼请求。一审判决后，Z 公司不服提起上诉。

二审法院认为，Z 公司保护其商业秘密的立场固然可以理解，但其要求劳动者履行竞业限制的范围亦不应无限扩张。乐某入职的 A 公司与 Z 公司经营范围并不相同。虽然 A 公司与 B 公司系关联公司，但 A 公司与 B 公司都是独立的企业法人，独立经营，独立承担责任。本案中 Z 公司认为 A 公司与 B 公司系关联企业，从而认为乐某入职 A 公司亦构成违反竞业限制义务，没有依据。二审法院遂判决驳回上诉，维持原判。

【评析意见】

本案争议焦点在于：劳动者入职公司与原用人单位的竞争性公司之间系关联公司时，劳动者的入职是否视作对竞业限制义务的违反。如果视作违反，是否会造成竞业限制范围的不当扩大；如果视作不违反，则是否会造成通过入职关联公司的方式"曲线用工"进而使得竞业限制制度空转？

一、理念上：竞业限制与劳动者自主择业权的博弈与衡平

在对竞业限制展开讨论之前，首先需要探讨一个问题：在对劳动者倾斜保护的劳动法领域，为何能容忍甚至放任竞业限制此类高度保护用人单位的制度？这也决定了应当以何种价值抉择来裁判案件。这就需要回归到制度本身对竞业限制的价值理念进行准确认识，从其发展脉络和制度属性上加以分析。竞业限制，是指用人单位与特定劳动者约定在劳动合同解除或终止后不得经营或从事与原用人单位存在竞争关系的工作。[1]

从历史上来看，劳动者的劳动权尤其是自主择业权不仅是人权在工作就业领域的直接反映，也是早期资本主义产业经济发展对劳动力要素自由流动的客观需求。换言之，劳动力的自由流动不仅是当时工人运动的核心诉求，也是资产阶级在产业发展中对抗封建制的民主诉求。正是由于用人单位与劳动者对"竞业限制"普遍持否定态度，此时期的司法裁判对此类"竞业限制"的诉求多持否定态度。

从某种意义上来说，竞业限制变相地使得劳动者成为用人单位的"人质"——此种观点不仅存在于1976年美国纽约州的判决中，[2] 在我国《劳动合同法》制定过程中，时任全国总工会法律工作部副部长郭军也曾有过此类表述。[3] 那更不禁要问，在面临宪法明确赋予劳动者劳动权的情形下，用人单位亦持负面态度的制度为何最终能够发展起来呢？

这就不得不说到现代产业充分发展后，法人虚拟人格制度的出现，其不仅体现在产业组织的结社和人格独立，客观上也在劳资关系中强化了用人单位的角色意识和需求。[4] 尤其是现代经济社会由劳动密集型向技术密集型发展以后，现代企业包括技术秘密在内的商业秘密，已经成为其参与市场竞争的主要生命力，这在客观上使得旨在保护商业秘密的竞业限制变得必要。

---

[1] 参见最高人民法院民事审判第一庭编：《最高人民法院劳动争议司法解释（四）理解与适用》，人民法院出版社2013年版，第125页。
[2] Reed, Roberts Assocs V. Strauman 353 N. E. 2d 590. 594.
[3] 参见董保华：《劳动合同立法的争鸣与思考》，上海人民出版社2011年版，第661页。
[4] 参见郑尚元：《劳动合同法的制度与理念》，中国政法大学出版社2008年版，第158页。

我国在《劳动合同法》立法前，因为保护商业秘密的传统手段是依据《反不正当竞争法》来要求员工承担侵权责任，企业常常存在举证方面的困难，使得当时因员工恶意"跳槽"导致企业商业秘密流失成为较为普遍的现象，在客观上对我国社会主义市场经济的发展带来明显负面影响。[1] 显而易见，竞业限制制度的最终确立虽然符合市场经济发展的客观现实需求，但也正是这种"衡平"的逻辑起点，更需要我们从价值理念上明确竞业限制的"初心"——竞业限制在个案中更多地体现为对用人单位利益的保护，更在客观上体现为对劳动者宪法性人权的"压制"。因此，在社会主义市场经济中对竞业限制的裁判，更需严格依法并谦抑地作出相应裁判。

二、规则上：立法者对竞业限制的权能有着明显的底线规制

诚如前文所述，竞业限制案件需要法官谦抑地依法作出裁判，那我国法律中对于竞业限制是如何规定的呢？这就需要法官从法律条文本身对我国竞业限制的裁判要素进行全面的分析。目前，关于竞业限制的法律渊源主要包括：(1)《劳动合同法》第23条、第24条；(2)《劳动争议案件司法解释（一）》第36条、第40条。

综观上述规定不难看出，立法机关在法律层面创设了我国的竞业限制制度，赋予了用人单位对劳动者离职后竞业限制的权利，但并未完全地放任用人单位与劳动者双方进行自主约定。法律条文依然从社会公共利益的角度出发，对竞业限制的具体内容进行相当程度的底线限定，从解释论角度而言，这主要表现在以下几个方面：

1. 竞业限制的赋权方式：竞业限制的赋权方式可以法律规定，也可以劳资双方自行约定。我国《劳动合同法》明确规定竞业限制是否约定、竞业限制的范围、地域和期限等均需劳资双方自行商定，法律对此并未作出强制性规定，也即用人单位有权依据自身经营需要放弃劳动者履行竞业限制的要求。

2. 竞业限制的人员类别：竞业限制的人员限于用人单位的高级管理人员、高级技术人员和其他负有保密义务的人员。对于哪些人员去职后可以设

---

[1] 参见董保华：《劳动合同立法的争鸣与思考》，上海人民出版社2011年版，第657页。

定竞业限制义务,如果单从用人单位利益角度而言,当然是对全体劳动者设定竞业限制义务更佳,这样可以对公司的各项商业秘密、经营信息予以全面、充分的保护。然而,很显然这种极端的保护方式将会极大地限制劳动者的自主择业权,进而造成劳动力市场的流动性严重不足,必然也会影响其他市场要素的协调流动和发展。

3. 竞业限制的期限:虽然法律赋予劳资双方对竞业限制内容进行自行商定的权利,但限定竞业限制的期限不得超过两年。这是因为国家秘密尚有脱密期一说,更何况公司一般的商业秘密。从劳动者与用人单位利益的衡平角度考量,应当允许竞业限制的劳动者有着必要的"脱密期"。

很显然,立法机关在创设竞业限制的同时也为用人单位的竞业限制义务设定过程中划定了诸多"红线"。通过这些法定的"红线"可以明显地看出,立法机关对于劳资双方竞业限制约定的衡平与限定。

三、路径上:入职竞争性公司的关联公司通常不属于竞业限制

对于入职竞争性公司的关联公司是否构成对竞业限制义务的违反,应当审慎认定,主要原因有如下几点:

第一,无论是制度本源还是立法本意均不认可对劳动者权利的过分压迫。这从上文分析可以看出,尤其是《劳动合同法》第24条中关于新用工方的界定——"到与本单位生产或者经营同类产品、从事同类业务的有竞争关系的其他用人单位"的表述。从法律解释学的角度来看,该条文表述作为偏正短语界定的其他用人单位,描述的定语为"与本单位""生产或经营同类产品、从事同类业务""有竞争关系",都是直接限定新用人单位的。换言之,如果新用人单位不属于此项要件的,则不应视作对竞业限制义务的违反。

第二,集团公司下属公司是独立法人。在现有证据未证明相互之间存在人格混同或业务交叉关系的情形下,不宜将关联公司突破作为违反竞业限制义务的评价标准。这不恰当地形成了公司法领域对有限责任公司人格独立概念的变相突破,显然并不合适。这种劳动法领域对公司责任的穿透性认定,会在客观上造成公司法领域公司责任的不当突破。

第三,关联公司的扩大化认定与当前经济社会发展的现状存在明显偏

差。随着当前经济社会的集约化发展，无论是国有企业、集体企业还是民营企业，在企业发展的同时，为了更好地减少国内同量化的竞争和应对跨国公司的竞争态势，在当前经济社会中交叉持股、集团化运营的方式极为普遍。虽然在持股比例上存在或多或少的可能，但仅仅通过股权的关联关系进而直接认定违反竞业限制，不仅没有法律依据，在客观上也存在无法实际执行的困难。尤其对于区域化覆盖行业极为广泛的区域化实业集团，如果将集团内的关联关系直接作为竞业限制用人单位的突破点，则毫无疑问会变相带来实践尺度的极大突破。

第四，对此类"名实不符"的竞业限制判断，更应该侧重在人格混同、业务交叉、劳动力交换异常等表征上。诚然，此类案件在举证难度上存在相当大的困难，在用人单位提供表面证据后无论是否发生举证责任的转换——这个在理论和实践中均存在相当大的争议——法官都需要更聚焦于劳动用工的本质，也即劳动力的实际交换对象来对竞业限制的新用工方进行界定。

本案中，Z公司提出了诸如快递地址、电话录音、办公地址等方面的证据，但都尚不足以证明乐某新的用人单位与劳动合同所载的用人单位存在混同，甚至所提交的证据尚未形成基本的证据优势来让法官形成内心确信。因此，最终Z公司仅以B公司系其竞争性公司，乐某入职的A公司系B公司关联公司为由，主张乐某违反竞业限制规定，理由尚不足够，故法院最终未予认可。

【附录】

编写人：蔡建辉（民事庭审判长）、徐文进（研究室科长）
一审裁判文书案号：（2021）沪0115民初59266号
二审裁判文书案号：（2022）沪01民终2679号
二审合议庭成员：蔡建辉（审判长兼主审法官）、徐焰、钱文珍

41

竞业限制纠纷中竞争关系审查的形式标准检视与实质标准归位

——王某诉W公司竞业限制纠纷案

【案例要旨】

企业营业执照记载的经营范围系工商行政部门按照既定分类就企业具体经营事项的概括框定，且实践中存在企业登记经营事项与实际不相一致或变更登记滞后等情形，故人民法院审理竞业限制纠纷时对于劳动者自营或入职公司与原用人单位是否形成竞争关系的认定，不应拘泥于登记的营业范围，而应从企业实际经营内容、服务对象或产品受众、对应市场是否重合等多角度进行审查。在劳动者能够举证证明两家企业实际经营内容、对应市场、产品受众等并不相同的前提下，如原用人单位仅以工商登记材料为证主张两家公司存有竞争关系，人民法院应认定其尚未完成举证义务，对其相关主张不予支持。

【案情简介】

上诉人（原审原告）：王某。

被上诉人（原审被告）：W公司。

王某于2018年7月2日进入W公司工作，担任智能数据分析岗位工作。2019年7月23日，双方签订《竞业限制协议》，就王某竞业限制期限、竞业限制补偿金及违反竞业限制违约金等进行约定。2020年7月27日，王某以个人原因为由解除与W公司的劳动合同，并于同年8月6日入职B公司。

2020年8月5日，W公司向王某发出《关于竞业限制的提醒函》，要求其遵守竞业限制协议，公司将向其支付竞业限制补偿金，其需提供新单位的劳动合同及社保记录。同年 10 月 12 日，W 公司再次向王某发函要求其履行竞业限制义务。

W 公司的经营范围包括：计算机软硬件的开发、销售，计算机专业技术领域及产品的技术开发、技术转让、技术咨询、技术服务。B 公司的经营范围包括：从事信息科技、计算机软硬件、网络科技领域内的技术开发、技术转让、技术咨询、技术服务等。

2020 年 11 月 13 日，W 公司向某区劳动人事争议仲裁委员会申请仲裁，要求王某履行竞业限制义务、返还已受领的竞业限制补偿金并支付竞业限制违约金。仲裁委裁决王某继续履行竞业限制义务，王某返还 W 公司竞业限制补偿金 6796 元，支付 W 公司竞业限制违约金 200 万元。王某不服，诉至法院。

【裁判结论】

一审法院认为，根据 W 公司与 B 公司的经营范围来看，两家公司均从事计算机软硬件相关技术开发、技术转让、技术咨询、技术服务，经营范围存在重合，属于竞争企业。王某在两家公司处所从事的均系计算机领域内相关岗位，存在利用其在 W 公司处掌握的商业秘密侵害其竞争优势的潜在可能。故王某自 W 公司处离职后与 B 公司建立劳动关系，有违竞业限制协议的约定。一审法院据此判决王某继续履行竞业限制义务、返还竞业限制补偿金并支付违反竞业限制违约金。

二审法院认为，根据王某举证的 W 公司在其手机终端上及 W 公司官网的介绍可见 W 公司目前的经营模式主要是提供金融信息服务，主要受众为相关金融机构或金融学术研究机构。而 B 公司众所周知的主营业务是文化社区和视频平台，即提供网络空间供用户上传视频、进行交流。两者不论是在经营模式、对应市场还是受众，都存在显著差距。即使是普通百姓，也能轻易判断两者之差异。虽然 B 公司还涉猎游戏、音乐、影视等领域，但尚无证据显示其与 W 公司经营的金融信息服务存在重合之处。在此前提下，W 公司仅以双方所登记的经营范围存在重合即主张两家企业形成竞争关系，尚未完成其举证义务。一审法院仅以两家公司的经营范围存在重合即认定王某违反了竞业限制协议的约定，有欠妥当。故二审法院改判王某无须支付竞业限制违约金、无须返还竞业限制补偿金。

【评析意见】

人才是企业核心竞争优势，是推动社会科技创新、技术创新的第一资源。推动社会创新发展，需打通人才便捷流动、优化配置的通道。但人才流动必然给企业商业秘密等利益保护带来风险，而保护企业竞争优势的竞业限制制度又会限制劳动者的择业自由和人才流动，故为打破此类僵局，人民法院审理竞业限制纠纷案件时应注重对社会人才流动秩序、企业商业秘密和劳动者劳动权三者之间的平衡保护。

一、竞业限制的范围：合理性审查之必要性

（一）竞业限制制度的立法本意

竞业限制是指用人单位与知悉本单位的商业秘密或其他对本单位经营有重大影响的劳动者约定，在劳动合同终止或解除后一定期限内，劳动者不得到生产与本单位同类产品或经营同类业务且有竞争关系的其他用人单位任职或与之发生业务关系，也不得自己生产与原单位有竞争关系的同类产品或经营同类业务。[1] 该项制度的立法目的在于防范离职员工利用在原用人单位处所掌握的商业秘密或有运用的潜在可能而不正当地抢占原用人单位的市场份额，侵害原用人单位的竞争优势。其由法律予以规范并由当事人协商适用，本质是一种利益协调机制，侧重点在于保护用人单位相关商业秘密所蕴含的竞争利益，并通过有限度地限制劳动者择业自由以降低其利用用人单位商业秘密进行不正当竞争的可能性，同时对劳动者因此所遭受的损失提供经济补偿，从而实现劳动者与用人单位之间的利益平衡。可以说，劳动法领域的竞业限制制度与商业秘密保护法、反不正当竞争法共同构建了从内至外的企业竞争优势保护体系。

---

[1] 参见叶静漪、任学敏：《我国竞业限制制度的构建》，载《法学杂志》2006年第4期，第76页。

(二) 竞业限制范围的不当扩张

实践中,因劳动者在劳动合同订立过程中缔约能力较弱,越来越多的用人单位基于自身利益出发利用缔约强势地位,滥用竞业限制制度,具体表现为:一是竞业限制主体泛化,竞业限制主体有从高级管理人员向基层工作人员下沉之势,应届生、实习生离职被竞业限制的案例亦越来越普遍;二是竞业限制行业及竞业企业的泛化,通常表现在一些处于快速上升期的互联网公司,如电商、游戏、在线教育等,因考虑到自身后期迅速扩大规模或引入新业务转型的需要,为防止员工流入竞争对手,用人单位甚至在自身所涉行业之外对劳动者进行竞业限制;三是竞业限制地域泛化,在竞业限制协议中约定远超实际经营地区的竞业限制地域范围。

(三) 竞业限制范围的合理限度

竞业限制被滥用,微观上不利于保护劳动者劳动就业权,宏观上也不利于市场人才流动,阻碍人力资源的优化配置。因此,对竞业限制范围的合理性审查具有保护企业商业秘密与竞争优势的同时兼顾劳动者基本生存权和择业自由的现实意义。竞业限制范围的合理限度:一是体现在竞业期限的限制。该期限应严格遵循法律规定,不得超过两年。二是竞业限制主体需限于必要范围。根据《劳动合同法》第 24 条之规定,竞业限制主体仅限于用人单位的高级管理人员、高级技术人员和其他负有保密义务的人员。关于高级管理人员的认定,可以借鉴《公司法》的相关规定;对高级技术人员的认定,可参照劳动者的职称、其在用人单位担任的职务及工作内容进行综合判定;对于其他负有保密义务的人员认定,则可审查其在工作过程中有无接触用人单位商业秘密的可能性等。[①] 三是对劳动者就业限制须仅及于原用人单位的竞争企业,即与原单位生产或经营同类产品、从事同类业务的单位。该限制应仅限于企业的核心竞争领域,而不能扩大到劳动者熟悉的整个专业领域,否则将无异于剥夺劳动者的就业权。

[①] 参见黄祥青主编:《类案裁判方法精要》,人民法院出版社 2020 年版,第 186 页。

二、竞争关系的认定：揭开登记经营范围之"面纱"

考量劳动者是否违反竞业限制协议，最为核心的应是评判原用人单位与劳动者自营或者新入职单位之间是否形成竞争关系。而相较于竞业限制主体、竞业限制期限等，就竞争关系的认定，《劳动合同法》第 24 条所确定的"同类产品/业务"的标准如何界定，司法适用中存在较大的弹性空间。

（一）两种司法审查标准的分野

目前，对于劳动者前后入职的两家用人单位之间是否属于经营"同类业务"，司法实践中通常存在两种审查标准：

一是宽松审查标准，又称形式审查标准，即对于同业竞争关系的认定以用人单位营业执照登记的经营范围为依据，若两家企业登记的经营范围存在重合即认定二者存在同业竞争关系。因该种审查标准仅需比对两家企业工商登记材料，在案多人少矛盾日益凸显的司法形势之下，其优势在于能够在有相应依据的基础上快速认定案件事实，大幅提升裁判效率，故在审判实践中有较多适用。

二是严格审查标准，亦即实质审查标准，即对两家企业间是否构成同业经营的审查不拘泥于营业执照，也要揭开登记经营范围的"面纱"分析用人单位的实际经营业务，借以判断前后用人单位之间是否存在实质竞争关系。相较于宽松式审查标准，严格审查标准对裁判者在事实的认定、证据的把握等方面提出更高的要求，但因其更趋于实现实质正义，故亦被部分裁判者所坚持。

（二）形式化审查标准的检视

笔者认为，法律适用正当性的标准不仅是形式的，还应是实质的；不仅要进行形式判断，还要进行实质判断。[1] 形式审查标准与实质审查标准相较而言，前者易造成"竞争关系"范围的扩张，在不必要的范围内限制了劳动者择业自由，而后者则是将竞业限制范围限定在最小比例合理限度内，有

---

[1] 参见孙良国：《从形式主义到实质主义———现代合同法方法论的演进》，载《华东政法大学学报》2007 年第 5 期，第 20 页。

利于实现双方利益的实质性平衡。具体理由如下：

1. 企业登记经营范围的规范意义已逐步减弱

1999年以前，依据《民法通则》《企业法人登记管理条例》等相关规定，企业超出登记经营范围进行经营的，企业与法定代表人或面临行政处罚，甚至可作为追究法定代表人刑事责任的事由之一。实践中行政机关依法严格审批、核准公司经营范围，人民法院则在诉讼中将超越经营范围的合同认定为无效合同。① 直至1999年《合同法》及相应司法解释颁布，明确当事人超越经营范围订立合同的，人民法院不因此认定合同无效。后2005年修订的《公司法》对经营范围进一步"松绑"，明确公司经营范围由公司章程规定并依法登记，且公司可修改章程，改变经营范围并办理变更登记。目前《民法典》亦不再将经营范围纳入规范范围。由此，在性质上，登记经营范围的规范意义逐步弱化，已不属于法定资格，而是处理企业内部关系的准则。其主要目的在于限制法人机关的权利，明确法人机关的内部责任，实现出资者对自己投资的有效控制。② 随着登记经营范围完成上述功能更新，仅以此为据认定用人单位经营业务的审理思路也应随之适时转变。

2. 登记经营范围与实际经营范围不存在必然对应关系

根据2015年国家工商行政管理总局公布的《企业经营范围登记管理规定》，企业可参照《国民经济行业分类》中的大类、中类或小类自主选择经营范围表述用语，企业对经营范围的表达享有更多的灵活性和自主性。③ 以大类"批发业"为例，其包括"医疗及医疗器材批发""食品、饮料及烟草制品批发"等9项中类，而其中"食品、饮料及烟草制品批发"又包括"米、面制品及食用油批发""盐及调味品批发"等9小类。④ 而随着智能化登记系统的普遍应用，企业登记经营范围从"填空题"变为"选择题"，企业登记注册更为便利。目前，企业概括性地以大类或中类宽泛界定自身经营范围成为常态。另外，为了减少此后再行变更登记的成本，企业往往亦将将

---

① 参见郝爱军：《论我国公司目的立法之完善》，载《法商研究》2005年第5期，第122页。
② 蔡立东：《论法人行为能力制度的更生》，载《中外法学》2014年第6期，第1552页。
③ 林欧：《约定竞业限制范围的合理性分析》，载《法律适用》2017年第15期，第76页。
④ 参见《国民经济行业分类》F51批发业。

来可能开展的经营业务或与自身经营业务相关联的业务均一并予以登记,故实践中登记经营事项和实际经营事项不相一致的情形屡见不鲜。在此情况下,营业执照所登记的经营范围难以客观地反映企业真实的经营状态。

本案中,W公司与B公司的营业执照所载经营范围均包括计算机软硬件的开发及相应技术开发、技术转让、技术咨询,但互联网企业往往在注册登记时都会将此纳入经营范围,如仅以此就直接认定为竞争关系,势必会对互联网就业人员尤其是软件工程师再就业造成极大障碍,对社会人力资源造成极大浪费,也有悖于竞业限制制度立法本意。基于此,对于劳动者前后就职的用人单位是否存在同业竞争关系的审查,笔者认为,不应拘泥于营业执照所登记的经营范围,而应回归到两家企业实际经营情况本身。

三、实质审查的归位:举证责任与认定标准

对两家企业的经营业务进行实质审查,可从所经营内容、服务对象或者所生产产品受众、对应的市场是否重合等多角度进行审查,以还原事实之真相,从而兼顾用人单位和劳动者的利益,实现最终的利益平衡。

(一) 举证责任的分配

从举证责任分配的角度而言,因是用人单位提起诉讼主张劳动者违反竞业限制义务,根据"谁主张,谁举证"原则,应由用人单位对此进行举证。实践中,用人单位往往会提供两家企业的工商登记材料,以二者经营范围存在高度重合为由予以证明,但这仅是完成了初步举证义务。此时,劳动者主张两家企业实际不存在竞争关系的,则应作为揭开登记经营范围之"面纱"的一方,就两家企业的实际经营内容承担举证责任。劳动者若能举证证明两家企业实际经营内容、对应市场、产品受众等并不相同,使得法官形成一定内心确信的,则举证责任又回归到用人单位。此时用人单位需要就二者实际经营内容或生产经营产品相同或类似、对应市场、产品受众相同等进一步进行举证,若举证不能,则应承担相应不利后果。如此,双方在"一来一回,一证一反"之间进行博弈,法院最终根据双方举证质证情况对两家企业是否构成实质性竞争关系进行综合评定,从而判定劳动者是否违反竞业限制义务。需注意

的是，用人单位的行业知名度或可影响对双方举证责任强弱的分配，若业内普通从业者甚至一般群众显而易见就能判断两家企业经营业务并不相同，此时则需课以用人单位更高的举证义务以证明二者存在同业竞争关系，反之亦然。

本案中，W公司提供了其公司以及B公司的工商登记信息，以此来证明两家公司经营范围重合，劳动者违反竞业限制义务。王某则提供了W公司手机终端截图、两家公司APP截图、官网截图等证据，以证明二者实际经营内容并不相同。法院最终认为王某所举证据能够证明两家企业的经营模式、对应市场及受众均存在显著差异，即使是普通大众也能轻易判断，在此情况下，W公司仅以工商登记材料为据主张两家企业存在竞争关系，尚未完成举证义务，应承担不利后果。

（二）实质审查的标准

审判实践中对两家企业是否构成同业竞争关系的认定，具体可以参考以下几项因素予以综合判断：

1. 服务的内容/生产的产品

对企业实际经营内容是否相同或相近进行判断，最直接的即看其所提供的服务内容或所生产的产品是否相同或相近，这需要法官对双方所举证证据进行准确甄别、充分认证，根据盖然性标准并结合经验法则对企业实际所提供的服务内容或所生产的产品进行综合认定。一般而言，可通过官方渠道的企业简介、企业对外的宣传资料、专利登记信息、商标注册信息等予以判断。对于两家企业实际服务内容及产品是否同类标准进而足以构成竞争关系，可参照商标权侵权纠纷中经常适用的《类似商品和服务区分表》予以判断。

2. 服务的对象/产品的受众

劳动者往往可能直接利用在原用人单位获取的客户信息或积累的客户资源开展业务。企业所提供服务的服务对象或所生产产品的受众能够反映其指向的客户群体，若两家企业的服务或产品相似，而客户群体又存在重合，一定程度上可以证明二者所提供的服务或所生产产品在市场上处于紧张的竞争关系，或构成同业竞争。

3. 对应的市场

竞业限制制度意在保护企业基于商业秘密所构建的竞争优势，防止劳动者自营或入职的用人单位利用该优势抢占原用人单位的市场份额。因此，处于同一市场是判断两家企业竞争关系的前提。对应市场可通过所处行业及所在地域两个维度予以判断。前者可通过企业所加入的行业协会、所参与的行业活动等予以判断。后者则需在经营地址的基础上结合企业业务开展模式及客户群体进行认定。而用人单位与劳动者签订的竞业限制协议中所附录的竞业限制重点企业名单，亦可从侧面反映企业自身的市场定位。例如，本案中W公司在竞业限制协议中所附录的重点限制企业均为金融信息行业，足以表明其公司自己也认为其竞争对手主要分布在金融信息服务领域。

另，本案中就所服务内容而言，W公司在其手机终端上宣称该金融终端是数十万金融专业人士的选择、最佳的中国金融业生产工具和平台。结合其公司官网介绍，可见其目前主要是提供金融信息服务，而B公司众所周知主营业务是文化社区和视频平台，即提供网络空间供用户上传视频、进行交流。虽确如W公司所称B平台上也会有相应金融领域视频博主分享金融信息，但就其客户群体而言，W公司主要服务的对象为相关金融机构或金融学术研究机构、金融专业从业人员。而B公司受众更广，视频提供者涵盖影视、科技、饮食、教育等各领域自媒体从业人员，而基于其综合娱乐性定位，其知识普及类视频的受众也往往针对非相关专业领域内用户。据此，鉴于两家企业服务内容及对应受众不存在重合，故难谓二者之间存有同业竞争关系。

【附录】

编写人：王茜（民事庭副庭长）、钟嫣然（民事庭法官助理）

一审裁判文书案号：（2021）沪0115民初35993号

二审裁判文书案号：（2021）沪01民终12282号

二审合议庭成员：王茜（审判长兼主审法官）、郑东和、周寅

（五）与公司有关的纠纷

42

关于股东查阅会计账簿时能否进行摘抄的理解与认定

——王某与 A 公司股东知情权纠纷案

【案例要旨】

股东在查阅会计账簿时，其摘抄应当控制在查阅的合理范围内，不可因过度摘抄、覆盖面过大而达到复制效果，否则将有悖于法律区分股东行使知情权进行查阅与复制的立法本意。

【案情简介】

上诉人（原审原告）：王某。

上诉人（原审被告）：A 公司。

王某系 A 公司持股 45% 的股东，后 A 公司免去王某商务经理职务，其在 A 公司不再担任任何职务。后 B 公司成立，王某系 B 公司法定代表人及股东。王某向 A 公司发送《查账申请函》，要求 A 公司提供公司章程以及会计账簿等材料。A 公司同意王某复制公司章程、股东会会议记录、财务会计报告并已实际将相关材料提供给王某，但认为 B 公司与 A 公司业务经营范围存在交叉、王某查阅会计账簿及原始凭证存在不正当目的，故不同意王某查阅会计账簿和会计凭证。双方因部分材料的查阅和复制未达成一致意见，王某起诉要求 A 公司提供会计账簿和会计凭证供王某查阅、摘抄。

【裁判结论】

一审法院认为,王某作为 A 公司股东依法享有股东知情权,即便王某曾系 A 公司高管人员、知晓公司经营状况,亦不影响其行使股东知情权。王某有权查阅 A 公司会计账簿和会计凭证。此外,仅从行政部门登记的公司经营范围无法得出王某设立的 B 公司与 A 公司之间存在业务交叉或重叠,亦无证据证明两家公司之间曾经、正在或者可能存在交易对手关系等实质性竞争情形。故一审法院判决要求 A 公司提供会计账簿和会计凭证供王某查阅,同时确认了查阅地点和查阅时间限制。双方均不服一审判决,王某上诉要求在判决主文中明确其摘抄会计账簿的权利,A 公司上诉要求驳回王某诉请。

二审法院认为,在股东知情权行使方式上,法律仅明确了查阅与复制两种基本权利,王某要求在判决主文中明确允许其对会计账簿等材料进行摘抄,并无直接法律依据。然考虑到,会计资料往往包含大量烦琐的数据信息,当事人很难仅经查看就实现知情目的,且本案所涉待查阅的会计账簿时间跨度近六年。为保障经司法救济的股东查阅权的实质性行使,将摘抄理解为股东查阅会计账簿的辅助手段更符合立法本意。综上,二审法院驳回上诉,维持原判,并在本院认为的说理部分明确一审判决主文判定王某的查阅权已经包含摘抄之意。

【评析意见】

本案的争议焦点在于:股东查阅会计账簿时能否进行摘抄?如果可以,应当以何种方式予以认定?对此,我们主要考量并试图解决以下三点:一是允许股东查阅会计账簿时进行摘抄,是否突破股东知情权的法定行权范围;二是股东单独就摘抄权利提起诉讼的情况下,何种司法认定方式更为妥当;三是对股东查阅权进行广义解释的同时,公司合法权益的保障与救济。

一、如何理解摘抄更符合股东知情权的立法本意

关于股东行使知情权中的查阅是否包含摘抄,属于近年来该类案件审理中较常出现的争议点以及后续执行程序中较为集中的矛盾点,而立法以及司

法解释并未对此予以直接规定。该类案件中，查阅、摘抄与复制之间如何区分，摘抄应理解为查阅的一种方式、变相的复制还是与查阅和复制并列，在司法实践中存在较大争议。

本案中，A公司认为法律仅规定股东行使知情权过程中可以查阅和复制，并未明确摘抄的权利，允许摘抄会导致突破法律规定的查阅权限。我们认为，摘抄与复制之间有着本质区别，仅就查阅会计账簿而言，从权利的落实角度考量将摘抄理解为查阅的一种辅助手段，更符合股东知情权行权方式的立法初衷和本意。

第一，通常情况下，摘抄并不等同于复制。一是从字面含义解释，摘抄可以理解为"选取一部分内容抄录下来"或"将分散的内容截取记录下来"；复制可以理解为"依照原件制作成同样的"。由此可知，摘抄并不能产生"制作成同样的"效果，故不能认为摘抄的本质就是复制。二是从法律概念的证据角度解释，《民事诉讼法》关于书证和物证的规定是：应当提交原件和原物，提交原件或原物确有困难的，可以提交复制品、照片、副本、节录本；《最高人民法院关于民事诉讼证据的若干规定》规定：摘录有关单位制作的与案件事实相关的文件、材料，应当注明出处，并加盖制作单位或保管单位的印章。参照前述法律和司法解释对证据的有关规定精神，摘录和复制具有不同的法律含义，而本案讨论的摘抄与摘录意思相近，均与复制有着法概念上的区分。

第二，允许股东查阅时进行一定的摘抄，更有利于股东知情权的落实。首先，本案中的摘抄对象是公司的会计账簿，而会计账簿往往包含了大量的财务数据信息，同时具有专业、繁杂和细致的特点，在股东不能充分理解专业数据信息的情况下，不能认为股东仅凭查阅会计账簿就能实现知情目的。

本案中，A公司认为王某曾担任商务经理一职，对于公司的经营状况及财务状况是了解的，根本不需要查阅、更不需要摘抄会计账簿。然而，无论是股东还是其聘请的专业人员，面对包含大量数据信息的会计资料，若仅允许股东查看会计账簿而禁止摘抄，那么经胜诉判决所救济的股东查阅权很可能将再次落空，且司法执行也将陷入走过场的尴尬境地。允许查阅会计账簿时进行必要摘抄，更能保障股东知情权的实现。

第三，摘抄是股东行使知情权、查阅会计账簿的辅助手段。一方面，针对查阅会计账簿的人员范围，《最高人民法院关于适用〈中华人民共和国公司法〉若干问题的规定（四）》（以下简称《公司法司法解释（四）》）第10条规定：股东依据生效判决查阅公司文件材料的，在该股东在场情况下，可以由会计师、律师等中介机构执业人员辅助进行。该规定明确了股东行使知情权可以由具有专业能力的人员予以辅助，其目的就是帮助股东了解公司信息。同理，允许股东查阅会计账簿时进行摘抄，也是一种帮助股东查阅公司文件资料、了解公司信息的方法。无论是聘请专业人员还是进行摘抄，均是辅助股东实现其知情权的手段。另一方面，针对股东知情权案件胜诉判决的执行，最高人民法院在《公司法司法解释（四）》第10条的理解与适用"审判实务"部分提出倾向意见，认为在执行股东知情权胜诉民事判决时，应对判决所列明的"查阅"文义适当进行广义理解，准许权利人将判决主文所表述的"查阅"落实到包括查看、摘抄。

综上，允许股东查阅公司会计账簿时进行必要的摘抄，并未超出股东知情权的法定行权范围，而是对股东查阅权的一种广义理解，将摘抄视为股东查阅会计账簿的辅助手段，更契合法律保障股东知情权的立法本意。

二、允许股东摘抄会计账簿的司法认定方式

司法实践中，因《公司法》第33条第2款关于股东对公司会计账簿的知情方式仅表述为查阅，公司作为履行义务人时常会以判决书只判令查阅为由，阻挠股东对相关资料进行摘抄。因此，本案才会出现王某诉请摘抄A公司会计账簿的情形。尽管最高人民法院已在《公司法司法解释（四）》第10条的理解与适用中予以倾向性意见说明，但是不同层级的审判机关以及同一审判机关内部之间，对于该种诉请如何进行司法认定仍然存在差异。

本案中，王某起诉要求查阅和摘抄会计账簿，一审判决支持其查阅会计账簿，但王某仍针对摘抄提出上诉，称其与A公司矛盾深远，要求在判决主文中明确查阅会计账簿过程中可以进行摘抄，而A公司不同意。对此，我们认为是否应当在判决的同时对查阅权行使方式予以明确，涉及生效判决能否顺利执行以及王某的股东知情权能否真正落实。在双方当事人对于查阅权的行使方式存在争议时，应当正面回应当事人争议，在裁判文书说理部分予以充分辨析，明确本案裁判主文中查阅会计账簿的行权边界，为后续执行或当事人自主履行提供清晰的依据。因此，应结合个案当事人的诉请和主张，从以下两个方面寻求股东摘抄会计账簿的司法认定方式。

第一，《公司法》第 33 条明确规定股东可以要求查阅公司会计账簿，以及股东有权查阅、复制公司章程和决议等，可知现行法律在股东知情权行权方式上仅明确并区分了查阅和复制，并未列明摘抄。因此，股东知情权案件的判决主文中亦仅能从字面上将股东知情权利限定于查阅或复制。本案中，王某关于在判决主文中将其摘抄与查阅 A 公司会计账簿的权利并列予以明确的上诉请求，缺乏法律依据。

第二，生效判决是执行的依据，生效判决应当基于个案事实充分关注当事人实体争议焦点，在裁判文书中予以充分释法说理，为执行或当事人主动履行义务提供明确依据，真正解决当事人的矛盾实现案结事了。

本案中，王某单独就查阅会计账簿时能否进行摘抄提出上诉，体现出王某对其股东知情权能否真正落实的担忧以及生效裁判文书后续执行的隐患；A 公司坚决不愿就此调解，反映出双方当事人矛盾之深；案涉待查阅的会计账簿时间跨度近六年，会计材料多、查阅难度大。因此，有必要在本院认为部分对查阅会计账簿时可以进行摘抄予以认定，以实质性解决当事人争议。

三、股东摘抄会计账簿的必要限制及公司权益的对等保障

从《公司法》第 33 条规定来看，法律在公司章程、股东会会议记录、财务会计报告等材料范围内赋予了股东查阅和复制的权利；而在会计账簿范围内，则仅赋予了股东查阅的权利，且查阅的前提是需要股东书面向公司提出请求并说明目的。可见，由于会计账簿及会计凭证往往涉及公司商业秘密和重要经营信息，法律对股东获悉公司财务记录方面采取的是谨慎态度。因此，固然要充分保护股东知情权的行使和落实，维护股东个人利益，同时也要兼顾公司利益的保障，在允许股东查阅会计账簿进行摘抄的同时，对摘抄进行必要的限制。

本案中，A公司上诉认为B公司的主营业务范围与A公司基本一致，王某查阅A公司会计账簿以及原始凭证存在不正当目的，故A公司不同意王某查阅会计账簿，即便法院判决支持王某查阅会计账簿，A公司也不同意王某在查阅过程中进行摘抄。A公司认为，王某通过查阅会计账簿认为某些信息损害王某权益的，可以根据法律规定向法院申请调查取证另案处理，而不应在本案中突破股东查阅权的界限。对于公司一方当事人的常见抗辩理由，我们亦应予以重视，避免因广义解释查阅权而侵犯公司权益的安全界线，从而避免衍生诉讼的发生以及司法资源的浪费。

第一，法律规定股东查阅会计账簿若存在不正当目的，可能损害公司合法利益的，公司可以拒绝股东查阅。作为阻却股东查阅权行使的事由，此处的"不正当目的"和"可能"，应当有相应证据予以佐证，不能仅因客观的"可能性"就剥夺股东行使股东知情权的基础权利。

本案中，A公司仅依据工商登记的经营范围存在部分交叉，尚不足以证明B公司或王某与A公司之间构成实质性竞争关系，进而无法认定王某行使会计账簿查阅权存在不正当目的。如此，不能仅因无证据的"可能"发生客户信息和商业机密泄露即剥夺王某的查阅权。

第二，必须要明确股东摘抄的程度和范围，否则可能导致超越查阅权的界限。如前所述，允许摘抄作为查阅权的辅助手段，应当在查阅权范围内对摘抄进行理解，即应当严格区分摘抄和复制，不可过度解释查阅权。该种限制在《公司法司法解释（四）》第10条的规定中也有所体现，如应当在判决中明确查阅特定文件材料的时间、地点以及名录；辅助股东查阅文件材料的中介机构执业人员，应当依据执业行为规范负有保密义务。同理，就摘抄而言我们亦应明确其适用的个案特殊性以及必要限制：一是并非所有股东知情权案件涉及会计账簿查阅的，均会涉及摘抄权限的司法认定。本案具有股东单独提出摘抄诉请、专门就摘抄提起上诉、公司行业较为特殊、会计账簿时间跨度大、双方当事人无法和解亦拒绝调解等诸多特性，所以面对具体个案应当具体考量如何处理更为妥当。二是在认定判决主文中查阅包含摘抄之义的前提下，必须同时指明摘抄应当控制在查阅权的合理范围内，不可因过度摘抄、摘抄覆盖面过大而达到复制效果，如此将悖于法律区分查阅与复制的立法本意。

第三，虽然本案确定摘抄仅限于查阅权范畴，但毕竟摘抄是一种将信息从之前载体搬运到新载体的可视化方式，附着在新载体上的公司财务数据、商业秘密等信息，确实面临后续非法扩散和传播的风险。对此，《公司法》第 20 条规定，公司股东应遵守法律、行政法规和公司章程，依法行使股东权利，不得滥用股东权利损害公司利益。公司股东滥用股东权利给公司造成损失的，应当依法承担赔偿责任。《公司法司法解释（四）》第 11 条规定，股东行使知情权后泄露公司商业秘密导致公司合法利益受到损害，辅助股东查阅公司文件材料的会计师、律师等泄露公司商业秘密导致公司合法利益受到损害，公司可请求赔偿相关损失。可见，法律和司法解释已经明确股东负有保守公司秘密的义务，以及公司因此利益受损时的救济途径。

【附录】

编写人：闫伟伟（商事庭法官助理）
一审裁判文书案号：（2021）沪 0117 民初 15835 号
二审裁判文书案号：（2021）沪 01 民终 16423 号
二审合议庭成员：周清（审判长兼主审法官）、王峥、桂佳

43

缺失书面代持协议情形下隐名股东资格的司法审查

——凌甲与 A 公司、李某等股东资格确认纠纷案

【案例要旨】

缺失书面代持协议情形下，股权代持合意的达成与生效是认定隐名股东之股东资格的关键。一般需要通过审查隐名股东的实际出资人身份以及委

名义股东代持股权的授意,来认定隐名股东的股东资格,并通过公司其他过半数股东对实际出资及股东行权的知情或认可实现隐名股东的显名。

【案情简介】

上诉人(原审原告):凌甲。

被上诉人(原审被告):A 公司。

被上诉人(原审第三人):李某。

原审第三人:叶某。

原审第三人:凌乙。

凌甲是 A 公司、B 公司、C 公司的实控人。A 公司初始股东为 B 公司和杨某,经股权变动及增资后,由凌乙持股 60%、杨某持股 40%,增资款流转路径:案外人 C 公司将增资款 5000 万元转给凌乙,凌乙随后将增资款转入 A 公司并备注"凌乙投资款"。凌甲向凌乙出具《确认书》,要求将 A 公司挂名法定代表人和股东凌乙更改为李某。后凌乙、杨某分别与李某、案外人闵某签署《股权转让协议》,将股权变更至李某和闵某名下,闵某随后又将股权转给叶某。

2016 年,李某向经侦人员陈述,其系凌甲的驾驶员,应凌甲要求顶替凌乙持有 A 公司 60%股权并担任法定代表人。凌甲因犯挪用资金罪和职务侵占罪被羁押服刑。出狱后,凌甲与叶某补签《股权代持协议》,确认叶某代凌甲持有 A 公司 40%股权。李某又向公安机关自首陈述,A 公司 60%股权系凌甲转让给李某,李某 2016 年的陈述系为了帮凌甲减轻刑罚而编造的说辞。因凌甲与李某关于 A 公司 60%的股权归属产生纠纷,凌甲遂起诉要求确认凌甲持有 A 公司 60%股权,李某配合 A 公司将 60%股权变更至凌甲名下。

【裁判结论】

一审法院认为,首先,凌甲未提供充分证据证明凌乙的出资款直接来源于凌甲;其次,李某通过股权转让协议从凌乙处受让 A 公司 60%股权并依法办理了工商变更登记手续,股权转让合法有效;再次,即便凌甲和凌乙之间存在代持关系,但该代持关系不影响李某从凌乙处以继受方式取得股权;最后，凌甲未提供充分证据证明其与李某之间就 A 公司 60% 股权达成委托代持股合意。因此，一审法院判决驳回凌甲的诉讼请求。凌甲认为其与李某存在股权代持的事实，遂提起上诉。

二审法院认为，一是 A 公司的增资款来源于凌甲实际控制的 C 公司，可以认定 C 公司代凌甲向 A 公司增资。二是争议股权变更至李某名下之前，凌甲曾向凌乙出具《确认书》指示凌乙将股权变更至李某名下；凌乙与李某签署《股权转让协议》约定了转让款，但李某未支付；李某曾向经侦陈述其代凌甲持股，且称其事后明知顶替凌乙代凌甲持股。以上足以认定凌甲与李某之间形成股权代持合意。三是李某 2016 年在经侦的陈述与其他相关人员的陈述可以相互印证，凌甲出狱后李某再去自首称此前陈述为虚假，不足以推翻李某 2016 年的陈述；A 公司增资前的股东凌乙、杨某以及现任 40% 持股人叶某均确认系代凌甲持有 A 公司股权。综上，二审改判确认 A 公司工商登记的李某 60% 股权实际为凌甲持有。

【评析意见】

本案的争议焦点在于：凌甲与李某之间股权代持合意的认定。隐名股东是目前公司法实践中大量存在的特殊现象，实际出资人出于各种原因选择隐身幕后，导致工商登记备案的名义股东与实际出资人不一致，极易引发股东身份之争。尤其是在缺失书面代持协议情形下，法院对隐名股东的股东资格审查与确认，在事实查明与法律适用方面均存在一定分歧。针对此类案件，我们通常采取"对内实质、对外形式"的双重审查原则，并主要从是否存在股权代持合意、股东权利行使及义务承担、公司其他股东对隐名股东的认可度三个方面进行综合认定。

一、股权代持合意的认定

是否存在股权代持合意，是认定股东代持关系能否成立的前提条件，也是隐名股东之股东资格确认案件的争议焦点。通常情况下，书面的股权代持协议是证明股权代持合意最直接的证据材料。然而，股权代持双方本质上是一种委托关系，委托合同系诺成、非要式的双务合同，且根据《最高人民法院关于审理外商投资企业纠纷案件若干问题的规定（一）》第14条的规定，即便是要求更为严格的外商投资企业领域，其隐名股东资格的确认也并不以存在书面代持协议为条件。若隐名股东与名义股东未能签署书面协议，则需要通过其他书面证据以及其他股东的行为形成完整证据链后，对股权代持合意作出认定。

司法实践中，对于缺失书面协议的股权代持合意认定难度较大，司法审查与确认方式不一。我们认为，股权代持合意的成立与生效应当以隐名股东对名义股东代为持股存在授意为核心，以股权代持合意未违反法律禁止性规定为保障。本案中，一方面凌甲与李某、凌乙之间均未签署书面代持协议；另一方面李某与凌乙之间签署《股权转让协议》并配套形成 A 公司《股东会决议》及章程修正案。凌甲与李某之间不仅缺失书面股权代持协议，还存在李某通过股权继受方式登记为 A 公司股东的法律关系，这构成了本案股权代持合意认定的双重障碍。对此，应从以下两个方面进行审查：

（一）查明隐名股东对名义股东代持股权的授意

首先，需查明名义股东所持股权的真正来源，并注意证权与设权程序的区分。工商注册登记、公司章程、股东名册等可能只是证权文件，而股权的实质设立必须与出资进行关联。本案中，股权的工商登记以及《股权转让协议》均非李某股权的真正来源，凌乙的股权系代凌甲持有，凌甲又实际履行了 A 公司 60%股权的增资义务，李某的股权实际来源于凌甲。

其次，隐名股东将股权交由名义股东代持，应当具有主动及委托特征。换言之，名义股东持有当前股权应是一种被动、平稳的接受隐名股东的交托，而非通过侵权等方式非法占有。本案中，凌甲出具的《确认书》明确以 A、B、C 三家公司实控人身份将当时的名义股东凌乙持有的 A 公司股权交托给李某；凌乙与李某签订的《股权转让协议》均未留存副本而仅有工商备案，双方从未催要与支付约定的股权转让对价；更重要的是李某曾在凌甲刑事案件侦查过程中向经侦人员陈述凌甲委托其代持股权。上述事实均可印证李某明知凌乙系当时的股权代持股东、股权真实所有权人是凌甲且李某与凌甲已达成股权代持合意。尽管李某在凌甲出狱后向公安机关自首称其此前陈述为虚假，但根据民事诉讼禁止反言规则，在李某未提供其他证据予以佐证的情况下，仅凭自首行为不能直接推翻其当年陈述。

最后，需审查口头代持合意的效力。实践中，部分股权代持是为了规避行业准入的限制性规定，如关于外商投资限制准入行业的规定、国家公职人员禁止投资或入股的规定等；部分是为了提高公司经营的便利性，如避免成为一人公司、员工委托持股等。对于不同情形需不同对待，最终需对照《民法典》第153条、第154条规定，审查是否存在法定无效事由。本案中，尚不存在法定无效事由。

（二）名义股东资格的反向确认

具体是从股东的出资义务和股东行权的真实权属两个方面来认定名义股东无意成为公司实际股东。对于出资义务，无论是隐名股东直接将资金转给名义股东代出资，还是隐名股东委托第三方代出资，名义股东抗辩各方之间存在其他债权债务关系的，名义股东均应当对此承担举证责任。对于股东行权，名义股东以其担任公司法定代表人、董事长职务，或参与公司经营管理等为由主张具备实际股东身份的，一般认为该等经营行为与股东身份并无直接关联，若隐名股东对内并未隐名，还可进一步通过公司及其他股东的表态进行补充认证。

本案中，李某的持股系通过与凌乙签署《股权转让协议》的外观形式取得，李某主张其已通过该种方式实际取得系争股权，又称因A公司债务众多而无须支付股权转让款，但并未对此予以举证。A公司股东叶某及前股东凌乙均不认可李某的实际股东身份，无法得出李某有意成为公司股东的结论。

二、辨别实际出资人身份

囿于现代公司架构的复杂关系、投资者的频繁变动以及公司事务的交错性，股东资格确认纠纷案件在事实认定层面有着主体多、时间跨度长、法律关系复杂的特点。在复杂的法律关系中查证隐名股东的实际出资人身份，是隐名股东之股东资格确认的核心要素。本案中，A公司及其关联公司自设立以来近20年时间，新老股东众多且存在交叉关系，案涉系争股权的增资款流转多次。对于凌甲是否为实际出资人，李某与凌甲的观点完全相左。对此，我们认为可从两个方面着手进行审查。

（一）股东出资义务

出资行为是认定股权归属的重要判断依据，而出资行为的有效性依赖于出资意思是否真实。首先，隐名股东的出资意思是指其基于实际股东身份履行出资义务而向公司支付款项的意愿，而非对公司的借贷或赠与等其他意思表示。通常情况下，出资意思以书面形式予以固定，如出资协议书、增资协议书、委托出资协议等；隐名出资人则基于各种考虑，往往力求保全名义股东材料完整性而忽略隐名股东基础性材料的签署。此时，法院需通过其他书面材料或当事人行为来认定出资意思，但书面材料的选取、证明效力的排序以及论证思路，需要根据个案具体情况进行判断出资意思的真实性。

其次，完成款项交付并非认定出资行为有效的充分条件，还需结合资金来源、价值评估、登记与否等因素认定出资行为的有效性。隐名股东的出资资金来源于第三方的，需要进一步审查该第三方与隐名股东之间的关系，消除该第三方对法院关于实际出资人判定的影响；资金存在多环节流转的，还应当审查各环节之间是否存在其他交易关系或债务清偿行为，确保资金性质以及金额的前后一致性。

最后，公司注册资本认缴制背景下，认缴出资后未实际出资或出资瑕疵，仅产生未按期缴纳出资的补足出资责任、向其他足额出资股东承担违约责任以及对外部债权人承担补充赔偿责任等，并不当然构成股权获取的阻却事由。同理，若已经履行法定程序、增资行为经过工商部门核准及公示，即便存在增资后抽逃出资的行为，也不会当然影响增资行为效力的认定。

本案中，李某对于A公司增资的5000万元来源于C公司系明知，李某关于该部分增资有抽逃行为的抗辩不影响凌甲作为C公司实际控制人实际对A公司有出资意思以及出资行为的认定。需要指出的是，凌甲以C公司对外转付的5000万元作为其个人对A公司的增资款，该行为存在一定法律风险，凌甲若后续未返还该笔款项，将有损C公司利益，但考虑到凌甲通过A公司和B公司间接实际控制C公司，凌甲实际系该三家公司最终受益人，目前C

公司及其他相关股东均未对此提出异议，且即便有争议也与本案无关，故在此不作深入探讨。

（二）股东权利行使

行使股东权利是具备股东身份的外部表征，隐名股东的股权权属主体应与实际出资人一致。隐名股东是否以股东身份实际行使股东权利，是隐名股东之股东资格确认的外观标准之一。首先，股东应当依法享有资产收益、参与决策、选择管理者等权利，具体表现为参与分红、参加股东会（或董事会等）、人事任免的表决权等，通常情况下股东资格认定也更倾向于从是否获得分红、是否实际参与公司经营等角度予以查明。然而，对于隐名股东的股东资格确认需申明两点：一是现代公司治理模式中，所有权与经营权分离并不罕见，甚至已常态化，参与公司经营与股东身份之间并不具有必然联系；二是隐名股东与名义股东之间暗含委托代持股权的合同关系，双方可以协商达成股东权利行使的具体分配契约。

其次，需在具体个案中区分隐名股东仅对外隐名和对内对外均隐名两种情况。若仅对外隐名，基于商事外观主义和公示公信原则考虑，为了保护善意第三人的合理信赖利益、保障交易安全，应当认可名义股东具有行使股东权利的资格及其行权效力；而在对外对内均隐名的情况下，我们需要绕开行权外观，进一步识别股东权利归属。通常可以从隐名股东是否对名义股东行权范围设限，是否对董事会席位、高管职位以及财会人员的选任存在指令等方面进行判断。

最后，需要注意特殊状态下隐名股东实际行权的可能性。如隐名股东出资后又抽逃出资的，虽然不会当然影响其享有股东权益，也不会当然失去股东资格，但抽逃出资的责任承担往往涉及另案，若资金来源非法则会涉刑。隐名股东因挪用资金、洗钱、职务侵占等构成犯罪而被处以刑罚的，我们则需要重点审查股东服刑前以及刑满释放后的股东行权事实。本案中，凌甲服刑三年，其作为实际出资人的股东行权方式必然受限，因此需要特别关注凌甲服刑前后的证据材料，同时要审查其前后意思表示以及行使股权行为的一致性。

三、隐名股东显名化路径

隐名股东的股东资格得以认定后并非当然获取公司股东身份，这一点从《公司法》及司法解释均未直接使用"隐名股东"而仅在司法解释中使用"实际出资人"即可明了，其立法目的就是避免产生"隐名股东"已获股东资格的误解。从公司内部治理角度而言，若公司其他股东已经认定名义股东系实际股东，公司运行也已长期稳定，隐名股东的显名对外可能影响公示信息的权威与市场交易安全，对内可能影响有限责任公司的人合性，故应审慎处理。

对此，《公司法司法解释（三）》第24条第3款对隐名股东的显名进行了相应限制，即实际出资人未经公司其他股东半数以上同意，人民法院可不予支持其显名请求。然而，在司法实践中有不同理解，一种认为隐名股东显名必须经过其他股东过半数同意；另一种认为在其他股东明知股权代持情形下，无须其他股东同意即可显名。此外，公司其他股东作出"同意"意思的具体方式并未明确，是否允许默示方式亦未可知，在该问题上法官自由裁量权的尺度较为模糊。

通过案例检索发现，司法实践中持上述第二种观点的较为普遍，认为司法解释规定的限制条件应当针对的是隐名股东对内隐名，如此可给予公司其他股东在不知另有实际出资人的情况下，选择合作伙伴的机会，以维护有限责任公司内部稳定。鉴于司法实践中出现裁判标准不一的问题，《九民会议纪要》第28条对隐名股东显名化实现路径进行了补充，即有限责任公司过半数其他股东知道隐名股东实际出资事实，且对其实际行使股东权利未曾提出异议的，人民法院可支持隐名股东的显名请求。需要注意的是，对于其他股东"知道"隐名股东实际出资事实的证据提供程度以及对股东行权提出"异议"的时间界限问题，仍需进一步探索和明确。

我们认为，其他股东即便没有明确作出承认或同意隐名股东之股东身份的意思表示，或没有书面文件作为依据，也可通过其他股东的行为作出推断。此处的"行为"应包括知情及默许，即其他股东明知隐名股东的存在并享有股东权利，应视为符合前述《公司法司法解释（三）》以及《九民会议纪要》规定的情形。本案中，A公司其他股东只有叶某，其已与凌甲补签《股权代持协议》，故凌甲隐名股东资格被认定后，不存在显名障碍。即便在补签《股权代持协议》之前，闵某、杨某、凌乙以及当时刑案经侦笔录中的其他作证人员均确认凌甲系实际股东。

最后需要说明的是，本文主要围绕有限责任公司进行分析，股份有限公司的股权代持争议一般应参照有限责任公司规定进行处理，但对于隐名股东的显名问题，考虑到股份有限公司资合性强、人合性弱的特点，征询其他股东过半数同意是否仍属必要，可根据个案不同案情进行具体分析。此外，对于外商投资企业的隐名股东资格确认问题，有着更为严格的要求，需同时具备以下三个要件：（1）实际投资者已经实际投资；（2）名义股东以外的其他股东认可实际投资者的股东身份；（3）人民法院或当事人在诉讼期间就将实际投资者变更为股东已征得外商投资企业审批机关的同意。

【附录】

编写人：周清（商事庭审判长）、闫伟伟（商事庭法官助理）
一审裁判文书案号：（2020）沪0115民初46964号
二审裁判文书案号：（2021）沪01民终10633号
二审合议庭成员：周清（审判长兼主审法官）、王峥、桂佳

44

未届认缴期限股东转让股权后出资责任的认定

——A公司与B公司等股东损害公司债权人利益责任纠纷案

【案例要旨】

未届出资认缴期限的股东转让股权后，原则上无须承担出资责任。当存在出资期限加速到期的情况时，受让股东应在未出资范围内对公司不能清偿

的债务承担补充赔偿责任。转让股东与受让股东恶意合谋的，转让人应与受让人一并向公司债权人承担连带责任。

【案情简介】

上诉人（原审原告）：A 公司。

被上诉人（原审被告）：B 公司。

被上诉人（原审被告）：张某。

C 公司为一人公司，注册资本 1000 万元，原股东 B 公司认缴出资 1000 万元，出资期限到 2026 年 11 月 6 日。A 公司向 C 公司购买铝模板材料，并支付订金 20 万元。后因 C 公司表示不能按时提供材料，A 公司诉至法院要求 C 公司退还已付款 20 万元。在诉讼期间，B 公司将其持有的 C 公司 100% 股权无偿转让给张某并办理变更登记；C 公司清算注销。后法院生效判决：C 公司应返还 A 公司 20 万元。

A 公司向法院申请执行，因 C 公司已被注销，法院不予受理。A 公司遂提出本案诉请，要求 B 公司在未出资 1000 万元范围内对 C 公司在生效判决确定的债务中不能清偿的部分承担补充赔偿责任；张某对 C 公司在生效判决中应当清偿的债务承担赔偿责任。

【裁判结论】

一审法院认为，在认缴期限届满前，B 公司未实际出资并不构成未履行或未全面履行出资义务，且 B 公司已将其持有的 C 公司 100% 股权转让给张某。因此，A 公司要求 B 公司在未出资本息范围内承担补充赔偿责任的请求，不予支持。张某系 C 公司股东及清算组成员，并承诺公司债务已清算完毕，并愿意承担由此产生的一切法律责任。据此，判决支持 A 公司对张某的诉请。A 公司认为 B 公司应当承担补充赔偿责任，遂提起上诉。

二审法院认为，B 公司、C 公司作为案涉债务的被执行人，经清算后注销登记，故对受让股东张某应适用股东出资期限加速到期。B 公司属于未届出资期限的股东转让股权，原则上无须承担出资责任，但从本案股权转让过程来看，在 A 公司与 C 公司纠纷的诉讼期间，B 公司将其持有 C 公司的

100%股权无偿转让,具有主观恶意,系故意利用股东期限权利而损害第三方债权人利益。因此,B公司应当在其认缴范围内承担相应出资义务。综上,二审法院依法改判,张某在其未出资金额范围内对C公司于生效判决中确定的债务向A公司承担补充赔偿责任;B公司在其未出资金额范围内承担连带清偿责任。

【评析意见】

本案的争议焦点在于,未届认缴期限股东转让股权后的出资责任的认定问题。本文主要从以下三个方面进行论述:一是司法实践的现状检视;二是转让股东承担出资责任的法理证成;三是转让股东承担出资责任的审查规则。

一、司法实践的现状检视

现行《公司法》① 确立了资本认缴制,在激发市场投资积极性的同时,也产生了"皮包公司""空手套白狼"等不良问题,股东的出资责任问题在资本认缴制的新背景下重新引起学界及实务界的关注。

基于公司资本认缴制度,股东以"认缴"的出资额为限承担责任并享有出资期限利益。为平衡债权人利益与股东的出资期限利益,《企业破产法》第35条及《九民会议纪要》第6条规定了股东出资加速到期的例外情形。② 然而近年来,股东通过转让未届出资期限的股权,以逃避出资义务的情况愈发多见。此时,若公司经过破产清算后无资产可供清偿,受让股东亦缺乏履行能力,债权人利益将受到侵害。实践中,公司债权人请求股权转让人对转让后到期的出资承担赔偿责任的诉讼日益增多。对此,法院基本以

---

① 即2023年公司法修订前的版本。
② 《企业破产法》第35条规定:"人民法院受理破产申请后,债务人的出资人尚未完全履行出资义务的,管理人应当要求该出资人缴纳所认缴的出资,而不受出资期限的限制。"
《九民会议纪要》第6条:【股东出资应否加速到期】在注册资本认缴制下,股东依法享有期限利益。债权人以公司不能清偿到期债务为由,请求未届出资期限的股东在未出资范围内对公司不能清偿的债务承担补充赔偿责任的,人民法院不予支持。但是,下列情形除外:(1)公司作为被执行人的案件,人民法院穷尽执行措施无财产可供执行,已具备破产原因,但不申请破产的;(2)在公司债务产生后,公司股东(大)会决议或以其他方式延长股东出资期限的。

《公司法司法解释（三）》第 13 条第 2 款、第 18 条作为裁判依据。① 基于上述规定，股东承担补充责任的前提是股东"未履行或者未全面履行出资义务"，但认缴制下出资未届期而未出资的股东是否符合该范围，以及未届认缴期限股东转让股权后的出资责任认定问题，尚存争议。目前司法实践中主要存在以下五种不同观点：

第一种观点是依债权形成时间确定转让人是否承担责任。持此类裁判观点的法院判决认为，如果股权转让人在债权产生之前已经转让股权退出公司，则无须承担责任；如果在债权形成之后转让股权，则需要承担补充清偿责任。② 第二种观点是转让人对未届出资期限的出资不承担责任。该类裁判意见认为，股权转让人在出资义务尚未到期的情况下转让股权，即将股东相应的权利义务一并转让，股权上的出资义务应由受让人承担。③ 第三种观点是转让人与受让人承担连带责任。该类裁判观点认为，股权转让人是否承担出资义务，与债权形成时间及股权转让时间没有关联。股权转让人在未全面履行出资义务的情况下转让股权，公司的新旧股东均负有按期足额缴纳出资的义务。受让人未能按原股东所承诺的认缴出资额缴纳，新旧股东均属于未全面履行出资义务，应当承担连带责任。④ 第四种观点是在符合股东出资加速到期情况时，债权人有权请求转让股东履行出资义务，受让人承担连带责任。⑤ 第五种观点即本案裁判观点是原则上转让股东不承担责任，受让股东若符合出资加速到期情况的，应在未出资本息范围内对公司债务不能清偿的部分承担补充赔偿责任。特殊情况下，转让股东承担连带责任。

以上部分观点忽视了对有限责任公司独立性、股东权属与出资义务关系

---

① 《公司法司法解释（三）》第 13 条第 2 款规定："公司债权人请求未履行或者未全面履行出资义务的股东在未出资本息范围内对公司债务不能清偿的部分承担补充赔偿责任的，人民法院应予支持；……"第 18 条规定："有限责任公司的股东未履行或者未全面履行出资义务即转让股权，受让人对此知道或者应当知道，公司请求该股东履行出资义务、受让人对此承担连带责任的，人民法院应予支持；公司债权人依照本规定第十三条第二款向该股东提起诉讼，同时请求前述受让人对此承担连带责任的，人民法院应予支持。"

② 上海市普陀区人民法院（2014）普民二（商）初字第 5182 号民事判决，载中国裁判文书网。
③ 河南省高级人民法院（2015）豫法民一终字第 00120 号民事判决，载中国裁判文书网。
④ 浙江省杭州市江干区人民法院（2014）杭江商初字第 1306 号民事判决，载中国裁判文书网。
⑤ 上海市金山区人民法院（2020）沪 0116 民初 14776 号民事判决，载中国裁判文书网。

的考虑，存在以下问题：

第一，以债权形成时间区分责任的理论障碍。公司是独立的法人组织，具有独立的法律人格，以自身的资产作为信用基础，而不是以股东的个人信用为基础。相对人与公司交易时亦非以特定股东的信用、出资能力作为是否交易的判断基础，将转让人是否承担出资责任与债权的形成时间相联系缺乏理论依据。有限责任公司不同于合伙企业，合伙企业属于非法人组织，以合伙人的个人信用为基础。合伙企业的退伙人对其退伙前发生的合伙企业债务，承担无限连带责任，即退伙人在退伙后是否承担责任，应根据合伙企业债务的发生时间来确定。因此，合伙企业中退伙人的责任与债务发生时间具有关联性，但在有限责任公司中将公司股权转让人的责任与债权形成的时间相联系缺乏法理基础。

第二，转让人"一刀切"承担责任缺乏法律依据。这类判决一般引用的依据为《公司法司法解释（三）》第18条。① 然而，该规定出台于资本实缴制背景下，其核心含义应解释为，在出资期限届满时，若受让人明知股东欠缴出资而坚持受让的，则新旧股东承担连带责任。因此，该条实质上旨在解决受让股东责任而非转让股东责任。

第三，转让人"一刀切"不承担责任将形成制度漏洞。股权转让人对于转让后到期的出资一概不承担出资义务，无须向债权人承担任何责任，此时虽准确划定了出资义务人，但在结论上值得商榷。如果股权转让之后，转让人对于转让时未届出资期限的出资不承担任何责任，将为股东逃避出资义务和责任开启方便之门。

二、转让股东承担出资责任的法理证成

由上可知，对于未实缴出资股权转让后的出资责任认定，《公司法》并未予以明确规定。《九民会议纪要》出台前，司法实践均以《公司法司法解释（三）》第18条作为此类案件的适用依据，但该司法解释无法直接适用

---

① 《公司法司法解释（三）》第18条第1款规定："有限责任公司的股东未履行或者未全面履行出资义务即转让股权，受让人对此知道或者应当知道，公司请求该股东履行出资义务、受让人对此承担连带责任的，人民法院应予支持；公司债权人依照本规定第十三条第二款向该股东提起诉讼，同时请求前述受让人对此承担连带责任的，人民法院应予支持。"

于目前的认缴资本制。《九民会议纪要》第 6 条规定仅对认缴资本制度下的股东出资加速到期问题进行了明确,而未届出资期限股权转让后的出资责任归属问题,目前仍处于立法空白状态。因此,为妥善处理该类纠纷,有必要从法理上对有限公司股东出资义务与股权转让行为进行探讨,通过对股东出资期限利益与债权人期待利益进行法益平衡,将诚实信用原则作为例外情况的指导原则进行综合认定。

(一) 出资责任随股权转让而转移

2013 年修订后的《公司法》实行资本认缴制,对公司认缴资本的额度、期限等均不再予以限制。同时,《公司法》第 32 条第 2 款确立了商事外观主义规则,明确股东名册作为股东行使权利的依据,也成为外部债权人主张权利的凭证。从法理上讲,股东认缴出资后即取得股东资格,其有权对自己享有的股权进行处分。[1] 股东通过股东名册登记获得股东资格,股东的出资责任系股东对公司作出的承诺,属于股东与公司之间的合同问题。以民事法律行为要件构成来分析,公司的招股行为系合同要约,股东的认缴行为则为合同承诺。当认缴承诺与发行要约一致时出资协议或认股合同即成立。[2] 因此,基于股权转让自由原则,认缴期限内股东转让股权的,转让行为的效力不因转让股东是否实缴出资而受到影响。

股东出资义务存在的前提是享有股东资格,股东资格的移转伴随着出资义务的移转。股权转让一旦完成,股东名册上记载的股东为出资义务的承担主体,未记载于股东名册的股东则因没有权利外观而不承担责任,这既是《公司法》的基本规定,也符合商事外观主义原则的要求。

(二) 股权受让人承担出资加速到期责任是法益平衡的结果

在资本认缴制下,股东对认缴出资享有期限利益,公司对未届出资期限

---

[1] 刘凯湘、张其鉴:《公司资本制度在中国的立法变迁与问题应对》,载《河南财经政法大学学报》2014 年第 5 期,第 32 页。
[2] 赵旭东:《资本制度变革下的资本法律责任——公司法修改的理性解读》,载《法学研究》2014 年第 5 期,第 22 页。

未实缴出资的股东享有长期债权。原则上来说，债权人以公司不能清偿到期债务为由，请求未届出资期限的股东（包括股权受让股东）在未出资范围内对公司不能清偿的债务承担补充赔偿责任的，人民法院不予支持。资本认缴制度在促进投资的同时，也不可避免地带来股东滥用出资期限利益的问题。因此，为了平衡股东的有限责任和债权人的利益保护，出资加速到期责任制度成为股东出资期限利益与债权人期待利益的法益平衡。

出资加速到期责任是认缴期限未届满即要求股东履行向公司出资的责任，主要包含以下五种情形：一是公司破产情况下的股东出资加速到期情形。根据《企业破产法》第35条的规定，法院受理破产申请后，被申请破产公司的出资人尚未完全履行出资义务的，管理人应当要求出资人按照认缴资本的总额补充全部出资，而不受认缴出资期限的限制。二是公司经自行清算注销后，股东完成出资义务并清理债权债务系法定义务，此时可参照上述规定。三是公司未清算时的股东出资加速到期。另外，《九民会议纪要》第6条新增了两项公司非破产清算情况下股东出资加速到期制度的适用情况。

（三）以诚实信用原则作为例外规定

现代商业社会的建设以诚信为基石，市场经济交易的基本前提是平等与公平。认缴制是实现社会资本效益的资本制度，但不该异化为单纯的投机工具。不论适用什么样的公司资本制度，市场经济应遵循以资本实力为基础的信用和对等的交易规则，杜绝侥幸的商业欺诈。股东认缴的资本是对社会公众和公司广大潜在债权人的承诺，承诺必须履行，这一义务不因履行期限未届满而免除，也不应因股权转让而绝对免除。若股东利用出资期限利益，通过恶意转让股权将风险不公平地转嫁给债权人时，欺诈债权人的行为违反诚实信用原则，必须为法律所禁止。此时，债权人有权要求转让股东承担连带责任。

三、转让股东承担出资责任的审查规则

鉴于《公司法司法解释（三）》相应条文处理的是瑕疵股权的法律适用问题，并不能当然地将未届出资期限的情形认定为该司法解释规定的"未履行或未全面履行出资义务"。针对未届出资期限股东转让股权后的出资责任问题，可考虑遵循以下规则进行审查：

（一）原则上转让股东不承担出资义务

如上所述，股权转让的对象不是股东权，而是有限责任公司的份额，受让人基于股权的继受取得而享有权利并承担义务。转让人到期但未缴的出资属于具体出资之债，并不随股权的转让而转移，此种情况根据《公司法司法解释（三）》第13条、第18条规定处理即可。

转让人未届缴纳期间且未实际缴纳的出资属于股权上的抽象出资义务，随着股权的转让而转移，由受让人承担出资义务。股东的出资义务源自股东的认缴出资，黏合在公司的注册资本（股权）上。出资义务不同于出资到期之后的出资之债，出资之债已经具体化，与特定股东相关联。未届出资期限的出资义务属于抽象义务，附着于股权之上，与股权上的权利一并转移，受让人取得股权的同时也承担股权上所附着的义务。

本案中，C公司注册资本1000万元，B公司认缴出资1000万元，出资期限为2026年11月6日，属于未届出资期限的股东转让股权的情况，原则上原股东B公司无须承担出资责任。

（二）特殊情况下受让股东承担出资加速到期责任

受让股东依法享有出资期限利益，但存在前文提及的股东出资加速到期情形时，需承担出资加速到期责任。本案中，C公司作为案涉债务的被执行人，在原案件诉讼期间业已经过清算后注销登记，应参照适用《企业破产法》相关规定。此时，C公司已经丧失清偿能力，股东期限利益即丧失，应视为股东出资期限加速到期，以保证公司债务清结，故张某应在其未出资金额范围内对C公司无法清偿的债务向A公司承担补充赔偿责任。

（三）转让股东存在主观恶意的应承担连带责任

若股东转让行为明显存在恶意，故意利用股东出资期限权利地位损害第三方债权人，违反诚实信用原则，则该股权转让股东应当在其认缴范围内承担相应出资义务。认定转让行为是否恶意，主要可以从以下方面进行审查：

（1）诉讼期间转让。如股东在出资期限届满之前的诉讼过程中转让股权，具有转让股权以逃避出资义务的恶意，有违诚信，侵害公司债权人的合法权益，不能就此免除转让股东对公司的补足出资责任。（2）价格明显不公允。例如，公司原股东以与出资比例严重不符、价格无偿等明显不公允的方式转让涉案公司股权，其转让行为存在恶意。

至于转让人与受让人合谋恶意转让股权应承担的责任，各地法院判决并未统一，承担连带责任或者补充责任存在争议。本文倾向于转让人存在恶意时，与受让人构成共同侵权行为，应承担连带责任。本案中，从股权转让过程来看，在A公司与C公司纠纷的诉讼期间，B公司将其持有C公司的100%股权无偿转让给张某，应认定为是恶意，系故意利用股东出资期限权利而损害第三方债权人利益，故B公司应与受让人张某一同向C公司的债权人A公司承担连带责任。

【附录】

编写人：卢颖（商事庭审判长）、张阳（商事庭法官助理）
一审裁判文书案号：（2020）沪0115民初58250号
二审裁判文书案号：（2021）沪01民终9098号
二审合议庭成员：卢颖（审判长兼主审法官）、何玲、樊蕾

45

监护人股权转让行为对未成年人利益侵害的认定标准

——程甲诉A商务咨询中心股权转让纠纷案

【案例要旨】

法定监护人擅自转让未成年被监护人名下目标公司股权，超出约定的授

权范围,损害未成年人合法权益,且被监护人明确对转让行为表示反对的,该股权转让行为对被监护人不发生效力。

【案情简介】

上诉人(原审原告):程甲(未成年人)。

被上诉人(原审被告):A商务咨询中心(有限合伙)。

原审第三人:程父。

程父与程母婚后育有两子女程甲和程乙,后双方协议离婚。程母将其持有的A商务咨询中心(以下简称A中心)的财产份额、B公司的股权均各半转让给程甲和程乙,A中心系B公司股东之一。程父、程母与程甲、程乙签订《授权确认书》,对程甲、程乙成为B公司股东后成年之前,程父可代为行使的权利进行限定:即允许程父代表程甲、程乙行使投票权,但利润分配权、股东知情权等股东权利均排除在授权范围内。后程甲与A中心签订《股权转让协议》,约定程甲将所持有的B公司股权转让给A中心,协议甲方落款处显示"程父代",乙方落款处加盖公章并附有程父签字。

后程甲认为程父利用法定代理人身份实施的代理行为严重侵害其未成年人合法利益,遂起诉请求判令程甲与A中心之间《股权转让协议》对程甲无效,A中心返还股权并配合办理相应的工商变更登记手续。

【裁判结论】

一审法院认为,首先,该《股权转让协议》主体适格。父母是未成年子女的法定监护人,程父有权代理程甲在涉案《股权转让协议》上签字。其次,该《股权转让协议》意思真实。鉴于程父作为法定代理人,有权代理程甲签署《股权转让协议》,程甲无证据证明该协议违背程甲的真实意思表示,亦不存在欺诈、胁迫、重大误解、显失公平等影响当事人真实意思表示的事由。最后,该《股权转让协议》内容合法。程父代表程甲签署《股权转让协议》并将股权转让至A中心的行为并未损害程甲的利益,亦未违背法律关于监护人应按照最有利于被监护人的原则履行监护职责之要求。故一审驳回程甲的全部诉讼请求。程甲认为程父所实施的代理行为已超越法律规定的代理权限,遂提起上诉。

二审法院认为，本案系争股权转让不应对程甲发生法律效力。首先，程父转让程甲名下 B 公司股权，超出约定的授权范围，在程甲明确表示反对的情况下，系争股权转让协议不应对程甲产生法律效力。《授权确认书》约定允许程父代表程甲、程乙行使投票权，但利润分配权、股东知情权等股东权利均排除在授权范围内。举轻以明重，应认定程父并无直接处分股权的代理权限。按照约定，待程甲成年之后可自主行使所享有的各项股东权利，而程父擅自实施系争股权转让的行为，直接剥夺了程甲成年后的各项股东权利，侵害了程甲的合法权益。此外，系争股权转让之后程甲在交涉无果的情况下提起诉讼表示反对。

其次，股东权利不仅仅是指股权所对应的出资份额，更包括身份所享有的参与重大决策和经营管理等权利，以及更为重要的自主依法处分股权资产的权利。系争股权转让后，由于程甲不再是 B 公司的股东，因此无论程甲是否成年，其均将不再具有依法对目标公司行使知情权、分红权、投票权、处分权等权利。同时，程甲也无法通过 A 中心对 B 公司的股权资产行使权利。二审遂改判程父代程甲与 A 中心签订的《股权转让协议》对程甲不发生效力，A 中心应将相应股权返还程甲，并配合办理相关工商变更登记手续。

【评析意见】

本案的争议焦点在于，涉案《股权转让协议》是否应对程甲发生法律效力。根据《民法典》第 19 条的规定，未成年人实施与其智力年龄不相符的行为应当经法定代理人事前同意或事后追认。在法定代理制度下，被代理人因自身行为能力不足，须仰赖法定代理人代为实施。从该法条表述上看，法定代理人的代理具有全权代理的效果。那么法定代理人的行为是否无论何时都绝对具有效力呢？

一、问题的提出：法定代理人股权转让的法律效果

（一）法定代理人权限范围认定

从目的解释来看，《民法典》第 23 条规定，无民事行为能力人、限制民事行为能力人的监护人是其法定代理人。该条的法意是监护人与法定代理人

合一，以便监护人更好地履行监护职责。同时，《民法典》第35条明确，监护人必须为了被监护人的利益正当行为。因此，探究法定代理人的代理权范围以及其代理行为效力，需综合代理制度本身并追本溯源——监护人履行之原则和履行情况在极大程度上影响了法定代理人的行为效力。

（二）代理行为的效力判断

代理权中"权"的释义，其本质上不是"权利"，而应理解为"权限"。在代理法律关系中，行为表示和义务承担主体的分离导致内部自治和外部信赖的冲突，是解决代理问题的核心难点。代理的法律关系平衡权利运行过程中内部和外部不同情形，赋予了不同法律效果。

1. 有权代理

代理人基于合法有效的委托关系取得代理权，在权限范围内实施的民事法律行为，其法律后果直接归属于被代理人。《民法典》第161条、第162条规定了代理关系成立的基础。

2. 无权代理

《民法典》171条第1款规定，行为人没有代理权、超越代理权或者代理权终止后，仍然实施代理行为，未经被代理人追认的，对被代理人不发生效力。

（1）狭义无权代理

无权代理赋予被代理人及相对人以平等救济权。被代理人追认，无权代理即转为自始有权代理；未追认，该无权代理行为自始无效，由行为人承担相对人信赖利益之损失。相对人享有催告权，善意相对人在该无权代理行为尚处于效力待定之情况下享有撤销权。

（2）表见代理

《民法典》第172规定了表见代理的法律效果。若该代理权利外观之形成由被代理人行为造就，出于对相对人的信赖保护，此时被代理人不得以违反内部约定为由否认代理效力。

（3）代理权滥用

若代理人在外部授权所确定的权限范围内行事，却违反与被代理人之内部关系确定的义务,构成代理权滥用。出于对相对人信赖保护,被代理人不得以违反内部约定为由否认代理效力。若相对人明知代理人滥用代理权或未明知但滥用行为显而易见,则该相对人不享有信赖利益。

(三) 本案法定代理人股权转让行为之评价

1. 转让行为超出代理权限,属于无权代理

因被代理股东程甲欠缺行为能力,其共同监护人程父、程母与程甲、程乙签署《授权确认书》,就程父可以代为行使的股东权利范围及子女成年后可自主行使对目标公司各项股东权利等作出约定。其中明确,程父代为行使的权利仅限于相关投票权。股权转让涉及所有权的处分,应认为该处分行为超出《授权确认书》的代理权限,属于无权代理。

2. 违背未成年人意愿,违反最大利益原则

《民法典》第35条对监护人法定代理的权限范围作出限定。在本案中,监护人程父转让股权的行为既未尊重被监护人意愿,也非维护被监护人利益。一是程甲对转让股权行为明确表示反对;二是《授权确认书》应视作监护人之间基于被监护人最大利益考量所达成的共识,系争股权转让将导致被监护人股东地位的永久性丧失,与《授权确认书》中关于被监护人成年之后可自主行使对目标公司各项股东权利的约定不符。鉴于此,本案中程父的股权转让行为并非维护被监护人利益,违背最大利益原则。同时,程父本人系涉案股权受让方A中心执行事务合伙人,明确知晓其与被代理人之间的内部约定,无信赖利益保护。且被代理人未追认股权转让行为,亦不具有其他例外情形。因此该股权转让行为对被代理人不发生效力。

二、延伸思考:未成年人(特殊群体)利益保护与公司利益之平衡

民商合一是私法体系的基本原则,也是我国司法实践的客观情况。在民商合一的立法体系下,梳理商法与民法的关系,是活化民商合一原则的必要尝试。在未成年人的代理人与被代理人二者对其财产处分效益概念认知不一,并涉及相对人利益及商事行为效益考量时,本案对"未成年人最大利益"保护原则从位阶和内涵两个方面加以具体明晰。

(一) 保护位阶上应以未成年人最大利益为先

商事行为效益最大化被视作为商法法益保护之最高位阶，而特殊保护、优先保护是未成年人司法制度赖以存在的制度根基，也是最有利于未成年人原则的核心内容。在未成年人民事权益诉讼活动中，应当从最有利于未成年人健康成长的角度予以优先考虑。

1. 《民法典》第35条第1款的规范属性

不同于委托代理的明确限制，法定代理权的行使则需依据对法律规范性的解读。监护权作为一种他益权，应对其权利行使和职责履行情况予以必要限制或监督。根据监护制度保护被监护人利益的规范意旨，"除……外"表达一种例外的立法状况，应把"除为维护被监护人利益外"理解为对法定代理权的一种特别限制，[①] 故《民法典》第35条第1款第二句涉及法定代理行为时，应理解为：以不处分为原则，以维护被监护人利益的处分为例外。因此，法定代理人作出的与保护未成年人利益相冲突的处分行为，应当被认定构成一种逾越法定代理权的无权代理。

2. 法定代理的独特性

《民法典》将无权代理、表见代理规定在"委托代理"的范围内，而将法定代理规定在"一般代理"，足以窥见对法定代理与委托代理之间关系的梳理逻辑。在法定代理下，代理行为的作出完全由法定代理人决定，无法充分保护被代理人真实意思表达；若代理行为无效，交易相对人所产生的信赖成本可以依据缔约过失请求权提请赔偿，但若代理行为有效，被代理人基于民事行为能力瑕疵而无救济途径。因此，在法定代理下，被代理人的利益相对于相对人的交易安全，应受到优先保护。此外，基于法定代理权所受限制完全取决于法律的特别规定之原则，在《民法典》第35条规定不存在对相对人交易安全予以特别保护的规定下，应优先保护被代理人利益。

(二) 本案原则适用须考虑权利保护的完整性和有效性

本案中，法定代理人程父在代为行使被代理人程甲股东权利处分财产时

[①] 朱广新：《论监护人处分被监护人财产的法律效果》，载《当代法学》2020年第1期，第22页。

应当严格遵循"最有利于未成年人原则"。在被监护人的财产未面临可能遭受重大损失的巨大风险,经济状况及日常生活也都在正常轨道上运行的情况下,其转让程甲股权的行为,不具备必要性、紧迫性、合理性,应被评价为损害监护人利益。

1. 法定代理人的股权转让行为损害未成年人现有利益的完整性

(1) 股东权利具体内容

股东权利的内容是一个完整的所有权体系,它兼具占有、使用、收益、处分四大权能,并可将这四大权能拆分或合并行使。[①] 股东权利不仅是一种财产权,还是一种成员权,股东可基于其作为公司成员的身份行使决策权、知情权等。依据股东行权目的不同,股东权利还可划分为自益权与共益权,自益权是指股东为自己利益行使的股东权利,共益权是股东基于公司利益和自身利益行使的权利。

(2) 系争股权转让侵犯了未成年人程甲的合法权益

从权利性质看,程甲作为股东享有的实质性自益权利和程序性共益权应当予以完整保护。本案中,程甲股权被等额置换后,虽然持有目标公司的股权比例并未减少,但在系争股权转让行为发生前具有的是对目标公司直接的股东权利。转让行为发生后,程甲只能作为 A 中心的有限合伙人,享有该股权项下的收益权。因此,未成年人程甲对目标公司享有的共益权及部分实质性自益权被根本性剥夺。虽基于其限制民事行为能力人身份考量,无法直接就该部分权利直接行使,但权利行使不能与放弃该部分权利存在本质性差异。

从权利能力看,对限制民事行为能力人权利行使的方式应当予以完整保护。程甲作为限制民事行为能力人,对该部分股权直接收益权享有完全处分权利,而就共益权部分以授权委托形式间接享有。就该共益权部分授权,作为权利的委托方,应当就委托部分权利的行使享有知情权。系争股权转让行为不仅侵害了权利所有人程甲对授权部分权利使用情况的知情权,结合其对转让股权行为的明确反对态度,更侵害了其在能力范围内对授权范围限定的

[①] 吕振江:《物权、债权、股权、知识产权的内涵及特征》,载《产权导刊》2004 年第 2 期,第 40 页。

权利。

2. 法定代理人的股权转让行为损害未成年人预期利益

相较其他限制民事行为能力人，未成年人的特殊地位在于其完全行为能力获得之可能。从功利主义角度看，未成年人最大利益保护原则不能以当下、静态的角度加以分析，更需要考虑对其未来预期利益保护的有效性。基于股权的所有性质，处分股权是股东的法定权利。在本案中，转让股权的行为从当下分析是对未成年人程甲股东共益权授权权利的限制，而从长远看该行为从根本上剥夺了程甲对目标公司直接行使股东权利的可能性。

三、价值评析：确立商事领域未成年人权益保护之基准

（一）坚守诚信为本原则

作为私法体系的最高指导原则，"诚信"是社会主义核心价值观的重要内容，是法治的体现与基础，有助于打造稳定、透明、公平与可预期的法治化营商环境。本案正是"诚信"原则在商事审判活动中指引的体现。

首先，诚信原则要求行为人在真实意思表示下履行义务。涉案《授权确认书》同意将股东投票权及部分股东权利授权一方法定代理人行使，并明确法定代理人不得从事任何损害或者可能损害未成年人利益的行为。现程父擅自进行股权转让，超出《授权确认书》授权范围，未能全面履行忠实义务。其次，诚信原则进一步要求行为人以对待自己事务之注意对待他人事务，不得以损害他人之利益换取自身利益。程父将未成年人股东的股份转让至自己控制的合伙企业名下，系争股权转让行为并非维护未成年人股东利益，而是通过损害未成年人股东权利满足自身利益，有违诚信原则。

（二）兼顾商事领域特性

因超出《授权确认书》的授权范围以及对被代理人股东共益权之侵害，本案基于无权代理及未成年人利益保护的价值追求，判定系争股权转让不对被代理人发生效力。需要注意的是，商事案件相较于其他民事案件之特殊性在于对维护交易秩序、保障除当事人外的交易相对人之信赖利益。在具体案

件中当二者存在冲突时,需要结合案件具体情况充分评判,避免以未成年人保护之由逃避责任。

以特殊权益人为中心的司法能动性是未成年人司法的鲜明特色。[①]《民法典》第35条出于立法目的,以"维护被监护人利益"为实质,而不是基于法定程序的客观性规定评价代理效力,是将具有监护监督属性的法院批准权后置,并转换成一种裁定处分行为有效或无效的司法裁判权。[②] 在审判过程中需注意"司法干预"与监护人"意思自治"之间的平衡,尤其凸显在以最大化经济效率追求的商事审判活动中。具体来说,一是不宜过多主动干预监护人基于法定代理权作出的市场行为;二是对于利益的认定,也须考虑商事行为自有风险性。应当考虑被监护人的主观注意程度,而不以客观财产价值的贬损认定是否满足"维护监护人利益",抑或禁止监护人从事任何存在风险的行为。

(三)体现人本关怀底色

诉讼具有社会公益性,是以生活案例加快对法治观念引导、构建的关键。私有财产权是基本人权,是其他权利确立的基础。未成年子女作为独立的民事主体,平等享有财产权利能力,这是现代法律价值的应有之义。《民法典》已建构多元化的未成年人监护体系,作为相对的弱势群体以及人生观、价值观尚未形成之特殊群体,审判的裁决结果对未成年人未来生活与教育影响重大,故加大对未成年子女的保护力度具有必要性。因此,本案的重要意义不仅在于从司法角度明确未成年人利益保护的必要性,亦是未成年人通过司法程序对自己利益主张的实践。本案不仅是对未成年人最大利益保护原则之坚守,是司法对人民权利保障的构建,亦是弘扬新时代下商事审判的人文关怀与人本色彩。

【附录】

编写人:卢颖(商事庭审判长)

[①] 王广聪:《论最有利于未成年人原则的司法适用》,载《政治与法律》2022年第3期,第145页。
[②] 朱广新:《论监护人处分被监护人财产的法律效果》,载《当代法学》2020年第1期,第22页。

一审裁判文书案号：（2020）沪0117民初19010号
二审裁判文书案号：（2021）沪01民终14256号
二审合议庭成员：卢颖（审判长兼主审法官）、何玲、樊蕾

46

股权转让侵犯其他股东优先购买权的司法审查

——A公司等与C公司等股权转让纠纷案

【案例要旨】

有限责任公司的股东向股东以外的人转让股权，应就其股权转让事项以书面或者其他能够确认收悉的合理方式通知其他股东征求意见。未尽到合理通知义务的，其他股东可在法定期限内主张按照同等条件优先购买该转让股权，但原股权转让合同如无其他影响合同效力的事由，应当认定有效。

【案情简介】

上诉人（原审被告）：A公司。

上诉人（原审第三人）：B公司。

被上诉人（原审原告）：C公司。

原审第三人：D公司。

A公司和C公司同为D公司股东，A公司持有D公司42%股权。D公司章程规定，股东向股东以外的人转让股权时，须经持50%及以上表决权的股东同意，并由公司股东会对股东向股东以外的人转让股权作出决议。

A公司通过EMS特快专递向C公司注册地址邮寄关于对外转让股权的通知，邮寄结果为退信。后A公司多次在网上发布公告，披露拟对外转让股权等内容。国拍公司也在多家报纸及公拍网上发布公告，公示拍卖会时间及

拍卖标的信息。通过拍卖，B公司竞拍成功并支付所有款项，A公司发布股权转让实施完成的公告。后C公司向D公司和A公司邮寄关于A公司侵犯C公司优先购买权的告知函，并诉至法院，请求确认A公司与B公司之间的股权转让无效，判令C公司以B公司支付的同等价格优先购买案涉股权。

【裁判结论】

一审法院认为，A公司向B公司转让案涉股权时，未就股权转让事项对C公司尽到合理的通知义务、征求C公司的意见，亦未按照D公司章程的规定申请召开股东会对案涉股权转让事项进行决议，C公司主张行使优先购买权符合法律规定，予以准许。对C公司要求确认股权转让无效的诉讼请求不予支持。A公司和B公司均认为A公司已经依法履行了通知义务，故不服一审判决提起上诉。

二审法院认为，一方面，A公司邮寄给C公司关于对外转让股权的通知但结果退回，且A公司未就上述股权对外转让事项通知提议召开公司股东会，因此A公司尚未完全履行通知义务。据此，C公司可行使强制缔约请求权。另一方面，C公司不参与拍卖，不能视为其放弃优先购买权。本案中，拍卖公告对C公司不具有约束力，A公司也没有将拍卖竞价的结果依法通知C公司，故不存在C公司主张权利已超过法定除斥期间的失效情形。综上，二审法院驳回A公司和B公司的上诉请求，维持原判。

【评析意见】

本案的争议焦点在于，A公司向B公司转让股权的行为是否侵犯C公司的优先购买权，以及股东优先购买权受侵犯后可主张何种救济方式。对此，我们需要从以下三个方面展开讨论：一是A公司是否切实履行了股权转让的通知义务；二是C公司主张优先购买权是否超过法定期间；三是如认定C公司的优先购买权受到侵犯，A公司和B公司之间订立的股权转让合同的效力如何。

一、对股权转让通知义务履行的司法审查

《公司法》第71条对优先购买权的行使通知，亦即转让股东通知股权转让事项的义务作了原则性规定。《公司法司法解释（四）》对此进行了细化。《公司法司法解释（四）》第17条第1款规定，有限责任公司的股东向股东以外的人转让股权，应就其股权转让事项以书面或者其他能够确认收悉的合理方式通知其他股东征求同意。针对这一条款，可从通知形式、通知内容和通知次数三个方面进行考察。

（一）通知形式

何为"书面"以及"其他能够确认收悉的合理方式"，《公司法司法解释（四）》并未进一步明确。"书面形式"最早在1999年《合同法》中有列举性解释，《民法典》第469条对此作了文字性修改和补充，不仅规定书面形式是合同书、信件、电报、电传等可以有形地表现所载内容的形式，还增加规定以电子数据交换、电子邮件等方式能够有形地表现所载内容，并可以随时调取查用的数据电文视作书面形式。此种修改符合联络方式越来越多样化的技术发展趋势，也与日新月异的商事实践活动相适应。

当然，无论采取何种书面方式，必要的是对方"能够确认收悉"。本案中，A公司通过特快专递向C公司注册地址邮寄关于对外转让股权的通知，邮寄结果是退信。后A公司又发布公告，但这份公告的发布主体是普通商事主体，针对的又是不特定竞买主体，并非针对特定主体C公司，这与人民法院司法拍卖公司股权的通知程序并不能完全等同。并且，D公司的公司章程规定了股权转让的表决程序，A公司亦未按照章程规定申请召开股东会对案涉股权转让事项进行决议。多种方式下，均缺乏证据证明C公司通过其中任一途径已知悉股权转让事项。此外，本案还存在特殊情况，即C公司的实际控制人被刑事羁押，且A公司对此应当是明知的。因此，A公司在选择通知方式上应更加慎重，不能草率和流于形式。

（二）通知内容和通知次数

为了保护其他股东同等条件下的优先购买权，司法实践中通常要求通知内容不应仅简单告知转让股东欲向公司股东以外的人转让股权，还应包括股权转让的具体条件，如受让人、转让数量、转让价格、支付方式、履行期限等主要内容。① 对于通知次数也不应以一次为限。关于通知次数，公司法理论界和司法实践中有不同看法，主要围绕"两次通知"理论。持"两次通知"观点的学者认为转让股东在转让股权时应当发出两次通知，第一次即征求同意通知和第二次同等条件通知，其他股东也应当分别作出两次回应。这种观点为了保障其他股东与转让股东首次谈判的权利，以维护公司的人合性利益，但会与优先购买规则产生矛盾，即便股东作出同意的意思表示，也会被其他股东行使优先购买权的行为消解，增加交易成本，不具有可操作性。② 因此，根据《公司法司法解释（四）》中的观点，目前对转让股东将股权转让事项通知其他股东的次数和每次通知的内容不作统一规定，结合复杂商事实践中的不同情形，具体考查其他股东知悉情况。

本案中，股权转让采用公开拍卖的方式，未经拍卖股权价格未确定，不具有股权转让的主要条件。A公司未能将拍卖通知有效送达C公司，当然即使有效送达，该通知也并未明确转让价格、受让人等主要内容，除非C公司在收到通知后明确表示放弃优先购买权或拒绝受让，否则即使未对该通知在限定期限内表示同意，也不会发生阻却优先购买权行使的效力。

二、对股东优先购买权行使是否超过法定期限的判断

（一）主张按照同等条件购买转让股权的起算时间

股东主张按照同等条件购买转让股权的起算时间应当自知道或者应当知道行使优先购买权的同等条件之日起开始计算。所谓"同等条件"，《公司法》中未作具体规定，但《公司法司法解释（四）》第18条明确，人民法院在判断"同等条件"时，应当考虑转让股权的数量、价格、支付方式及期限等因素。

本案中，A公司公告通知C公司参与拍卖竞价，抛开通知是否有效不谈

---

① 江西省高级人民法院（2020）赣民终139号民事判决书；四川省高级人民法院（2019）川民再376号民事判决书，载中国裁判文书网。

② 张其鉴：《我国股权转让限制模式的立法溯源与偏差校正——兼评〈公司法司法解释（四）〉第16-22条》，载《现代法学》2018年第4期，第178页。

（前文已述），此时拍卖还未举行，股权转让的价格、支付方式、期限等均未确定，显然未达到法律规定的同等条件。只有竞拍成交价确定时，同等条件才基本形成。因此，A公司负有二次通知的义务，其仍应采取书面或者其他能够确认收悉的合理方式进行通知。

(二) 设置行权期限的法理依据

即便其他股东优先购买权受到侵犯，其提出主张也有法定期限。《公司法司法解释（四）》第21条第1款规定，有限责任公司的股东向股东以外的人转让股权，未就其股权转让事项征求其他股东意见，或者以欺诈、恶意串通等手段，损害其他股东优先购买权，其他股东主张按照同等条件购买该转让股权的，人民法院应当予以支持，但其他股东自知道或者应当知道行使优先购买权的同等条件之日起三十日内没有主张，或者自股权变更登记之日起超过一年的除外。

之所以设置行权期限，是因为股权转让完成如果达到一定期限，公司的经营管理和股东组成已经进入一个新的稳定状态，如果此时再支持其他股东行使优先购买权，不仅对怠于行使权利和忽略自身利益的行为流露默许甚至鼓励态度，而且股权结构又将发生动荡，可能会破坏公司的稳定经营。因此，倘若其他股东超过法定期限再行提出，此时已无法再行使优先购买权，只能通过《公司法司法解释（四）》第21条第2款规定提出损害赔偿的主张。通过这种限制，可以平衡公司利益、受让人利益、被损害股东的权益和交易安全。

本案中，拍卖公告对C公司不具有约束力，A公司亦未将拍卖竞价的结果依法通知C公司，C公司不知道行使优先购买权的同等条件。C公司知晓同等条件后至法院立案受理期间未超过三十日，且案涉股权尚未进行变更登记，故不存在C公司主张权利已超过法定除斥期间的失效情形。

三、对侵犯股东优先购买权的股权转让合同的效力认定

如果认定其他股东优先购买权受到侵犯，那么必然涉及对转让股东和受让人之间已经达成合意甚至已经履行完成的股权转让合同的效力认定。原先

审判实践中对于股权对外转让合同的效力有不一认识，主要有无效说、附法定生效条件说、效力待定说、可撤销说和有效说。其中，有效说是目前多数学者主张的通说。《九民会议纪要》第9条也认可了有效说，认为在支持享有优先购买权的股东按照股权转让合同约定的同等条件购买股权的情况下，也要保护股东以外的股权受让人的合法权益，股权转让合同如无其他影响合同效力的事由，应当认定有效。

客观上，转让股东和股东以外的股权受让人之间订立的股权转让合同，与转让股东和其他股东之间订立的股权转让合同是互相独立的两个合同。优先购买权不应构成影响合同效力的因素，转让合同的效力应当参照《民法典》对于合同效力的相关规定进行判断。这样不仅不会影响对其他股东的优先购买权的保护，也允许股东以外的股权受让人通过违约机制，而不用诉诸缔约过失责任救济机制追究转让股东的责任。因此，除转让股东和股东以外的股权受让人恶意串通损害其他股东优先购买权订立的合同无效外，一般情况下，转让股东与股东以外的股权受让人之间签订股权转让合同时，即使没有履行《公司法》第71条第2款、第3款规定的义务侵犯了其他股东的优先购买权，该合同也是有效的。[①]

本案中，没有证据证明A公司和B公司之间存在欺诈、恶意串通的行为，故无须否定股东与股东以外的受让人之间的股权转让合同效力，对C公司要求确认股权转让无效的诉讼请求不予支持。同时，股东优先购买权作为救济性质的附条件的形成权，以股东的单方意思表示作出并付诸实践为行使权利的基本前提。如果在判决生效后，C公司未依照生效判决确定的期限内向A公司全额支付股权转让款，可视为C公司以不作为撤回了行权的单方意思表示，则B公司的竞买行为自然成立并生效。同样，《公司法司法解释（四）》第20条亦赋予A公司关于股权出让的"反悔权"，A公司亦可选择。

【附录】

编写人：郭一琦（商事庭法官助理）

[①] 最高人民法院民事审判第二庭编著：《〈全国法院民商事审判工作会议纪要〉理解与适用》，人民法院出版社2019年版，第143页。

一审裁判文书案号：（2021）沪 0120 民初 2029 号

二审裁判文书案号：（2021）沪 01 民终 15477 号

二审合议庭成员：严耿斌（审判长兼主审法官）、季伟伟、刘雯

（六）侵权责任纠纷

47

公共场所所涉安全保障义务边界的认定

——F 医院诉李某龙等公共场所管理人责任纠纷案

【案例要旨】

公共场所管理者承担的安全保障义务应有边界，即在"合理限度"内。法院判断义务人是否尽到此项义务时可结合风险控制标准、行业平均标准、行业特别标准以及善良管理人标准等予以综合考量。还应综合受害人有无过错及过错程度、安全保障义务人行为与损害之间有无因果关系等因素，对该义务人是否承担责任予以认定。

【案情简介】

上诉人（原审被告）：F 医院。

被上诉人（原审原告）：李某龙、卢某芳、邱某路、李某妍。

2020 年 7 月 1 日晚 7 时 30 分许，李某华因割腕受伤被送至 F 医院医治。医院对其进行手术治疗后即送至 ICU 病房，脱离生命危险后于 7 月 2 日将其转入普通病房继续治疗，并对其实施一级护理，医嘱家属需 24 小时陪护。7 月 2 日晚 11 时许，医护巡房时发现李某华不在病房，遂唤醒陪护家属并告

知情况。7月3日凌晨1时许，李某华被发现坠楼身亡。事发后，派出所对李某华的丈夫和姐姐做询问笔录，两人均称"前天她割腕自杀，被送到医院抢救回来了。这次又跳楼自杀了"。原告认为，F医院作为公共医疗机构，未对李某华尽到安全保障义务，故起诉要求F医院赔偿因李某华死亡而产生的各项损失合计2377963元。

【裁判结论】

一审法院认为，李某华因割腕受伤来医院处治疗，对于这种比较特殊的病人，医疗机构应当尽到更加审慎的注意义务，在护理看护上比普通病人要更加严谨细致。医院在将李某华转入普通病房后，在护理看护上未做到特殊对待，在其走出病房到坠楼身亡这段时间也未发现异常情况，对于李某华的死亡具有一定过错。但考虑到李某华坠楼系其主观上追求的结果，其自身具有绝大部分的过错，故判决由F医院承担15%的赔偿责任即356136.45元。

二审法院认为，从职能范围上看，F医院系一家综合性医院，仅可能对李某华进行生命救助而无法进行精神治疗，无法苛求其按照专科医院的标准进行防范。从配套设施上看，事发地的两扇窗户均安装了限位器以及防护栏，符合医疗场所安全要求的行业标准，不存在安全隐患。从护理措施上看，医护人员每小时巡房符合护理分级制度，且院方已医嘱家属24小时陪护，应认定医院已尽到了合理限度的安全保障义务。从李某华的主观动机看，李某华坠楼系因自杀，属于自主追求死亡。从行为与结果之间的因果关系上看，李某华的自杀行为系导致死亡的根本原因；家属在需要24小时陪护的情况下却不慎睡着，具有监管过失；而医院并无疏于查房之情形，不存在监管不力之过失。故医院对李某华的死亡结果不具有原因力之影响。二审法院认定F医院对李某华的死亡不应承担赔偿责任，F医院自愿补偿李某龙3万元系其对自身权利的处分，应予准许。二审法院遂据此改判。

【评析意见】

近年来，因在公共场所内发生人身伤亡而引发的索赔纠纷屡见不鲜，公共场所管理人和受害人的责任边界亟待明确。不同场所安全保障义务的边界因该场所的性质、职能等不同而不尽相同，司法实践中需要根据具体案情综合判断。本案的争议焦点在于医院是否尽到了合理限度内的安全保障义务，以下将从安全保障义务的法律性质、判断标准、免责事由三个方面进行论述。

一、安全保障义务的法律性质

安全保障义务来源于德国法上的一般社会安全注意义务理论，它要求创设或者持续特定危险源者，为保护他人免受损害，应当采取必要的安全措施。[①] 我国原《侵权责任法》第37条规定，宾馆、商场、银行、车站、娱乐场所等公共场所的管理人或者群众性活动的组织者，未尽到安全保障义务，造成他人损害的，应当承担侵权责任。我国《民法典》对此既有继受，又有变化。

（一）责任形式

在场所责任的语境中，特定场所处于经营者、管理人控制之下，经营者、管理人对该场所内的不特定的人因此负有安全保障义务，这是场所责任的义务来源。对于组织者而言，一来组织者组织了群众性活动，并开启了危险源；二来组织者对于组织的活动具有一定的控制力，即组织者应当在活动中负有监督、管理等义务。因此，这是一种因先前行为而引发的责任，主要体现为管理人未尽到必要的措施防范危险的发生，或怠于履行安全保障义务而致使场所内不特定人受到损害。在上述两种情况下，安全保障义务主体承担的责任属于典型的不作为责任，如其怠于履行安全保障义务造成损害则应负有相应的赔偿责任。

（二）归责原则

虽然理论界有基于契约理论而产生的附随义务说、基于法律规定而产生的法定义务说以及合同义务和法定义务的竞合说，但《最高人民法院关于审

[①] 参见最高人民法院民事审判第一庭编著：《最高人民法院人身损害赔偿司法解释的理解与适用》，人民法院出版社2015年版，第93页。

理人身损害赔偿案件适用法律若干问题的解释》以来的立法和司法解释已经将违反安全保障义务的责任明确纳入侵权责任救济的范畴，将安全保障义务认为是一种侵权责任法层面的法定义务。故在归责原则上为侵权法上的一般过错责任，即如果公共场所管理人尽到了安全保障义务，就可以免除责任。

二、安全保障义务的判断标准

认定责任人是否应当履行安全保障义务，必须严格把握条件，否则将使人动辄得咎，社会将陷入不安定状态。[①] 基于此，安全保障义务本身应暗含一个定语即"合理限度"，这意味着安全保障义务应有责任边界，且不同场所根据其职能性质、风险防范能力等不同而应采取必要措施的标准也有所不同。除有明确的法律规定、合同约定外，司法实践中判断公共场所是否尽到合理限度的安全保障义务，可以综合以下几个标准：

（一）风险控制标准

公共场所对风险、损害的防范和控制能力应与其规模大小、收益性质等因素息息相关，不能"一刀切"地要求所有管理者承担相同的安全保障义务。规模较小的管理者对风险的控制、防范能力往往弱于规模较大的管理者。经营性场所与公益性场所相比，通常有着更多的财力、更强的风险及损害的防范能力，其实现更高安全保障标准所增加的成本一般可以通过获益来得到弥补，所以其安全保障义务的标准应该更高，这也更符合经济学规律，更有利于实现保护公众人身财产权利与保障场所运营条件的平衡。

（二）行业平均标准

由于安全保障义务主体一般是某一行业的管理者，理应具备行业要求的相关专业资质和管理能力，对安全保障义务的履行应高于普通人的标准，达到与其专业管理能力相匹配的程度。故判定是否存在过失，应当考虑义务人

[①] 参见最高人民法院民法典贯彻实施工作领导小组主编：《中华人民共和国民法典侵权责任编理解与适用》，人民法院出版社2020年版，第285页。

是否达到了同行业多数经营者的通常注意义务。比如，其他浴场均配备了防滑垫，但某浴场却没有配备，从而导致客人滑倒摔伤，应认定该浴场未达到同行业的平均标准而课以责任。

本案中，从硬件设施上看，本案中医院事发地的两扇窗户均安装了行程限位器以及距离地面高度约1.1m的护栏，根据中华人民共和国卫生行业标准《医疗机构患者活动场所及坐卧设施安全要求》的规定，行程限位装置仅为推荐性条款而非强制性条款，由此可见该医院的配套设施已经高于医疗场所安全要求的行业标准。从护理措施上看，该院医护人员每小时巡房亦符合医疗机构分级护理制度的要求，而病人离开监控探头覆盖区域则属于超出了医院看护的最大能力限度。据此，可以认定该院的硬件和软件均达到了同行业的平均标准。

（三）行业特别标准

在符合行业平均标准的前提下，由于同一行业中不同层级的主体安全保障义务标准也不尽相同，故某些场所对安全保障义务的要求应采取更高级别、更加严格的特别标准。比如，普通综合性医院和精神专科医院的安全保障义务标准有所不同。对于前者而言，其职能在于监测患者的生命体征，合理的安全保障义务应是预判、防范患者发生日常事故或因疾病引发的危险；对于后者而言，其职能更偏向关注患者的精神状态，合理的安全保障义务则增加了对患者行动上的限制和对极端事件的预判和防范。故同样具有精神疾病的患者，在综合医院发生自杀与在精神专科医院发生自杀，医院承担的后果可能不尽相同，精神专科医院因其更为严格的行业特别标准，其承担的安全保障义务往往更重。

（四）善良管理人标准

对于特定公共场所而言，应以社会大众对该场所性质的普世性认知为标准，考查安全保障义务的履行是否达到一个理性、审慎、善良的人所应达到的合理注意程度。比如，医院对患者的注意义务分为一般注意义务和特殊注意义务，前者主要是对患者的日常安全进行合理注意，而后者则要求对患者因疾病和治疗所引起生命健康上的危险具有预见和防范的义务。

本案对应的是医院的一般注意义务。医护人员对因割腕而送至医院的患者李某华进行抢救，从ICU病房转至普通病房后实行了最高等级的一级护理，院方在每小时巡房的情况下另行医嘱家属24小时陪护，尽到了必要的告知义务，且在发现患者不见后及时提醒家属并展开搜寻。应认定医院已尽到了善良管理人的职责。

三、安全保障义务人的免责事由

一旦发生损害情况安全保障义务人均应承担责任的观点并不可取。若不分情况地一概要求安全保障义务人承担责任，忽视对其他因素的妥当评价，容易造成另一种不公平。对于安全保障义务而言，可以根据案件具体适用侵权法上的免责事由。在司法实践中一般更应注意对受害人过错等因素进行审查。例如，若损害后果是由于受害人自身的过错所导致，那么安全保障义务人即便有足够的风险防控能力并采取了相应的防范措施，面对受害人故意的行为也往往防不胜防。

（一）受害者的过错程度

受害者过错可能成为安全保障义务人承担责任的阻却性因素，尤其在受害人故意追求损害后果的情况下。本案中，事发地窗户限位器开启的最大行程仅约17cm，明显小于"3层以上建筑的窗户宜安装行程限位装置，开启行程≤300mm"的标准推荐性规定，且按照物理规律，常人无法从如此狭窄的窗户缝隙意外滑落，结合李某华身高169cm，体重仅49kg的体态特征，其仅可能通过主动将身体探出窗外实现坠楼。而根据家属在派出所的陈述，李某华此次坠楼系因自杀，可见李某华主观上具有自杀故意，存在过错。

（二）行为与结果的因果关系

当安全保障义务人的行为对损害后果不产生原因力之影响时，义务人不应承担责任。对于有过极端行为的特殊患者而言，仅靠医院的单方看护远远不够，还需要家属的共同监护，且家属承担的是主要义务，医院只是辅助义务。本案中,李某华的自杀行为系导致死亡的根本原因,而家属在需要 24 小时陪护的情况下睡着,对死亡结果具有次要的原因力;医院对割腕入院的李某华采取的护理措施,目的是对其生命体征的观测而非限制其自由活动,且医院对患者在病区内自由走动的行为并不具有从常态预判意外的义务。故医院对死亡结果并不具有原因力之影响。

综上所述,公共场所的安全保障义务应有边界,而不应将"何地发生伤亡,何地就应赔偿"作为一种约定俗成的裁判准则,否则将不合理加重公共场所管理者的安全保障义务。扩大医院的义务边界,不利于客观事实的还原和过错责任的分担,也增加了机构管理运营成本,最终该成本或将传导至广大病患一端,不仅有损社会公共利益,而且易形成不良的社会风气引导,也与社会主义核心价值观不符。

【附录】

编写人:赵霏(民事庭审判员)
一审裁判文书案号:(2020)沪 0120 民初 18495 号
二审裁判文书案号:(2021)沪 01 民终 9681 号
二审合议庭成员:丁慧(审判长)、马丽、赵霏(主审法官)

48

祭奠权的性质认定与法律适用规则探析

——吕某珍等诉 A 医院等侵权责任纠纷案

【案例要旨】

祭奠权具备人格权构成要素,应属于一般人格权范畴。死者的近亲属认为祭奠权受到侵害的,可依据《民法典》侵权责任编、人格权编等相关规定向法院进行主张。法院在认定是否侵害祭奠权时，应结合是否符合侵权构成要件、是否遵循近亲属顺位保护原则、是否存在免责事由等情形予以综合认定。

【案情简介】

上诉人（原审原告）：吕某珍、吕某文。

被上诉人（原审被告）：A医院。

被上诉人（原审第三人）：B殡仪馆、金某萍、李某亮。

李某喜，系吕某珍、吕某文的母亲，于2017年9月13日4：15在A医院因病去世，其遗体于当日5：30被送入A医院停尸房并存放于16号柜。9月14日9：45，死者家属前往A医院领取遗体时发现其已不在16号柜内。

李某成，系金某萍配偶、李某亮父亲，于2017年9月12日14：45在A医院病逝，其遗体于当日送入A医院停尸房。9月13日14：15，B殡仪馆工作人员及李某亮到A医院处接运李某成遗体。9月14日9时许，李某亮、金某萍举行遗体告别仪式，在告别仪式中，李某亮、金某萍及亲属瞻仰了被放置在棺木中的死者遗容，李某亮本人为遗体盖棺。9月14日9：45，遗体火化完毕，李某亮领取了骨灰。

吕某珍、吕某文将A医院、B殡仪馆及金某萍、李某亮诉至法院，主张因A医院及B殡仪馆、李某亮、金某萍的过错造成了其母亲遗体失踪或灭失，对其造成了精神伤害，请求法院判令赔偿死亡赔偿金、丧葬费、精神抚慰金、殡葬服务费、殡葬餐饮费、律师费等共计51万余元。

法院曾另案受理了李某亮、金某萍与A医院、B殡仪馆侵权责任纠纷，该案生效民事判决载明：A医院和B殡仪馆作为专业机构，其工作人员在办理案件所涉遗体的交接过程中，对三张遗体识别卡没有履行法定认真核对义务，是造成遗体错领后果的主要原因。李某亮、金某萍承受丧亲之痛，不应苛责，但事关亲属后事，亦应谨慎为之。李某亮未辨认遗体就签署接送单，谨慎有失，在追悼会上李某亮及金某萍多次近距离瞻仰遗容也未察觉异常，客观上是损害后果产生的部分原因，应合理分担部分责任。综合考虑事件原因以及各自过错程度，确定A医院、B殡仪馆各自承担45%的责任，李某亮、金某萍承担10%的责任。

本案审理中，吕某珍、吕某文通过观看B殡仪馆提供的李某亮、金某萍为死者"李某成"举行遗体告别仪式的视频确认该告别仪式棺木中的遗体系其母亲李某喜。

【裁判结论】

一审法院认为，吕某珍、吕某文作为死者李某喜的子女，对死者李某喜的遗体享有依照法律规定和风俗习惯予以处理的权利。A医院、B殡仪馆、李某亮、金某萍在领取和交接死者李某成遗体过程中未履行法定核对义务及辨认义务的行为，是造成本案死者李某喜遗体被错领的原因，应承担全部责任。另案民事判决中已就各自的过错比例进行了认定，本案予以参照。遂判决A医院赔偿吕某珍、吕某文精神损害抚慰金22500元、律师费4500元；B殡仪馆赔偿精神损害抚慰金22500元、律师费4500元，返还殡葬服务费1000元；李某亮、金某萍赔偿精神损害抚慰金5000元、律师费1000元。

一审判决后，吕某珍、吕某文不服，提起上诉。经二审法院主持，当事人达成案外和解。吕某珍、吕某文遂申请撤回上诉。二审法院遂裁定准许吕某珍、吕某文撤回上诉。

【评析意见】

依据我国传统伦理观念和长期形成的民间风俗习惯，近亲属在共同亲属去世之时，享有进行或参与祭奠、悼念的"祭奠权"。自2001年我国首例祭奠权案后，该权利越来越受到广泛关注，但因我国尚未有关于祭奠权的法律规定，故在该权利的性质认定及法律适用上存在较大争议，实有必要对祭奠权是否属于人格权范畴，及其性质、要素等问题进行探讨与认定。

一、《民法典》体系下一般人格权的法律保护

所谓"祭奠权"，准确来说应称为关于祭奠的人格权益。此权益与《民法典》第994条规定的死者遗体侵害存在一定交叉，前者可视为后者的一项延伸。故要探析祭奠权的性质和适用规则，应先就人格权的法律保护体系进

行梳理。人格权独立成编系《民法典》编纂亮点之一，该编列举了生命权、身体权等具体人格权后，还规定了自然人享有基于人身自由、人格尊严产生的其他人格权益，即"一般人格权"。一般人格权的设置，旨在实现对尚未特定化的人格权益的保护，而非为构筑一项民事权利，体现了人格权保护的开放性与包容性。据此，裁判上如要适用一般人格权的，须着重于对有关侵害的具体事实进行审查，而无须对该事实的对应物是否为一项民事权利作出判断。法院认定构成一般人格权的，可依据《民法典》第991条、第992条、第996条至第1001条进行适用保护。

本案中，吕某珍、吕某文上诉主张因母亲遗体被错领而灭失，而请求A医院等承担侵权责任，其请求权依据为《民法典》第994条。笔者认为，该条表面上系对死者人格利益的保护，本质上亦是对于死者近亲属人格权益的保护。这种权益内容不特定的保护方式，可归于一般人格权之列。同时，吕某珍、吕某文还提出，因遗体丢失无法完成祭奠仪式而造成精神损害，故本案重点涉及的还有作为近亲属的祭奠权益。但该权益与《民法典》第994条明文规定的死者人格利益有所区别，对此值得进一步探讨。

二、祭奠权的性质与要素之认定

（一）祭奠权的性质分析

目前，学界与审判实践中关于祭奠权性质主要有三种观点：第一种观点认为祭奠权非法律调整的范围；[①] 第二种观点认为祭奠权属于身份权。[②] 第三种观点认为祭奠权属于人格权。[③] 笔者认为，祭奠权应属于一般人格权而受法律保护。具体分析如下：

其一，祭奠权是否属于法律调整的范围。实践中有生效裁判认定祭奠利益受习俗、道德调整，属于不应由法律调整的法外空间，不属于民事诉讼的

[①] 参见程啸：《侵权责任法》，法律出版社2015年版，第122页。
[②] 参见杨立新：《诠释祭奠权——兼说民事习惯作为判决依据》，载《检察日报》，2002年7月19日。
[③] 详见上海市第一中级人民法院（2019）沪01民终2333号民事判决书。

受理范围。笔者认为，这一观点未能理顺法外空间与法内空间的关系，法外空间的认定权属于立法而不属于司法。①"法无明文规定"的领域不能直接认定为法外空间，习俗、道德调整领域不是应然的法外空间，在此情况下，法院不应直接以祭奠权"不属于法院受理案件范围"为由拒绝受理案件。

其二，祭奠权是否属于身份权。身份权是民事主体基于一定行为或相互关系所产生的民事权利，以身份利益为客体，主要包括配偶权、亲权、亲属权（监护权）等。身份权具有绝对性与相对性的双重属性，绝对性是指除了权利主体之外的任何人均不得对其权利进行侵犯，而相对性是指该身份权的享有是基于特定身份关系的人之间的权利义务。如果将祭奠权归为近亲属关系之间的身份权，从相对性出发，祭奠权的行使必定以一方近亲属的死亡作为前提，而近亲属的死亡会导致身份关系的消灭，相对性便不复存在。如认定该权利存在，则与身份权系以身份的存续作为权利存续的前提相矛盾，故笔者认为祭奠权并不属于身份权。

其三，祭奠权是否属于人格权。笔者认为，祭奠权是自然人与生俱来的一种权利，并非基于特定的身份关系所享有的权利，具有绝对性与对世性，其不受法律规定的限制或其他地位关系的干涉，不因主体特定的身份关系而产生和消灭，符合一般人格权的特征。同时，结合《民法典》第994条关于遗体侵害救济的规定，以及现行《最高人民法院关于确定民事侵权精神损害赔偿责任若干问题的解释》（以下简称《精神损害赔偿解释》）可以看出，该种人格利益已经受到了法律一定程度上的保护，故将祭奠权定性为一般人格权，符合最新的立法精神，亦可最大限度地保障该权利的行使，因此，本文倾向于将祭奠权定性为一般人格权。

具体到本案，吕某珍、吕某文就无法祭奠造成其精神伤害的主张，本质是基于祭奠权而提起的主张。对此，法院需要对此是否构成祭奠权作进一步审查。

（二）祭奠权的构成要素与权利内容

认定是否构成祭奠权，本文认为应当结合具体审判实践，从主体、客

---

① 周辉斌：《论法外空间的司法认定》，载《现代法学》2020年第4期，第3页。

体、权利内容三个方面进行分析判断。

1. 祭奠权的行使主体

除限于自然人享有外，法律中对一般人格权具体的主体范围未作规定，故在界定该范围时应合理限制，不应过于宽泛而造成司法难题，亦不应过度限制而无法保障主体权利。

结合《民法典》第994条中规定侵害死者人格利益的请求权主体的范围为死者近亲属，《精神损害赔偿解释》中规定精神损害赔偿请求主体为自然人或其近亲属可以得出，祭奠权的权利主体应界定为死者的近亲属。同时参照《民法典》继承编中规定的继承人范围，基于伦理道德的考量，并结合祭奠权的目的系保护与死者关系亲密的人不再遭受除亲人离世外的其他精神痛苦可得，前述"近亲属"具体应包括两类人，即一般意义上死者的近亲属，以及近亲属以外的与死者生前形成收养关系、抚养关系以及尽到主要赡养义务的丧偶儿媳、丧偶女婿，对此也有相应裁判予以认定。本案中，主张权利的吕某珍、吕某文即死者的子女，符合祭奠权中近亲属的主体资格。

2. 祭奠权的客体

人格权的客体是人格利益，人格利益既包括生者所享有的各种人格利益，也包括死者等特殊主体的人格利益。祭奠权的客体为死者近亲属的人格利益，表现在其具有通过祭奠表达对死者哀思的行为自由而不受侵犯。本案中，A医院等三方的过错导致吕某珍、吕某文无法进行遗体告别仪式，从而侵害了其作为近亲属的该项人格利益。

3. 祭奠权的权利内容

通过审判实践中的案例总结，祭奠权的权利内容主要有以下几种：

一是死亡事实及安葬、墓地的知悉权。祭奠权的主体对前述事项具有知悉权。死亡事实发生时享有祭奠权的主体并非都在场，知悉的祭奠权主体亦有义务及时将相关事宜通知其他祭奠权主体。

二是丧葬事项的决定权。丧葬事项包括安葬时间、地点等，前述事项决定应由祭奠权主体操办。我国对丧葬事宜有很高的重视程度，应当谨慎确认由谁来决定上述事项。

三是祭奠活动的参与权。此主要指权利人参与为死者举行祭奠仪式以及安葬后每年清明、忌日进行祭拜活动的权利。基于各地风俗习惯，明确祭奠权主体的参与权，有利于保护祭奠权主体寄托哀思的权利和自由。

四是陵墓、墓碑上的署名权。此处一方面指死者姓名在陵墓、墓碑上署名时不被第三人写错、刻错的权利；另一方面指死者的近亲属享有在死者陵墓、墓碑上署名的权利。

五是具有人身意义的特定物的管理、处分权。该特定物是指死者遗留下来的或与死者有关的承载着人格利益的物，具有不可替代及专属性。祭奠权中涉及的特定物包括遗体、骨灰等，系近亲属情感的寄托，若处分不当易造成权利人的精神损害，应予保护。本案中，A医院等三方因各自对遗体没有尽到认真核对义务等过错导致遗体灭失，吕某珍、吕某文的主张所对应的即该权利内容。综上，本案所涉情形已构成对于吕某珍、吕某文祭奠权的侵害。

三、《民法典》框架下祭奠权的法律适用规则探析

祭奠权应受法律保护，但《民法典》颁布后，该权利仍无明确法律规范予以适用。因此，本文将在一般人格权给裁判留下了较大自由裁量空间的基础上，对祭奠权的适用规范及认定规则进行进一步探析。

（一）祭奠权可援引的法律规范

根据各地法院的审判实践，因祭奠权纠纷的诉求大部分系针对精神损害而提出，而侵权行为一般都有违公序良俗，给权利人带来极大精神痛苦。故在判断是否侵害祭奠权时，法院一般需根据精神损害的构成要件来认定：一是侵害行为是否具有违法性；二是侵权人是否具有主观过错，可依照相关事实进行认定，如联系其他祭奠权主体时是否穷尽通信手段；三是损害事实与侵权人的行为之间是否具有因果关系；四是是否给权利人造成了损害事实，即人格权益被侵害，及因侵害而造成财产或非财产利益损害，同时应判定损害是否达到了严重程度。在《民法典》施行之前，法院认定构成侵害祭奠权的，主要适用依据为废止前的《侵权责任法》第6条、《民法总则》第8条以及原《精神损害赔偿解释》等。

《民法典》施行之后，前述所列法律条文均已废止或删除。其中，侵权

相关规定纳入《民法典》侵权责任编中，公序良俗作为兜底条款置于《民法典》总则编，而独立成体系的《民法典》中第994条，明确规定了死者人格利益保护的内容，该条未延续原《精神损害赔偿解释》列举侵害死者人格的手段及行为的限定条款，现行《精神损害赔偿解释》亦将列举删去，赋予了法院更大的裁量空间。另外《民法典》第995条明确了侵权责任的承担方式与被侵权人主张权利不受诉讼时效的限制。存在精神损害的，可根据现行《精神损害赔偿解释》第5条列举的六项因素综合认定精神损害赔偿数额。

本案中，A医院等三方侵害遗体的行为，既侵害了吕某珍、吕某文的祭奠权，亦侵害了死者人格利益，吕某珍、吕某文可直接依据《民法典》第994条及《精神损害赔偿解释》第3条进行主张。基于该侵权事实一直存在且持续至《民法典》施行后，根据时间效力相关规定，吕某珍、吕某文可依据《民法典》侵权责任编、人格权编等相关条文主张其权益。

（二）祭奠权之顺位保护原则

一般情况下，各主体在行使祭奠权时互不冲突，如扫墓、祭拜等，无须涉及顺位原则。但涉及权利的内容对亲疏关系依赖程度极高时，如丧葬事项的决定权等，容易引发争议，此时有必要对祭奠权的行使顺序进行明确，以维护家庭及社会的和谐。

笔者认为，继承权内容主要系处理死者的遗产，而祭奠权的内容包括处理死者死亡后的事项，因此继承死者遗产的人原则上应为死者履行相应的丧葬义务。对此，首先，可参照《民法典》的规定，行使祭奠权时应先遵循死者生前意愿。其次，参照《民法典》第1127条、第1129条的规定，行使祭奠权的第一顺位应为死者的配偶、子女和父母及尽了主要赡养义务的丧偶儿媳、丧偶女婿，第二顺位应为死者的祖父母、外祖父母、兄弟姐妹。同一顺位的权利人在行使祭奠权时应遵循意思自治原则协商处理。最后，无法协商时，在同一顺位权利中如何保护各方权益在实践中做法不一。

笔者认为，有其风俗习惯的，应遵从风俗习惯；无风俗习惯的，应根据对死者生前的亲疏、照顾程度及长幼顺序行使祭奠权，更加符合我国的传统习惯与公序良俗。例如，夫妻关系是构成整个人类社会最基本的法律关系，所以应当由死者的配偶行使祭奠权。如果无配偶、配偶不愿行使或没有能力行使祭奠权的，则由其父母行使祭奠权。再者为其子女，子女有多个的应彼此协商处理，意见不同的按照子女的长幼顺序行使祭奠权。

(三) 祭奠权之侵权免责事由

法院对近亲属主张祭奠权的诉请是否予以支持，除考量是否具备权利要素、符合侵权构成要件外，还应考虑是否存在免责事由。实践中观点认为，遵循死者生前意愿可作为免责事由。例如，死者生前已表示不让某近亲属参加葬礼等，其他权利主体根据死者生前意志做出的未通知葬礼等行为，一则符合死者生前意愿，从风俗习惯、公序良俗或继承角度来看并无不当；二则从权利义务相统一的原则来看，此举为原本负有通知义务的权利人免除了义务，则对其不为通知的行为亦不构成侵犯权利。

实践中部分观点认为，祭奠权主体未尽赡养义务亦应作为免责事由之一。亦有观点认为，赡养义务属于财产性义务，未尽赡养义务只影响其遗产继承权，不应对祭奠权产生影响。笔者认为，仅从未尽赡养义务角度认定是否免责，系完全从财产继承的角度对人格权范畴上的祭奠权作出认定，稍显片面。该情形下，应结合祭奠权的行为目的，综合侵权人的过错程度、实际造成的损害后果、赡养义务的具体履行情况、在死者生前是否有照顾和探望的事实等予以认定。

四、祭奠权保护路径之延伸思考

目前，法院虽可援引《民法典》等相关规定进行裁判，但因祭奠权尚未被法律明确规定为一项法定权利，同案不同判的情况时常发生。对此，一种观点认为，将祭奠权定性为一般人格权是为了暂时解决法律空白的问题，但要从根本上解决纠纷，其恰当路径就是将祭奠权规定为一项独立人格权。[①]另一种观点认为，由于祭奠利益不具备社会典型公开性，亦不具有人格利益

---

① 瞿灵敏：《司法裁判视野中的祭奠权：性质、行使与法律保护》，载《求是》2016 年第 3 期，第 90 页。

的专属性，故只能作为一种利益通过"一般人格权"路径受法律保护。[①] 笔者认为，《民法典》确立了一般人格权用以保护其他人格权益，但相对具体人格权而言保护程度较不充分。如前文所述，祭奠权有其特别的主体、客体及权利内容，从伦理道德层面看该权利亦不可缺少，可考虑在条件成熟时将其上升为一项独立的人格权，以实现审理中裁判规则与尺度的统一。

【附录】

编写人：王茜（民事庭副庭长）、熊洋（民事庭法官助理）
一审裁判文书案号：（2019）沪 0115 民初 84095 号
二审裁判文书案号：（2021）沪 01 民终 691 号
二审合议庭成员：王茜（审判长）、叶佳（主审法官）、顾颖

49

违约责任与侵权责任竞合时客观预备合并之诉的司法裁判
——A 公司诉 B 公司等侵权责任纠纷案

【案例要旨】

当违约责任和侵权责任竞合时，权利人可择一起诉主张损失。若权利人未明确诉请的，法院应向其释明并要求其明确诉请，亦可允许权利人提出具有先后顺序的主位诉请和备位诉请，以客观预备合并之诉的方式主张损失。

【案情简介】

上诉人（原审原告）：A 公司。

[①] 曹相见、迟莉佳：《论"祭奠权"何以不能》，载《学习与探索》2019 年第 11 期，第 81 页。

上诉人（原审被告）：B公司。

原审被告：韩某。

原审第三人：王某。

韩某是B公司的工作人员，受B公司指示运输涉案赛车，其间发生事故，交警支队出具事故证明：运输车上层所载车辆掉落受损，韩某承担本次事故的全部责任。A公司认为其与B公司之间存在货物运输合同关系，故诉至法院请求B公司、韩某共同向A公司赔偿损失。一审庭审中，A公司表示，如果法庭认为A公司与B公司之间不存在合同关系，则B公司、韩某属于共同侵权行为，应当承担赔偿责任。

【裁判结论】

一审法院认为，A公司未能提供运输合同、运单，也未能说明存在运输合同关系，无法认定A公司与B公司之间存在运输合同关系。现交警支队出具事故显示，运输车上层所载车辆掉落受损，韩某承担本次事故的全部责任。B公司确认韩某系其工作人员，韩某属于履行职务行为，相应的侵权法律后果由B公司承担，故B公司应赔偿A公司相应损失，但对于超过评估报告的损失，缺乏证据证明，不予支持。

A公司认为B公司应赔偿实际损失和预期利益损失，B公司认为应驳回A公司的一审全部诉讼请求，二公司均不服一审判决，遂提起上诉。

二审法院认为，A公司二审中明确其系基于侵权主张赔偿损失，故基于A公司明确的请求权基础，本案系侵权责任纠纷，而非公路货物运输合同纠纷，故予以纠正。关于侵权责任主体的认定，B公司确认韩某系其工作人员，韩某属于履行职务行为，相应的法律后果由B公司承担。因此，B公司系直接侵权人，应由其承担相应的责任。关于损失的认定，财产损失应按照损失发生时的市场价格或者其他方式计算，一审法院对损失的认定并无不当，二审法院遂判决驳回A公司、B公司的上诉请求，维持原判。

【评析意见】

本案的争议焦点在于，违约责任与侵权责任竞合时，当事人可否以主位请求和备位请求方式提起客观预备合并之诉。对此,我们需要从以下三个方面展开讨论:一是《民法典》第186条违约责任和侵权责任竞合的法理解读与问题思考;二是客观预备合并之诉是否是解决请求权竞合的最优路径;三是违约责任与侵权责任竞合情形下客观预备合并之诉的司法审理规则。

一、问题提出:《民法典》第186条责任竞合的法理解读与思考

(一)《民法典》第186条责任竞合的法理解读

请求权竞合,是指以同一给付目的数个请求权并存,当事人得选择行使之,其中一个请求权因目的达到而消灭时,其他请求权亦因目的达到而消灭;反之,就一个请求权因目的达到以外之原因而消灭(如罹于失效)时,则仍得行使其他请求权。[①]《民法典》第186条规定,因当事人一方的违约行为,损害对方人身权益、财产权益的,受损害方有权选择请求其承担违约责任或者侵权责任。这一规定的内容继受于原《合同法》第122条,是违约责任与侵权责任竞合时受损方的权利实现方式。在竞合情形下,权利人有权选择适用违约责任或侵权责任。按照原《合同法司法解释(一)》第30条的规定,债权人可以在一审开庭之前最终确定其选择。

就文义解释而言,请求权竞合的要件是违约方的违约行为同时构成侵权行为,其法律效果是受损害方可以基于违约方的违约责任或者侵权责任选择实现自己的违约损害赔偿请求权或者侵权损害赔偿请求权。其立法目的在于充分尊重受害人意愿,强化请求权的效力,从而最大限度地保护债权人的利益,即"强烈的受害人中心主义"。[②]

就法律适用而言,比较法上对违约责任和侵权责任的竞合立法主要包括禁止竞合、允许竞合、限制竞合三种情形。本条规定采用了限制竞合的做法,即在违约责任与侵权责任竞合时,由于违约之诉与侵权之诉在案件管

[①] 王泽鉴:《民法思维:请求权基础理论体系》,北京大学出版社2019年版,第131页。
[②] 谢鸿飞:《违约责任与侵权责任竞合理论的再构成》,载《环球法律评论》2014年第6期,第20页。

辖、当事人主体资格、诉讼时效、举证责任分配、责任范围等方面均有不同，受害人提起何种之诉对案件的审理结果会产生重大影响。禁止竞合的做法无疑会剥夺受损害方选择诉讼权利的可能；允许竞合不加限制的做法虽然能赋予当事人选择权，但会给予当事人投机的机会，增加诉累；限制竞合的规定能较好地平衡当事人利益和节约司法资源。

（二）《民法典》第186条责任竞合的问题思考

责任竞合会产生两个请求权，但两个请求权之间是否可以相互影响，立法未予明确。随着合同法与侵权法的双方扩张使得违约责任与侵权责任的竞合渐成常态，既有的各种请求权竞合理论不仅未充分满足民法学的体系要求，而且在实践中造成实体与程序的双重法律适用困境，故亟须从民事诉讼视角对规制请求权竞合的理论焦点与应对策略加以深入探讨研究。再者，请求权竞合虽然产生于实体法，但真正成为问题是在诉讼过程中呈现，故需要我们跳出实体法的窠臼，从诉讼法的角度寻找出路。具体到司法实践中，当发生违约责任与侵权责任竞合时，当事人如何恰当地向法院主张权利，从而采取最优方式维护自身的合法权益，是诉讼法需要考量和解决的重要问题。

二、理性思辨：客观预备合并之诉是解决请求权竞合的最优路径

（一）违约责任与侵权责任竞合形态下司法审判现状梳理

在司法实践中，经常会出现原告方对侵权责任之诉与违约责任之诉未作出明确选择的情形，法院应当向其释明并要求其予以明确。释明之后权利人仍未明确选择的，司法实践中存在不同的审理思路，并未形成统一的司法裁判。

1. 法院根据最有利于权利人原则依职权确定

法院根据最有利于权利人的原则，主动为当事人确定请求权。例如，在"陆红诉美国联合航空公司国际航空旅客运输损害赔偿纠纷案"中，法院认为，如何确定责任的选择，对为受害当事人提供必要的司法救济尤为重要。违约责任与侵权责任的重要区别在于，两者的责任范围不同。合同的损害赔

偿责任严格按合同的约定执行,主要是对财产损失进行赔偿;侵权的损害赔偿按侵权造成的损害后果确定,不仅包括财产损失的赔偿,还包括人身伤害和精神损害的赔偿。从最大限度保护受害人利益的角度出发,法院依职权为受害人选择适用侵权损害赔偿责任。①

2. 法院逐一审查各个请求权是否成立

法院不主动为当事人确定请求权,但是会逐一审查各个请求权是否成立。例如,在"李某、龚某诉五月花公司人身损害赔偿纠纷"中,法院认为,上诉人既认为被上诉人五月花公司违约,又认为五月花公司侵权,并且还认为存在民事责任竞合的情形,但一直没有在违约和侵权两者中作出明确选择。依照《合同法》第122条规定,法院只能在全面审理后按照有利于权利人的原则酌情处理,即逐一考察违约责任、侵权责任是否成立。②

3. 法院以诉请不明确裁定驳回起诉

因当事人不明确请求权基础而导致案件无法处理的,法院可以当事人诉讼请求不明确裁定驳回起诉。《中华人民共和国民法典总则编理解与适用》认为,人民法院依照职权确定其请求权基础,似与当事人主义的要求不符,而且何为对当事人有利欠缺具体的判断标准,这时仍应坚持"通过释明其不予选择的不利后果的情况下由当事人作出选择,其仍不选择导致案件无法继续审理的,可以裁定驳回起诉"。③

4. 允许当事人提起客观预备合并之诉

允许当事人提起客观预备合并之诉,以违约损害赔偿为主位请求,侵权损害赔偿为备位请求,或者将侵权损害赔偿为主位请求,违约损害赔偿为备位请求主张相应的损失。本案中,A公司在一审庭审中表示,如果法庭认为不存在合同关系,则B公司、韩某属于共同侵权行为,应当承担赔偿责任。一审法院先行审查双方之间是否存在合同关系,B公司是否存在违约行为,

---

① 参见"陆红诉美国联合航空公司国际航空旅客运输损害赔偿纠纷案",载《最高人民法院公报》2002年第4期。
② 参见《李某、龚某诉五月花公司人身损害赔偿纠纷》,载《最高人民法院公报》2002年第2期。
③ 最高人民法院民法典贯彻实施工作领导小组主编:《中华人民共和国民法典总则编理解与适用》,人民法院出版社2020年版,第940页。

经审理，法院认定双方当事人之间不存在合同关系，后审查侵权是否成立，以及相应的侵权损害赔偿。

(二) 客观预备合并之诉是解决违约与侵权竞合的最优路径

1. 与现有请求权体系和传统诉讼标的理论相一致

客观预备合并之诉在实体法上以请求权自由竞合说为基础，并不试图对请求权体系作出修改，最大限度尊重了现有的请求权体系。同时，客观预备合并之诉以承认请求权自由竞合说和旧实体法学说为基础，不触动现有的请求权体系和传统诉讼标的理论，最大限度与现有体制保持一致，应该成为解决请求权竞合问题的首选途径。[①]

2. 避免重复诉讼

根据客观预备合并之诉，在请求权竞合时，原告可以同时主张违约与侵权两个请求权，综合考量自己对各请求权所掌握的证据情况和熟悉情况，以及不同的请求权的构成要件、举证责任与赔偿范围，可以根据胜诉所获利益大小或胜诉概率的大小等将此两个请求权排成顺位，请求法院按照先后顺位审判。客观预备合并之诉既保护原告充分行使实体法请求权的机会，也给予被告充分防御的机会，有效地解决违约与侵权请求权竞合问题带来的重复诉讼和重复给付问题，一次性解决当事人之间的纠纷，避免当事人分别起诉的困境。

3. 当事人利益最大化

实践中，对法律理解的偏差、证据掌握程度的不同，以及可能实现的诉讼结果等因素均会对诉讼策略产生影响，而单一的诉讼选择，有可能无法实现在限定条件下的"最优解"。然而，客观预备合并之诉可帮助当事人节省大量经济成本，提高诉讼效力，实现当事人利益的最大化。

4. 司法实务的审判趋势

细观最高人民法院的相关案例，我们可以窥见最高人民法院对客观预备合并之诉的司法态度和裁判观点在逐年发生变化：2016 年的裁判采回避态

[①] 王利明：《再论违约责任与侵权责任的竞合（下）》，载《中国对外贸易》2001 年第 4 期，第 23 页。

度，认为原告主体不适格，据此认定无须审查预备合并之诉的问题；① 2018 年的裁判隐晦表态，不认可甘肃高院以主位请求、备位请求依据事实相互矛盾且非同一法律关系为由驳回起诉的观点；② 2018 年另一个裁判开始初步支持，认可当事人提出备位之诉的做法，但认为甘肃高院在不支持主位请求的情况下对备位请求不予处理亦不妥；③ 2019 年的裁判明确支持，认可预备合并之诉不违反我国民事诉讼法相关规定，且符合诉讼便利与经济原则，应予合并审理；④ 2019 年另一个裁判确立规则，认可法院在行使对合同效力审查职责及释明权的过程中，允许当事人针对合同无效的可能性提出预备请求。⑤ 有鉴于此，客观预备合并之诉逐步得到最高人民法院的认可，司法倾向性意见是允许接受当事人提起预备合并之诉。

三、裁判规则：违约责任与侵权责任竞合情形下客观预备合并之诉的审理规则

（一）当事人提出主义

当事人具有诉权，对诉讼请求的提出具有处分权，故客观预备合并之诉的启动应以当事人申请为主。原告应在起诉状中明确何为主位请求，何为备位请求。对于当事人的预备合并申请，法院应进行审查，符合标准的，应准许合并。当然，根据《民事诉讼法司法解释》第 232 条的规定，当事人也可以在法庭辩论终结之前提出。本案中，A 公司在一审庭审中表示，如果法庭认为不存在合同关系，B 公司、韩某属于共同侵权行为，应当承担赔偿责任，法院予以准许，充分尊重当事人处分权。

（二）法官释明引导

法官在审理过程中，基于"判决矛盾""诉讼经济""纠纷解决"等价

---

① 参见最高人民法院（2016）最高法民终 416 号民事判决书，载中国裁判文书网。
② 参见最高人民法院（2018）最高法民终 817 号民事判决书，载中国裁判文书网。
③ 参见最高人民法院（2018）最高法民申 3217 号民事判决书，载中国裁判文书网。
④ 参见最高人民法院（2019）最高法民申 1016 号民事判决书，载中国裁判文书网。
⑤ 参见最高人民法院（2019）最高法民终 564 号民事判决书，载中国裁判文书网。

值考量，对于违约与侵权竞合的情形，向原告释明以确定其诉请，如原告无法明确择一诉请主张的，可允许其提起客观预备合并之诉，以主位请求和备位请求的方式主张权利。当然，在释明的过程中，法院应充分尊重原告的处分权和选择权，以原告最终确定诉请为审理范围。

(三) 法院审理裁判

1. 一审法院审理与裁判

客观预备合并之诉的主位请求和备位请求有先后顺位差别，备位请求是对主位请求的补救或者备选。首先，一审法院应对主位请求进行审理，如果认为主位请求有理由，则应支持主位请求，驳回备位请求；如果认为主位请求没有理由，备位请求有理由，则判决支持备位请求，驳回主位请求；如果经审理认为主位请求和备位请求均不能成立，则判决驳回全部诉讼请求。需要注意的是，主位请求得到部分支持的，备位请求是否予以审理。因违约责任与侵权责任系基于违约与侵权两种不同的请求权，两种请求权是相互排斥的，责任承担方式亦不相同，主位请求即使只获得部分支持，法院对于备位请求也无须再予审理。

2. 二审法院审理与裁判

二审法院的审理范围一般是根据上诉人的上诉请求予以确定，而上诉人一般又是针对一审法院判决主文提出上诉。在客观预备合并之诉之中，二审裁判主要有以下情形：

(1) 一审法院支持主位请求，则上诉的往往是被告，二审法院应首先审理主位请求是否成立，如果成立，二审判决维持即可；如果二审法院认为上诉理由成立，即主位请求不能成立，为维护当事人的上诉权利和防止诉讼突袭，二审法院应在此情形下将案件发回一审法院重审，而不能直接改判，以便保障当事人的诉权。

(2) 一审法院支持备位请求，则原告或者被告均有可能不服而提起上诉，故根据上诉人不同分为三种情形：

一是原告上诉，被告未上诉。原告提起上诉，主要是要求支持主位请求，或者全额支持备位请求。鉴于被告并未提起上诉，故二审法院应围绕上诉请求进行审理。如果原告上诉要求改判支持主位请求，那么法院应当审理主位请求能否得到支持，如果主位请求成立，那么二审法院可直接予以改判；如果不成立，那么可判决驳回上诉，维持原判。如果原告仅仅是针对备位请求未获得支持部分提起上诉，那么法院应就该未获得支持的部分进行审理，无须对主位请求进行审理，如果认为可予以支持，那么直接改判；如果认为不可支持，则判决驳回上诉，维持原判。

二是被告上诉，原告未上诉。被告上诉要求驳回全部备位请求，或者要求减少备位请求金额，原告未上诉，二审法院应首先审理备位请求是否成立，如果成立，则予以维持；如果不成立，则直接予以改判。

三是原、被告均上诉。此时，当事人主要根据双方上诉的诉请予以确定上诉审理范围，如原告上诉要求支持主位请求，则首先审理主位请求是否成立，再审理备位请求。如果双方都仅仅针对备位请求上诉，那么法院应审理备位请求，如果认为备位请求成立，则判决维持；如果仅仅是备位请求金额调整，那么审理之后对金额进行调整即可；如果认为备位请求不成立，则直接予以改判。

（3）一审法院判决驳回原告全部诉请，被告一般不会再提起上诉，而提起上诉的往往是原告，原告上诉要求法院支持主位请求，如果主位请求不能获得支持，则请求支持备位请求。二审法院审理范围可类同于一审法院，不再赘述。

【附录】

编写人：吴慧琼（商事庭审判长）、梁春霞（商事庭法官助理）

一审裁判文书案号：（2020）沪0116民初16758号

二审裁判文书案号：（2022）沪01民终93号

二审合议庭成员：吴慧琼（审判长兼主审法官）、赵琛琛、申智

（七）执行异议之诉

50

一般不动产买受人执行异议之诉的要件审查

——陈某与毕某等案外人执行异议之诉案

【案例要旨】

一般不动产买受人通过案外人执行异议之诉排除强制执行的，应当同时符合以下要件：查封前签订合法有效的书面买卖合同并合法占有不动产，买受人支付全部价款，非因买受人原因未办理过户登记。其中"非因买受人原因未办理过户登记"的认定，为维护物权登记制度的公示公信效力，人民法院应当审慎把握。当合同双方当事人对合同风险应当具有充分预期，且对未能正当规避风险存在可归责性时，不宜认定该情形属于"非因买受人自身原因"。

【案情简介】

上诉人（原审被告、申请执行人）：陈某。

被上诉人（原审原告、执行案外人）：毕某。

原审第三人（被执行人）：陆某、蒋某。

陆某、蒋某母子二人所有的农村宅基地房屋面临动迁。2016年8月29日，陆某、蒋某（甲方）与毕某（乙方）签订《动迁房转让协议》，约定甲方按照2.81万元/平方米计价将安置房中面积最大的一套售予乙方。2017年9月22日，陆某签订补偿安置协议获得三套安置房。2017年11月28日，陆某、蒋某（甲方）与毕某（乙方）再次签订《动迁房转让协议》，约定甲方将其中一套动迁安置房（以下简称涉案房屋）转让给乙方，总价为340.01万元，在取得房产证满三年后的一个月内办理网签、过户手续。同日，陆某、蒋某交付涉案房屋。2018年1月4日陆某、蒋某确认收到全部购房款。2016年6月12日，涉案房屋产权核准登记在开发商公司名下，涉案房屋尚未办理小产证。

因另案中陈某与陆某、蒋某的合同纠纷，某区法院于2018年1月29日预查封了本案涉案房屋。2018年7月6日，该法院就此案判决陆某、蒋某支付陈某补偿款120万元。后陈某申请强制执行，2020年5月19日该法院发出执行公告，对涉案房屋采取强制执行措施。毕某对该执行行为提出异议，该法院裁定予以驳回。毕某遂以其对涉案房屋享有物权期待权为由，向该法院提起案外人执行异议之诉，请求判令不得执行涉案房屋。

【裁判结论】

一审法院认为，毕某与陆某、蒋某签订两份协议、实际占有房屋的时间均早于涉案房屋被查封的时间。毕某通过本人及亲属王某向蒋某及其指定的案外人龙某、赵某支付了全部房款。涉案房屋未能过户系因法院司法查封，非毕某过错。因此，一审法院依据《最高人民法院关于人民法院办理执行异议和复议案件若干问题的规定》（以下简称《执行异议和复议规定》）第28条规定判决不得执行涉案房屋。申请执行人陈某不服，提起上诉。

二审法院认为，关于购房款的支付，毕某提供的收条与转账的银行明细记录金额不符；毕某亲属王某向案外人龙某、赵某多次转账共计33万元，但三人间存在多笔往来款，无证据证明款项性质。故毕某主张已全额付清购房款依据不足。关于涉案房屋未过户的原因，涉案房屋有3年限制转让期限，在房屋买卖合同签订、房屋交付及被查封时，涉案房屋的限制转让期限尚未届满。毕某明知购买动迁安置房存在较高风险仍然交易，主观上对政策限制的忽略，导致过户限制期内涉案房屋被查封无法办理过户手续。二审法院遂改判驳回毕某的全部诉讼请求。

【评析意见】

本案争议焦点在于，毕某是否享有一般不动产买受人的物权期待权并能够据此排除涉案房屋的强制执行。不动产买受人提起案外人执行异议之诉，其法律依据主要为《执行异议和复议规定》第 28 条、第 29 条，① 二者的区别在于所涉不动产的类型不同。不动产虽不以占有作为所有权公示公信的方式，但占有确系判断买受人是否享有物权期待权②的重要因素。考虑到一手房与二手房在占有方面存在的重大差异，《执行异议和复议规定》第 28 条虽仅表述为"不动产"，但结合该规定第 29 条之规定以及司法裁判主流观点，第 28 条适用的对象应当排除一手住宅房屋，即适用于工业及商业用房、二手房，以及自开发商处购买的车库、车位、豪华型住宅等。③ 至于本案所涉的安置房，虽然尚登记于开发商名下，但因动迁安置实系"以物易物"性质，在被拆迁人已经将房屋交付拆迁人的情况下，应当认定被拆迁人已经支付了全部或绝大部分（被拆迁人后期可能还需要支付安置房面积差价）对价。安置房坐落明确且实际交付（通常意味着无面积差价或差价已补足）后，被拆迁人获得类似所有权人的法律地位，办理安置房小产证并无法律障碍。此时，被拆迁人出售安置房，安置房的买受人可以参照《执行异议和复议规定》第 28 条主张权利，审判实践亦予认可。根据该规定第 28 条，金钱债权执行中，不动产买受人权利能够排除执行的，应当符合以下四个要件。

---

① 《执行异议和复议规定》第 28 条规定：金钱债权执行中，买受人对登记在被执行人名下的不动产提出异议，符合下列情形且其权利能够排除执行的，人民法院应予支持：（一）在人民法院查封之前已签订合法有效的书面买卖合同；（二）在人民法院查封之前已合法占有该不动产；（三）已支付全部价款，或者已按照合同约定支付部分价款且将剩余价款按照人民法院的要求交付执行；（四）非因买受人自身原因未办理过户登记。第 29 条规定：金钱债权执行中，买受人对登记在被执行的房地产开发企业名下的商品房提出异议，符合下列情形且其权利能够排除执行的，人民法院应予支持：（一）在人民法院查封之前已签订合法有效的书面买卖合同；（二）所购商品房系用于居住且买受人名下无其他用于居住的房屋；（三）已支付的价款超过合同约定总价款的百分之五十。

② 我国法律并未就"物权期待权"这一法律用语给出明确定义或予以系统规范，但在理论与实践中被广泛认可。当权利人距离取得物权仅一步之遥时，法律为保护其对获得物权而具有的高度合理的信赖，赋予其类似物权人的地位，即其享有物权期待权并可以据此排除执行。

③ 参见最高人民法院（2020）最高法民终 1096 号民事判决书、上海市第二中级人民法院（2020）沪 02 民终 2531 号民事判决书，载中国裁判文书网。

一、查封前已签订合法有效的书面买卖合同

第一，关于房屋买卖合同订立时间的审查。实践中，部分债务人为逃避债务于房屋买卖合同中倒签落款时间。因此，若当事人对合同签订日期提出异议时，可以结合买卖双方间的沟通记录内容、看房时间、付款时间、交房时间、装修时间、中介等其他参与人员的证词等证据，综合认定合同签订日期是否在房屋被司法查封前。至于司法查封的日期，法院作出司法查封的裁定与实际采取查封措施存在时间差，通常以后者为准，除非房屋买卖双方此前已经知晓或者应当知晓法院已经作出司法查封裁定并即将采取查封措施。

第二，关于房屋买卖合同效力的审查。此类纠纷中，常见的合同无效情形有两种：其一，合同双方为逃避债务签订虚假房屋买卖合同，并无买卖涉案房屋的真实合意。根据《民法典》第146条第1款①之规定，该合同应属无效。其二，合同双方虽有真实买卖合意，但恶意串通，旨在通过建立房屋买卖合同关系的方式逃避债务、排除执行。根据《民法典》第154条②之规定，该合同亦属无效。就此，可以从以下方面予以审查：合同签订背景及双方磋商过程；合同约定及履行是否符合交易惯例，对不符交易惯例的情形，当事人作何解释；合同双方是否存在特殊身份关系或债权债务关系；房款是否实际向出卖人支付、以何种方式支付；房屋实际居住使用情况；一方违约时，对方是否进行催告或提出过异议等。

需要注意的是，当合同双方具有真实房屋买卖合意时，出卖方可能具有出售房屋逃避债务的主观恶意，但买受人可能不存在这样的恶意，即其因自身疏忽或被刻意隐瞒而不知晓涉案房屋上存在司法查封，或其虽知晓涉案房屋上存在司法查封，但出于房价较低、出卖人承诺以购房款偿还债务解除查封等其他考虑，仍愿意购买涉案房屋。此时，买受人与出卖人并不存在恶意串通，买卖合同或因房屋被司法查封而无法实际履行，但不因此而无效。然而，房屋因其价值较高，交易双方应当尽到审慎注意义务，买受人因疏忽未

---

① 《民法典》第146条第1款规定：行为人与相对人以虚假的意思表示实施的民事法律行为无效。
② 《民法典》第154条规定：行为人与相对人恶意串通，损害他人合法权益的民事法律行为无效。

能知晓涉案房屋存在司法查封，或明知存在司法查封仍购买涉案房屋，应当认为其自愿负担房屋无法过户的交易风险，则其对涉案房屋享有的合同权利不得排除执行。这也是前述法律规定要求房屋买卖合同订立于司法查封之前的原因。

本案中，毕某与陆某、蒋某前后签订两份《动迁房转让协议》，其中，2017年11月28日的《动迁房转让协议》中明确约定了涉案房屋的坐落、价格、过户时间等重要交易条件，故双方至迟于该日建立房屋买卖合同关系。现无证据证明双方存在特殊关系可能构成恶意串通等导致房屋买卖合同关系无效的法定情形，而涉案房屋于2018年1月被法院预查封，故本案符合"查封前已签订合法有效的书面买卖合同"这一要件。

二、买受人在司法查封前已经合法占有房屋

所谓"合法占有"，即出卖人为履行房屋买卖合同义务而向买受人交付涉案房屋，买受人占有涉案房屋具有合法依据。此处的占有包括直接占有与间接占有，前者即买受人自己占有使用涉案房屋；后者如买受人将涉案房屋租借给他人，实际享有涉案房屋的占有利益。至于出卖人以占有改定的方式交付涉案房屋是否符合本项条件，实践中存在争议。笔者认为，该情形实与买受人将涉案房屋另行出租的情形本质相同，为保持法律适用的统一性，在排除出卖人与买受人恶意串通的情况下，占有改定的交付方式能够认定为买受人已经合法占有涉案房屋。若出卖人未予交付而买受人自行撬锁进入，则买受人对涉案房屋的占有难谓合法。

当事人对买受人实际占有涉案房屋的时间提出异议时，可以对房屋交接书、水电费及物业费等费用缴纳主体、物业入住手续等进行审查。若买受人将涉案房屋另行出租，还可以结合租赁合同的签订时间及租金的支付时间予以审查。避免买卖双方以倒签房屋交接书的方式虚构占有事实。本案中，除买卖双方均主张已于2017年11月28日签订协议当日交付房屋外，毕某还提交了涉案房屋所在小区物业公司出具的业主入住证明，该证明记载毕某作为业主入住涉案房屋并办理天然气开通手续。因此，可以认定毕某于司法查封前合法占有涉案房屋。

三、买受人已支付全部价款

即便根据合同约定,买受人的付款义务履行期限尚未届满,或者约定剩余款项以银行贷款方式支付,但在涉案房屋被司法查封的情况下,买受人若欲排除执行,则应自行补足剩余购房款并付至法院。这是因为,在买受人权利与申请执行人权利均为债权的情况下,法律拟制买受人的合同债权具有优先性,则不能损害申请执行人的合法权利。因此,买受人应当支付全部购房款,以使债务人的责任财产未因房屋买卖而减少。此外,还需注意的是,法院应当依据证据审查房款的实际支付情况,仅有买卖双方自认不足以证明房款已经支付完毕。当事人通过案外人代为支付房款的,应当审查是否系其他债权债务关系。尤其是当事人主张以抵销方式支付房款的,可能涉及以房抵债,这是审判实践中的难点。就以房抵债的债权人能否排除执行,需要根据个案中双方有无真实房屋买卖合意、达成合意与债务履行期届满的先后、债务是否经过清算、房屋买卖合同履行情况等因素综合判断。

本案房款交付中包含王某向龙某、赵某的多次转账,金额共计33万元,虽然买卖双方对此均无异议,但法院仍需主动审查房款支付的真实性,以免减损被执行人的责任财产,损害申请执行人的合法权益。二审法院经审查认为,案外人之间的转账与在案证据中的收条记载内容不符,且案外人之间钱款往来众多,无证据证明毕某主张的数笔款项属于涉案房屋的购房款。因此,二审法院未认定毕某支付了全部购房款。当然,根据《执行异议和复议规定》第28条之规定,法院可以要求毕某补足剩余购房款,且这一问题的认定并非二审法院改判驳回毕某诉请的直接依据。

四、非因买受人自身原因未办理过户登记

此要件在司法实践中最易引起争议。一般认为,非因买受人自身原因主要指存在不可归责于买受人的合同不能继续履行的客观障碍或者合同约定的过户期限尚未截止,常见情形有涉案房屋于买卖合同签订后因司法查封或新设立的抵押登记无法过户等。审判实践中,买受人主张的非因其自身原因未办理过户的情形主要有:其一,联系不上出卖人或拒不配合办理过户。此种

情形下，可以通过诉讼或者仲裁向出卖人积极主张权利，故而不属于非因买受人原因未办理过户。其二，双方因税费负担、价格增减等事项尚未达成一致，或因双方约定不明，或因一方违约希望重新磋商，亦不符合该项条件。其三，过户期限尚未截止。对此需要进一步审查，若合同约定的交易节点期限紧凑合理，则过户期限尚未截止可以认定为非因买受人原因未办理过户。若涉案房屋上存在交易限制（如动迁安置房、限价房等交易期限的限制），或买受人签订合同时尚不具备购房资格，合同双方为此约定付款期限与过户期限距离较远，则合同双方应当预见到涉案房屋在显非合理的交易期限中可能遭受不能过户的风险。为维护物权登记制度的公示公信效力，司法应当对案外人物权期待权排除执行的情形严格把握，当合同双方对合同风险应当具有充分预期，且对未能正当规避风险存在可归责性（标的或主体存在交易限制等）时，不宜认定该情形符合"非因买受人自身原因未办理过户"之条件。

"权利外观主义"理论是民商法研究中非常重要的工具，能够极大激发市场活力、保障交易安全。但是，"公正"与"效率"总是一面博弈一面同行。为了修正"权利外观主义"可能带来的实体不公正，法律进行了一系列的制度设计，其中就包括案外人执行异议之诉。故而，案外人执行异议之诉的审查需要平衡好不同权利背后的价值与法益。具体到本案中，房屋买卖合同签订后涉案房屋因另案被司法查封，虽然确属客观存在无法办理过户手续的原因，一审法院据此认定涉案房屋未能过户非因毕某之故。然而，毕某与陆某、蒋某最早于2016年8月达成安置房转让合意，2017年9月安置房经安置协议确定坐落后，双方又于2017年11月签订转让协议再次明确交易标的及条件，并约定三年交易限制期满后过户。涉案房屋买卖交易中的过户期限较长且可能因国家政策而发生变化，过户期限时间远远高于二手房交易的一般耗时。在房屋买卖这类价格较高的交易中，买卖双方应当尽到较高的审慎义务，充分了解并估量交易中可能发生的各种风险，于合同拟定中作出相应安排，并做好承担无可规避之风险的准备。反观陈某，其因合同纠纷将陆某、蒋某诉至法院，并申请对涉案房屋进行司法查封，陈某虽系金钱债权人，但在其买卖合同纠纷项下，其对涉案房屋属于陆某、蒋某的责任财产具有合理信赖。据此，二审法院认为涉案房屋未能过户系因毕某对安置房交易限制政策的主观忽视，不符合"非因买受人自身原因未办理过户登记"之法定要件。

【附录】

编写人：朱晨阳（民事庭法官助理）

一审裁判文书案号：（2021）沪 0112 民初 2193 号

二审裁判文书案号：（2021）沪 01 民终 7247 号

二审合议庭成员：叶佳（审判长）、顾颖、宋赟（主审法官）

51

未实际占有房屋的承租人不能对抗强制执行

——孔某诉 Y 公司等案外人执行异议之诉案

【案例要旨】

在被查封房屋的执行过程中，承租人提起执行异议之诉，对系争房屋主张享有在先的租赁权、要求附带租约拍卖，其实质系对抗在后债权对该房屋的强制执行的受偿，承租人应当对其租赁权的成立及占有使用房屋承担举证证明责任。若承租人已将系争房屋转租，承租人仅获取转租收益，则不能认定其占有系争房屋，不能据此排除申请执行人基于在后金钱债权提出的强制执行。

【案情简介】

上诉人（原审原告、执行案外人）：孔某。

被上诉人（原审被告、申请执行人）：Y 公司。

原审第三人（被执行人）：B 公司、T 公司、M 公司、林某、肖某、肖某某、唐某。

B 公司系系争房屋产权人。2016 年 9 月 30 日，B 公司与 M 公司签订《授权经营管理委托书》，委托 M 公司对系争房屋进行经营管理。2019 年 7 月 31 日，孔某、唐某作为承租方，M 公司作为出租方，就系争房屋签订房屋租赁合同。2020 年 6 月 12 日，系争房屋上设立以 Y 公司为权利人的抵押权，最高债权数额 24960270.85 元。后一审法院在执行申请执行人 Y 公司与被执行人 B 公司、T 公司、M 公司、林某、肖某、肖某某、唐某公证债权文书一案中，于 2021 年 4 月 26 日发布公告，载明对系争房屋进行现场查封，如被执行人逾期不履行生效法律文书确定的义务，该院将拍卖或变卖查封财产。上述公告发布后，孔某在法定期间内提起案外人执行异议，一审法院经审查，裁定驳回了孔某的异议请求。孔某后依法提起本案执行异议之诉，请求法院对涉案房屋进行负担租约拍卖。

【裁判结论】

一审法院认为，案外人应当举证证明，在涉案房屋抵押及查封之前，已签订真实有效的书面租赁合同；已按约支付租金；在抵押之前，实际占有使用涉案房屋至今。基于此，案外人主张对房屋享有租赁权的，应提供合法有效的租赁合同、占有房屋的凭证和租金支付凭证。本案中，孔某虽提交了租赁合同和部分银行转账记录，但是其提交的《授权经营管理委托书》并无原件，收据和发票不完整且部分无原件，水电费仅有收据，无支付凭证，物业费仅提供了一张向案外人陈某的微信转账记录，该个人显然不是有权收取物业费的主体。在对房屋使用的表述上，孔某表示是和别人一起经营美发店，但是未能提供任何证据证明合伙经营的事实，甚至不能明确合伙人的具体名称。综上，一审法院认为孔某未能提供证据证明其在案涉抵押权设立之前及目前实际占用租赁标的物，孔某是否享有租赁权真实性存疑，故判决驳回孔某诉请。孔某不服一审判决，提起上诉。

二审法院认为，"买卖不破租赁"给予承租人特别的保护，其目的在于维护社会经济秩序，尽可能地促进不动产的物尽其用，执行异议案件亦不例外。本案中，孔某主张其承租后实际占有使用案涉房屋，与案外人黄某某合伙开办美容美发店。然根据查明事实，外观上，孔某与黄某某签订的是《房屋租赁合同》而非合伙协议，孔某个人信息亦未显现在美容美发店的工商登记信息中；履行上，孔某不负责该店日常经营管理，按月固定收取"分红"。综上，虽然按月收取的"分红"中可能包括孔某原经营店铺的客户资源的转入对价，但孔某不参与经营、不承担风险，结合双方签订的合同，该固定分红更符合房租的性质。由此，孔某与黄某某之间更符合转租关系而非合伙关系，故孔某并非案涉房屋的实际占有使用人，在其自述并不具有约定转租权的情况下，孔某之于案涉房屋的转租权益并不能对抗 Y 公司的抵押权。二审法院遂判决驳回上诉，维持原判。

【评析意见】

本案的争议焦点以及法律适用难点在于执行程序中对于租赁权的认定及权利优先性的判定。法院在执行程序中拍卖被执行人房屋时，时常存在案外人以其对系争房屋享有租赁权为由主张"买卖不破租赁"，要求带租拍卖。但部分租赁关系存疑甚至虚假，严重影响法院执行效率和债权人权益实现。有观点认为，执行异议之诉中，对案外人主张租赁权的审查标准非同一般民事诉讼案件，应当更加严格。[1] 审理中，法院需要对实体权利的性质及效力、执行目的及方法等因素在具体个案中予以综合判断；需要在名实之间进行考量甄别，在保护申请执行人的执行权益与案外人的实体权益之间取得法益平衡。

一、执行程序中对案外人租赁权的认定

承租人在租赁物被抵押或查封之前已与被执行人签订了合法有效的租赁合同，并已按约支付租金，且实际占有使用租赁物的，有权排除申请执行人基于金钱债权对执行标的进行的不带租强制执行。这是实践中对于承租人在

---

[1] 夏传胜：《执行异议之诉中对租赁权主张的审查》，载《人民司法·案例》2018 年第 20 期，第 25 页。

执行过程中基于在先租赁权排除在后债权强制执行处理的基本裁判思路。

(一)"带租拍卖"其主张实质是排除强制执行

承租人租赁的标的物被法院执行时,并不必然导致租赁权消灭,因此承租人并不当然有权提起执行异议之诉。如果法院在执行程序过程中并不否定承租人享有的租赁权等实体权利,未要求承租人在租赁期内移交租赁物,承租人仅对执行法院查封或者限制所有权转让等执行行为提出执行异议之诉的,法院不予受理。承租人可以按照《民事诉讼法》第236条的规定提起执行行为异议,如对异议裁定不服,可依法申请复议。

然而司法实践中,承租人往往会以案外人身份,以系争房屋抵押或被查封前签订租赁合同,并已实际占有使用且仍在租赁期内为由,要求对系争房屋"带租拍卖",这种行为所隐含的先决条件是承租人租赁期内阻止受让人占有被执行人的不动产。一方面,承租人要求带租约拍卖,必然会影响不动产能否处置变现及变现数额,直接关系到执行效果。另一方面,申请执行人也会请求法院在执行过程中否定承租人租赁权的成立或存续,这就涉及针对执行标的所产生的实体权利的争议。因此,处理此类案件时,在拍卖处置不动产之前,对不动产的状态尤其是租赁、抵押等进行财产调查是执行规范的要求,也是必要环节。实践中,往往还存在案外人与被执行人通过虚假租赁恶意串通、规避执行的情形,故案外人主张"带租拍卖"其主张实质是排除强制执行,阻却生效法律文书的价值兑现,故应当严格审查租赁权成立与生效等情形。

本案中,孔某向一审法院提出执行异议,称系争房屋租赁权的设立早于抵押权,且已经实际用于经营使用,应当遵循"买卖不破租赁"的法律规定,请求确认对系争房屋享有10年租赁权并在拍卖中注明租赁情况。上述主张实质系要求阻却对系争房屋的交付,属于案外人对执行标的提出异议,应当适用《民事诉讼法》第238条进行实质审查。

需要说明的是,实践中还会遇到案外人主张的租赁关系发生在抵押或查封之后。对于这种情况,根据《最高人民法院关于审理城镇房屋租赁合同纠纷案件具体应用法律若干问题的解释》第14条的规定,不管该租赁权是否成立，均不能对抗申请执行人。承租人对涉案房产是否享有实体权利，不是判断其异议能否排除执行的前提条件，无须将其异议纳入案外人异议及异议之诉的程序处理。执行法院应将异议作为行为异议，按照《民事诉讼法》第236条规定进行审查。

此外，承租人在提起执行异议之诉时，诉讼请求应为排除不带租赁的具体执行行为。例如，在租赁期移交占有、停止不带租约拍卖等执行行为。如果仅是请求确认租赁合同效力等，则不属于执行异议之诉案件的审理范畴。

(二) 坚持实质审查原则

《执行异议和复议规定》确立了以形式审查为主，以实质审查为辅的案外人异议审查标准，以强调案外人异议程序侧重效率的价值取向。基于此，执行异议之诉应当坚持实质审查标准，以纠正执行部门因"外观权利判断"可能带来的执行错误，充分保障案外人作为实际权利人的合法权益。[1]

实践中应当注意的是，如涉及登记、借名、挂靠等名义权利人与实际权利人不一致的情况，不能仅依据权利外观即做出判断。在认定承租人实际占有租赁物时，应当着重审查承租人是否对租赁物存在实际控制权，即是否对租赁物进行实质上的占有使用，而非虚拟或者形式上的占有使用，对此具体需要结合租赁物的性质、使用状况进行审查。

本案中，孔某在外观上以承租人的身份主张对系争房屋享有租赁权，但系争房屋是由次承租人黄某某实际装修、使用、经营，这就发生了房屋实际使用人与孔某作为承租人权利外观不一致的情形。这种情况下，需要考量孔某享有的权益是否符合系争房屋实际占有的认定，这种权益是否在执行中受到优先保护。法院应对其进行实质上的认定。本案中，判断孔某是否为系争房屋的实际权利人，在于对系争房屋是否实际占有，对此孔某应当承担相应的举证责任。

(三) 以"占有"作为租赁权优先性判定的事实要件

租赁合同是诺成性合同，不以租赁物的实际交付为生效要件。换言之，

---

[1] 王毓莹、翟如意：《执行异议之诉中排除执行的民事权利类型化研究》，载《人民司法》2019年第28期，第224页。

承租人的租赁权因当事人合意而成立，不以其实际占有租赁物为生效要件。但是，承租人租赁权的权利优先性的判定问题，即能否对抗债权的强制执行，是以其是否占有以及何时占有租赁物等事实为评判的关键要件。

1. 符合对租赁权进行特殊保护的立法目的

对租赁权的特殊保护主要体现为"买卖不破租赁"和"承租人的优先购买权"两个方面。其中，"买卖不破租赁"的立法目的在于保护依附于租赁物（土地或房屋）属性的弱势群体，从而保护承租人对租赁物现实的占有、使用和收益状态。"承租人的优先购买权"的主要立法目的在于保护弱势群体，避免由于租赁物的处分行为导致破坏承租人对租赁物既已产生的依赖，危及租赁人基本的生存权或居住权。而在承租人尚未占有租赁物时，承租人对租赁物的依赖尚未建立，租赁物发生物权变动并不危及承租人的上述权益。因此，以占有作为认定租赁权受到优先保护的标准，有利于稳定社会资源的既存控制和利用关系，避免因物权变动导致物的占有、使用和收益状态出现突发性的不稳定，避免物权变动扩大租赁的交易风险。

2. 利于维护交易安全

以占有作为审查租赁权优先性的事实要件，能够保护交易安全，防止不特定第三人的权利受到侵害。物权的对抗性来自公示产生的公信力，租赁权作为一种类似于用益物权的"物权化"的特殊权利，应以占有的方式作为前提。[①] 正因为租赁权的此种性质，租赁权的存在或将影响租赁物的交换价值，缺乏公示不利于第三人准确判断交易对象的偿债能力，从而增加市场交易风险。

3. 防止恶意规避执行的发生

以占有作为审查租赁权优先性的事实要件，能够防止恶意规避执行行为的发生。案外人执行异议诉讼案件中，往往存在案外人与被执行人恶意串通，规避执行损害第三人利益的情形。虚假租赁便是一个经常发生的典型现象。当事人通过伪造或倒签等行为来制造抵押或查封之前即已签订租赁合同

---

① 刘贵祥：《执行程序中租赁权的认定与处理》，载《人民法院报》2014年5月28日，第8版，第99页。

的假象，而上述假象于实践中亦难通过审理活动或技术鉴定等方式予以甄别，故对于具有明显痕迹及公示效力的占有事实的认定就显得尤为重要。如果不以占有作为认定租赁权效力优先性的判定标准，而将全部租赁合同给予物权化保护，将会导致规避执行案件大量发生，稀释生效法律文书的强制执行力，降低审判部门的权威。也正因如此，本类案件审理时还应注意要严格适用自认规则。在证明责任问题上，即使被执行人承认案外人的主张，案外人仍应就其对执行标的物享有租赁权足以阻却对执行标的物强制执行的事实承担举证责任。

本案中，孔某虽提交了被执行人B公司与唐某某签订的补充协议、被执行人M公司出具的委托收款函等材料，来证明孔某的主张，但不能排除孔某存在与被执行人恶意串通阻碍执行情形的可能性，孔某仍然应对其实际占有使用系争房屋承担举证证明责任。

二、承租人基于转租关系主张租赁权不能排除执行

由于案外人执行异议之诉以占有作为认定租赁权优先性的标准，那么承租人基于转租关系主张租赁权要求排除执行，背后隐含的实质性问题即是承租人基于转租关系是否对系争房屋存在实际占有，其是否享有优先保护的租赁权益。对此，笔者认为：

（一）获取转租收益并非实际占有

前面提到，"买卖不破租赁"给予承租人特别的保护，其目的在于保护承租人对租赁物既已建立的依赖，以保障承租人基本的生存权、居住权或其他用益物权，从而维护社会经济秩序，这便要求承租人已经对系争房屋实施了实际占有行为。本案中，孔某虽主张其承租系争房屋后，持续占有使用系争房屋。然根据查明的事实，系争房屋实际由次承租人黄某某用于开设美容美发店，孔某与黄某某签订的是《房屋租赁合同》而非合伙协议，孔某的个人信息亦未显现在美容美发店的工商登记信息中，孔某也不负责该店日常经营管理，仅按月固定收取"分红"。笔者认为，本案中"分红"系按月固定支付，孔某对于美容美发店，不参与经营，不承担风险，结合双方签订的

合同，该固定"分红"是一种因转租产生的收益，更符合房租的性质。孔某与黄某某之间更符合转租关系而非合作关系，故孔某并非系争房屋的实际占有使用人，其收取转租收益的行为并不发生占有系争房屋的效果，对于其未交付占有的租赁权，其效力不能对抗申请执行人Y公司的抵押权，不能排除执行。

（二）次承租人作为房屋实际占有人不能当然排除执行

转租关系中，承租人并未实际占有系争房屋，其租赁权并不足以得到优先保护，不能排除执行。本案中系争房屋的实际占有使用人是次承租人黄某某，对于系争房屋上是否存在优先保护、排除执行的权利负担的审查，亦应当围绕次承租人展开。那么，次承租人在执行过程中主张租赁权是否应获得支持，需根据不同情形分别处理。

第一，租赁物被查封或抵押登记的时间在出租人与承租人签订租赁合同之前。不论承租人与次承租人的转租合同是否合法有效，亦不论次承租人是否合法占有使用租赁物，次承租人请求在租赁期内阻止向受让人移交被执行租赁物的，法院均不予支持。

第二，租赁物被查封或抵押登记的时间在出租人与承租人签订租赁合同之后。如果租赁物被查封或抵押登记的时间在承租人与次承租人签订转租合同之前，次承租人请求在租赁期内阻止向受让人移交被执行租赁物的，法院不予支持。但是如果租赁物被查封或抵押登记的时间在承租人与次承租人签订转租合同之后，只要承租人与次承租人的转租合同合法有效，并且次承租人合法占有使用租赁物，次承租人请求在租赁期内阻止向受让人移交被执行租赁物的，法院应予支持。

综上所述，即使是次承租人主张优先保护其对系争房屋的租赁权益，亦无法避免法院对其租赁权益效力的实质审查，因此作为"二房东"的承租人基于转租关系，对系争房屋享受转租收益，尚不足以直接越过次承租人而成为优先保护的对象，不能达到排除执行的结果。

三、影响租赁权认定的具体审查因素

借由本案，可概括引申出案外人基于租赁权提出执行异议及执行异议之诉案件中租赁权认定的考量因素，以便在司法实践中厘清审判思路。

（一）关于实际占有

实践中，案涉不动产为被执行人或其他人占有使用，承租人仅以其向房产管理部门办理登记备案，并将该不动产登记为新设公司营业地址为由主张租赁权的，笔者认为不应认定其实际占有并使用该不动产，但如果具备下列情形之一的，视为承租人实际占有并使用租赁物：（1）已在租赁土地或房屋内从事生产经营活动，如将租赁物用于生活、生产、经营或已经装修等；（2）已通过其他方式取得对租赁物的直接占有。结合本案，在对系争房屋使用的表述上，孔某表示是和别人一起经营美容美发店，但未能提供证据证明合伙经营的事实，甚至不能明确合伙人的具体名称，因此法院认定孔某并未实际占有使用系争房屋。

（二）关于租赁合同的真实性

案外人以其在执行标的被设定抵押权或者被查封之前与被执行人签订租赁合同，且对执行标的实际占有使用为由，提出执行异议或执行异议之诉，应从以下角度审查：（1）被执行人是否以明显不合理的低价将执行标的出租的；（2）承租人或被执行人是否倒签租赁合同签署时间的；（3）承租人与被执行人是否伪造租金交付或收取证据的；（4）承租人与被执行人是否伪造实际占有使用执行标的证据的；（5）承租人是否系被执行人的近亲属或者关联企业，该租赁关系是否与案件其他证据或事实相互矛盾的。此外，对于承租人基于5年以上的长期租约，应当围绕以下因素展开真实性审查：（1）合同订立时间；（2）租金约定是否明显低于所在区域同类房屋水平；（3）租金支付是否违反常理；（4）是否办理租赁备案登记；（5）是否存在以租抵债情形；（6）是否实际转移占有使用。

【附录】

编写人：叶佳（民事庭审判长）、徐林祥宇（民事庭法官助理）

一审裁判文书案号：（2021）沪 0115 民初 72685 号

二审裁判文书案号：（2022）沪 01 民终 4881 号

二审合议庭成员：叶佳（审判长兼主审法官）、宋赟、顾颖

行 政

52

依据委托检定结论所作行政处罚决定的合法性审查
——某粮油公司与某区市监局行政处罚案

【案例要旨】

计量行政部门有权对相关单位使用计量器具及计量检定等计量活动进行监督检查。计量行政部门委托检定的行为应当遵守法定程序，未遵守法定程序的属严重违反法定程序的行政行为，应当被判决撤销；检定单位未按照检定规程规定的程序进行检定而得出的检定结论应当无效，计量行政部门依据上述检定结论作出的处罚决定属违法行政行为，亦应当被判决撤销。

【案情简介】

上诉人（原审原告）：某粮油公司。

被上诉人（原审被告）：某区市监局。

2018年12月，某区市监局接举报，至某粮油公司经营场所进行现场检查，发现该公司在向农户收购粮食过程中使用未经强制检定的电脑水分测定仪测定稻谷水分含量，遂制作现场笔录，同时登记保存涉案水分仪。2019年1月，某区市监局委托位于成都的中国测试技术研究院（以下简称中测院）对涉案水分仪进行检定，中测院于同月29日作出《检定结果通知书》，检定结论为不合格。同年11月，某区市监局作出《行政处罚决定书》，认定某粮油公司在向农户收购粮食过程中使用不合格的谷物水分测定仪，构成了《计量法》规定的使用不合格的计量器具的行为。并根据《计量法实施细则》的规定，责令某粮油公司赔偿损失，并决定没收违法所得合计1578543.33元，没收涉案水分仪，处罚款2000元整。某粮油公司不服，以中测院的检定程序违法，作出的检定结论不科学、不准确，某区市监局作出的被诉处罚决定认定事实不清、程序违法等为由，诉至法院，请求判令撤销被诉处罚决定。

【裁判结论】

一审法院认为，本案的主要争议焦点为涉案水分仪的检定结论是否具有合法性。中测院具有进行计量检定、校准和检测的合法资质，某区市监局委托该院对涉案水分仪进行检定，符合法律法规。中测院接受委托后，检定人员依据《电容法和电阻法谷物水分测定仪检定规程》（JJG891—1995）（以下简称《检定规程》）对涉案水分仪的示值误差及重复性进行检定，检定程序符合法定规程，检定人员具有相应资质，检定结论具有合法性，某区市监局以该检定结论作为认定某粮油公司使用不合格谷物水分仪的依据，并无不当。某区市监局通过现场检查、调取证据、询问当事人并委托检定机构对涉案水分仪进行检定，认定某粮油公司存在使用不合格计量器具并给国家和消费者造成损失的行为，认定事实清楚，适用法律正确，裁量适当，程序合法。遂判决驳回某粮油公司的诉讼请求。

一审判决后，某粮油公司不服判决，以某区市监局行政执法程序错误、涉案水分仪通过邮寄方式送检、检定机构存在检定错误等为由，请求撤销原判，改判支持其原审诉讼请求。

二审法院认为，本案的争议焦点为两个方面：一是某区市监局的委托检定及送检程序是否合法；二是检定机构中测院的检定程序是否合法，是否符合相应的操作规程。就争议焦点一，某区市监局的委托检定及送检程序存在以下问题：一是违反《计量法》就地就近选择检定机构的原则；二是送检方式不当，可能影响检定结果；三是委托事项不明。某区市监局的委托检定行为是其作出被诉处罚决定的一个重要程序和关键程序，委托检定程序违法，可能对检定意见产生实质性影响，应予以撤销。就争议焦点二，中测院的检定程序存在以下问题：一是违反《检定规程》第14.2.2条制作样品应当使用蒸馏水的规定；二是违反《检定规程》第14条、第17条、第18条采用电容法和电阻法检定水分仪的示值误差，必须就一个谷物品种做3个或5个水分值的样本进行检测，对每一被测样品连续测定三次的规定。故中测院的检定违反了检定程序，检定结论不应被采信。某区市监局依据中测院的检定意见作出被诉处罚决定，证据不足，应当予以撤销。故二审法院判决撤销原审判决，并撤销某区市监局作出的被诉处罚决定。

【评析意见】

人民法院在对计量行政部门依据委托检定结论而作出的处罚决定进行合法性审查时，应当注意以下几个方面的内容：

一、行政机关严重违反法定程序的行政行为，应当被判决撤销

（一）违反法定程序的表现方式

行政程序是行政机关作出行政行为的步骤、顺序、形式、方法、时限等各种要素的总称，行政程序贯穿行政活动的全过程。行政程序具有促进行政过程民主化和理性化、促进行政过程法治化、保障行政过程中的公民权利、提高行政过程的效率、增强行政过程的可接受性等功能。

行政程序按程序是否是法律规定的，可以分为法定程序和任意程序。行政行为违反法定程序的，一般情况下，该行为应当予以撤销。《行政诉讼法》第70条第3项规定，行政行为违反法定程序的，人民法院判决撤销或部分撤销，并可以判决被告重新作出行政行为。

法定程序是指法律、法规、规章及其他合法有效的规范性文件规定的行政程序。法律法规没有规定或者规定的行政程序不完备的，行政机关还应当遵循正当程序原则。违反法定程序，就是违反法律、法规、规章等对行政行为步骤、顺序、形式、方式、时限等要素的规定，具体来说，包括以下几个方面的内容：一是法定步骤违法。包括遗漏法定步骤、行政机关及其工作人

员非出于法定利益或公共利益的需要任意增加行政程序。二是法定顺序颠倒。三是形式违法。主要指行政行为未以法定形式表现出来。法律规定采取书面形式的，不得采取口头形式。按照法律要求，一般比较重大或涉及公民权利义务的一切行政行为均应采取书面形式。四是违反法定方式。例如，书面裁决未盖章，采取证据先行登记保存应通知有关人员到场而未通知的情形。五是违反法定时限。

（二）严重违反法定程序与轻微违反法定程序

如前所述，《行政诉讼法》第 70 条第 3 项规定行政行为违反法定程序的，人民法院判决撤销或部分撤销，并可以判决被告重新作出行政行为。该法第 74 条第 1 款第 2 项规定，行政行为程序轻微违法，但对原告权利不产生实际影响的，人民法院判决确认违法，但不撤销行政行为。故对上述规定的正确理解应为，严重违反法定程序的行政行为应当一律撤销，但行政行为属于轻微违法，对原告权利不产生实际影响的，法院可以不判决撤销，而是判决确认该行政行为违法。

1. 轻微违反法定程序的表现形式

轻微违反法定程序是指行政机关的行政行为虽然违反了法律法规中的法定程序，但这种程序并不是作出行政行为时的主要程序或关键程序，也不会对相对人的实体权益造成影响，只是造成了行政行为在程序上的某种缺陷。轻微违反法定程序的表现形式有：

一是步骤轻微违法。即遗漏必经步骤的行为。例如，公安机关在传唤当事人及决定给予其行政拘留处罚时，没有依照《治安管理处罚法》的规定通知其家属的行为。

二是方式轻微违法。法律法规中规定了行政程序作出时所必须遵守的形式，未按照法律规定的方式作出行政行为，也属于程序违法的范畴。例如，根据《政府信息公开条例》的规定，行政机关认为申请公开的政府信息涉及商业秘密的，应当书面征求第三方的意见，如行政机关在征求第三方的意见时以电话联系代替书面文件，就违反了上述规定，但如果第三方对征求意见的内容无异议，则该行为对申请人的合法权益不产生实际影响，就属于方式轻微违法。

三是顺序轻微违法。行政机关作出行政行为时颠倒了法律法规规定的部分顺序。例如,人社部门在未作出受理工伤认定申请之时即先行进入调查核实程序阶段,颠倒了《工伤保险条例》规定的工伤认定程序的行为。

四是时限轻微违法。该类程序违法包括两种:第一,超过法律规定期限作出行政行为,如行政复议机关超过《行政复议法》规定的60日期限作出行政复议决定的行为。第二,未满法定期间即为行政行为,如行政机关在作出强制拆除决定并发出公告后,次日就对违法建筑实施强制拆除,不符合《行政强制法》第44条行政机关在自行拆除期限届满后,当事人未申请行政复议或提起行政诉讼且不自行拆除的情况下才可以依法强制拆除的规定。

2. 严重违反法定程序的表现形式

严重违反法定程序,是指行政主体违反了法律法规等行政规范明确规定的程序或者主要程序而作出行政行为。例如,工商行政机关在作出吊销营业执照的处罚决定之前应当举行听证而未举行听证,这必然严重侵犯行政相对人的合法权利,属于严重违反法定程序。严重违反法定程序主要包括以下几个方面:

一是违反主要程序或关键程序。即指违反了法律法规等规定行政机关作出行政行为必须遵守的对相对人权利义务产生影响的主要程序或关键程序。如公安机关在作出吊销许可证以及处二千元以上罚款的治安管理处罚决定前应当举行听证而未举行听证。

二是违反正当程序。正当程序是指要求一切权力的行使在剥夺私人的生命、自由和财产时,必须听取当事人的意见,当事人具有要求听证的权力。程序正当就是行政机关实施行政管理,除涉及国家秘密和依法受到保护的商业秘密、个人隐私的外,应当公开,注意听取公民、法人和其他组织的意见;要严格遵守法定程序,依法保障行政管理相对人、利害关系人的知情权、参与权和救济权。行政机关工作人员履行职责,与行政管理相对人存在利害关系时,应当回避。也就是说,如果行政机关违反了正当程序,即使没有违反法律的禁止性规定,法院也应当判决撤销。

本案中,某区市监局委托检定过程中存在以下违法行为:一是检定机构选定不合法。《计量法》第 11 条规定，计量检定工作应当按照经济合理的原则，就地就近进行。本案中，即使上海市计量测试研究院在当时不具有检测谷物水分的相关资质，某区市监局未选择附近其他有资质的检定机构进行检定，而选择较远的成都中测院进行检定，且不能说明合理理由，有违上述规定。二是送检程序不当。根据涉案水分仪的说明书记载，其属精密电子产品，必须轻拿轻放、防震，使用和保管时必须水平设置。中测院在《邮寄业务须知确认书及业务委托单》上亦说明，由于快递安全本身存在不可控性，易碎物品、仪器建议不要邮寄。因此，本案涉案水分仪不适合邮寄运输，即使要邮寄运输，也必须做好各种防护措施，但某区市监局却通过邮寄将涉案水分仪寄送至中测院进行检定，且未提供充分的证据证明在邮寄过程中采取了相关防护措施，无法排除采取邮寄方式对检定结论的不当影响。三是委托事项不明。《检定规程》规定的检定项目有外观常规检查、安全性能检查、示值误差检定、重复性检定。而某区市监局在办理委托检定手续时，未明确委托检定的具体项目，只是要求检定机构出具检定数据，委托事项不明。某区市监局委托检定的违法行为无法排除对检定结论的不当影响，据此作出的被诉处罚决定应属严重违反法定程序的违法行为，应当予以撤销。

二、行政机关应对鉴定（检定）机构作出的鉴定（检定）结论进行审查，避免以鉴（检）代审

执法实践中，由于没有相关技术、专业人员和设备，行政机关对行政执法中的有关专业性的问题往往委托给具有相关资质的机构或部门进行鉴定（检定）。之后行政机关根据鉴定（检定）机构作出的鉴定（检定）结论，作出相关行政行为，如行政处罚决定、行政强制措施等。对鉴定（检定）机构作出的鉴定（检定）结论，行政机关是全盘接受作为行政执法的依据，还是在审查后认为该鉴定（检定）过程合法、鉴定（检定）结论正确才作为执法的依据，值得深入研究。笔者认为，行政机关应对鉴定（检定）机构、鉴定（检定）过程是否合法，鉴定（检定）结论是否正确进行审查，避免以鉴（检）代审。

鉴定（检定）结论是指为查明有关案件事实，由有关单位委托相应的鉴定（检定）机构，指派或聘请具有专门知识和技能的自然人，对案件中涉及的专门性问题，运用科学技术或其他专门知识所作出的判断性意见。鉴定（检定）结论必须具备合法性、客观性和关联性，才能作为执法的依据。

实践中，对鉴定（检定）结论的审查应当从以下五个方面进行：一是鉴定（检定）机构是否具有鉴定（检定）相应资质。二是鉴定（检定）人员是否具备相应的鉴定能力和鉴定资格。因为鉴定人员既必须具有解决案件中某种专门性问题的知识和技能，还必须符合相应的条件，才能客观公正地进行鉴定。三是鉴定依据是否客观。鉴定结论是否客观、真实，很大程度上取决于鉴定材料是否全面、客观、真实。四是鉴定（检定）程序是否合法。相关法律、法规或规范性文件（如《检定规程》）对鉴定（检定）规定了一整套的程序和流程，鉴定（检定）机构应当严格遵照执行。五是鉴定（检定）结论是否科学。行政机关应从鉴定依据是否全面、客观，推理、判断过程是否合乎理性、合乎科学规律，鉴定依据与鉴定结论之间是否有矛盾等方面进行一些常识性判断。必要时，可以要求鉴定人讲解得出此种结论的理由，以准确判断其结论的客观性、真实性。如果上述审查中发现存在问题，该鉴定（检定）结论就不能作为行政执法的依据。

具体到本案中，作为检定机构的中测院是国家质量监督检验检疫总局授权的法定计量检定机构，具有运用电容法和电阻法检定谷物水分测定仪的资质。检定人员亦具有运用电容法和电阻法检定谷物水分测定仪的资质证书和能力。

关于本次检定依据是否客观，鉴于某区市监局送检程序不当，无法排除采取邮寄方式对检定结论的不当影响。

关于本次检定程序是否合法，根据本案的相应证据及一、二审检定人员的出庭陈述，检定程序存在以下问题：一是违反《检定规程》第14.2.2条制作样品应当使用蒸馏水的规定。检定人员表示其制作样品的过程中使用的是纯净水，势必会对检定结果产生影响。二是违反《检定规程》第14条、第17条、第18条采用电容法和电阻法检定水分仪的示值误差，必须就一个谷物品种做3个或5个水分值的样本检测，对每一被测样品连续测定三次的规定。检定人员表示对于一个样品项目鉴定出不合格就可以说明水分仪不合格，不需要再进行多个样品检定。因此中测院检定违反了《检定规程》规定的检定程序，其检定结论不应被采信。

关于本次检定结论是否科学。综合本次检定依据欠缺客观性，检定程序违法，故本次中测院的检定结论不科学，不应被采信。某区市监局依据中测院的检定意见作出被诉处罚决定，证据不足，事实认定不清，应当予以撤销。

【附录】

编写人：陈根强（行政庭审判员）
一审裁判文书案号：（2020）沪 0112 行初 49 号
二审裁判文书案号：（2020）沪 01 行终 777 号
二审合议庭成员：董礼洁、陈根强（主审法官）、宁博

53

涉"团建活动"工伤认定案件的司法审查规则及制度反思

——A 公司诉 B 人保局等工伤认定纠纷案

【案例要旨】

对于涉团建活动引发的工伤认定纠纷，法院在判断职工所参加的是否属于团建活动时，不仅应从活动内容形式予以考虑，更应综合活动的目的、性质、是否为单位组织安排、是否具有考勤要求、费用承担、参加人员范围等多方面因素进行审慎考量。在审查行政机关所作的工伤决定适用法律、法规是否正确时，应紧紧围绕相关活动是否属于"工作原因"进行审查，进而判断员工在参与团建活动过程中受伤是否应当认定为工伤。

【案情简介】

上诉人（原审原告）：A公司。

被上诉人（原审被告）：B人保局。

第三人：李某。

李某于2020年12月1日同A公司订立劳动合同，劳动期限至2023年11月30日止，工作地点在A公司某培训校区。2020年12月27日，李某所在校区校长杨某通过"WK最佳团队"微信群向包括李某在内的群内成员发布通知，感谢大家一个月的工作付出，鼓励大家继续努力工作，通知："明天我们1点左右到中心，先好好吃个饭，聚聚放松下，然后有精彩的游戏等待大家。"2020年12月28日13时左右，李某在骑行共享单车至地铁站，去往公司途中发生交通事故。李某随即通过微信向杨某告知了自己受伤，无法到场参加的活动的情况。相关道路交通事故认定书载明，李某无事故责任。经诊断，李某双手开放性手部损伤，面部损伤，左上肢外伤，右手外伤，左肱骨大结节骨折。2021年3月5日，李某向B人保局就所受道路交通事故伤害申请认定工伤。B人保局经调查作出《认定工伤决定书》（以下简称被诉决定），认定李某受到的事故伤害属于工伤认定范围，予以认定为工伤。被诉决定送达A公司、李某后，A公司不服，遂诉至法院，请求撤销被诉决定。

【裁判结论】

一审法院认为，依据《工伤保险条例》第5条第2款之规定，B人保局具有作出被诉决定的职权。本案的争议焦点在于李某受到非本人主要责任的道路交通事故时是否处于上下班途中。结合微信群微信聊天记录、杨某培训校区领导的身份地位、通知要求的集合地点及活动安排，足以使人相信案涉活动系该校区组织的团建，具有工作性质。李某受到事故伤害时系前往公司参加团建途中，属于上班途中，事故地点和事故发生时间均属于合理的路线和时间范围内。且李某发生交通事故后第一时间告知杨某不能到场，亦可支持李某系前往公司集合途中发生交通事故。故李某符合在上班途中受到非本人主要责任的道路交通事故伤害应予认定工伤的法定情形。B人保局据此作出被诉决定，法律适用并无不当，故一审法院判决驳回A公司的诉讼请求。A公司不服，上诉至二审法院。

二审法院认为，B人保局具有作出被诉决定的行政职权。《工伤保险条例》第14条第6项规定，在上下班途中，受到非本人主要责任的交通事故或者城市轨道交通、客运轮渡、火车事故伤害的，应当认定为工伤。李某与A公司之间具有劳动关系，李某在前往参加A公司团建活动途中，发生非本人主要责任的交通事故并遭受身体伤害，属于工伤认定范围，应予认定工伤。B人保局在法定期限内作出被诉决定并送达各方当事人，程序合法。关于A公司认为李某参加的活动系私人活动并非该公司组织的团建活动的主张，从发布活动信息者的身份、微信内容等可知，聚会活动系由A公司某培训校区负责人发起，活动目的为激励员工，内容包含聚餐和游戏，参与人员范围为大部分的员工，集合地点为公司，故B人保局综合前述要素认定涉案聚会活动属于公司团建并无不当。关于活动是否经过审批以及经费的支出、报销等情况系公司内部管理行为，不能作为认定活动性质的决定性因素，且李某作为新入职员工对前述情况亦无法知晓，其参加聚会并不具有参加私人活动的目的，故A公司主张该聚会并非团建活动证据、依据不足。二审法院遂判决驳回上诉，维持原判。

【评析意见】

一、工伤保险领域中团建活动的性质判定

团队建设活动已逐渐成为用人单位进行人力资源培训、加强和培养团队合作精神的重要手段，其作为单位促进员工相互交流和提高团队凝聚力的重要方式被广泛应用，而参加团建途中、过程中发生事故伤害是否应当认定为工伤以及具体的认定标准在实践中做法不尽统一，判定是否构成工伤的前提是厘清团建活动的性质。然而，我国现行法律规范对于"团建"应满足的条件、流程并无明确规定，普遍认为其属于用人单位自主经营管理权范围内的事项。实践中，团建一般是指用人单位开展一系列团队活动的统称，往往

以加强社会关系、传播企业文化、树立团队精神为目标，旨在提升团队向心力、凝聚力的活动策划。在中国行政审判指导案例第 34 号郎毅娜诉北京市朝阳区劳动和社会保障局社会保障行政确认案中，法院认为，判断职工所参加活动是否属于工作原因（也即是否构成团建），不应仅从该活动的内容形式予以考虑，更应从该项活动的目的、性质、是否为单位组织安排、费用承担等多方面因素进行审慎考量。

笔者认为，结合司法判例，判断团建活动与私人活动的区别除需结合以上要素进行判定外，还可结合以下要素进行判断：一是活动是否具有考勤要求，如职工是否参加团建活动与考勤挂钩或者明确请假、迟到、早退的要求，则可以认定为团建；二是参加人员的范围是否为全部或者多数，根据举办活动的范围划定参与人员范围，如通知参加的为全公司或者部门内全部或大多数人，则可认定为团建。但需要指出，在应用以上要素进行判定时应灵活掌握，不能一刀切，仍需结合具体情况进行分析：首先，关于考勤要素，如确定和考勤挂钩则可认定为团建，如并未明确考勤要求，是否构成团建仍需要结合其他要素综合判定，不宜直接认定为私人活动；其次，关于费用的承担，大型企业举办的团建活动通常会有严格策划以及财务审批，在此情况下，如用人单位承担费用的，往往可以认定为团建，但在实践中，很多小型企业财务管理缺乏规范性，活动经费往往由管理人先行出资垫付，而财务报销滞后或缺乏相应财务凭证的情况时有发生，故经费的出具方不应仅限于公司，亦包括公司管理层，在认定团建活动时，不能仅以经费是否由用人单位直接出账作为判定依据，经费是否最终由公司承担还需要结合财务凭证、财务日常管理流程、惯例等综合认定。

就本案而言，李某所在培训校区校长杨某通过"WK 最佳团队"微信群向包括李某在内的群内成员发布通知，"感谢大家一个月的工作付出，鼓励大家继续努力工作，通知：明天我们 1 点左右到中心，先好好吃个饭，聚聚放松下，然后有精彩的游戏等待大家"。从以上聊天记录可以看出，聚会是基于该校区工作的成绩以及对职工的鼓励所举行，系出于工作原因。而作为聚会组织者，杨某系李某等在该校区职工的领导，具有团建组织者的身份地位。通知未明确告知系私人性质的聚会，且要求先到校区集合，然后聚餐、团体游戏，具有团建的内容。故一审法院将涉案活动认定为团建并无不当。

二、团建活动涉及工伤认定法条的选择适用

在裁判中，明确团建活动性质后，还需要结合具体案件情节判定人力资源和社会保障部门作出行政行为的法律适用是否合法、准确。实践中，参与团建活动过程中受伤常涉及的条款为《工伤保险条例》中"三工条款""因工外出条款"以及"上下班途中条款"，在适用前述条款时需要区分情况作出不同判定。

（一）"三工条款"的适用

根据《工伤保险条例》第14条第1项规定，职工在工作时间和工作场所内，因工作原因受到事故伤害的，应当认定为工伤。根据前述规定，如团建活动的组织时间、地点在日常办公时间和区域，劳动者亦在参加活动中受伤，则需判定参加团建活动是否属于工作原因。根据《人力资源社会保障部关于执行〈工伤保险条例〉若干问题的意见（二）》第4条规定，职工在参加用人单位组织或者受用人单位指派参加其他单位组织的活动中受到事故伤害的，应当视为工作原因，但参加与工作无关的活动除外。

笔者认为，无论从前述规定抑或司法实践来看，对于前述情形，在认定工作原因时更加倾向于保护劳动者合法权益，故对工作原因作出扩大解释，主要是基于以下两方面考量：一是用人单位组织集体活动目的在于加强团队凝聚力，增强员工协作能力，从而提升工作效率，因此团建活动虽非直接以工作为内容，但与工作有关，应当视为工作的延伸；二是劳动者参加团队建设活动属于"参加用人单位组织"的活动，特别是参加的活动属于用人单位强制要求或者鼓励参加的集体活动，这些活动应当视为工作的组成部分，属于工作原因。本案交通事故发生在员工去往参加团建集合地点的途中，并非发生在工作时间以及工作地点，故"三工条款"在本案并不适用。

（二）"上下班途中"条款的适用

根据《工伤保险条例》第14条第6项的规定，职工在上下班途中，受

到非本人主要责任的交通事故伤害或者城市轨道交通、客运轮渡、火车事故伤害的，应当认定为工伤。在前往参加团建活动的路途中能否认定为"上下班途中"，除要符合发生交通事故非本人主要责任、上下班合理时间及合理路线的条件外，还需要认定参加团建活动是否属于"上班"。如前所述，参加团建活动具备工作原因的属性，应当认定为上班。

本案中，李某受到事故伤害时系前往公司参加团建途中，属于上班途中。空间上，A公司居住地到团建活动集合地同其事发当日所述的出行方式、交通路线相匹配，A公司发生交通事故的地点属于合理路线范围内。时间上，结合通知的聚会时间、李某发生道路交通事故的时间以及杨某调查笔录中所述快吃饭时接到李某事故告知的情况，同时考虑到李某的出行方式，李某受到事故伤害的时间属于前往参加聚会的合理时间范围内。且李某在所受道路交通事故伤害中不负责任。故一审法院认定李某符合在上班途中受到非本人主要责任的道路交通事故伤害属于应予认定工伤的法定情形，并无不当。

(三)"因工外出"条款的适用

根据《工伤保险条例》第14条第5项的规定，职工因工外出期间，由于工作原因受到伤害或者发生事故下落不明的，应当认定为工伤。《最高人民法院关于审理工伤保险行政案件若干问题的规定》第5条规定，社会保险行政部门认定下列情形为"因工外出期间"的，人民法院应予支持：(1)职工受用人单位指派或者因工作需要在工作场所以外从事与工作职责有关的活动期间；……(3)职工因工作需要的其他外出活动期间。职工因工外出期间从事与工作或者受用人单位指派外出学习、开会无关的个人活动受到伤害，社会保险行政部门不认定为工伤的，人民法院应予支持。

团建活动在工伤认定领域的法律适用不仅存在以上两种情形，还有因工外出期间参加团建活动时受伤的情况。尤其在团建活动的举办时间以及地点并非日常工作时间及场所时，则需要考虑是否符合"因工外出"条款的适用条件，从前述规定来看，适用该款的核心依旧在于是否属于因工作原因受到伤害。笔者认为，"因工外出"属于"工作时间"的一种特殊情形，如出差、去其他部门办理业务等，而用人单位组织集体活动是否能认定为"因工外出"，重要的前提仍然是该活动能否认定为团建，如满足前文所述的基本要素，则可认定为参加团建属于工作原因，继而认定为"因工外出"。就本案而言，活动集合地点为A公司，并非公司指派员工外出期间发生事故，故"因工外出"条款并不适用本案。

三、审理思路及纠纷实质化解模式的反思

（一）裁判要点

司法实践中，对于单位组织的集体活动应当认定为团建活动抑或私人活动往往是此类工伤认定案件中的争议焦点。用人单位常以经费由领导个人出资、集体活动仅系私人聚餐、活动并不具有强制性等理由作为抗辩。而在审判过程中，应当本着透过现象看本质的原则，结合证据综合判定活动性质，如团建活动形式上系聚餐，仍需查明聚餐过程中是否存在其他诸如奖励、培训、会议、拓展游戏等内容，判断活动系单一形式的聚餐还是具有工作性质的团队活动；又如，活动经费如由个人支付，并不能仅以此作为认定私人活动的标准，仍需查明费用支付人是否具有管理者身份或支付费用是否经过相关领导授权，如费用并未经过报销，又需要进一步查明未报销的原因，同时结合支付人的身份、单位性质、单位财务管理制度等综合判断经费的支付系基于私益还是单位利益，从而判定活动性质；再如，关于活动是否具有强制性对团建活动的认定并不属于绝对要件，也就是说，活动具有强制性应当认定为团建，如不具有强制性，但经过单位鼓励、动员后确定报名参加活动的人员（如参加年会）亦应当纳入认定工伤的范畴，以最大限度保护劳动者合法权益。

（二）调处要点

鉴于部分规模较小的单位组织的团建活动往往较为单一，且无严格管理流程，常常以聚餐形式开展活动。实践中，前述用人单位常常并未按照规定为员工缴纳社会保险，在员工发生工伤事故后，用人单位往往不予认可工

伤，对相关法律、法规的理解存在偏差，抵触情绪较大，增大了此类案件的调解难度。故在调解过程中，一方面要更加注重释法说理，以减少用人单位对工伤认定规定的误解，降低其承担工伤保险责任的抵触情绪，同时亦应当告诫用人单位积极为员工缴纳社会保险、完善团建活动的审批、报销等管理制度，以进一步降低用工风险；另一方面应做好员工的安抚工作，对团建活动的性质进行释明，降低其对保险待遇的预期，同时提示员工在参加活动过程中尽到谨慎注意义务，避免意外的发生。此类纠纷，如能通过充分发挥司法能动性，积极为单位与员工搭建对话平台，促进纠纷的实质性化解，将达到更好的社会效果。

【附录】

编写人：岳婷婷（行政庭副庭长）、刘月（行政庭法官助理）

一审裁判文书案号：（2022）沪0115行初151号

二审裁判文书案号：（2022）沪01行终461号

二审合议庭成员：岳婷婷（审判长兼主审法官）、侯俊、李弘

后 记

上海市第一中级人民法院自1995年建院以来，一直高度重视精品案例的编纂工作，借此激励法官审判能力的提升，同时亦进一步推进司法公开的质效。本书收录的是2022年上海市第一中级人民法院已审结的53件精品案例，涵盖了刑事、民事、商事、行政等不同审判领域，比较集中地反映了该院的审判水平与成果。

上海市第一中级人民法院陆卫民院长非常关心本书的编辑工作，亲自为本书撰写序言。在本书收录的精品案例的审理和编写过程中，各审判业务庭精心审理、深入提炼，研究室各责任编辑精心审稿，分管院长亲自严把质量关，保证了本书收录案例的品质。本书由研究室负责选编、修改和定稿。最后，谨向所有关心、支持、参与本书案件审理和案例撰写的同志们致以衷心的感谢。

编　者

二〇二三年六月